外贸业务经理人手册（第四版）

A MANUAL FOR FOREIGN TRADE MANAGERS (FOURTH EDITION)

陈文培 ◎ 主编

中国海关出版社有限公司

中国·北京

图书在版编目（CIP）数据

外贸业务经理人手册／陈文培主编．--4版．
北京：中国海关出版社有限公司，2024.8．--ISBN
978-7-5175-0831-1

Ⅰ.F740.4-62

中国国家版本馆CIP数据核字第20244FY924号

外贸业务经理人手册（第四版）
WAIMAO YEWU JINGLIREN SHOUCE（DI-SI BAN）

主　　编：	陈文培
责任编辑：	傅　晟
责任印制：	孙　倩

出版发行：中国海关出版社有限公司

社　　址：北京市朝阳区东四环南路甲1号　　邮政编码：100023
编辑部：01065194242-7502（电话）
发行部：01065194221/4238/4246/4227（电话）
社办书店：01065195616（电话）
　　　　　https：//weidian.com/？userid=319526934（网址）

印　　刷：北京利丰雅高长城印刷有限公司	经　　销：新华书店
开　　本：710mm×1000mm　1/16	
印　　张：25.25	字　　数：440千字

版　　次：2024年8月第4版
印　　次：2024年8月第1次印刷
书　　号：ISBN 978-7-5175-0831-1
定　　价：69.00元

海关版图书，版权所有，侵权必究
海关版图书，印装错误可随时退换

编委会

主　编　陈文培
副主编　陈培芳　汤　盼　朱晓将
编　者　邢开东　陈　楠　张群光

第四版前言

本书第一版于 2006 年 3 月出版，第二版于 2010 年 1 月出版，第三版于 2017 年 6 月出版，从第三版到现在已时隔 7 年，外贸形势发生了很大的变化，国家的管理规定也有了很大的变化。

本次改版新增了第九章"外贸新业态和新模式"。将原来的第一章的第六节"跨境电子商务"并入其中，增加了较多的新内容，包括第二节"市场采购贸易"、第三节"中国国际贸易单一窗口"；原第八章的第五节"上海国际贸易'单一窗口'"并入第三节。编者认为这一章的内容非常重要，反映了外贸新业态和新模式。

第二章"外贸业务经理人必备的财务知识"中第九节"出口退税业务"改成"出口货物劳务免抵退税申报"，是根据最新业务监管要求作出的修改。

第三章"外贸业务经理人必备的管理知识"增加了第五节"申请海关 AEO 认证"。随着海关便捷通关措施的实施，进出口货物平均查验率低于实施常规管理措施企业平均查验率的 20%，出口货物原产地调查平均抽查比例在企业平均抽查比例的 20% 以下，申请 AEO 认证对外贸业务来说就很重要了。

第七章"出口商品技术指南"的新增内容与《出口商品技术指南》的更新做到了同步。商务部于 2005 年 5 月发布首批 10 项《出口商品技术指南》，以帮助国内企业了解国外技术标准，更好地应对技术性贸易壁垒。到 2022 年 9 月，《出口商品技术指南》已有 86 项。

第八章"加工贸易"中则随着国家监管方式的更新调整了相关内容，电子手册和电子账册的监管成了主要的监管方式。

《外贸业务经理人手册》力图保证全面性，注重实用性，关于其特点，在前三版的前言中作了说明，这里不再列举。

由于编者水平有限，书中错误之处在所难免，敬请批评指正。

陈文培

2024 年 6 月于上海

第三版前言

本书第一版于2006年3月出版，第二版于2010年1月出版，从第二版到现在已时隔7年多，外贸形势发生了很大的变化，国家的管理规定也有了很大的变化。

本次改版结构上未作大的改变，每章内容作了一些改动。改动比较大的部分是第一章"外贸进出口业务流程"中增加了跨境电子商务的内容。第四章"国际结算"中增加了跨境电子商务电子支付的内容。

其他一些章节由于国家对出口收汇核销、加工贸易业务批准证要求的改变，都作了相应的修改。

非常有幸，中国对外贸易经济合作企业协会和中国标准化研究院组织我们这些长期从事国际贸易领域工作的专家、业务人员，编写了中华人民共和国国家标准《国际贸易业务的职业分类与资质管理》（GB/T 28158—2011）。我把标准的一部分内容放到了第三章中。

作为《外贸业务经理人手册》的编者，我们力图保证本书的全面性，注重实用性。关于本书的特点，在前两版的前言中也作了说明，这里不再赘述。

由于编者水平有限，书中错误之处在所难免，敬请批评指正。

陈文培
2017年4月于上海

第二版前言

本书第一版于 2006 年 3 月出版，时隔 3 年多，外贸形势发生了很大变化，很多新的规定、规则出台，比如 UCP 600 的正式启用，加工贸易的变化等。尤其是金融危机的影响，对外贸行业的冲击很大。在这种情况下，坚守在外贸一线的经理人更需要统观全局，对各项业务了如指掌，才能在外贸的"严冬"中生存。

第二版比第一版更贴近外贸业务经理人的实际需要，围绕他们的业务经营和管理作了较大幅度的修改和增删。第二章由第一版的"成本核算"改为"经理人必备的财务知识"，并增加了"保险费计算办法""进出口税费计算办法""进出口报价""进出口外汇核销业务""出口退税业务"5 节，使经理人更全面地掌握业务中经常用到的财务知识；第三章由第一版的"贸易链上的业务办理"改为"经理人必备的管理知识"，比原来的内容更适合经理人们的需要；第五章"贸易融资和风险控制"增加了第八节"案例分析"，有利于读者结合实际业务掌握本章知识；第六章的"进出口单证"，由于和经理人的业务联系不紧密，主要由外贸业务员处理，因此在第二版中替换为"国际商务策划"；第七章"出口商品技术指南"的内容有所精简；第八章"加工贸易"增加了"加工贸易电子化手册""加工贸易业务管理"两节，更适应加工贸易业务的变化。

第二版在延续第一版全面、实用特点的基础上，更注重内容的紧凑、完整和条理清晰，结构更趋于合理，语言叙述也更精练，全书篇幅有所精简。由于编者是全国外经贸从业人员认证专家委员会委员，承担了商务部中国对外贸易经济合作企业协会开设的国际贸易业务员专业证书考试的教材编写工作，因此，本书可以作为高级国际贸易业务员考试的辅导用书。

本书在编写中还参考了大量其他资料，特别是国际贸易实务各版本的教材，另引用了一些外贸公司的资料，在此谨向作者和外贸公司的同仁表示感谢。

由于编者水平有限，书中错误之处在所难免，敬请批评指正。

陈文培
2009 年 12 月于上海

第一版前言

2001年中国加入WTO以后，对外贸易快速发展。特别是从2004年7月1日起，中国政府对企业的外贸经营权从审批制改成登记制，新的外贸企业不断涌现。据海关统计，2004年中国对外贸易额高达11547.4亿美元，比上年增长35.7%，净增3037亿美元，相当于"入世"之前2001年贸易规模的2.3倍。2004年，进出口贸易规模分别突破5000亿美元。出口5933.6亿美元，增长35.4%；进口5613.8亿美元，增长36%，全年实现贸易顺差319.8亿美元。

为了适应对外贸易的快速发展，需要大量的人才充实到国际贸易工作的第一线，外贸业务员和经理人等人才严重缺乏。另外，国际贸易在飞速发展中，不断出现新情况，遇到新问题，处在业务第一线的人员也面临着新的问题和新的挑战。在这种情况下，笔者与上海的一些长期从事国际贸易业务的经理和业务"老法师"进行了深入的探讨，开发了一系列与外贸相关的培训课程，整理成《外贸业务经理人手册》。

本书共有8个章节。为了突出重点，本书围绕外贸业务经理人工作的主要环节和工作进行阐述。本书的重点或特点是突出实战。书中收集了大量的外贸公司业务进程中的实例，对于外贸业务经理人和业务员颇有参考价值。

由于本书实例的选用和阐述采用层层推进的方式，由浅入深，非常适宜新进入外贸企业的业务人员和管理人员阅读。对于那些希望迈入国际贸易领域的学子们而言，本书也是非常好的参考资料。同时，本书可以作为高等院校国际贸易、国际商务专业的教材和研究生考试的参考资料。

本书在写作过程中，得到了上海美华系统有限公司罗贵华总经理、上海长润信息技术有限公司朱巨公副总经理、上海东旭进出口公司李菊总经理、上海金茂教育培训中心洪陶主任等的大力支持。本书在编写中参考了大量资料，特别是国际贸易实务相关各版本的教材，还引用了一些外贸公司的材料，在此谨向相关作者和外贸公司的同仁表示感谢。

在本书的选题策划中，中国海关出版社的高烽副总编和胡菡编辑给予了指导和帮助，在此一并表示感谢。由于编者水平有限，错误之处在所难免，敬请批评指正。

陈文培
2006年2月于上海

目 录

第一章　外贸进出口业务流程 ……………………………………… 1

第一节　出口业务流程 ……………………………………… 2
第二节　交易磋商 ………………………………………… 35
第三节　合同的订立 ……………………………………… 38
第四节　合同的履行 ……………………………………… 40
第五节　进口业务流程 …………………………………… 52

第二章　外贸业务经理人必备的财务知识 ……………………… 61

第一节　出口商品价格的确定 …………………………… 62
第二节　佣金和折扣 ……………………………………… 69
第三节　代理出口业务中的各类计算方法 ……………… 75
第四节　运费计算方法 …………………………………… 79
第五节　保险费计算方法 ………………………………… 90
第六节　进出口税费计算方法 …………………………… 91
第七节　进出口报价 ……………………………………… 103
第八节　货物贸易外汇管理指引操作规程 ……………… 115
第九节　出口货物劳务免抵退税申报 …………………… 117

第三章　外贸业务经理人必备的管理知识 …………………………… 129

　　第一节　外贸业务人员的岗位责任和管理者的职责 ………… 130
　　第二节　外贸业务管理的各项规定 …………………………… 132
　　第三节　外贸管理信息系统建设 ……………………………… 139
　　第四节　综合的出口业务和管理案例 ………………………… 143
　　第五节　申请海关 AEO 认证 ………………………………… 145

第四章　国际结算 …………………………………………………… 165

　　第一节　票据 …………………………………………………… 167
　　第二节　汇付 …………………………………………………… 181
　　第三节　托收 …………………………………………………… 188
　　第四节　信用证 ………………………………………………… 193
　　第五节　跨境电子商务支付 …………………………………… 212

第五章　贸易融资和风险控制 ……………………………………… 217

　　第一节　出口贸易融资 ………………………………………… 218
　　第二节　进口贸易融资 ………………………………………… 225
　　第三节　福费廷业务 …………………………………………… 240
　　第四节　保理业务 ……………………………………………… 249
　　第五节　出口信用保险业务 …………………………………… 259
　　第六节　外汇买卖业务 ………………………………………… 265
　　第七节　债务风险管理 ………………………………………… 270
　　第八节　案例分析 ……………………………………………… 275

第六章　国际商务策划 ……………………………………………… 281

　　第一节　国际市场营销环境 …………………………………… 282
　　第二节　行业环境分析 ………………………………………… 292
　　第三节　国际商业计划书编制 ………………………………… 300

第七章　出口商品技术指南 ………………………………… 317
　　第一节　推出背景 …………………………………………… 318
　　第二节　主要内容 …………………………………………… 324

第八章　加工贸易 …………………………………………… 345
　　第一节　加工贸易概述 ……………………………………… 346
　　第二节　加工贸易业务办事指南 …………………………… 348

第九章　外贸新业态和新模式 ……………………………… 365
　　第一节　跨境电子商务 ……………………………………… 366
　　第二节　市场采购贸易 ……………………………………… 375
　　第三节　中国国际贸易单一窗口 …………………………… 383

第一章

外贸进出口业务流程

外贸企业业务活动中有许多过程，包括：对外承包工程的项目确立过程、施工准备过程、施工实施过程和竣工验收过程；对外劳务合作的客户选择、合同签订，人员培训、审查和护照、签证的申办，以及劳务人员的境外管理；商品进出口企业的业务准备过程、基本业务经营过程、辅助业务经营过程，包括交易前、交易中、交易后，有对客户的间接服务，也有与客户面对面的直接服务等。其中，实现过程（realization processes）形成企业的产品（商品和/或服务）并使企业增值。支持过程（support processes）、管理过程（management processes）虽然不直接增值，但对企业来说是必需的。实现过程、支持过程和管理过程构成外贸企业业务和管理的体系架构。

企业应首先根据各自经营的特点，设计满足客户和其他相关方要求的商品、服务所需要的过程及其顺序和相互关系。

第一节　出口业务流程

一、国际贸易出口业务的主要流程

国际贸易出口业务的主要流程如图 1-1 所示。

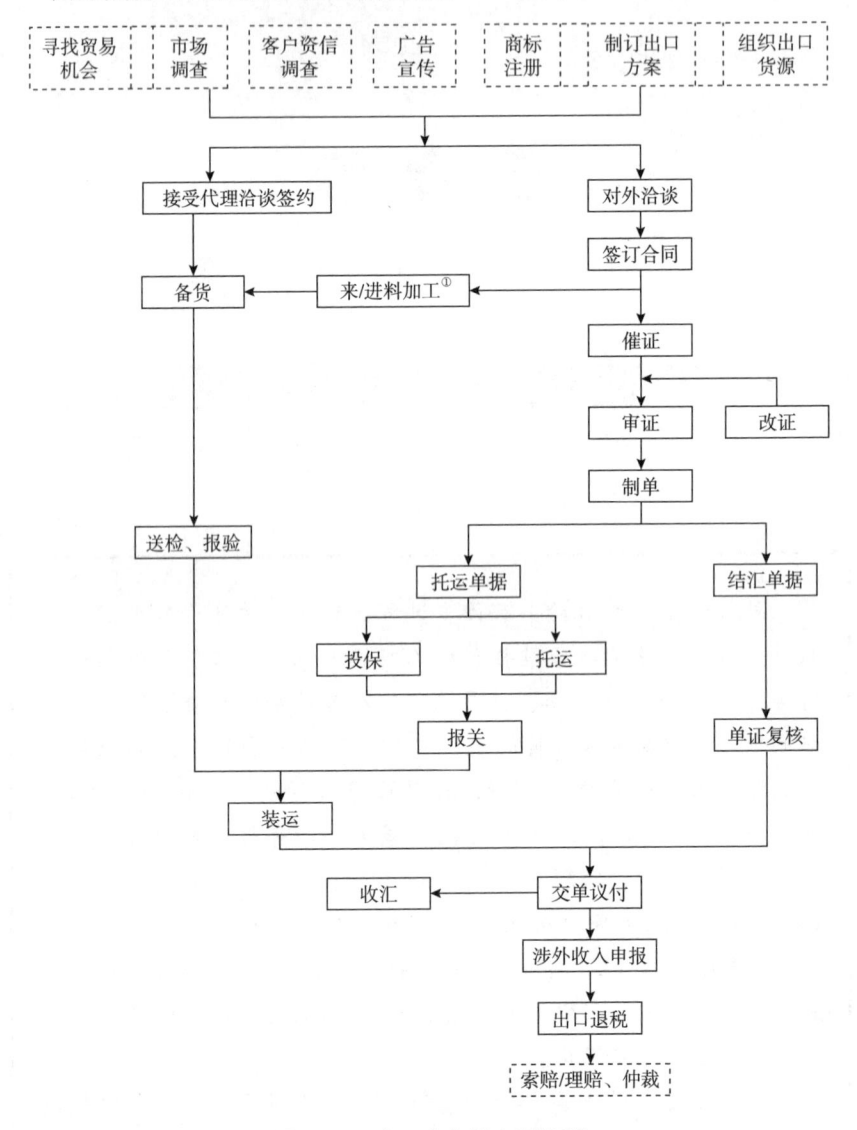

```
寻找贸易机会 → 市场调查 → 客户资信调查 → 广告宣传 → 商标注册 → 制订出口方案 → 组织出口货源
         ↓                                                                    ↓
   接受代理洽谈签约                                                         对外洽谈
         ↓                                                                    ↓
        备货 ← 来/进料加工①                                                 签订合同
         ↓                                                                    ↓
   送检、报验                                                                催证
                                                                              ↓
                                                                          审证 → 改证
                                                                              ↓
                                                                             制单
                                                                              ↓
                                                              托运单据            结汇单据
                                                              ↓                    ↓
                                                        投保   托运              单证复核
                                                              ↓
                                                             报关
                                                              ↓
                                                             装运
                                                              ↓
                                                    收汇 ← 交单议付
                                                              ↓
                                                         涉外收入申报
                                                              ↓
                                                            出口退税
                                                              ↓
                                                       索赔/理赔、仲裁
```

图 1-1　出口业务的主要流程

---

① 如果有来料加工或进料加工时需要此流程。

二、交易前的准备

这一阶段内要完成的主要工作是寻找贸易机会、市场调研、制订方案、广告宣传和商标注册等。

（一）寻找贸易机会

1. 寻找国外客户的方式与途径

（1）充分利用国际工商名录。国际工商名录收录了各国著名的贸易公司及其商号的名称，电传、电话、传真的号码，电子邮件地址，公司地址，主要经营项目及历史经营情况。这类名录通常是各国的商会编纂的。其中，《康帕斯国际工商指南》（70个国家及地区180万家公司的名录，有书与光盘，每年更新）和康帕斯工商信息网（www.kompass.com）提供在线查询；Dialog在线信息查询系统提供工商信息服务等。Dialog的产品与服务，如Dialog、Dialog Newsedge、Dialog Profound、Dialog DataStar等，使企业通过全球互联网（Internet）或企业互联网（Intranet）能精准、快速、深入地找到最需要的第一手信息。

（2）通过驻外分支机构开发新顾客。各大公司在国外设立分公司的主要目的就是开发新顾客，争取更多的贸易机会。因为驻外人员比较了解当地的情况，容易发现新顾客。

（3）充分利用来华的各种外国代表团。每年来我国的外国经济访问团、市场调查团，参加国际展览会的国外团组很多，可以利用这些机会选择贸易对象。

（4）出国考察。出国考察或参加国外举办的国际商展，不仅能开阔眼界，而且可以认识更多的国外新朋友，为企业增加更多的贸易机会。

（5）国外老顾客的介绍。

（6）利用新闻媒体获得新客户。可在有国际影响力的报纸、杂志、网站上刊登广告，吸引客户。

（7）通过商会、领事馆及对外贸易协会的介绍认识新的客户。

（8）通过展销会结识客户。

（9）利用互联网营销。有些专业机构常年开设网上交易平台，可以常年在网上参展。

（10）其他特殊渠道，如联合国采购、跨国采购等平台和方式。通过国内或驻外机构（如贸易中心）常年开设的展厅进行商品展览等。

利用上述方法结识的客户，还需进行严格的资信调查，这样才会使国际贸易顺利进行。

2. 通过展览会寻找客户

参加展览会是推销自己、寻找客户的好方法。

（1）有代表性的展览会简介

①国内最大的综合性展会——中国进出口商品交易会

中国进出口商品交易会（又称"广交会"），创办于1957年春，每年春秋两季在广州举办。广交会由商务部和广东省人民政府联合主办，中国对外贸易中心承办，是中国目前历史最长、规模最大、商品最全、采购商最多且来源最广、信誉最佳的综合性国际贸易盛会，被誉为"中国第一展"，也被称为中国外贸的"晴雨表""风向标"。

广交会是中国对外开放的窗口、缩影，是国际贸易合作的重要平台。2023年秋，第134届广交会展览规模创新高，线下展总面积达155万平方米，线上平台常态化运营。按行业设55个展区，线下参展企业及线上平台企业均超2.8万家，吸引来自全球229个国家和地区的境内外采购商与会和线上观展。截至2024年5月，广交会已成功举办135届，与全球229个国家和地区建立了贸易关系，累计出口成交约1.5万亿美元，累计到会和线上观展境外采购商超1000万人，有力地促进了中国与世界各国（地区）的贸易交流和友好往来。

党中央高度重视广交会，国家主席习近平向第120届、130届广交会致重要贺信。在致第130届广交会的重要贺信中，习近平主席充分肯定广交会创办65年来为服务国际贸易、促进内外联通、推动经济发展作出的重要贡献，赋予广交会崭新的历史使命，为广交会在新时代新征程指明了前进方向。

在全面建设社会主义现代化国家、全面推进中华民族伟大复兴的新征程上，广交会将全面贯彻落实党的二十大精神，深入贯彻落实习近平主席重要贺信精神，认真落实党中央、国务院决策部署和商务部、广东省工作要求，创新机制，丰富业态，拓展功能，努力打造成为中国全方位对外开放、促进国际贸易高质量发展、联通国内国际双循环的重要平台，更好服务国家战略、服务高水平对外开放、服务外贸创新发展、服务构建新发展格局，为加快建设贸易强国、推动共建"一带一路"高质量发展、维护多元稳定的国际经济格局和经贸关系、构建人类命运共同体作出新的更大贡献。

> **相关链接**

第 135 届中国进出口商品交易会（广交会）相关信息

举办时间
1. 线下展
展期设置：分 3 期在广交会展馆举办，每期展览时间为 5 天，展期安排如下。
第 1 期：2024 年 4 月 15—19 日
第 2 期：2024 年 4 月 23—27 日
第 3 期：2024 年 5 月 1—5 日
换展期：2024 年 4 月 20—22 日、4 月 28—30 日
对外洽谈时间为每日 9：30—18：00
展览规模：广交会展馆 A、B、C、D 区全馆使用，展览面积 155 万平方米，展位近 7.4 万个。
2. 线上展
平台服务时间：2024 年 3 月 16 日—9 月 15 日，共半年。其中：
2024 年 3 月 16 日—4 月 14 日，进入预展状态，启动展商展品信息上传及审核，客商可浏览企业上传并经审核通过的展商展品信息，提前规划参展安排。
2024 年 4 月 15 日—5 月 5 日（即线下展开幕后至闭幕前，含撤换展期间），所有功能 24 小时开放使用（展商连线、预约洽谈功能仅在此期间保持开放）。
2024 年 5 月 6 日—9 月 15 日，进入线上平台常态化运营阶段，除展商连线、预约洽谈功能外，其余功能持续开放。

举办地点
中国进出口商品交易会展馆（中国广东省广州市海珠区阅江中路 382 号）

主办单位
中华人民共和国商务部
广东省人民政府

承办单位
中国对外贸易中心

展出内容
第 1 期：家用电器，电子消费品及信息产品，工业自动化及智能制造，加工机械设备，动力、电力设备，通用机械及机械基础件，工程机械，农业机械，新材料及化工产品，新能源汽车及智慧出行，车辆，汽车配件，摩托车，自行车，照明产品，电子电气产品，新能源，五金，工具，进口展。

续表

> 第2期：日用陶瓷，餐厨用具，家居用品，玻璃工艺品，家居装饰品，园林用品，节日用品，礼品及赠品，钟表眼镜，工艺陶瓷，编织及藤铁工艺品，建筑及装饰材料，卫浴设备，家具，铁石装饰品及户外水疗设施，进口展。
>
> 第3期：玩具，孕婴童用品，童装，男女装，内衣，运动服及休闲服，裘革皮羽绒及制品，服装饰物及配件，纺织原料面料，鞋，箱包，家用纺织品，地毯及挂毯，办公文具，医药保健品及医疗器械，食品，体育及旅游休闲用品，个人护理用具，浴室用品，宠物用品，乡村振兴特色产品，进口展。

②华东进出口商品交易会

华东进出口商品交易会（简称"华交会"）由商务部支持，上海市、江苏省、浙江省、安徽省、福建省、江西省、山东省、南京市、宁波市9省市联合主办，上海华交会展经营服务有限公司承办。华交会是中国规模大、客商多、辐射面广、成交额高的区域性国际经贸盛会之一。

截至2024年3月，华交会已成功举办了32届。第32届华交会在上海新国际博览中心举行，展览面积达12.65万平方米，展位总数5720个。设服装服饰展、纺织面料展、家庭用品展、装饰礼品展4大专业主题展，以及境外展区和跨境电商展区2大专业展区，参展企业3748家，其中境外参展企业326家。第32届华交会吸引了来自111个国家和地区的采购商，到会的境内外采购商超过4万人，展期成交额达22.1亿美元。

③中国国际进口博览会

中国国际进口博览会（China International Import Expo，CIIE），简称"进口博览会""进博会"等，由商务部和上海市人民政府主办，中国国际进口博览局、国家会展中心（上海）承办，为世界上第一个以进口为主题的国家级展会。

2018年11月5日，国家主席习近平在首届进口博览会开幕式的主旨演讲中指出，进口博览会"不仅要年年办下去，而且要办出水平、办出成效、越办越好"。

国家会展中心（上海）是由商务部和上海市人民政府合作共建的超大型会展综合体项目。国家会展中心（上海）总建筑面积超过150万平方米，包括展馆、商业广场、办公楼和一家五星级酒店，集展览、会议、活动、商业、办公、酒店等多种业态为一体。主体建筑以伸展柔美的四叶幸运草为造型，是上海市的标志性建筑之一。

自 2018 年起，国家会展中心（上海）成为中国国际进口博览会承办单位，成为具备承办主场外交活动能力的会展中心，为服务我国新一轮高水平对外开放、服务我国大国外交、服务上海国际会展之都建设发挥重要作用。

国家会展中心（上海）地处长三角核心腹地，坐落在上海虹桥商务区核心区西部，与虹桥交通枢纽直线距离仅 1.5 千米，通过空中连廊、地下通道及地铁 2 号线与上海虹桥火车站、虹桥机场紧密相连，周边高速路网四通八达，1~2 小时可到达长三角各主要城市，航空 2~3 小时可直达亚太地区主要城市。

（2）如何有效参展

展览会是能充分利用人体感官的营销活动，人们通过展览会对产品的认知是全面而深刻的。展览会不属于买卖任何一方私有，从心理学角度看，这种环境易使人产生独立感，有利于以积极、平等的态度进行谈判。这种高度竞争而充分自由的气氛正是企业在开拓市场时最需要的。国际性商业展览是代理商接触进口产品最直接的途径，也是参展厂商寻求代理商，并与潜在客户商谈的绝佳商机。

想要做到有效地参展，首先要确定展览会的参展目标，做好市场调研。通过当地商会了解想要参观或参加的展览会的情况，还可以与驻展览会所在地使馆商务处联系，从其提供的有价值的国际贸易资料中，进行大量有成效的市场调研。展览会发展至今，每个行业的展览都形成了自己的"龙头老大"，成为买家不可不去的地方，如芝加哥工具展、米兰时装周、汉诺威工业博览会、中国出口商品交易会等。通常来讲，展览会的知名度越高，吸引的参展商和买家就越多，成交的可能性也越大。如果要参加新的展览会，则要看主办者是谁，在行业中的号召力如何。名气大的展览会往往收费较高，为节省费用可与人合租展位，即使如此，成交效果也会好于参加那些不知名的小展。

①选择权威的展览会组织者

首先，可以从国际展览业协会（The Global Association of Exhibition Industry）成员所主办的展览会中寻找有价值的展览会。国际展览业协会是世界博览业最具代表性的协会，也是展览业界唯一的全球化组织。被展览界公认为展览会走向世界的桥梁，经国际展览业协会认可的展会是高品质展览会的标志。国际展览业协会的前身为"国际博览会联盟"（UFI），2003

年10月改为现名，该组织于1925年4月15日在意大利米兰成立，现总部设在法国巴黎。所以，参展时首先可以寻找展览会是否有UFI标志。

其次，可以检查其他协会成员中是否有值得参加的展览会。每个展览会都应是本国展览组织者协会的成员，也应是某个出口组织及有关行业贸易协会的成员。在各国（地区）展览行业协会中比较活跃的有美国国际展览管理协会（IAEM）、英国展览业联合会（EFI）、新加坡会议展览协会（SACEOS）和中国香港展览会议协会（HKECOSA）等。

②选择合适的展览会

展览会的主题不同，展出者的构成不同，与会者、参观者构成不同，地域展在国内的市场情况不同导致目标市场不同。这就需要企业从中选择最能实现自己展出目标的展览会。如果为专门推销某类商品寻求经销代理，那么参加相应的专业性展览会最适当；如果要在某国推出本省市的产品形象，在展览会中独设会馆的效果更好；如果旨在试销某些新产品，则可在展览会上租用少量摊位，带上交易员和产品专家进行面对面的接洽，可能会有收获。需要记住的是，参加展览会不仅向社会大众进行宣传，还是实实在在的产品交易，因此，选择展览会要像寻求产品目标市场一样慎重。

③参展注意事项

一旦作出参加某一国家（地区）展览会的决定，首先，应该考虑"为什么要参加展览？""是否需要寻找适销市场和新客户？""是否想要介绍新产品或提供新的服务项目？""是否需要选择代理商或批发商？""对办合资企业是否感兴趣或者是否需要通过展览来研究和开发市场？"可根据以上问题确定业务目标。其次，仔细地选择和研究销售市场。最后，确定参展商品。如果国外客户关心的是最新或质量最好的产品，就不应展出过时或质量不好的产品。

参加国际大展并非易事，从展前准备、展览期间的应对到展后的后续跟进，都与参展的效果息息相关。展览会又是一项极为复杂的系统工程，从计划制订、市场调研、展位选择、展品征集、报关运输、客户邀请、展场布置、广告宣传、组织成交到展品回运，形成了一个互相影响、互相制约的有机整体，任何一个环节的失误，都会直接影响参展的效果。以下注意事项供从业者参考。

A. 了解展览会的全部要求。要清楚地知道展览会的全部规则、展出时间、服务项目，以及参展所需办理的手续。

B. 应选派熟悉公司情况、可以做主的人赴会。参展人员应了解公司的销售意图。如果展览的产品是技术和仪器设备，应选派工程师现场解答有关技术问题。

C. 时间安排要宽裕。提前到会以确保展位秩序井然，展品状态良好，展览效果良好。展览结束以后，要预留时间充分听取意见。

D. 应兼顾业务和礼节，要为展位配备足够的人员。

E. 重视广告宣传，展前及展览期间应该在有吸引力的商业期刊等媒体做宣传。

F. 参展前应了解当地习俗，熟悉当地节日假期、市场的季节性及消费习惯等。

G. 选择理想的代理人。

H. 为客户寄送产品样本。

I. 要报出全部产品的价格，主要是 CIF（成本加保险费加运费）价。FOB（装运港船上交货）价和 CIF 价在国际贸易中都很重要，但一般来说 FOB 价用得较少。确定交货期更不容忽视。

J. 为国外用户提供服务。

K. 要用公制标出产品的规格。国际上通用的是公制单位，所以出展前应准备好产品规格的公制数据。

L. 跨越语言障碍。参展人员要会一种外语。

M. 关于资信和付款方式。应了解国外代理人的资信，可以通过银行、咨询公司获取相关信息。还应了解有关保险、付款方式等方面的情况。

N. 要保护专利权和商标权。如果已取得专利权和商标权，就应该提前与专利代理人研究如何使这种商标或专利在海外继续得到保护。世界上大多数国家（地区）都对专利权或商标权给予保护。

3. 利用互联网营销

在国际贸易网络营销实践中，建立并推广网络品牌、网址推广、信息发布、跨境电商营销等是常用的方法。

（1）建立并推广网络品牌。网络营销的重要任务之一就是在互联网上建立并推广企业的品牌，知名企业的线下品牌可以在线上得以延伸，一般企业则可以通过互联网快速树立品牌形象，提升企业知名度。网络品牌建设要以企业网站建设为基础，通过一系列的推广措施，以达到获得公众对企业认可的目的。

(2) 网址推广。这是网络营销的基本职能之一。相对于其他功能来说，网址推广显得更为迫切和重要，网站所有功能的发挥都要以一定的访问量为基础，所以网址推广是网络营销的核心工作。网址推广与网络品牌是联系在一起的。网址实际上就是域名，一个域名对应一个特定网站，"在同一顶级域名下不可能存在完全相同的域名"这种唯一性和排他性也说明了域名是一种稀缺的、有限的资源。域名所蕴含的巨大商业价值导致了商家对相关域名的争夺，所以在推广网址的同时要做好域名的保护。

(3) 信息发布。网站是一种信息载体，通过网站发布信息是网络营销的主要方法之一，同时，信息发布也是网络营销的基本功能，无论哪种网络营销方式，目的都是将一定的信息传递给目标人群，包括顾客、媒体、合作伙伴、竞争者等，因此必须保持信息的时效性和准确性。

免费发布信息。根据企业产品或服务的特性发布在相关网站的相关类别中，有时这种简单的方式也会取得意想不到的效果，例如可以在阿里巴巴全球贸易网免费发布信息。

检索商品信息。互联网是一个信息的海洋，可以根据自己的需要查询信息，寻找潜在客户，然后有针对性地回应潜在客户或者合作对象，主动向潜在客户介绍产品或服务。寻找商业信息的方式很多，既可以到网上信息平台寻找买方信息，也可以利用搜索引擎查询潜在客户。但要特别注意不要向潜在客户滥发电子邮件，否则会严重影响企业形象。

加入专业经贸信息网和行业信息网。这种方式类似"免费发布供求信息"，行业信息网汇集了整个行业的资源，为供应商和客户了解行业信息提供了便利的平台，形成了一个虚拟的网上专业市场。如果你所在的行业已经建立了这样的专业信息网，加入行业信息网是网络营销的必要手段，即使已经建立了自己的网站，仍有必要加入行业信息网。专业信息网和行业信息网有时需要交纳一定的费用，只要可以带来潜在收益，这些投入也是值得的。

下面介绍3个有名的国际贸易网站。中国国际招标网是商务部主办的网站，阿里巴巴中国网站是中国著名的B2B网站，世界贸易网点联盟官网是一个全球性的贸易网站。

①中国国际招标网

中国国际招标网于 2001 年开始运行，是商务部机电产品国际招标投标活动全过程电子化行政监督职能的公共服务平台，开展国外贷款项目和重大装备工程项目机电设备国际招标采购。根据商务部关于"深度整合电子政务资源，深化统一平台建设"的指示精神，于 2016 年将中国国际招标网全面移交至中国国际电子商务中心重新开发运维。

截至 2024 年 7 月，中国国际招标网已经为全球约 60 万个中外企业进行机电产品国际招标投标活动提供服务，服务范围涉及国际和国内的设备类、工程类、物资类、服务类等各类招标采购，是跨地区、跨行业的综合性业务平台。中国国际招标网已累计运行超过 21 万个项目，为各级行政监督部门、1000 多家国际招标机构以及全球 3.7 万多家采购单位、7.5 万家投标企业和 2.3 万名评审专家提供在线支持及服务，涉及 95 个国民经济重要行业，是国内规模最大、功能完备的招投标专业网站。

中国国际招标网如图 1-2 所示。

图 1-2　中国国际招标网

②阿里巴巴网站

阿里巴巴网站是著名的 B2B 网站，企业可以在网站上推销产品和采购产品。

③世界贸易网点联盟网

世界贸易网点联盟（WTPF）成立于 2000 年，是一个非政府国际组织，起源于联合国贸易和发展会议（UNCTAD）发起的贸易网点创新方案。通过 120 多家贸易信息和促进中心网络（即贸易网点），利用电子商务技术，促进全球 90 多个国家（地区）的中小型企业（SMEs）进行国际贸易。

WTPF 在全球电子商务市场中，利用独特的人力网，并结合本地专门知识，致力于促进中小型企业的全球贸易和提供贸易信息，特别是发展中国家和不发达国家的中小型企业。

联合国经济及社会理事会（ECOSOC）是对非政府组织开放的机构。2004 年 8 月在纽约年会上决定授予 WTPF 咨询商地位。

非政府、非营利或志愿组织获得咨询商地位后，与联合国形成互利的共事关系。WTPF 有权出席 ECOSOC 及其不同的附属机构主办的会议，对这些会议的议程可以提出口头干涉和书面陈述。拥有咨询商地位的组织还可以出席联合国主办的国际会议、成员大会特别会议和其他政府间组织活动。

世界贸易网点联盟官网主页如图 1-3 所示。

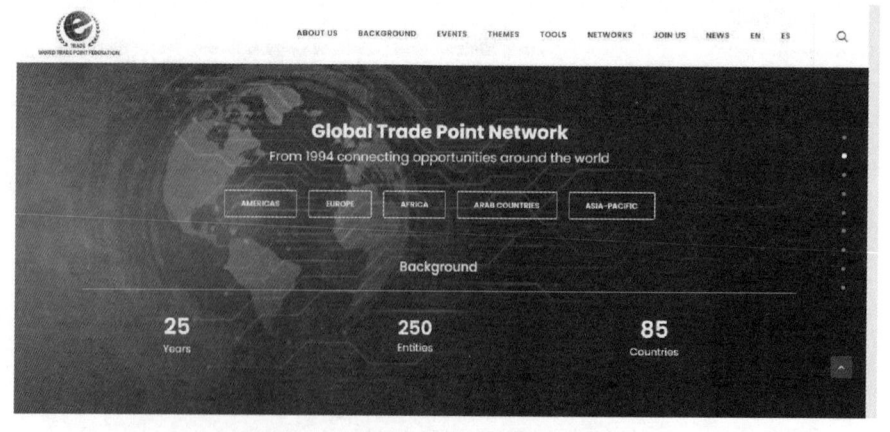

图 1-3　世界贸易网点联盟官网主页

(4) 跨境电商营销

①搜索引擎营销

搜索引擎营销（Search Engine Marketing，SEM）的基本思路是让用户发现信息，并通过（搜索引擎）搜索点击进入网站/网页进一步了解相关信息。搜索引擎营销包括搜索引擎优化和关键词竞价排名。

A. 搜索引擎优化

搜索引擎优化（Search Engine Optimization，SEO）是一种利用搜索引擎的搜索规则来提高目标网站在有关搜索引擎内的自然排名的方式。通过 SEO 这样一套基于搜索引擎的营销思路，为网站提供生态式的自我营销解决方案，让网站在行业内占据领先地位，从而获得品牌收益。研究发现，搜索引擎的用户往往只会留意搜索结果最前面的几个条目，所以不少网站都希望通过各种形式来影响搜索引擎的排序。其中尤以各种依靠广告盈利的网站为甚。所谓"针对搜索引擎作最佳化的处理"是指为了让网站更容易被搜索引擎接受。

搜索引擎优化包括两个方面。一是网站内部优化。搜索引擎依赖结构清晰、运行稳定、速度快的高质量网站，而不是那些过度依赖 Flash、大量动态 URL 等不利于索引的网站。关于关键词的布置既要在网页标题、标签、正文等多次出现相关的关键词，又要根据网站结构和页面的重要性，合理匹配关键词和分配关键词的个数。二是网站外部优化。外部优化的主要工作就是建立高品质的外部连接，有购买连接、交换连接和自建连接。

B. 关键词竞价排名

竞价排名的基本特点是按点击付费，用少量的投入就可以给企业带来大量潜在客户，有效提升企业销售额和品牌知名度。

通过购买关键词，使企业广告能够呈现在用户搜索结果页面的上端、下端或右端。Google AdWords 的关键词竞价排名流程如图 1-4 所示。

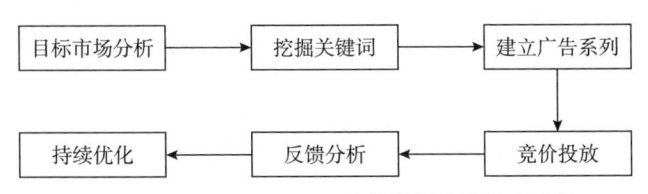

图 1-4 Google Adwords 的关键词竞价排名流程

②社交媒体营销

通过 Facebook、Twitter 可以进行社交媒体营销。

Facebook 作为全球最大的社交媒体平台，拥有超过 30.5 亿的月活跃用户。Facebook 海外营销受到了越来越多的跨境电商从业者的关注。兰亭集势、DX 等都开通了 Facebook 官方专页。目前有几千万家小公司在使用 Facebook，其中有几百万家企业在 Facebook 发布付费广告。

Twitter 是一家社交媒体及微博客服务的网站，可以让用户更新不超过 140 个字符的消息，这些消息也被称作"推文（Tweet）"。Twitter 拥有超过 5 亿名注册用户。

Twitter 开发了"品牌频道"，企业可以在 Twitter 构建品牌页面，同时组建多种品牌小组，同一品牌的粉丝能够聚合在一起。企业通过平台可以向用户发送各种新品、促销信息，Twitter 的即时性和分享性让一个消息可以迅速遍布有相同兴趣爱好的 group、team。用户之间可以发生互动，他们也可以把信息转发给其他好友。不少美国企业已经在采取这种互动方式，增加了公司品牌直接接触消费者的机会，有利于维护品牌认知和客户忠诚度。如果企业自身有博客、定期出版物或者新闻发布做基础，是非常有效的。

③电子邮件营销

电子邮件营销（Email Direct Marketing，EDM），是在用户事先许可的前提下，通过电子邮件的方式向目标用户传递有价值信息的一种网络营销手段。电子邮件营销有 3 个基本因素，即用户许可、电子邮件传递信息、信息对用户有价值。3 个因素缺少一个，都不能称为有效的电子邮件营销。与其他营销方式相比，电子邮件营销的独特之处在于"直接"，商户能将信息点对点传递给消费者。电子邮件营销也广泛地应用于网络营销领域。

（二）行情调研

行情调研是为了获得与贸易有关的各种信息。通过对信息的分析，了解国际市场行情特点，判定贸易的可行性并据以制订贸易计划。

行情调研范围和内容包括国际市场营销环境分析、国际市场调研、目标客户调研。

1. 国际市场营销环境分析

国际市场营销的经济环境由两部分组成：世界经济环境和目标国家

（地区）经济环境。世界经济环境的分析通常包括世界经济格局及发展趋势、国际贸易构成和国际金融体系等方面的分析。目标国家（地区）经济环境调研的目的在于了解一个国家（地区）的总体经济状况、生产力发展水平、产业结构特点、宏观经济政策、货币制度、法律条约、价值观念、商业习惯、消费水平和基本特点等。国际市场营销不可避免地受到有关国家（地区）的政治、法律环境的制约，这就要求企业要注意了解该国家（地区）的政治、法律环境，规避营销活动中可能存在的政治风险，遵守有关国家（地区）的法律法规，维护自己的正当权益。

国际市场营销环境分析是对经济大环境有一个总体的了解，预估潜在的风险和效益情况。对外贸易要尽量在总体环境好的国家（地区）开展。

2. 国际市场调研

国际市场调研是为了了解国际市场消费者的需求与偏好。通过国际市场调研活动，收集不同国家（地区）的市场信息，据此掌握这些国家（地区）消费者的需求、偏好，有的放矢地制订营销策略。国际市场调研能有效地捕捉国际市场营销机会，为企业国际营销活动提供决策依据，控制企业国际营销的发展进程，避免风险。

市场调研主要是针对某一具体选定的商品，除了调查其市场需求情况，还要了解国内市场的供应情况、国内企业的生产能力。要了解生产的技术水平和成本，产品性能、特点，消费阶层和高潮消费期，产品在生命周期中所处的阶段，该产品市场的竞争和垄断程度等，其目的在于确定该商品贸易是否具有可行性、获益性。

3. 目标客户调研

目标客户调研是为了了解欲建立贸易关系的国外厂商的基本情况，包括其历史、资金规模、经营范围、组织情况、信誉等级等总体状况，还包括其与世界各地其他客户、与我国客户开展对外经济贸易关系的历史和现状。只有对国外厂商有了一定的了解，才可以与之建立外贸联系。

（三）客户资信调研

我国对外贸易实际工作中，常有因对对方情况不了解，匆忙与之进行外贸交易活动而造成重大损失的事件发生。因此在交易磋商之前，一定要对国外客户的资金和信誉状况有十足的把握，不可急于求成。对于新结识的客户一定要进行资信调查，即使在与对方缔结了交易关系后，也应定期作资信调查，以便能经常了解对方的资信情况。

1. 对客户资信情况的调查方法

对客户资信情况的调查方法有以下几种。

（1）通过国内往来银行，向对方的往来银行调查。这种调查通常是拟好文稿，附上调查对象的资料，寄给往来银行的资信部。

（2）直接向对方的往来银行调查，将文稿和调查对象的资料直接寄给对方的往来银行。

（3）通过国内的咨询机构调查。

（4）通过国外的咨询机构调查。国外有名的资信机构不仅组织庞大、效率高，而且调查报告详细准确。调查报告均以密码编排各类等级，这种等级的划分以估计财力和综合信用评价分为 High、Good、Fair、Limited 4 个等级。

（5）通过国内外商会调查。

（6）通过我国驻外商务机构调查。

（7）由对方来函自己判断调查。

（8）要求对方直接提供资信资料。

（9）通过我国外贸公司驻外分支机构和商务参赞处，在国外进行资料收集。

（10）利用交易会、各种洽谈会和客户来华做生意的机会了解相关信息。

（11）派遣专门的出口代表团、推销小组等进行直接的国际市场调研，获得第一手资料。

2. 资信调查的内容

资信调查的内容包括以下几方面。

（1）厂商企业的组织情况，包括组织性质、创建历史、主要领导人员、分支机构、英文名称，以及公司是有限责任还是无限责任公司。

（2）往来对象的性格和人品。贸易往来对象诚实可靠是交易成功的基础。在国际贸易中，如果遇到不可靠的贸易对象，就难免出现货物的品质不良、开来与合同不符的信用证、拖延交付货物等现象。

（3）贸易经验。一个具有国际贸易经验的贸易对象至关重要。

（4）资信情况。包括企业的资金和信用两方面。资金是指企业的注册资金、实收资金、公积金、其他财产及资产债务情况。信用是指企业的经营作风、履约守信等。

（5）经营范围。调查对方的经营范围的同时还要调查经营的性质，如代理商、零售商、批发商、最终用户等。

（6）经营能力。如企业每年的经营金额、销售渠道、贸易关系、经营做法等。

（7）往来银行名称。了解对方往来银行的名称、地址。

（四）广告宣传

国际广告的重要性具体表现在以下几个方面。第一，许多企业在进入国际市场时，广告往往是它们形象的唯一代表。成功的广告能为企业树立起好的形象，为开拓市场奠定基础。第二，广告能在目标市场上为企业的产品实现预期定位。在国际市场上树立一定的产品形象是很重要的，它关系到企业产品的命运。第三，做广告需要一笔数目不小的资金。成功而有效的广告对企业是很可贵的资源，失败的广告则是资金的浪费，更严重的后果是导致企业营销战略的失败。第四，成功的广告是企业建立新市场、联系潜在顾客的最有效手段。第五，广告还是企业用来控制营销计划实施的手段，广告的效果直接影响着企业产品的销售和企业的目标完成。

总之，国际广告具有联系顾客、实现企业目标的重要作用，它能为企业的产品在国际市场上建立品牌形象和成功的销售铺平道路，是国际市场营销的重要工具之一。

1. *广告媒体的选择*

广告效果在很大程度上取决于广告媒体的选择适当与否。广告媒体主要有互联网、电视、报纸、杂志、直接邮寄的纸质版广告、广播、户外广告牌等，各种媒体均有其特点。一般来讲，报纸广告收费较低，传播范围广，而且比较及时、灵活。期刊广告的质量选择性好，能够把信息传达到特定的读者范围，但成本高，灵活性较差。电视是把形与声结合起来的媒体，电视广告地理选择性好，但成本较高。直接邮寄的纸质版广告是地理选择性和质量选择性都较好的媒体，灵活度高，但成本也较高。广播广告的地理选择性好，成本较低，但没有视觉上的刺激，给听众的印象不深。户外广告牌的地理选择性好，成本低，持续时间也较长，但在许多国家（地区）受到法律限制，而且传播的信息量较小。与四大传统媒体（报纸、杂志、电视、广播）广告及近来备受青睐的户外广告相比，网络广告具有得天独厚的优势，是实施现代营销媒体战略的一个重要部分。互联网是一个全新的广告媒体，传播速度快、效果理想，对于广泛开展国际业务的公司更是如此。

（1）互联网广告的特点及优势分析

①传播范围广

网络广告的传播不受时间和空间的限制，可以将信息24小时不间断地传播到世界各地。只要具备上网条件，任何人在任何地点都可以阅读，这是传统媒体无法做到的。

②交互性好

交互性是互联网媒体最大的优势，它不同于传统媒体的信息单向传播，而是信息互动传播。用户可以获取他们认为有用的信息，更直接地反映问题，厂商也可以随时得到宝贵的用户反馈信息，提供更快速的服务与咨询。

③更精确地区分目标客户

网络广告具备一对一营销的特性，能够针对特定的目标客户群做市场区分。如在金融栏目中做广告，针对的是这一特定群体的消费者。

④受众数量可准确统计

利用传统媒体做广告，很难准确地知道有多少人接受广告信息，而在互联网上可通过权威公正的访客流量统计系统，精确统计出每个广告被多少个用户看过，以及这些用户查阅的时间分布和地域分布，从而有助于客商正确评估广告效果，确定广告投放策略。

⑤即时性和灵活性

传统媒体的广告发布后很难更改，即使可改动，往往也需付出很大的经济代价。而在互联网上做广告能按照需要及时变更广告内容。这样，经营决策的变化也能及时实施和推广。

⑥强烈的感官性

网络广告的载体基本上是多媒体、超文本格式文件，受众可以对感兴趣的产品了解更为详细的信息，使消费者能亲身体验产品、服务与品牌。这种以图、文、声、像的形式传送多感官的信息，让顾客身临其境般地感受商品或服务，并能在网上预订、交易与结算，增强了网络广告的实效性。

⑦成本低

互联网广告无须印刷、制片，节省了一部分费用，而且广告播发时间长。

根据分析结果显示，互联网广告的受众年轻化、具有活力、受教育程度高、购买力强，互联网广告可以帮助企业直接接触有购买意图的潜在用户。

互联网广告与传统媒体广告的比较如表 1-1 所示。

表 1-1 互联网广告与传统媒体广告的比较

媒体	表现形式	传播速度	用户接收方式	价格	注意度	更新速度	互动性	普及程度
网络	互动、多媒体	中	被动+主动	低	高	即时	高	中
平面媒体	文字、图片	慢	被动	中	高	慢	低	高
广播	声音	快	被动	高	中	慢	中	高
电视	声音、影像	快	被动	高	中	慢	中	高

尽管互联网广告具有许多传统媒体广告不可比拟的优势，但在目前的情况下，还存在许多不足，如覆盖率仍然偏低，评价困难，网页上可选择的广告位有限，普及率偏低等。

（2）互联网广告的主要形式

①网幅广告（包含 Banner、Button、通栏、竖边、巨幅等）

网幅广告是以 GIF、JPG、Flash 等格式建立的图像文件，定位在网页中，大多用来呈现广告内容，同时还可使用 JavaScript 等脚本语言使其产生交互性，用 Shockwave 等插件工具增强表现力。

②文本链接广告

文本链接广告是以一排文字作为一个广告，点击即可以进入相应的广告页面。这是一种对浏览者干扰少，但却较为有效的互联网广告形式。有时候，简单的广告形式效果却相对较好。

③电子邮件广告

电子邮件广告具有针对性强、费用低廉的特点，且广告内容不受限制。特别是针对性强的特点，它可以针对某一个人发送特定的广告，为其他网上广告方式所不及。

④邮件列表广告

又名"直邮广告"，利用网站电子刊物服务中的电子邮件列表，将广告加在读者每天所订阅的刊物中发放给相应的邮箱所属人。

⑤赞助式广告

赞助式广告的形式多种多样，在传统的网络广告之外，给予赞助商更多的选择。广告与内容的结合也是赞助式广告的一种，从表面上看它们更像网页上的内容而并非广告。在传统的印刷媒体上，这类广告都会有明显的标示，指出这是广告，而在网页上通常没有清楚的界限。

⑥插播式广告（弹出式广告）

访客在请求登录网页时会被强制插入一个广告页面或弹出广告窗口。它们有点类似电视广告，都是打断正常节目的播放，强迫观看。插播式广告有各种尺寸（全屏、小窗口等），而且互动的程度也不同（从静态到动态）。浏览者可以通过关闭窗口不看广告（电视广告是无法做到的），但是它们的出现没有任何征兆，所以肯定会被浏览者看到。

⑦富媒体

富媒体（Rich Media）可以将网络线上广告转换成互动的模式，而不仅仅是一个静态的广告信息。国外研究显示，整合富媒体到"招牌广告"，大大提升了广告的效果及点击率（平均高达6%）。另外，对于品牌知名度、顾客购买兴趣也有很大的影响。

⑧移动广告

移动广告是通过移动设备（手机、平板电脑等）访问移动应用或移动网页时显示的广告，广告形式包括图片、文字、HTML5、链接、视频、重力感应广告等。

⑨其他新型广告

其他新型广告包括视频广告、巨幅连播广告、翻页广告、祝贺广告等。

在做国际广告时，仅了解各种媒体的基本特点是远远不够的。由于各国（地区）营销环境差别很大，这些基本的媒体特点可能在甲国表现得很充分，在乙国表现不出来或表现出另外一些特点。因此，国际企业在选择广告媒体时，还应注意另外一些因素，如产品的性质、媒体可获性、媒体覆盖面、媒体成本等。

(3) 广告媒体选择的因素

①产品的性质

工业品和消费品、高技术产品和一般性产品应选用不同的媒体投放广告。如服装广告，重要的是显示其式样、颜色，最好在电视或杂志等表现效果好的媒体上用彩色画面做广告，以增强美感。高技术产品、成套设备等则适宜用直接邮寄说明书的方法。

②媒体可获性

有时被视为最合适的广告媒体在某些国家（地区）根本就不存在，

或者受到严格限制。例如，北欧斯堪的纳维亚地区根本不存在电视广告；中东的沙特阿拉伯也不允许做电视广告；法国的电视广告是由国家控制的，不仅对每天广告节目的播放时间有严格规定，而且对每种产品每年的广告时间都有严格的限制。

有些国家（地区）广告媒体太少，存在着严重供不应求的现象，这种情况会导致两种结果：第一，从预订登载广告到实际登载广告的时间间隔太长；第二，某些企业为了及时登载广告，有时只能不择手段。在另外一些国家（地区），广告媒体太多，也会给企业做广告带来麻烦——无法锁定广告的目标受众。

③媒体覆盖率

选择广告媒体时应考虑的另一因素是媒体覆盖率（Media Coverage）。覆盖率的大小取决于暴露时间和拥有率两个因素。各种媒体的暴露时间在各国（地区）有不同的规定和习惯，各种媒体的拥有率在各国（地区）也是高低不一。因此，各国（地区）广告媒体的覆盖率差别也很大。企业在选择媒体之前，应对市场相关地区各种媒体的覆盖率情况进行了解。但是，完成这一任务也是很困难的，在某些国家（地区）根本得不到这方面的数据，在另外一些国家（地区）只能从政府部门得到这些数据，但部分数据的真实性有待考证。在这种情况下，企业需要在当地广告代理商、咨询公司、子公司、经销商或代理商的帮助下，尽可能多地掌握一些媒体覆盖率的统计资料，为媒体选择奠定基础。

④媒体成本

在许多国家（地区），媒体的价格是由买卖双方经过谈判来决定的。因而价格高低在很大程度上取决于买方（广告代理商）的谈判实力。在某些发展中国家和大多数社会主义国家，媒体价格是由政府部门确定的。一般来说，发达国家的媒体价格较高，发展中国家的媒体价格较低。但是，从近几年的发展趋势来看，部分发展中国家的媒体价格上涨速度高于发达国家。

对企业而言，广告活动应考虑企业的经济负担能力，力求在一定预算内，使广告信息尽可能有效地到达目标受众，这就需要对媒体的成本与其传播能力（覆盖率）两个因素进行权衡。

⑤媒体的全球性

全球性媒体（Global Media）是指能够达到3个洲（如亚洲、欧洲、北美洲）以上的目标受众，而且能进行统一购买的媒体。以前，我们说全球性媒体时一般指的是出版物，如《读者文摘》(Reader's Digest)、《时代》(Time)、《经济学家》(Economist) 等。随着卫星通信的发展，全球性的电视频道也愈加重要，如 CNN、BBC、The Discovery Channel、MTV 等在世界多数地区均可收看。在中国，中央电视台中文国际频道和香港地区的凤凰卫视均为以全球华人为目标受众的全球性媒体。

互联网为国际营销者提供了一个崭新的全球性媒体，而且其重要性还在日益增加。

随着世界经济全球化的进一步发展和科技的日益进步，媒体的全球性越来越重要，越来越多的企业将会利用全球性媒体向居住在不同国家（地区）的目标顾客群传递信息。

2. 国际广告的实施

（1）广告代理商的选择

广告代理商（Advertising Agency）是独立的企业组织，通常为客户制作和安排广告，并向客户收取佣金。它可以帮助企业进行全部广告活动，包括调研、撰稿、美术设计以及媒介的选择。正因为广告代理商拥有专业化的知识、技术、人才和服务，所以几乎所有的企业都通过广告代理商进行广告宣传，许多自设广告部的企业也常依赖广告代理商提供服务。国际企业可以委托本国或外国的广告代理商做国际广告。国内外的广告代理商很多，企业在选择时应注意以下几个方面。

①市场覆盖率。这些候选广告代理商的信息传播范围是否包括了所有目标市场。

②广告质量。各广告代理商所做的广告质量高低不等，在选择广告代理商时应注意这个因素，因为它直接关系到广告的效果。

③市场调研、公共关系及其他营销方面的服务。如果企业需广告代理商提供上述服务，那么这些服务项目的质量要综合考虑。

④广告费用。一般国外广告代理商的收费较高，国内广告代理商的收费较低。但国外的广告代理商一般比较了解当地市场和媒介特点，能够提供的服务项目较多。在这种情况下，企业应权衡各种选择的利弊，量力而行。

⑤企业广告部的作用。如果企业设有很强的广告部，就可以自己制作广告，不通过广告代理商而直接与国外媒介联系播放或登载广告。如

果企业广告部力量较弱，就需寻找一个较强大的广告代理商。

（2）广告预算的确定

由于很难精确地计算广告的投入产出比，所以在理论上很难确定广告预算的最佳方法，国内外一些企业通过长期实践，总结出一些更便于实际计算的预算方法，简介如下。

①量力支出法

企业在制定广告预算时首先考虑自己究竟能够负担多少广告费用，即以本身的经济能力为基础来确定广告费用的绝对额。这种方法比较简单易行，但缺点是忽略了广告额与销售额之间的因果关系，以及促销对销售额的影响。按照这种方法，企业每年的促销费用可能有较大的差异，不利于企业制订长期的市场拓展计划。我国企业在制定广告预算时多采用这种方法。

②销售比例法

这是一种很流行的方法，该方法要求企业根据在某国（地区）的销售额来确定广告支出，使广告支出占销售额的一定比例。这种方法主要有3个优点：简便易行；广告额与销售额结合起来，能使广告支出保持在支付能力以内；如果企业在许多国家（地区）有销售业务，使用这种方法能使广告预算在各国（地区）有效地分配。

这种方法的主要缺点是颠倒了广告额与销售额的因果关系。例如，企业在某国（地区）的销售额因遇到强有力的竞争而下降，为了加强竞争力和扩大销售，企业应增加广告支出，可是按照销售比例法，销售额下降就应该减少广告支出，可见这种因果倒置的方法有时是不符合实际情况的。

③竞争对等法

该方法要求企业确定与竞争对手大致相等的广告预算，许多企业在进入国际市场之初，缺乏投放国际广告经验，难以确定自己究竟花多少钱投放广告。在这种情况下，企业便效仿竞争对手的做法，与其保持大致相等的广告额。但这种方法不一定科学。首先，竞争对手的预算不一定合理、有效；其次，企业与竞争对手在资源、营销目标、市场机会以及市场上的竞争地位等各方面都不相同，对方的预算不一定符合自己的实际情况。

④目标与任务法

按照这种方法，企业首先要确定广告目标（如销售额增长、品牌知名度提高等），然后确定为达到这些目标而必须完成的任务，最后再估算完成这些任务所需要的广告费用。采用这种方法，最好做一次成本、收益分析，即把广告目标与成本进行比较，这种分析有助于达到最佳效果。使用这种方法的困难之处在于准确地制定广告目标。如果企业对市场了解不充分导致制定的广告目标不合适，那么据此作出的广告预算就会出现错误。

⑤主管判断法

按照这种方法，主管广告业务和促销业务的经理以及上级主管营销和财务预算的经理将对广告支出的实际需要作出判断，并进一步决定广告预算。这种方法实际上是上述各种方法的综合，既要考虑营销目标与任务，又要考虑公司目前的财务现状，还要考虑竞争对手的支出总额。此时，各级主管的经验至关重要。美国的企业界比较广泛地采用这种方法。

上述几种方法，各有其优缺点，企业可根据自身条件、市场情况和产品特点等因素灵活选择。

（五）商标注册

商标是一个标志，用以区别所提供商品及服务的标记，分为商品商标和服务商标两种。商标可以由文字（包括个人姓名）、设计式样、字母、字样、数字、图形、颜色、声音、气味、货品的形状或其包装，以及上述标志的任何组合所构成。能够借书写或绘图方式表述的标记，才可以注册为商标。

商标一经注册，便可以就有关货品及服务拥有该商标的专有使用权。如其他商户未经商标拥有人同意把该商标用于相同或类似的货品或服务上，即属侵权行为，可以就此采取法律行动。如果商标没有注册，则较难证明谁是有关商标的"拥有人"，商标得到的保障也很有限。

商标标志是指商标的载体或附着物，如酒类商品上的瓶贴，自行车上的标牌，服装上的织带等。

证明商标是指由对某种商品或者服务具有监督能力的组织所控制，由该组织以外的单位或者个人使用于其商品或者服务，用以证明该商品或者服务原产地、原料、制造方法、质量或者其他特定品质标志，如真皮标志、纯羊毛标志、电工标志等。

集体商标是由社团、协会或其他合作组织申请注册，用以表示该组织及其成员身份的标志。由其组织成员使用于商品或服务项目上，以区别非成员所提供的商品或服务，该种商标称为集体商标。

注册和使用集体商标，有利于中小企业的联合，促进其集约经营，形成在市场中有竞争力的销售渠道，有利于产品和商标的宣传，促进规模经营。

1. 商标具有的特征

商标具有显著性、独占性、价值性和竞争性4种特征。

（1）显著性指区别于具有叙述性、公知公用性质的标志，区别于他人商品或服务的标志，便于消费者识别。

（2）独占性指注册商标所有人对其商标具有专用权、独占权，未经许可，他人擅自使用即构成侵犯商标权。

（3）价值性指商标代表着商标所有人生产或经营的质量信誉和企业形象，商标所有人通过商标的创意、设计、申请注册、广告宣传及使用，使商标具有了价值，也增加了商品的附加值。商标可以有偿转让。

（4）竞争性指参与市场竞争的工具。商标知名度越高，其商品或服务的竞争力就越强。

2. 商标专用权的特征

商标专用权指国家运用法律手段，根据商标立法的宗旨，按法定程序，赋予商标注册申请人以商标专用权，并对其予以保护的立法准则。商标专用权包括商标使用权和商标禁止权两个方面。商标专用权的特征如下。

（1）商标权是由国家确认的一种权利，一个国家只有一个机构有权受理、审查、批准商标权。

（2）商标权具有专有性，又称独占性或垄断性。

（3）商标权具有地域性。一国核准的商标，只在该国领域内有效，对其他国家不产生效力。

（4）商标权具有时效性。我国注册商标有效期为10年，有效期满后，商标权人如果希望继续使用并得到保护，须在到期前半年内办理有关续展手续并缴费。商标续展的次数不限。

3. 商标国际注册

由于商标权具有地域性的特点，要使自己的商标在国外获得保护，目前有两条途径：一是逐一国家注册，即直接向相关国家注册；二是进行商标国际注册，并向有关国家申请领土延伸。

1973年6月13日，在维也纳召开的工业产权外交会议上签订了《商标注册条约》，组成商标国际注册同盟。"国际注册"是指依照本条约，经国际局核准登入商标国际注册簿的注册。"国际申请"是指申请国际注册。"申请人"是指提出国际申请的自然人或法人。"国际注册所有人"是指在对指定国全部或一部分和对所列商品、服务项目全部或一部分有效的商标注册中有其名称的自然人或法人。"国家商标"是指经有批准注册权的缔约方政府机关注册，在该国生效的商标，"国家商标"不应与"区域商标"混同。"区域商标"是指经国际局以外的有批准注册权的政府间机构注册，在不止一个国家生效的商标。"国际局登记"是指载于商标国际注册簿上的登记。"指定国"是指申请人或国际注册所有人希望该注册能产生本条约规定的效力的，并在国际申请中或后续指定登记申请中指明的任一缔约方。"国家主管机关"是指负责办理商标注册的一个缔约方的政府机关，也指受几个国家至少其中之一是缔约方的委托，在按照本条约和施行细则关于国家主管机关的规定承担义务和行使权力的条件下，办理区域商标注册工作的一个政府间机构。"商标国家注册簿"是指注册国家商标、区域商标的国家主管机关所保存的商标注册簿。"指定国主管机关"是指指定国的国家主管机关。

经公告和通知的商标国际注册和后续指定登记，在每一个指定国，同在该国际注册日和后续指定登记日向该国国家主管机关提出的商标国家注册申请有同等效力。在每一个指定国，同该商标获准在该国国家注册簿上注册有同等效力。

4. 商标注册申请

企业要将自己的产品打入国际市场，保护自己的知识产权，除了在中国国内申请商标注册外，还必须在目标市场国（地区）或潜在的目标市场国（地区）申请商标注册。

不同国家和地区的申请手续略有不同，举例如下。

（1）中国商标注册

①商标注册申请程序（见图1-5）

A. 商标注册查询。查询所要注册商标中包含的中文和英文。根据商标申请人要求，向国家知识产权局商标局查询有无相同或近似商标已注册在先。

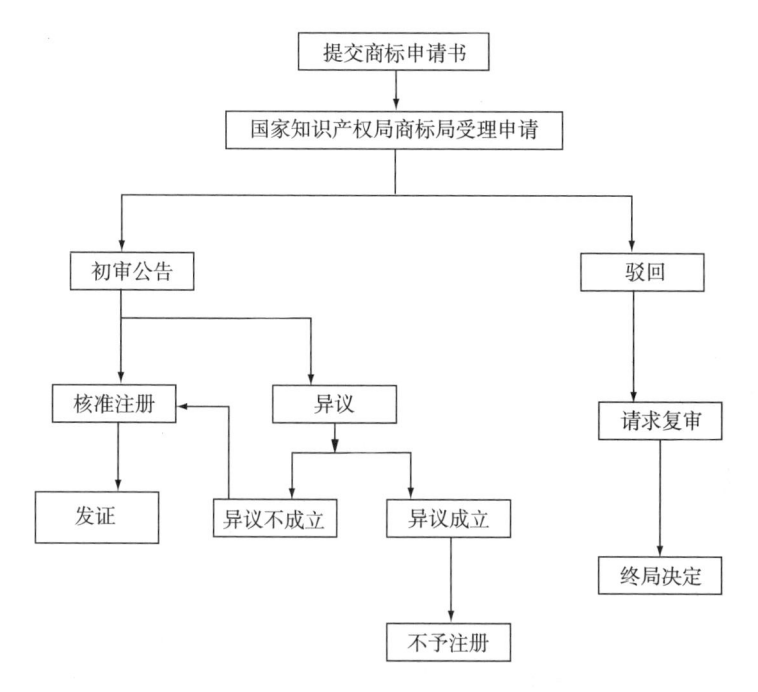

图 1-5 商标注册申请程序

B. 设计制作商标图样。
C. 提出商标注册申请。
②商标注册所需手续
办理商标注册申请,应当提交下列文件。
商标注册申请等有关文件,可以以书面方式或者数据电文方式提出。以数据电文方式提出的,具体要求详见中国商标网"网上申请"栏目相关规定。

A.《商标注册申请书》(应当使用国家知识产权局统一制定的申请书格式)。

a. 每一件商标注册申请应当提交《商标注册申请书》1 份。以纸质方式提出的,应当打字或者印刷。

b. 申请人为法人或其他组织的,应当在申请书的指定位置加盖公章;申请人为自然人的,应当由申请人使用钢笔或签字笔在指定位置签字确认。

c.《商标注册申请书》填写要求详见《商标注册申请书》所附填写说明。

B. 申请人身份证明文件复印件（同一申请人同时办理多件商标的注册申请事宜时，只需要提供 1 份）。

a. 国内申请人

申请人为法人或其他组织的，应当使用标注统一社会信用代码的身份证明文件，如营业执照、法人登记证、事业单位法人证书、社会团体法人证书、律师事务所执业证书等有效证件的复印件；期刊证、办学许可证、卫生许可证等不能作为申请人身份证明文件。

申请人为我国香港特别行政区、澳门特别行政区和台湾地区法人或其他组织的，应当提交相应的登记证件复印件。

申请人为自然人的，应当提交身份证、护照、户籍证明等有效身份证件的复印件，以及个体工商户营业执照复印件或农村土地承包经营合同复印件。

申请人为我国香港特别行政区、澳门特别行政区和台湾地区自然人且自行办理的，应当提交在有效期（1 年以上）内的港澳居民来往内地通行证、台湾居民来往大陆通行证或港澳台居民居住证复印件。

b. 国外申请人

申请人为法人或其他组织的，应当提交所属地区或国家的登记证件复印件。外国企业在华的办事处、常驻代表机构的登记证复印件不能作为身份证明文件。上述文件是外文的，应当附送中文译文；未附送的，视为未提交该文件。

申请人为自然人且自行办理的，应当提交护照复印件及公安部门颁发的、在有效期（1 年以上）内的外国人永久居留身份证、外国人居留许可等。

C. 委托商标代理机构办理的，应当提交《商标代理委托书》。

a. 《商标代理委托书》应当载明代理内容及权限。

b. 申请人为外国人或者外国企业的，《商标代理委托书》应当载明申请人的国籍。

c. 外国人或者外国企业的《商标代理委托书》及与其有关的证明文件的公证、认证手续，按照对等原则办理。

D. 商标图样。

a. 每一件商标注册申请应当提交 1 份商标图样。以颜色组合或者着色图样申请商标注册的，应当提交着色图样；不指定颜色的，应当提交黑白图样。

b. 商标图样必须清晰，便于粘贴，用光洁耐用的纸张印制或者用照片代替，长和宽应当不大于 10 厘米，不小于 5 厘米。商标图样应粘贴在《商标注册申请书》指定位置。

c. 以三维标志申请商标注册的，应当在申请书中予以声明，并应在《商标注册申请书》"商标说明"栏中说明商标的使用方式。申请人应当提交能够确定三维形状的图样，该商标图样应至少包含三面视图。

d. 以颜色组合申请商标注册的，应当在申请书中予以声明，并在《商标注册申请书》"商标说明"栏中加以文字说明，说明色标和商标的使用方式。

以颜色组合申请商标注册的，商标图样应当是表示颜色组合方式的色块，或是表示颜色使用位置的图形轮廓。该图形轮廓不是商标构成要素，必须以虚线表示，不得以实线表示。

e. 以声音标志申请注册商标的，应当在申请书中予以声明，并在商标图样框里对声音商标进行描述，同时报送符合要求的声音样本，以及在《商标注册申请书》"商标说明"栏中说明商标的使用方式。

一是声音商标的描述。应当以五线谱或者简谱对申请用作商标的声音加以描述并附加文字说明；无法以五线谱或者简谱描述的，应当使用文字进行描述。

二是声音样本的要求：

通过纸质方式提交声音商标注册申请的，声音样本的音频文件应当储存在只读光盘中，且该光盘内应当只有一个音频文件。通过数据电文方式提交声音商标注册申请的，应按照要求正确上传声音样本。

声音样本的音频文件应小于 5MB，格式为 wav 或 mp3。

三是商标描述与声音样本应当一致。

E. 要求优先权的，应当提交书面声明，并同时提交或在申请之日起 3 个月内提交优先权证明文件，包括原件和完整的中文译文。未书面声明或申请/展出国家（地区）、申请/展出日期、申请号栏目填写不完整的，视为未要求优先权。逾期未提交或未完整提交优先权证明文件的，或证明文件不足以证明其享有优先权的，优先权无效。

F. 申请人提交的各种证件、证明文件和证据材料是外文的，应当附送中文译文；未附送的，视为未提交该证件、证明文件或者证据材料。

G. 国内自然人办理商标注册申请的，除按照有关规定提交《商标注册申请书》、商标图样等材料外，还应当注意符合《自然人办理商标注册申请注意事项》的相关要求。

依照《中华人民共和国商标法》第四条的规定，以自然人名义办理商标注册、转让等申请事宜，除按照有关规定提交《商标注册申请书》、商标图样等材料外，还应当注意以下事项：

a. 申请人为个体工商户的，可以以其个体工商户营业执照登记的字号作为申请人名义提出商标注册申请，也可以以执照上登记的经营者名义提出商标注册申请。以经营者名义提出申请时，应提交以下材料的复印件：

经营者的身份证；

营业执照。

b. 申请人为农村承包经营户的，可以以其承包合同签约人的名义提出商标注册申请，申请时应提交以下材料的复印件：

签约人身份证；

承包合同。

c. 其他依法获准从事经营活动的自然人，可以以其在有关行政主管机关颁发的登记文件中登载的经营者名义提出商标注册申请，申请时应提交以下材料的复印件：

经营者的身份证；

有关行政主管机关颁发的登记文件。

d. 申请人为农村承包经营户的，提出商标注册申请的商品和服务范围，应当以其自营的农副产品为限；申请人为除个体工商户或农村承包经营户之外的其他依法获准从事经营活动的自然人的，应当以其在有关登记文件核准的经营范围为限。

e. 对于不符合《中华人民共和国商标法》第四条规定的商标注册申请，国家知识产权局将不予受理。

H. 为申请商标注册所申报的事项和所提供的材料应当真实、准确、完整。

以欺骗手段或者其他不正当手段取得注册的，由国家知识产权局宣告该注册商标无效；其他单位或者个人可以请求国家知识产权局宣告该注册商标无效。

③商标注册所需时间

A. 提出申请后 1 年，国家知识产权局商标局发布商标初审公告，并寄送商标申请人。

B. 商标申请注册公告之日起 3 个月后，正式下发"商标注册证"。

C. 商标注册证获得时间：全部时间约为 15 个月。

D. 商标注册申请受理通知书发出时间：国家知识产权局商标局发出商标注册申请受理通知书约需 60 天。

④注册商标的有效期

根据《中华人民共和国商标法》的规定，注册商标的有效期为 10 年，自核准之日起计算。有效期期满之前 6 个月内可以进行续展并缴纳续展费用，每次续展有效期仍为 10 年。续展次数不限。如果在这个期限内未提出申请的，可给予 6 个月的宽展期。若宽展期内仍未提出续展注册的，商标局将其注册的商标注销并予以公告。

⑤商标异议申请规定

商标异议是《中华人民共和国商标法》及其实施细则明确规定的，对初步审定商标公开征求公众意见的法律程序，其目的在于公正、公开进行商标确权，提高商标注册审查质量。

商标异议的内容范围很广，既包括初步审定的商标与申请在先的商标相同或近似，也包括初步审定的商标违反了《中华人民共和国商标法》的禁用条款或商标不具显著性，还包括申请人不具备申请资格等。

提出商标异议的可以是任何人，既可以是商标注册人，也可以是非商标注册人；既可以是企业、事业单位，也可以是个人；既可以是法人，也可以是非法人。商标的异议期为初步审定的商标自公告之日起 3 个月内，商标异议申请日期，以商标局收到申请书的日期为准。异议期的最后一天是节假日的，可顺延至节假日后的第一个工作日。

商标异议人须交送"商标异议书"，在异议书中要将被异议商标的申请人、商品类别、商标刊登初审公告的日期、公告期号和初审号填写清楚。

反之，当其他人对自己商标注册提出异议时，被异议人可以在期限内答辩。

（2）德国商标注册

德国的商标主管部门是德国专利商标局（Deustsches Patent – und Markenamt）。商标保护的对象为文字、字母、数字、图形、音像、立体等。

①需提交的商标注册申请文件

A. 商标标样实例，包括指定的产品或服务。

B. 注册商标图样（26.2 cm×17 cm）。

②商标注册申请程序

接到注册商标申请后，专利商标局先给申请人发一个文号并确定申请日期（专利商标局收到申请的日期），然后向申请人或代理人寄出受理通知书。之后，专利商标局将不再就收到文件寄出通知书。在确定文号和付费的类别后，将对是否符合申请注册的正式要求作出审查。如果不符合要求，将通知申请人补正。如果补正在规定期限内作出，将继续申请程序；否则，将驳回申请。如果申请存在以下缺陷，将以补正后的日期为申请日期：缺少申请人身份的信息，没有商标图样，没有指定商品或服务项目。如果没有驳回的绝对理由，商标就能获得注册。如果有绝对理由，申请人将接到通知书，并有机会在专利商标局规定的时间内就此陈述意见。考虑申请人意见后，如果专利商标局认为仍有必要维持驳回，将由更高一级的审查员来决定能否注册。如果注册被最终驳回，申请人可以向专利商标局提出反对，反对无效，可以向联邦专利法院上诉。提出反对，不用另外收费。如果专利商标局没有在6个月内就反对作出答复，申请人可以提出裁定请求，如果请求在2个月后还没有作出答复，申请人可以直接提出上诉。如果申请资料符合规范，不存在绝对理由，商标将被注册和公告。必须注意的是，注册后，商标获得的只是临时性权利，还有可能遭到基于在先权利的异议。

③商标注册异议

商标注册公告后，在先权利人可以在3个月内提出异议。如果异议成立，注册将被撤销。如果这3个月内没有异议，商标就被正式注册了，只有通过撤销程序才能撤销商标权。

④商标注册保护

商标注册的保护期为10年，从申请日算起至10年后申请日所在月的最后一日为止。以后每次续展10年。续展必须在保护期最后一日前作出，如果在这一天还没有缴纳费用，专利商标局将通知注册人其商标将被撤销。在此通知送达后6个月内，注册人仍然可以提出续展，但必须多交一笔费用。

（3）中国香港特别行政区商标注册

商标注册处收到注册申请后，审查人员将根据图1-6所示的步骤处理有关申请。有关申请如没有不足之处，且拟注册商标无反对，则由商标注册处予以注册。接获申请至批准商标注册最短需 6 个月。

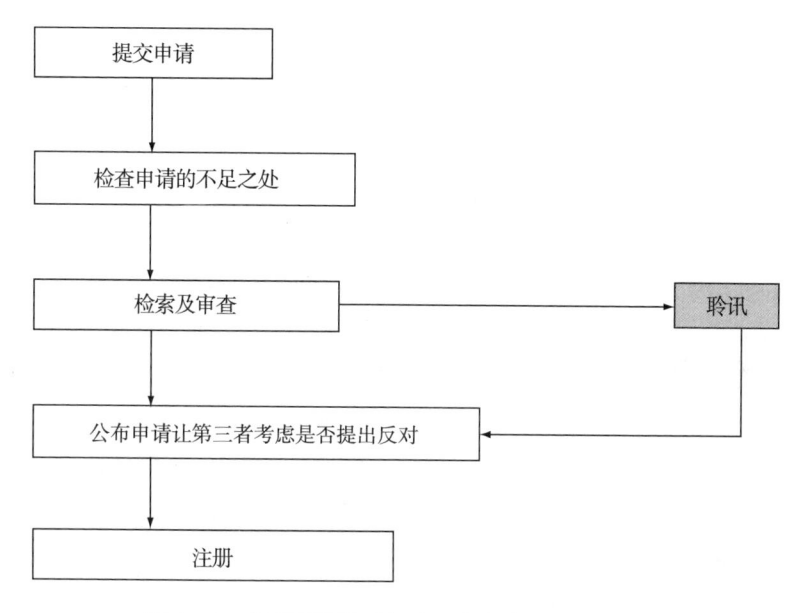

图 1-6　中国香港特别行政区审查商标申请的程序

① 提交申请

商标注册处收到注册申请表格后，发出收据及通知申请人有关申请编号。

② 检查申请的不足之处

商标注册处在审查有关申请前，首先详细检查申请表格及所有附件，以查看表格内须填写的部分是否已经填妥、有关资料是否正确、所需资料是否齐全。

如资料不全，商标注册处会要求申请人补充、修改有关不足之处。非常细微的修订（如货品类别的编号）不会影响提交申请的日期，但较重要的修订（如没有提交有关商标的图示）则会对提交申请日期有影响。此外，重大的改动（如改动商标的图示）一律不会被接受。

如一切妥当，申请程序会进入下一阶段（检索及审查）。

③ 检索及审查

完成检查申请的不足之处并确定所有资料备妥后，商标注册处会翻阅商标记录，以确定在相同或类似的货品或服务上，是否有其他商户已经注册或申请注册相同或类似的商标。

商标注册处会同时核查有关商标是否符合中国香港特别行政区《商标条例》的注册规定。审查主任随后会发出书面意见，说明对有关标记的反对理由，或确定接纳有关标记的注册申请。

④反对

如申请未符合注册规定，商标注册处会提出异议。申请人须于6个月内达到有关规定的要求。其期限可延展3个月。

商标注册处会在意见中解释为何有关商标未符合注册规定，如认为反对问题能够解决，可向申请人建议解决办法。

即使申请人已设法解决商标注册处在初步意见中提出的反对，有关申请可能仍未符合注册规定。商标注册处会再提出意见，说明审查结果。在此阶段，如申请人想继续办理这项申请，则可以在商标注册处再次提出意见之日起的3个月内，达到注册规定或要求聆讯。申请人只能在中国香港特别行政区《商标规则》的指定情况下（如需要更多时间取得在先商标拥有人的同意）要求延展上述时限。

⑤聆讯

如要求聆讯，支持和反对有关商标注册的所有证据，都会在聆讯中审议。聆讯人员会在审议后作出裁决。

⑥公布申请

商标注册处接纳申请后，会在香港知识产权署网站上公布。

⑦第三者反对

任何人均可在香港知识产权公报网站阅览申请人的商标，并对申请人的注册申请提出反对。反对人须在注册申请公布日期起的3个月内提交反对通知。作为申请人，可以撤回注册申请或就反对提交反陈述。双方均有机会在指定时限内就申请注册或反对注册提交证据。商标注册处收到所有证据后，便会安排双方出席聆讯，并由聆讯人员作出裁决。如申请人撤回注册申请或在反对注册的法律程序中获判败诉，申请人可能需要支付另一方的诉讼费。

⑧注册

商标注册处接纳有关商标的注册申请后，会把该商标的详细资料记入注册记录册，并向申请人发出注册证明书。此外，商标注册处会在香港知识产权署网站公布有关的注册公告。注册日期由提交申请当日起计。

由于中国将《保护工业产权巴黎公约》延用于香港特别行政区，加上香港特别行政区为世界贸易组织成员,商标申请人在香港特别行政区提出申请,便可享有《保护工业产权巴黎公约》优先权。

(六) 制订方案

制订方案是指有关进出口公司根据国家的政策、法令,对其所经营的出口商品作出一种业务计划安排。出口商品经营方案一般包括以下6项内容。

1. 商品的国内货源情况

商品的国内货源情况包括商品的生产地、主要消费地,商品的特点、品质、规格、包装、价格、产量、库存情况,主要生产厂商的生产能力、出口情况等。

2. 国外市场情况

国外市场情况包括市场容量,生产、消费、贸易的基本情况,主要是进出口国家(地区)的交易情况,以及今后的发展趋势,对商品品质、规格、包装、性能、价格等各方面的要求,国外市场经营该商品的基本做法和销售渠道。

3. 确定出口地区和客户

在行情研究、信息分析的基础上,选择最有利的出口地区和合作伙伴。

4. 经营历史情况

经营历史情况包括我国出口商品目前在国际市场上所占地位、主要销售地区及销售情况、主要竞争对手、经营该种商品的主要经验和教训等。

5. 经营计划和措施

经营计划和措施包括销售数量和金额、增长速度,采用的贸易方式、支付手段、结算办法、销售渠道、运输方式等。

6. 国家(地区)对该商品出口的政策规定

要了解该商品出口是否需要出具出口许可证,是否实行配额管理,如何申请配额管理等。

第二节 交易磋商

交易磋商是指买卖双方就交易条件进行洽商,以求达成一致协议的具体过程。它是国际货物买卖过程中不可缺少的环节，也是签订买卖合同的必经阶段和法定程序。

一、交易磋商的内容

交易磋商的内容通常包括合同条款的主要内容，即品质、数量、包装、装运、价格、支付、保险、检验检疫、索赔、不可抗力和仲裁等交易条件。其中，品质、数量、包装、装运、价格和支付 6 项常常被视为主要交易条件，是国际货物买卖合同中不可或缺的条款，也是进出口交易磋商的必谈内容。保险、检验检疫、索赔、不可抗力和仲裁等交易条件，涉及的是合同履行过程中可能发生问题或争议的解决办法，并非合同成立不可或缺的内容，往往被视为一般交易条件。一般交易条件，事先印在合同的正面下部或背面，双方若无异议，不必逐条磋商。

交易磋商的形式有 2 种：口头磋商和书面磋商。口头磋商是指买卖双方在广交会、华交会等国际交易会上或客户来访、出国小组拜访客户时直接磋商，以及交易双方通过电话交谈磋商。书面磋商是指交易双方通过信函、电报、电传、传真、电子邮件（E-mail）和网上洽谈等方式磋商。

二、交易磋商的环节

交易磋商有询盘、发盘、还盘和接受 4 个环节，其中发盘和接受是达成交易、合同成立必不可少的 2 个基本环节和必经的法律步骤。

（一）询盘（inquiry）

询盘是指买方（或卖方）为了购买（或出售）商品而向潜在的供货人（或买主）询问该商品的成交条件或交易的可能性的业务行为。询盘的内容可以涉及某种商品的品质、规格、数量、包装、价格和装运等成交条件，也可以索取样品。其中多数是询问成交价格，因此，在实际业务中，也有人把询盘称作询价。

在国际业务中，发出询盘的目的除了探询价格或有关交易条件外，有时还表达了与对方进行交易的愿望，希望对方接到询盘后及时发盘，以便考虑接受与否，这种询盘实际上属于邀请发盘。

询盘不具有法律上的约束力，也不是每笔交易必经的程序。

（二）发盘（offer）

发盘是指买方（或卖方）为了购买（或出售）商品向潜在的供货人

（或买主）提出有关交易条件，并愿意按照这些条件达成交易和订立合同的一种口头或书面的肯定表示。

发盘又称发价或报价，在法律上称为要约。发盘既可由卖方提出，也可由买方提出，由卖方向买方发盘称为售货发盘（selling offer），由买方向卖方发盘称为购货发盘（buying offer，又称为递盘）。

在发盘有效期内，发盘人受到发盘的约束，不得单方面撤销或修改发盘内容。发盘经受盘人有效接受后，合同即告成立，在买卖双方当事人之间就产生了具有法律约束力的合同。

在通常的情况下，发盘会具体地规定一个有效期，作为对方表示接受的时间限制，超过发盘规定时限，发盘人即不受约束。

（三）还盘（counter-offer）

还盘是指受盘人不完全同意发盘内容，而提出修改意见或变更交易条件的一种口头或书面表示。还盘又称还价，在法律上称为反要约。受盘人的答复，如果在实质上变更了发盘条件，就构成对发盘的拒绝，在法律上是否定了原发盘，原发盘即告失效，原发盘人不再受其约束。

还盘既可能是受盘人对发盘的拒绝，又可能是受盘人以发盘人的地位提出的新的发盘，若经原发盘人接受，合同即告成立。

还盘并非交易磋商的必备环节，一项发盘可不经还盘而由受盘人直接接受。

（四）接受（acceptance）

接受在法律上称为承诺，是指受盘人在发盘规定时限内，无条件同意发盘内容并愿意按这些条件与对方达成交易，订立合同的行为。

发盘一经接受，交易即告达成，合同即告成立。

以下是出口交易磋商来往函电实例。

上海长润信息技术有限公司[①]（以下简称"上海公司"）与德国一进口商（以下简称"德国公司"）就采购 STV 牌等离子平板型电视进行交易磋商，双方交换函电如下：

1. 4 月 1 日德国公司向上海公司发来询盘电传。

对 STV 牌型号 SH-50C1 等离子平板型电视感兴趣请发盘

INTERESTED IN PLASMA DISPLAY PANEL TV SET STV BRAND MOD-

---

① 本书涉及的公司名、人名、地址、电话等均为虚构，若有雷同，纯属巧合。

EL SH-50C1 PLEASE OFFER

2. 4月3日上海公司向德国公司发去发盘电传。

你1日电传发盘限8日复到我方STV牌型号SH–50C1等离子平板型电视500纸箱装每箱1台每台600美元CIF汉堡6月装即期不可撤销信用证

YOURS FIRST OFFER SUBJECT REPLY REACHING US EIGHTH PLASMA DISPLAY PANEL TV SET STV BRAND MODEL SH-50C1 500 SETS PACKED IN CARTONS OF ONESET EACH USD600 PER SET CIF HAMBURG JUNE SHIPMENT IRREVOCABLE SIGHT CREDIT

3. 4月5日德国公司向上海公司发来还盘电传。

你3日电传价格太高还盘580美元限8日复

YOURS THIRD PRICE TOO HIGH COUNTEROFFER USD580 REPLY EIGHTH

4. 4月7日上海公司向德国公司发去对还盘再还盘电传。

你5日电传最低价590美元限12日复

YOURS FIFTH LOWEST USD590 SUBJECT REPLY TWELFTH HERE

5. 4月10日德国公司向上海公司发来接受电传。

我方接受你7日发盘

YOURS SEVENTH WE ACCEPT

第三节　合同的订立

一、书面合同的作用

在国际贸易中，交易双方就交易条件经过磋商，不论是口头磋商还是书面磋商，当任何一方作出的发盘为另一方接受时，合同即告成立。但是在国际贸易实践中，买卖双方往往还需另行签订一份正式的书面合同。签订书面合同的意义主要包括下列3个方面。

（一）作为合同成立的证据

根据有关法律的规定，凡是合同都须能得到证明，提供证据。尤其是通过口头谈判达成交易的情况下，签订一定样式的书面合同就成为不可缺少的程序。《联合国国际货物销售合同公约》第11条规定，销售合同无须以书面订立或书面证明，在形式方面也不受任何其他条件的限制。

也就是说，无论是当事人采用口头方式还是书面方式，都不影响合同的有效性，也不影响其证据力。

（二）作为合同生效的条件

交易双方在交易磋商时，如买卖双方的一方声明经另一方同意以签订一定格式的正式书面合同为准，则正式签订书面合同时方为合同成立。

（三）作为合同履行的依据

交易双方通过口头谈判或函电往返，磋商达成交易后把彼此磋商一致的内容汇总，签订一定格式的书面合同，双方当事人指定以书面合同为准，这就有利于合同的履行。

二、书面合同的形式

国际货物买卖合同在名称或形式上没有特别的限制。从事国际贸易的买卖双方除可采用正式的合同（Contract）、确定书（Confirmation）、协议书（Agreement）之外，还可采用备忘录（Memorandum）、订货单（Order）和报价单（Quotation Sheet）等。

在我国的外贸实践中，采用"合同"和"确认书"两种形式的居多。从法律效力来看，这两种形式的书面合同没有区别，不同的只是格式内容的繁简。合同又可分为销售合同和购货合同，前者是卖方草拟提出的合同，后者是买方草拟提出的合同。确认书是合同的形式，分为销售确认书和购货确认书。前者是卖方草拟提出的合同，后者是买方草拟提出的合同。

在我国对外贸易业务中，合同或确认书，通常都制作一式两份，由双方合法代表分别签字后各执一份，作为合同订立的证据和履行合同的依据。

三、书面合同的内容

（一）合同的约首

约首是指合同的首部，一般包括合同名称、合同编号，缔约双方的名称和地址、签约时间、签约地点以及合同序言等内容。

（二）合同的本文

本文指合同的主体，是对交易双方经过磋商达成一致意见的交易条件以合同条款的形式予以确认。

合同基本条款包括品名、品质、规格、数量（或重量）、包装价格、交货条件、运输、保险、支付、检验检疫、索赔、不可抗力、仲裁等项内容。有时为了满足某笔交易的特殊需要也可订立特殊条款，这些特殊条款也作为合同本文的一部分。

（三）合同的约尾

约尾是指合同的尾部，通常注明合同的份数、使用的文字及其效力、双方当事人签字等项内容。

为了提高履约率，规定合同内容时，应当考虑周全，力求使合同的条款明确、具体、严密和相互衔接，且与磋商的内容要一致，以利于合同的履行。

第四节　合同的履行

在交易双方所订立的买卖合同中，都规定了合同双方当事人的权利和义务。虽然交易对象、成交条件及所选用的惯例不同，但从每份合同中规定的当事人的基本义务来看，却是相同的。《联合国国际货物销售合同公约》规定：卖方的基本义务是按合同规定交付货物，移交与货物有关的各项单据、转移货物的所有权；买方的基本义务是按合同规定支付货款和收取货物。

合同签订后，买卖双方都应受其约束，都要本着"重合同，守信用"的原则，切实履行合同规定的各项义务，如合同一方没有或未完全履行其在合同中所承担的义务，致使对方的权益受到损害时，受损害的一方可以采取适当的措施取得补偿。这种依法取得补偿的方法在法律上称为救济方法。

以下主要介绍履行出口合同的基本程序、各环节的基本内容和履行当中的注意事项等内容。

在我国出口贸易中，按 CIF 或 CFR（成本加运费）条件成交的合同较多，货款收付以信用证方式为主。

履行出口合同的程序一般包括备货、催证、审证、改证、租船、订舱、报关、报验、保险、装船、制单、结汇、出口收汇核销和出口退税等工作环节。在这些工作环节中，以货（备货）、证（催证、审证和改证）、运（租船、订舱）、款（制单结汇）4 个环节的工作最为重要。

一、备货与报验

为了保证按时、按质、按量交付约定的货物，在订立合同之后，卖方必须及时落实货源，备妥应交的货物，并做好出口货物的报验工作。

备货工作的内容主要包括按合同和信用证的要求安排生产加工或组织货源和催交货物，核实货物的加工、整理、包装和刷唛情况，对所交货物进行验收和清点。在备货工作中，应着重注意下列事项。

（一）货物的品质

出口企业要根据出口合同的要求，认真核对交付货物的品质、规格，如果发现不符合要求的货物，应进行筛选、加工和整理，或者给予更换，直至达到要求。

（二）货物的数量

必须按约定数量备货，而且应留有余地，以备必要时作为调换之用，如约定可以溢短装时，则应考虑满足溢装部分的需要。

（三）货物的包装

货物的包装应符合出口合同的规定，适应运输方式的要求，如发现包装不良或有破损，应及时修整或调换。在包装的明显部位，应按约定的唛头式样刷制唛头，对包装上的其他各种标志也应注意是否符合要求。

（四）发运货物的时间

为了保证按时交货，应根据合同和信用证对装运期的规定，并结合船期安排做好供货工作，使船货衔接好，以防出现船等货的情况。

报验是指卖方根据国家（地区）的有关法规和出口合同的要求，在备妥货物后，向规定的检验检疫机构报请检验检疫，只有取得合格的检验检疫证书，海关才准予放行，凡检验不合格的货物，一律不得出口。

申请报验时，应填制出口报验申请单，向海关办理申请报验手续，该申请单的内容，一般包括品名、规格、数量或重量、包装、产地等项，在提交申请单时，应随附合同和信用证副本等有关文件，供检验检疫机构检验和发证时作参考。

当货物经检验合格，海关下发检验合格证书，外贸公司应在检验证规定的有效期内将货物装运出口；如在规定的有效期内不能装运出口，应向检验检疫局申请延期，并由检验检疫局进行复验，复验合格后，才准予出口。

二、信用证落实

在履行凭信用证付款的出口合同时，应注意做好以下工作。

（一）催开信用证

在按信用证付款条件成交时，买方按约定时间开证是卖方履行合同的前提条件。如果买方不及时开出信用证，卖方将无法安排生产和组织货源。在出口业务中，由于市场行情变化或资金短缺等种种原因，买方不能按时开证的情况时有发生。为此，应结合备货情况做好催证工作，及时提请对方按约定时间开出信用证。

（二）审核信用证

在实际业务中，由于各种原因，买方开来的信用证常有与合同条款不符的情况，为了维护我方的利益，确保收汇安全和合同的顺利履行，应对国外来证，按合同条款进行认真的核对和审查。审核信用证着重审核开证行与保兑行的政治背景、资信情况、付款责任、索汇路线、信用证条款是否与买卖合同相一致。

出口企业的信用证审核依据为我国的外贸、外汇管理法规，买卖合同的约定，国际商会《跟单信用证统一惯例》（国际商会第600号出版物）（UCP 600）规定的货物准备情况和运输条件等。具体要注意以下条款的内容。

1. 信用证的性质和开证行对付款的责任

要注意审查信用证是否生效，在证内，对开证行的付款责任是否加了"限制性"条款或其他"保留"条件。

2. 信用证金额

信用证金额与合同金额一致，如合同订有溢短装条款，则信用证金额还应包括溢短装部分的金额，来证采用的货币应与合同规定的货币一致。

3. 有关货物的记载

来证中对有关品名、数量或重量、规格、包装和单价等项内容的记载，是否与合同的规定相符，有无附加特殊条款，如发现信用证与合同规定不符，应酌情作出是否接受或修改的决策。

4. 有关装运期、信用证有效期和到期地点的规定

按惯例，一切信用证都必须规定一个交单付款、承兑或议付的到期日，未规定到期日的信用证不能使用。通常信用证中规定的到期日是指受益人最迟向出口地银行交单议付的日期，如信用证规定在国外交单到

期日，由于寄单费时有延误的风险，一般应提请修改，否则就必须提前交单，以防逾期。装运期必须与合同规定一致，如来证太晚无法按期装运，应及时申请国外买方延展装运期限，信用证有效期与装运期应有一定的合理间隔，以便在装运货物后有足够的时间办理制单结汇工作。信用证有效期与装运期规定在同一天的称为"双到期"，而"双到期"是不合理的，受益人是否就此提出修改，应视具体情况而定。

5. 装运单据

对来证要求提供的单据种类份数及填制方法等，要仔细审查，如发现有不适当的规定和要求，应酌情作出适当处理。

6. 其他特殊条款

审查来证中有无与合同规定不符的其他特殊条款，如发现有对我方不利的附加特殊条款，一般不宜接受；如对我方无不利之处，而且也能办到的可酌情灵活掌握。

（三）修改信用证

在审证过程中如发现信用证内容与合同规定不符，应区别问题的性质，分别同有关部门研究，作出妥善的处理。一般来说，如发现我方不能接受的条款，应及时提请开证人修改，在同一信用证上如有多处需要修改的，应当一次提出。对信用证中可改可不改的，或经过适当努力可以办到而不造成损失的可酌情处理。对通知行转来的修改通知内容，如经审核不能接受时，应及时表示拒绝；如一份修改通知书中包括多项内容，只能全部接受或全部拒绝，不能只接受其中一部分，而拒绝另一部分。

三、货物出运

（一）租船订舱

按 CIF 或 CFR 条件成交时，卖方应及时办理租船订舱工作，如系大宗货物，需要办理租船手续；如系一般杂货，需洽订舱位。各外贸公司洽订舱位需要填写托运单，托运单是托运人根据合同和信用证条款内容填写的向船公司或其代理人办理货物托运的单证，船方根据托运单内容并结合航线、船期和舱位情况，认为可以承运的，即在托运单上签章并留存一份，退回托运人一份，至此订舱手续即告完成，运输合同即告成立。

船公司或其代理人在接受托运人的托运申请之后，即发给托运人装货单，凭以办理装船手续。装货单的作用有 3 个，一是通知托运人已备妥××船舶、航次，装货日期，让其备货装船；二是便于托运人向海关办理出口申报手续；三是作为命令船长接受该批货物装船的通知。

货物装船以后，船长或大副则应该签发收货单（即大副收据）作为货物已装妥的临时收据，托运人凭此收据即可向船公司或其代理人交付运费并换取正式提单，如收货单上有大副批注，换取提单时应将大副批注附在提单上。

（二）出口报关

出口货物在装船出运之前，需向海关办理报关手续、出口货物办理报关时必须填写出口货物报关单，必要时还需要提供出口合同副本、发票、装箱单、重量单、商品检验检疫证书、出口收汇核销单，以及其他有关证件，海关查验有关单据后，即在装货单上盖章放行，凭以装船出口。

（三）投买保险

凡按 CIF 条件成交的出口合同，在货物装船前，卖方应及时向中国人民保险公司办理投保手续，出口货物投保都是逐笔办理，投保人应填制投保单，将货物名称、保险金额、运输路线、运输工具、开航日期、投保险别等一一列明。为了简化投保手续，也可利用出口货物明细单或货物出运分析单来代替投保单，保险公司接受投保后，即签发保险单或保险凭证。

四、制单结汇

按信用证付款方式成交时，在出口货物装船发运之后，外贸公司应按照信用证规定，及时备妥缮制的各种单证，并在信用证规定的交单有效期内交银行办理议付和结汇手续。在制单工作中，必须做到"单证（信用证）相符"和"单单一致"，以便及时、安全收汇。为了保证单证相符，在制单前要做好信用证分析单（见表 1-2）的填报工作。

如信用证分析单内容与合约有不符或有疑问，请查核信用证原本在办理议付结汇时通常提交的单据。单据有下列几种。

（一）汇票

汇票一般是一式两份，只要其中一份付讫，则另一份自动失效。

表1-2　信用证分析单

包括修改　　次

银行编号	AD09487	合约	PO824/02/AU	受益人	SHANGHAI DONGXU IMP & EXP CORP.
证号	3204N05478				
开证银行	INDIAN OVERSEAS BANK, HONG KONG			进口商	AUTD FENK CO. LTD
开证日期	15 SEPT. 2022	索汇方式	DHL	起运口岸	SHANGHAI	目的地	HONG KONG
金额	USD35400.00	可否转运		NOT ALLOWED			
汇票付款人	APPLICANT	可否分批		NOT ALLOWED		唛头:	
汇票期限	见票90天期	装运期限		31 OCT. 2022		P. O. 824/02/AU N0.1-UP	
注意事项		效期地点		17 NOV. 2022 CHINA			
		交单期		15天			

单证名称	提单	副本提单	商业发票	领事发票	海关发票	包装单	重量单	尺码单	保险单	产地证	GSP产地证	EEC产地证	贸促会产地证	出口许可证	装船证书	投保通知	寄投保通知邮据	寄单证明	寄样证明	寄样邮据	铁路货物收据	汇票	声明	电传副本
银行		3		3		2			1+1									1				1+1	1	1
客户																								

提单	抬头		保单	I. C. C WAR AND MARINE TRANS ALL RISKS, W/W RISKS, FREC, SHORTAGE, TPND		
	通知			保额另加10%	赔款地点	HONG KONG
运费预付	PREPAID					

5% MORE OR LESS IN QUANTITY & AMOUNT ALLOWED
GSP FORM A 内容有规定

（二）发票

商业发票简称发票，是卖方开立的载有货物的名称、数量、价格等内容的清单，是买卖双方凭以交接货物和结算货款的主要单证，也是办理进出口报关、纳税所不可缺少的单证之一。

在托收方式下，发票内容应按合同规定并结合实际装货情况填制，在信用证付款方式下，发票内容应与信用证的各项规定和要求相符，如信用证规定由买方负担选港费或港口拥挤费等费用，可加在发票总额内，并允许凭本证一并向开证行收款，卖方可照此办理。应注意，发票总金额不得超过信用证规定的最高金额，因按银行惯例，开证行可以拒绝接受超过信用证所许可金额的商业发票。

（三）海关发票

在国际贸易中，有些进口国家（地区）要求出口商按进口国（地区）海关规定的格式填写海关发票，以作为估价完税或征收差别待遇关税、反倾销税的依据，以及供编制统计资料用。

填写海关发票时，必须格外注意下列事项。

1. 各国（地区）使用的海关发票，都有其特定的格式，不得混用；

2. 凡海关发票与商业发票上共有的项目和内容必须一致，不得互相矛盾；

3. 对"出口国国内市场价格"一栏，应按有关规定审慎处理，因为其价格的高低是进口国（地区）海关作为是否收取反倾销税的重要依据；

4. 如售价中包括运费或运费和保险费，应分别列明 FOB 价、运费、保险费，FOB 价加运费应与 CFR 货值相等，FOB 价加运费和保险费应与 CIF 货值相等；

5. 海关发票的签字人和证明人不能为同一个人，他们均以个人身份签字，而且必须手签才有效。

（四）领事发票

有些进口国家（地区）要求出口商必须向该国海关提供该国领事签证的发票，其作用与海关发票基本相似，各国领事签发领事发票时，均需收取一定的领事签证费。有些国家规定了领事发票的特定格式，也有些国家规定可在出口商的发票上由该国领事签证。

（五）厂商发票

厂商发票是出口厂商所出具的以本国货币计算的价格，用来证明出口国国内市场的出厂价格的发票，其作用是供进口国海关估价、核税以及征收反倾销税之用，如国外来证要求提供厂商发票，应参照海关发票有关国内价格的填写办法处理。

（六）提单

提单是各种单据中最重要的单据，它是确定承运人和托运人双方权利与义务，责任与豁免的依据，各船公司的提单格式各不相同，但其内容大同小异，其中包括承运人、托运人、收货人、通知人的名称，船名及装卸港名称，有关货物和运费的记载以及签发提单的日期、地点及份数等。

（七）保险单

按 CIF 条件成交时，出口商应代为投保并提供保险单，保险单的内容应与有关单证的内容衔接。例如，保险险别与保险金额，应与信用证的规定相符；保险单上的船名、装运港、目的港、大约开航日期以及有关货物的记载，应与提单内容相符；保险单的签发日期不得晚于提单日期，保险单上的金额，一般应相当于发票金额加一成。

（八）原产地证明书

有些不使用海关发票或领事发票的国家（地区），要求出口商提供原产地证明书，以便确定进口货物应征收的税率，原产地证明书一般由出口地的公证行或工商团体签发，在我国，通常由海关或中国国际贸易促进委员会签发。

（九）普惠制原产地证明书

挪威、新西兰、澳大利亚 3 国给我国以普惠制待遇，凡向这些国家出口的货物，须提供普惠制原产地证明书，作为对方国家海关减免关税的依据，对各种普惠制原产地证明书内容的填写，应符合各个项目的要求，不能填错，否则，就有可能丧失享受普惠制待遇的机会。

（十）优惠贸易协定原产地证书

1. 中国—东盟自贸区原产地证书（输印度尼西亚、新加坡、泰国）（E 证书）；

2. 亚太贸易协定原产地证书（输韩国、印度）（B 证书）；

3. 中国—韩国自贸协定原产地证书（K 证书）；

4. 中国—澳大利亚自贸协定原产地证书（A 证书）；

5. 中国—新西兰自贸协定原产地证书（N 证书）；

6. 中国—巴基斯坦自贸协定原产地证书（P 证书）；

7. 中国—智利自贸协定原产地证书（F 证书）；

8. 中国—瑞士自贸协定原产地证书（S 证书）；

9. 中国—冰岛自贸协定原产地证书（I 证书）；

10. 中国—格鲁吉亚自贸协定原产地证书（GE 证书）；

11. 中国—新加坡自贸协定原产地证书（X 证书）；

12. 海峡两岸经济合作框架协议原产地证书（H 证书）；

13. 中国—秘鲁自贸区优惠原产地证明书（FORM R）；

14. 中国—哥斯达黎加自贸区原产地证明书（FORM L）；

15. 中国—毛里求斯自贸协定原产地证书（MU 证书）；

16. RCEP 原产地证书（输泰国、日本、新加坡、新西兰、澳大利亚、韩国、马来西亚）（RC 证书）；

17. RCEP 背对背原产地证书（输泰国、日本、新加坡、新西兰、澳大利亚、韩国、马来西亚）（BR 证书）等。

出口的货物若是可以享受优惠贸易协定税率的商品，出口前应向我国出口原产地证书签发机构申领原产地证书，目前原产地证书签发机构有各直属海关和中国国际贸易促进委员会，企业可以登录中国国际贸易单一窗口办理。

（十一）检验检疫证书

检验证书包括品质检验证书、重量检验证书、数量检验证书、兽医检验证书、卫生检验证书、价值检验证书和残损检验证书等。需提供何种检验证书，应事先在检验条款中作出明确规定。

（十二）装箱单和重量单

装箱单又称花色码单，它列明每批货物的逐件花色搭配。重量单则列明每件货物的净重和毛重。这两种单据可用来补充商业发票内容的不足，便于进口国海关检验和核对货物。

提高单证质量对保证安全迅速收汇有着十分重要的意义，特别是在信用证付款条件下，实行的是单据和货款对流的原则，单证不相符或单单不一致，银行和进口商就可能拒收单据和拒付货款，因此，缮制结汇单据时，要求做到以下几点。

1. 正确

单据内容必须正确，既要符合信用证的要求，又要能真实反映货物的实际情况。各单据的填制内容之间不能相互矛盾。在信用证业务中，单据的重要性集中体现在单据与信用证条款的一致，单据与单据之间彼此一致。

2. 完整

单据的种类、份数应符合信用证的规定，不能短少，单据本身的内容应当完备，不能出现项目短缺情况。

3. 及时

单据制作应及时，以免错过交单日期或信用证有效期。

4. 简明

单据内容应按信用证要求和国际惯例填写，力求简明，切勿加列不必要的内容。

5. 整洁

单据的布局要美观大方，缮写或打印的字迹要清楚醒目，单据表面要洁净，更改的地方要加盖校对章。一些重要单据如提单、汇票以及单据的主要项目如金额、件数、数量和重量等，不宜改动。

6. 规范

采用标准单据格式。单据的布局、字体改大小、内容的填制都必须规范。

在履行凭信用证付款的 CIF 出口合同时，上述 4 个基本环节（备货与报验、信用证落实、货物出运、制单结汇）是不可缺少的，但是在履行按其他付款方式或其他贸易术语成交的出口合同时，其工作环节则有所不同。例如，在采用汇付或托收的情况下，没有我方催证、审证和改证的工作环节。在履行 CFR 出口合同时，没有我方负责投保的工作。在履行 FOB 出口合同时，我方既无负担租船订舱的任务，也无投保货物运输险的责任。由此可见，履行出口合同的环节和工作内容，主要取决于合同的类别及其所采用的支付方式。

此外，在履行出口合同过程中，如因国外买方未按时开证或未按合同规定履行义务，致使我方遭受损失，应根据不同对象、不同情况及损失程度，有理有据地及时向对方提出索赔，以维护我方的正当权益。当外商对我方交货的品质、数量、包装不符合约定的条件，或我方未按时装运，致使对方蒙受损失而向我方提出索赔时，我方应查明事实，分清责任，酌情作出适当的处理。如确属我方责任，应实事求是地予以赔偿；如属外商不合理的要求，必须以理拒赔。

五、货物贸易外汇管理制度和出口退税

（一）货物贸易外汇管理制度

为大力推进贸易便利化，进一步改进货物贸易外汇服务和管理，国家外汇管理局、海关总署、国家税务总局决定，自2012年8月1日起在全国实施货物贸易外汇管理制度改革，并相应调整出口报关流程，优化升级出口收汇与出口退税信息共享机制。

1. 改革货物贸易外汇管理方式

自2012年8月1日起，取消出口收汇核销单（以下简称"核销单"），企业不再办理出口收汇核销手续。国家外汇管理局分支局（以下简称"外汇局"）对企业的贸易外汇管理方式由现场逐笔核销改为非现场总量核查。外汇局通过货物贸易外汇监测系统，全面采集企业货物进出口和贸易外汇收支逐笔数据，定期比对、评估企业货物流与资金流总体匹配情况，便利合规企业贸易外汇收支；对存在异常的企业进行重点监测，必要时实施现场核查。

2. 对企业实施动态分类管理

外汇局根据企业贸易外汇收支的合规性及其与货物进出口的一致性，将企业分为A、B、C 3类。A类企业进口付汇单证简化，可凭进口报关单、合同或发票等任何一种能够证明交易真实性的单证在银行直接办理付汇，出口收汇无须联网核查，银行办理收付汇审核手续相应简化。对B、C类企业在贸易外汇收支单证审核、业务类型、结算方式等方面实施严格监管，B类企业贸易外汇收支由银行实施电子数据核查，C类企业贸易外汇收支须经外汇局逐笔登记后办理。

外汇局根据企业在分类监管期内遵守外汇管理规定的情况，进行动态调整。A类企业违反外汇管理规定将被降级为B类或C类，B类企业在分类监管期内合规性状况未见好转的，将延长分类监管期或被降级为C类，B、C类企业在分类监管期内守法合规经营的，分类监管期满后可升级为A类。

3. 调整出口报关流程

自2012年8月1日起，企业办理出口报关时不再提供核销单。

4. 简化出口退税凭证

自2012年8月1日起报关出口的货物（以海关"出口货物报关单

〈出口退税专用〉"注明的出口日期为准，下同），出口企业申报出口退税时，不再提供核销单，税务局参考外汇局提供的企业出口收汇信息和分类情况，依据相关规定，审核企业出口退税。

自 2012 年 8 月 1 日起，货物贸易外汇监测系统（以下简称"监测系统"）全国上线运行，停止使用贸易收付汇核查系统、贸易信贷登记管理系统、出口收结汇联网核查系统以及中国电子口岸出口收汇系统。外汇指定银行和企业用户通过国家外汇管理局应用服务平台访问监测系统。

（二）出口退税

为加强我国出口产品在国际市场上的竞争力，按照国际惯例，我国对出口产品实行退税制度。

出口退税是将出口货物在国内生产、流通环节缴纳的增值税、消费税，在货物报关出口后退还给出口企业的一种税收管理制度，是政府对出口货物采取的一项免征或退还国内间接税的税收政策。

1. 增值税退（免）税办法

适用增值税退（免）税政策的出口货物、劳务，按照下列规定实行增值税免抵退税或免退税办法。

（1）免抵退税办法。生产企业出口自产货物和视同自产货物及对外提供加工修理修配劳务，以及列名生产企业出口非自产货物，免征增值税，相应的进项税额抵减应纳增值税额（不包括适用增值税即征即退、先征后退政策的应纳增值税额），未抵减完的部分予以退还。

（2）免退税办法。不具有生产能力的出口企业（即"外贸企业"）或其他单位出口货物、劳务，免征增值税，相应的进项税额予以退还。

2. 适用消费税退（免）税或征税政策的出口货物

属于消费税应税消费品，实行下列消费税政策。

（1）出口企业出口或视同出口适用增值税退（免）税的货物，免征消费税，如果属于购进出口的货物，退还前一环节对其已征的消费税。

（2）出口企业出口或视同出口适用增值税免税政策的货物，免征消费税，但不退还其以前环节已征的消费税，且不允许在内销应税消费品应纳消费税款中抵扣。

（3）出口企业出口或视同出口适用增值税征税政策的货物，应按规定缴纳消费税，不退还其以前环节已征的消费税，且不允许在内销应税消费品应纳消费税款中抵扣。

第五节　进口业务流程

进口业务的主要流程如图 1-7 所示。

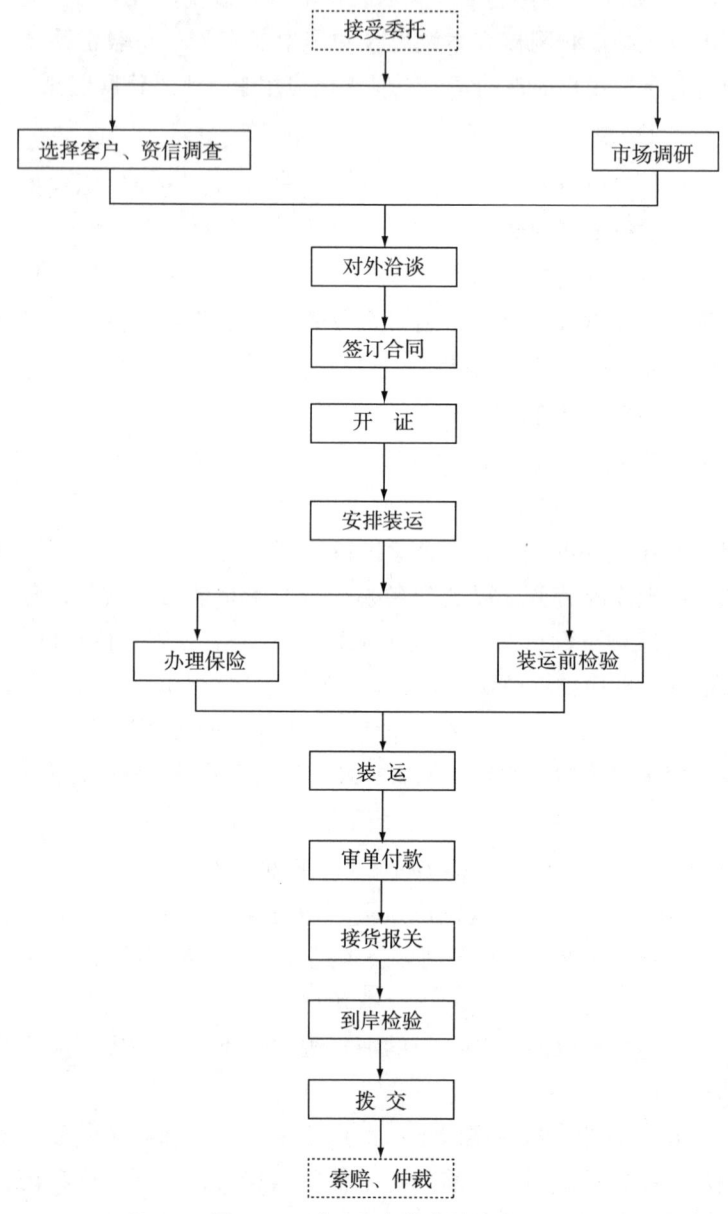

```
                    接受委托
                       │
            ┌──────────┴──────────┐
            ▼                     ▼
     选择客户、资信调查          市场调研
            └──────────┬──────────┘
                       ▼
                    对外洽谈
                       │
                       ▼
                    签订合同
                       │
                       ▼
                    开　证
                       │
                       ▼
                    安排装运
                       │
            ┌──────────┴──────────┐
            ▼                     ▼
         办理保险              装运前检验
            └──────────┬──────────┘
                       ▼
                    装　运
                       │
                       ▼
                    审单付款
                       │
                       ▼
                    接货报关
                       │
                       ▼
                    到岸检验
                       │
                       ▼
                    拨　交
                       │
                       ▼
                  索赔、仲裁
```

图 1-7　进口业务的主要流程

选择客户、资信调查和市场调研与出口贸易基本相同，这里不作赘述。

一、合同的订立

进口业务中一般有两个合同，一是公司与国外出口商签订的合同，二是公司与国内客户签订的合同。两个合同的性质不同，前者是公司的"采购"行为，后者是公司的"销售"活动。

在外贸企业，"与产品有关的要求"一般主要由两种方式确定：一是销售类合同，包括标书、书面或口头等方式形成的合同或订单；二是其他提供产品、服务的承诺，如商品目录、说明书、服务简介等。

所谓"合同"是指供方与客户之间以任何方式传达的双方一致同意的要求。所以合同的形式可以是书面的，也可以是口头的，包括信函、电话、传真或其他电子媒体，来图、来样、技术资料或看样成交中的原样、回样、信用证、标书、订单以及公开散发的服务简介、承诺等。

二、进口合同的履行

履行进口合同的主要环节是开立信用证、租船订舱和装运、保险、审单和付汇、报关和接货、验收和拨交、进口索赔。

（一）开立信用证

在采用信用证支付方式的进口业务中，履行合同的第一个环节就是进口商向银行申请开立信用证。进口合同签订后，进口商按照合同规定填写开立信用证申请书，向银行办理开证手续。该开证申请书是开证银行开立信用证的依据。进口商填写好开证申请书，连同进口合同一并交给银行，申请开立信用证，同时向开证银行交付一定比率的押金，开证申请人还应按规定向开证银行支付开证手续费。

信用证的内容要与合同条款一致，例如，品质规格、数量、价格、交货期、装货期、装运条件及装运单据等，应以合同为依据，并在信用证中一一进行规定。

信用证的开证时间，应按合同规定办理。例如，合同规定在卖方确定交货期后开证，应当在接到卖方上述通知后开证；如合同规定在卖方领到出口许可证或支付履约保证金后开证，应在收到对方已领到许可证的通知或银行转知保证金已照收后开证。如果买卖合同中规定有开证日期，进口商应在规定的期限内开立信用证；如果合同中只规定了装运期而未规定开证日期，进口商应在合理时间内开证，一般掌握在合同规定的装运期前 30~45 天申请开证，以便出口方收到信用证后在装运期内安排装运货物。

信用证中对单据的条款要明确。信用证的特点之一是单据买卖，因此进口商在申请开证时，必须列明需要出口人提供的各项单据的种类、份数及签发机构，并对单据的内容提出具体要求。

信用证文字力求完整明确。进口商要求银行在信用证上载明的事项，必须完整、明确，不能使用含糊不清的文字。尤其是信用证上的金额必须具体明确，文字与阿拉伯数字的表示应一致，应避免使用"约""近似"或类似的词语。这样既可使银行处理信用证时或卖方履行信用证的条款时有依据，又可以此保护自己的权益。

对方收到信用证后，如提出修改信用证的请求，经我方同意后，即可向银行办理改证手续。最常见的修改内容有，展延装运期和信用证有效期、变更装运港口等。

（二）租船订舱和催装

履行 FOB 交货条件下的进口合同，应由买方负责派船到对方口岸接运货物。如合同规定，卖方在交货前一定时间内，应将预计装运日期通知买方。买方在接到上述通知后，应及时向运输公司办理租船订舱手续，在办妥租船订舱手续后，应按规定的期限将船名及船期及时通知对方，以便对方备货装船。为了防止船货脱节和出现"船等货"的情况，注意催促对方按时装运。数量大或重要物资，可视情况请驻外机构就地了解、督促对方履约，或派人员前往出口地点检验监督。

进口公司对租船还是订舱的选择，应视进口货物的性质和数量而定。凡需整船装运的，则需租合适的船舶承运；小批量的或零星杂货，则大都洽订班轮舱位。

装船后，卖方应及时向买方发出装船通知，以便买方及时办理保险和做好接货等项工作。

进口公司在租船订舱时应注意以下问题。

1. 班轮订舱

（1）洽商班轮舱位时，注意与信用证装船日期的衔接，保证按时在装运港接运货物。

（2）应在订舱前查明班轮费率表有无附加费、折让回扣，计价标准是尺码吨还是重量吨。

（3）班轮运输装卸费条件有多种，应注意与进口合同中的费用负担条件相衔接。

（4）应确实了解所订班轮是否直达目的港、停靠港口多少、中途是否转船等。

2. 租用整船

（1）应注意运输市场的行情。

（2）必须了解装卸港口的情况。

（3）应根据实际情况选择船型，以保证货物安全运输并尽可能减少费用。

（4）应了解各航线港口的习惯、运输契约的格式。

（三）保险

FOB 或 CFR 交货条件下的进口合同，保险由买方办理。进口商（或收货人）在向保险公司办理进口运输货物保险时有两种做法，一种是逐笔投保方式，另一种是预约保险方式。

1. 逐笔投保方式

进口商（或收货人）在接到国外出口商发来的装船通知后，直接向保险公司提出投保申请，填写"起运通知书"，并送交保险公司。保险公司承保后，即在"起运通知书"上签章，进口商（或收货人）缴付保险费后，保险公司出具保险单，保险单随即生效。

2. 预约保险方式

进口商（或收货人）同保险公司签订一个总的预约保险合同，按照预约保险合同的规定，所有预约保险合同项下的按 FOB 及 CFR 条件进口货物的保险，都由该保险公司承保。预约保险合同对各种货物的保险险别作出具体规定，故投保手续比较简单。每批进口货物在收到国外装船通知后，即直接将装船通知寄到保险公司或填制国际运输预约保险启运通知书，将船名、提单号、开船日期、商品名称、数量、装运港、目的港等项内容通知保险公司，即作为已办妥保险手续，保险公司则对该批货物负自动承保责任，一旦发生承保范围内的损失，由保险公司负责赔偿。

支付保险费的时间和方式。预约保险方式是以"进口货物装船通知书"或其他具有保险要求的单证为依据，由保险公司每月一次计算保险费后向进口商收取。逐笔投保方式是以"进口货物国际运输预约保险起运通知书"上填明的保险金额为准,由进口商直接付给保险公司。

(四) 审单和付汇

1. 付汇赎单

进口交易的国外出口商在货物装运后,将汇票与全套货运单据经国外银行寄交国内开证银行。开证银行收到国外寄来的汇票和单据后,根据"单证一致"和"单单一致"的原则对照信用证的条款,核对单据的种类、份数和内容,如相符即由开证银行向国外付款,并通知进口商按当日外汇牌价付款赎单。

"单证不符"和"单单不符"的处理方法如下。

(1) 由开证银行向国外银行提出异议,根据不同情况采取必要的处理办法;

(2) 由国外银行通知卖方更正单据;

(3) 由国外银行书面担保后付款;

(4) 拒付。

2. 审单和付汇

进口商收到开证银行通知后,在其付汇之前,首先需要审核出口商凭以议付的全套单据(发票、提单、装箱单、原产地证书等)。进口商买汇赎单后,凭银行出具的"付款通知书"进行结算。

进口商同开证银行办理付汇赎单的清算手续。

(1) 即期信用证项下的清算

开证银行清算时,先行计算汇票金额及自往来银行议付之日起至进口商赎单期间的垫款利息,扣除保证押金后,向进口商收回所垫付的外汇款项,然后将单据交给进口商凭以提货。

(2) 远期信用证项下的清算

远期信用证如规定应以进口商作为付款人而签发汇票,则开证银行将要求进口商进行承兑,然后凭信托收据领取进口单据提货。在这期间,等于银行贷款给进口商,所以一般开证银行会要求进口商提供抵押物或交纳相当数量的保证金,以保证银行的债权。

(五) 报关、验收和拨交货物

1. 进口商品报关

进口货物到货后,由进口商或其委托的货运代理公司、报关行根据进口单据填具"进口货物报关单"向海关申报,并随附发票、提单、装箱单、保险单、进口许可证及审批文件、进口合同、原产地证和所需的其他证件。如属法定检验的进口商品,还须随附商品检验证书。货、证经海关查验无误,才能放行。

(1) 进口货物的申报

进口货物申报是指在进口货物入境时,由进口公司(收货人或其代理人)向海关申报、交验规定的单据文件,请求办理进口手续的过程。

《中华人民共和国海关法》对进口货物的申报时限作了如下规定:进口货物的收货人应当自运输工具申报进境之日起14日内向海关申报。进口货物的收货人超过14日期限未向海关申报的,由海关征收滞报金。对于超过3个月还没有向海关申报进口的,其进口货物由海关依法提取变卖处理。如果属于不宜长期保存的货物,海关可以根据实际情况提前处理。变卖后所得价款在扣除运输、装卸、储存等费用和税款后尚有余款的,自货物变卖之日起一年内,经收货人申请予以发还;逾期无人申请的,上缴国库。

进口报关时除应提交进口货物报关单外,还应随附进口许可证和其他批准文件、提单、发票、装箱单、减税或免税证明文件,海关认为必要时,应交验买卖合同、产地证明和其他有关单证。如为"种类表"内的商品、应受动植物检疫管制的进口货物或受其他管制的进口货物,在报关时还需交验有关部门签发的证明。报关单填制必须真实、完整,报关单与随附单证数据必须一致。

(2) 进口货物的查验

海关以进口货物报关单、进口许可证等为依据,对进口货物进行实际的核对和检查,一方面是为了确保货物合法进口,另一方面是通过确定货物的性质、规格、用途等,以进行海关统计,准确计征进口关税。海关查验货物时,进口货物的收货人或其代理人应当在场,并负责搬移货物,开拆和重封货物的包装。海关认为必要时,可以径行开验、复验或者提取货样。

(3) 进口货物的征税

海关按照《中华人民共和国进出口税则》的规定,对进口货物计征进口关税。货物在进口环节由海关征收(包括代征)的税费有进口货物关税、增值税、消费税、进口调节税、海关监管手续费等。

(4) 进口货物的放行

进口货物在办完向海关申报、接受查验、缴纳税款等手续以后，由海关在货运单据上签印放行。收货人或其代理人必须凭海关签印放行的货运单据才能提取进口货物。

货物的放行是海关对一般进出口货物监管的最后一个环节，放行就是结关。但是对于担保放行货物、保税货物、暂时进口货物和海关给予减免税进口的货物来说，放行不等于办结海关手续，还要在办理核销、结案或者补办进出口和纳税手续后，才能结关。

2. 验收货物

进口货物运达港口卸货时，要进行卸货核对。

如发现货物短缺，应及时填制"短卸报告"交由船方签认，并根据短缺情况向船方提出保留索赔权的书面声明。

卸货时如发现残损，货物应存放于海关指定仓库，待保险公司会同海关检验后作出处理。对于法定检验的进口货物，必须向卸货地或到达地的海关报验，未经检验的货物不准投产、销售和使用。如进口货物经海关检验，发现有残损短缺，应凭海关出具的证书对外索赔。对于合同规定的卸货港检验的货物，或已发现残损短缺有异状的货物，或合同规定的索赔期即将届满的货物等，都需要在港口进行检验。

一旦发生索赔，有关单证如国外发票、装箱单、重量明细单、品质证明书、使用说明书、产品图纸等技术资料、理货残损单、溢短单、商务记录等，都可以作为重要的参考依据。

3. 办理拨交手续

在办完上述手续后，如订货或用货单位在卸货港所在地，则就近转交货物；如订货或用货单位不在卸货地区，则委托货运代理将货物转运内地并转交给订货或用货单位。关于进口关税和运往内地的费用，由货运代理向进出口公司结算后，进出口公司再向订货部门结算。

(六) 进口索赔

1. 进口索赔的对象

进口商常因品质、数量、包装等不符合合同的规定，而需向有关方面提出索赔。根据造成损失原因的不同，进口索赔的对象主要有3个。

(1) 向卖方索赔

凡属下列情况者，均可向卖方索赔。原装数量不足，货物的品质、规格与合同规定不符，包装不良致使货物受损，未按期交货或拒不交货等。

（2）向轮船公司索赔

凡属下列情况者，均可向轮船公司索赔。原装数量少于提单所载数量；提单是清洁提单，而货物有残缺情况，且属于船方过失所致；货物所受的损失，根据租船合约有关条款应由船方负责等。

（3）向保险公司索赔

凡属下列情况者，均可向保险公司索赔。由于自然灾害、意外事故或运输中其他事故的发生致使货物受损，并且属于承保险别范围以内的；凡轮船公司给予赔偿金额不足抵补损失的部分，并且属于承保范围内的。

2. 进口索赔的注意事项

在进口业务中，办理对外索赔时一般应注意以下几个方面。

（1）关于索赔证据。对外提出索赔需要提供证据，首先应制备索赔清单，随附海关签发的检验证书、发票、装箱单及副本。此外，对不同的索赔对象还要另附有关证件。向卖方索赔时，应在索赔证件中提出确切的根据和理由，如系 FOB 或 CFR 合同，则随附保险单一份；向轮船公司索赔时，须另附由船长及港务局理货员签证的理货报告、船长签证、短卸或残损证明；向保险公司索赔时，须另附保险公司与买方的联合检验报告等。

（2）关于索赔金额。索赔金额中除受损商品的价值外，有关的费用也可提出。如商品检验费、装卸费、银行手续费、仓租、利息等都可包括在索赔范围内。具体包含项目视情况而定。

（3）关于索赔期限。对外索赔必须在合同规定的索赔有效期限内提出，过期无效。如果商检工作需要更长的时间，可向对方要求延长索赔期限。

（4）关于卖方的理赔责任。进口货物发生了损失，除属于轮船公司及保险公司的赔偿责任外，如属卖方必须直接承担的职责，应直接向卖方要求赔偿，防止卖方制造借口向其他方面推卸理赔责任。

目前的进口索赔工作，属于船方和保险公司责任的一般由货运代理或外贸运输公司代办；属于卖方责任的则由进出口公司直接办理。为了做好索赔工作，要求进出口公司、外贸运输公司、订货部门、海关等各有关单位密切协作，要做到结果正确、证据属实、理由充分、赔偿责任明确，并及时向有关责任方提出，以挽回货物所受到的损失。

第 二 章

外贸业务经理人必备的财务知识

> 成本核算是外贸公司经营活动中非常重要的一项工作。本章介绍了成本核算的主要方法，特别是为外贸代理公司提供了确定其利润的计算方法。为了便于理解，本章列举了很多实例。

第一节　出口商品价格的确定

一、商品的作价原则

在确定进出口商品价格时，必须遵循下列3项原则。

（一）参考国际市场价格水平作价

国际市场价格水平是商品在国际市场上买卖的价格依据，可以通过下面3种途径来参考：

1. 商品交易所的价格；
2. 国际组织或国际公司在媒体上公布的价格；
3. 各国（地区）的外贸、海关统计的价格。

（二）结合国别、地区政策作价

在参照国际市场价格水平的同时，还应结合我国的外交政策，恰当地运用国别、地区政策作价。

（三）结合购销意图作价

进出口商品价格在国际市场价格水平的基础上，可根据购销意图来确定成交价格的大致水平，可略高或略低于国际市场价格。

二、成本核算

（一）加强成本核算的重要性

在价格掌握上要注意加强成本核算，以提高经济效益，防止不计成本、不计盈亏和单纯追求成交量。在出口方面，强调加强成本核算，掌握出口总成本、出口销售外汇净收入和人民币净收入的数据，并计算和比较各种商品出口的盈亏情况。

出口总成本是指出口商品的进货成本加上出口前的一切费用和税金。出口销售外汇净收入是指出口商品按 FOB 价出售所得的外汇净收入。出口销售人民币净收入是指出口商品的 FOB 价按当时外汇牌价折成人民币的数额。根据出口商品成本的这些数据，可以计算出口商品盈亏率、出口商品换汇成本和出口创汇率。

(二) 主要经济指标

1. 出口商品换汇成本

出口商品换汇成本是指以某种商品的出口总成本与出口所得的外汇净收入之比，得出用多少人民币换回 1 外汇（主要为美元）。出口换汇成本高于外汇牌价，则出口亏损；反之，则说明出口有盈利。计算公式如下：

$$出口商品换汇成本 = \frac{出口商品总成本（人民币）}{出口外汇净收入（美元）}$$

出口外汇净收入指的是扣除运费和保险费后的 FOB 价格。

出口商品总成本（退税后）= 出口商品购进价（含增值税）+ 费用 - 出口退税收入

出口退税收入 = 出口商品购进价（含增值税）÷（1 + 增值税率）× 退税率

2. 出口商品盈亏率

出口商品盈亏率是指出口商品的盈亏额与出口总成本的比率。计算公式如下：

$$出口商品盈亏率 = \frac{出口人民币净收入 - 出口总成本}{出口总成本} \times 100\%$$

出口人民币净收入 = FOB 出口外汇净收入 × 银行外汇买入价

出口商品盈亏额 = 出口人民币净收入 - 出口总成本（退税后）

3. 出口创汇率

出口创汇率是指加工后成品出口的外汇净收入与原料外汇成本的比率。如原料为本国产品，其外汇成本可按原料的 FOB 出口价计算。如原料是进口的，则按该原料的 CIF 价计算。通过出口的外汇净收入与原料外汇成本的对比，可以看出成品出口的创汇情况，从而确定出口成品是否有利。特别是在进料加工的情况下，核算出口创汇率更有必要。计算公式如下：

$$出口创汇率 = \frac{成品出口外汇净收入 - 原料外汇成本}{原料外汇成本} \times 100\%$$

【实例 2-1】

某外贸公司出口一批商品，国内进货价共 10000 元[①]，加工费支出 1500 元，商品流通费是 1000 元，税金支出为 100 元，该批商品出口销售

---

① 本书货币单位为"元"的，若无特殊说明，均指人民币。

外汇净收入为1800美元。试计算：(1) 该批商品的出口总成本是多少？(2) 该批商品的出口销售换汇成本是多少？(3) 该商品的出口销售盈亏率是多少？(USD100 = RMB809.23)

解：

(1) 出口总成本 = 进货成本 + 出口前一切费用 + 出口前的一切税金
　　　　　　 = 10000 + 1500 + 1000 + 100 = 12600（元）

(2) 已知公式：

出口商品换汇成本 = 出口总成本 ÷ 出口销售外汇净收入
　　　　　　　　= (10000 + 1500 + 1000 + 100) ÷ 1800
　　　　　　　　= 7.00（元/美元）

(3) 已知公式：出口商品盈亏率 =（出口销售人民币净收入 − 出口总成本）÷ 出口总成本 × 100%，代入公式得：

出口商品盈亏率 = [1800 × 8.0923 −（10000 + 1500 + 1000 + 100）] ÷
　　　　　　　　（10000 + 1500 + 1000 + 100）× 100% = 15.60%

【实例2-2】

某公司向美国出口某商品，外销价为每公吨500美元CIF纽约，支付运费65美元，保险费7美元。如果该公司收购该商品的收购价为每公吨2800元，且国内直接和间接费用加17%，试计算该商品的出口总成本、出口销售外汇净收入和出口换汇成本。假若当期银行外汇牌价为1美元合8.0923元，试计算该笔出口的盈亏率。

解：

(1) 出口总成本 = 2800 ×（1 + 17%）= 3276（元）

(2) 出口外汇净收入 = 500 −（65 + 7）= 428（美元）

(3) 出口换汇成本 = 3276 ÷ 428 ≈ 7.65（元/美元）

(4) 出口人民币净收入 = 428 × 8.0923 ≈ 3463.50（元）

(5) 出口盈亏率 =（3463.5 − 3276）÷ 3276 × 100% ≈ 5.72%

【实例2-3】

某外贸公司出口一批商品1000只，出口单价17.30美元CIF伦敦，CIF总价17300美元，其中运费2160美元、保险费112美元。进价每只117元，总计117000元（含增值税17%），费用定额率10%，出口退税率9%，试计算：

(1) 该批商品的出口销售换汇成本是多少？

(2) 该商品的出口销售盈亏额是多少？（USD100 = RMB809.23）

解：

(1) 出口商品换汇成本 $= \dfrac{117000 + (117000 \times 10\%) - [117000 \div (1 + 17\%) \times 9\%]}{17300 - 2160 - 112}$

$= 119700 \div 15028 = 7.965(元/美元)$

(2) 出口销售盈亏额 $= (17300 - 2160 - 112) \times 8.0923 - \{117000 + (117000 \times 10\%) - [117000 \div (1 + 17\%) \times 9\%]\}$

$= 15028 \times 8.0923 - 119700$

$= 121611.08 - 119700 = 1911.08(元)$

（三）价格构成

1. 价格的表示方法

进出口合同中的价格条款，一般包括商品的单价（unit price）和总值或总金额（total amount）2项基本内容。单价通常由4个部分组成，即计量单位、单位价格金额、计价货币和贸易术语。例如，USD $150 Per Metric Ton CIF New York（每公吨150美元CIF纽约）。总值或总金额是单位和数量的乘积，也就是一笔交易的货款总金额。总值所使用的货币必须与单价所使用的货币一样。总值除使用阿拉伯数字填写外，一般还用文字表示。

进出口贸易中常用的计价货币如表2-1所示。

表2-1 常用货币名称、代码表

货币名称	货币代码
澳大利亚元	AUD
奥地利元	ATS
加拿大元	CAD
人民币元	CNY
欧元	EUR
港元	HKD
日元	JPY
挪威克朗	NOK
英镑	GBP
瑞典克朗	SEK
美元	USD

常用的计量单位如表2-2所示。

表2-2 常用的计量单位

名称	计量单位
重量	gram, g. 克；kilogram, kg. 千克；ounce, oz. 盎司；pound, lb. 磅；metric ton, M/T. 公吨
个数	piece, pc. 个/只；pair, pr. 对/副；dozen, doz. 打；gross, gr. 罗；set 台/套；carton, ctn. 纸箱；case 箱；package, pkg. 件
长度	metre, m. 米/公尺；foot, ft. 英尺；yard, yd. 码
面积	square metre, sq. m. 平方米；square foot, sq. ft. 平方英尺；square yard, sq. yd. 平方码
体积	cubic metre, cu. m. 立方米；cubic foot, cu. ft. 立方英尺；cubic yard, cu. yd. 立方码
容积	litre, l. 升；gallon, gal. 加仑；bushel, bu. 蒲式耳

2. 价格的构成要素

出口商品价格的构成包括成本、费用和预期利润3大要素。

（1）成本（cost）

出口商品的成本主要包括生产成本、加工成本和采购成本。

①生产成本：制造商生产某一产品所需的投入。

②加工成本：加工商对成品或半成品进行加工所需的成本。

③采购成本：贸易商向供应商采购商品的价格，亦称进货成本。

对于自营进出口企业来说，需要了解的主要是生产成本和加工成本。对于从事出口业务的贸易公司来说，需要了解的主要是采购成本。在出口价格中，成本占的比重最大，因而成为价格中的重要组成部分。

(2) 费用（expenses/charges）

由于进出口贸易通常为跨境的买卖，其间所要发生的费用远比一般国内所进行的交易多。在出口商品价格中，各种费用所占的比重虽然不大，但因其内容繁多，且计算方法又不尽相同，因而成为价格核算中较为复杂的一个方面。

出口业务中通常会发生的费用如下。

①包装费（packing charges）

包装费用通常包括在采购成本之中，但如果客户对货物的包装有特殊的要求，由此产生的费用就要作为包装费另加。

②仓储费（warehousing charges）

需要提前采购或另外存仓的货物往往会发生仓储费用。

③国内运输费（inland transport charges）

出口货物装运前所发生的内陆运输费用，通常有卡车运输费、内河运输费、路桥费、过境费及装卸费等。

④认证费（certification charges）

出口商办理出口许可证、配额、原产地证明以及其他证明所支付的费用。

⑤港区港杂费（port charges）

出口货物装运前在港区码头所需支付的各种费用。

⑥商检费（inspection charges）

出口商品检验机构根据国家（地区）的有关规定或出口商的请求对货物进行检验所发生的费用。

⑦捐税（duties and taxes）

国家（地区）对出口商品征收、代收或退还的有关税费，通常有出口关税、增值税等。

⑧垫款利息（interest）

出口商自境内采购至收到境外进口商付款期间因垫付资金所产生的利息。

⑨业务费用（operating charges）

出口商在经营中发生的有关费用，如通信费、交通费、交际费等。业务费用又称为经营管理费。

⑩银行费用（banking charges）

出口商委托银行向国外客户收取货款、进行资信调查等所支出的费用。

⑪出口运费（freight charges）

货物出口时支付的海运、陆运或空运费用。

⑫保险费（insurance premium）

出口商向保险公司购买货运保险或信用保险所支付的费用。

⑬佣金（commission）

出口商向中间商支付的报酬。

（3）预期利润（expected profit）

利润是企业赖以生存的根本，预期利润是出口价格3大要素之一，在出口交易中，利润对于贸易商无疑是最重要的部分。

了解出口价格的构成要素，掌握成本、利润和出口交易中各种费用的含义和计算方法，对于准确地核算出口价格是十分重要的。

三、价格换算方法

在国际贸易中，不同的贸易术语表示其价格的构成因素不同，即包括不同的从属费用。例如，FOB 术语中不包括从装运港至目的港的运费和保险费；CFR 术语中则包括从装运港至目的港的通常运费；CIF 术语中除包括从装运港至目的港的通常运费外，还包括保险费。

常用的 FOB、CFR 和 CIF 3 种价格的换算方法中最重要的是保险费的计算。

（一）FOB、CFR 和 CIF 3 种术语的换算

1. FOB 价换算为其他价

（1）CFR 价 = FOB 价 + 运费

（2）CIF 价 =（FOB 价 + 运费）÷（1 - 投保加成×保险费率）

2. CFR 价换算为其他价

（1）FOB 价 = CFR 价 - 运费

（2）CIF 价 = CFR 价 ÷（1 - 投保加成×保险费率）

3. CIF 价换算为其他价

（1）FOB 价 = CIF 价 ×（1 - 投保加成×保险费率）- 运费

（2）CFR 价 = CIF 价 ×（1 - 投保加成×保险费率）

（二）FCA、CPT 和 CIP 3 种术语的换算

1. FCA 价换算为其他价

（1）CPT 价 = FCA 价 + 运费

（2）CIP 价 =（FCA 价 + 运费）÷（1 - 保险加成 × 保险费率）

2. CPT 价换算为其他价

（1）FCA 价 = CPT 价 - 运费

（2）CIP 价 = CPT 价 ÷（1 - 保险加成 × 保险费率）

3. CIP 价换算为其他价

（1）FCA 价 = CIP 价 ×（1 - 保险加成 × 保险费率）- 运费

（2）CPT 价 = CIP 价 ×（1 - 保险加成 × 保险费率）

【实例 2-4】

我方对外报价为每公吨 1000 美元 CIF 新加坡，而外商还盘为 902 美元 FOB 上海。经查该货物由上海运至新加坡每公吨运费为 88 美元，保险费率合计为 0.95%。试问单纯从价格角度上讲，我方可否接受该项还盘？

解：

将我方报价 CIF 新加坡换算成 FOB 中国口岸价格，其结果是：

FOB 上海价 = 1000 - 88 - 1000 × 110% × 0.95% = 901.55（美元）

而外商报价为 FOB 上海 902 美元，二者相差无几，可以接受外商还盘。

【实例 2-5】

某商品的出口价为每件 CFR 旧金山 100 美元，买方提出改报 CIF 价，并要求按 CIF 价的 110% 投保水渍险和战争险，总保险费率为 1.2%，求 CIF 报价。

解：

CIF = 100 ÷（1 - 110% × 1.2%）= 101.34（美元）

第二节　佣金和折扣

在国际贸易中，磋商交易和计算价格时，有时会涉及佣金和折扣。正确掌握并运用佣金和折扣，可达到扩大销售、增加经济效益的目的。

一、佣金（commission）

（一）佣金的含义

佣金（commission）是代理人或经纪人（中间商）为委托人进行交易

而收取的报酬。在国际货物买卖中，通常表现为出口商付给销售代理人、进口商付给购买代理人的酬金。因此，它适用于与中间商所签订的合同含佣价。

佣金分为明佣和暗佣两种。明佣是指佣金在价格条件中标明或在附注中表示出佣金率。暗佣是指双方在洽谈交易时，对佣金的给予已达成协议，但却约定不在合同中表示出来。这种情况下的价格条款中，佣金由一方当事人按约定另付。

（二）佣金的表示方法

1. 以文字说明

每公吨 200 美元 CIF 纽约包括 3% 佣金。

$ 200 per metric ton CIF New York including 3% commission.

2. 在贸易术语上加注佣金的缩写英文字母"C"和佣金的百分比来表示

每公吨 200 美元 CIFC 3% 纽约。

$ 200 per metric ton CIFC 3% New York.

3. 用绝对数表示

每公吨佣金 25 美元。

（三）佣金的计算与支付方法

1. 佣金的计算

按国际贸易习惯，佣金一般是以交易额（即发票金额）为基础进行计算的。在国际贸易中，计算佣金的方法不一，有的按成交金额约定的百分比计算，有的按成交商品的数量计算，即按每一单位数量收取若干佣金。在我国进出口业务中，计算方法也不一致，可按成交金额或成交商品的数量计算。在按成交金额计算时，以发票总金额或 FOB 总值为基数来计算佣金。如按 CIF 成交，而以 FOB 值为基数计算佣金时，则应从 CIF 值中减去运费和保险费，求出 FOB 值，然后以 FOB 值乘以佣金率，得出佣金额。

计算佣金的公式如下：

佣金额 = 含佣价 × 佣金率

净价 = 含佣价 − 佣金额

上述公式也可写成：

净价 = 含佣价 × （1 − 佣金率）

假如已知净价，则含佣价的计算公式应为：

$$含佣价 = \frac{净价}{1 - 佣金率}$$

【实例 2-6】

以 FOB 净价为基数计算佣金的方法。

如一批出口商品的成交金额按 FOB 条件为 10000 美元，佣金率为 3%，则佣金为：10000×3% = 300（美元）。

【实例 2-7】

采用 CFR 价格条件的成交金额，而以 FOB 净价为基数计算佣金的方法。

佣金 =（CFR 成交金额 - 运费）×佣金率

如采用 CFR 成交的出口货物金额为 10000 美元，运费占发票金额的 10%，佣金率为 5%，那么以 FOB 净价为基数计算出来的佣金应为：

佣金 =（10000 - 10000×10%）×5% = 450（美元）

【实例 2-8】

采用 CIF 价格条件的成交金额，而以 FOB 净价为基数计算佣金的方法。

佣金 =（CIF 成交金额 - 保险费 - 运费）×佣金率

如采用 CIF 价格条件成交的金额为 10000 美元，其中运费占总金额的 10%，保险费占总金额的 5%，佣金为 3%，则以 FOB 净价为基数计算的佣金应为：

佣金 =［10000 - 10000×（10% + 5%）］×3%
　　　 = 8500×3% = 255（美元）

【实例 2-9】

以买卖双方的成交金额为基数计算佣金的方法。

如买卖双方以 CIF 价成交，金额为 10000 美元，佣金率为 3%，则佣金应为：

佣金 = CIF 价×佣金率 = 10000×3% = 300（美元）

【实例 2-10】

我国某公司出口某商品 1000 箱，对外报价为每箱 20 美元 FOBC 3% 广州，外商要求将价格改报为每箱 CIFC 5% 汉堡。已知运费为每箱 1 美元，保险费为 FOB 价的 0.8%，请问：

(1) 要维持出口销售外汇净收入不变，CIFC 5% 应改报为多少？

(2) 已知进货成本为 160 元/箱，每箱的商品流通费为进货成本的

3%，出口退税率为17%，该商品的出口销售盈亏率及换汇成本是多少？（USD100 = RMB809.23）

解：

（1）已知公式：含佣价 = 净价 ÷（1 – 佣金率），则：净价 = 含佣价 ×（1 – 佣金率）

$$FOB = 20 \times (1 - 3\%) = 19.40（美元）$$

已知公式：含佣价 = 净价 ÷（1 – 佣金率），则：CIFC 5% =（FOB + 运费 + 保险费）÷（1 – 5%）=（19.40 + 19.40 × 0.8% + 1）÷（1 – 5%）

$$= 21.64（美元）$$

（2）已知公式：出口商品盈亏率 =（出口销售人民币净收入 – 出口总成本）÷ 出口总成本 × 100%，代入公式得：

出口商品盈亏率 = [19.40 × 8.0923 –（160 + 160 × 3% – 160 × 17%）] ÷（160 + 160 × 3% – 160 × 17%）× 100% = 14.09%

已知公式：出口商品换汇成本 = 出口总成本 ÷ 出口外汇销售净收入，代入公式得：

出口商品换汇成本 =（160 + 160 × 3% – 160 × 17%）÷ 19.40 = 7.09（元/美元）

2. 佣金的支付方法

佣金的支付一般有2种方法，一种是由中间代理商直接从货价中扣除佣金，另一种是在委托人收清货款之后，再按事先约定的期限和佣金比率，另行付给中间代理商。中间代理商的职责是促成交易，负责联系和督促实际买家履约，协助解决履约过程中可能发生的问题，使合同得以圆满地履行。因此，出口企业通常在收到全部货款后再支付给中间代理商。

在实际操作中，有3种支付方式。

（1）票扣

在发票上减除佣金。在信用证上规定有扣除佣金字句的采用票扣方式。

（2）汇付

卖方收到全部货款后再向中间代理商汇付佣金。通常我国采用汇付形式，这是目前支付佣金时使用最多的一种方式。

（3）议扣

在信用证议付时扣除佣金。出口方交单时汇票上开足全部货款金额并规定议付银行在议付单据时扣除佣金。这是上述汇付形式的收后再付的简化，汇付行只汇付不含佣款，佣金由开证行径付中间商。

明佣多采用票扣方式，暗佣多采用汇付及议扣方式。佣金支付的3种方式比较如表2-3。

表2-3 佣金支付的3种方式

种类	价格条款	出口方	付款行议付行（举例）	开证行	国外中间商	进口方	支付方式
明佣	CIFC 3%	交单	发票① 货价 1000 减佣 -30 净收 970		← 30	970	票扣
暗佣	CIF	交单	议付行② 汇票：L/C 货价 1000			1000	汇付
暗佣	CIF	交单 汇付30	议付申请书③ 1000 面函：请扣下佣金径付中间商30	970 30		1000	议扣

说明：

①在明佣票扣中进口方要分别支付：将货款970元支付给银行，而将佣金30元支付给中间商。

②在暗佣汇付中进口方将全额1000元付给银行，而由出口方径直将佣金30元付给中间商，因此进口方不知道中间商拿到多少佣金或是否拿到佣金。

③在议扣中，出口方在请国内议付银行垫付货款时，填写1000元并委托银行代付国外佣金30元。国内议付行在向国外开证行索款时另加一张封面函件，委托直付30元，从而国外开证行虽向进口方收取全额1000元，但只向出口方支付净货款970元，而由其将30元径付中间商。这样，进口方对中间商所得佣金也不知情。

二、折扣（Discount）

（一）折扣的含义

折扣是指卖方按原价给予买方一定百分比的减让，即在价格上给予适当的优惠。凡在价格条款中明确规定折扣率的，叫"明扣"；凡交易双方就折扣问题已达成协议，而在价格条款中都不明示折扣率的，叫"暗扣"。

折扣直接关系到商品的价格，货价中是否包括折扣和折扣率的大小都影响商品价格，折扣率越高，则价格越低。

（二）折扣的规定办法

1. 用文字明确表示

CIF 东京每公吨 100 美元，折扣 3%。

$100 per metric ton CIF TOKYO less 3% discount.

2. 用绝对数表示

每公吨折扣 3 美元。

（三）折扣的计算和支付方法

1. 折扣的计算

折扣通常是以成交额或发票金额为基础计算出来的。例如，CIF 东京，每公吨 100 美元，折扣 2%，则卖方的实际净收入为每公吨 98 美元。

其计算方法如下：

折扣额 = 总价（或含折扣价）× 折扣率

净价 = 总价 − 折扣额

2. 折扣的支付方法

折扣一般是在买方支付货款时预先予以扣除，也有的折扣金额不直接从货价中扣除，而按暗中达成的协议另行支付给买方，这种做法通常在给"暗扣"或"回扣"时采用。

【实例 2-11】

某商品以每公吨 520 美元 CIF 东京，含折扣 2% 的价格对外成交，请算出每公吨扣除折扣的净收入为多少？

解：

我方单位商品净收入 = 520 ×（1 − 2%）= 509.6（美元）

【实例 2-12】

某商品以每公吨 1000 美元 CIF 东京，折扣 2%，求卖方实际支付给买方的折扣和卖方实际收回的净收入。

解：

折扣 = 1000 × 2% = 20（美元）

净收入 = 1000 − 20 = 980（美元）

有关价格对含佣或给予折扣未作表示，通常应理解为不含佣或不给折扣的价格。不含佣或不给折扣的价格称为"净价"（net price），即卖方可照价全数收款，不需另外支付佣金或扣除折扣。有时需加上"净价"（net）字样。

每公吨 200 美元 CIF 纽约净价。

$ 200 per metric ton CIF New York net.

【实例 2-13】

我方某出口商品对外报价为每公吨 1200 美元 FOB 上海，对方来电要求改报 CIFC 5% 伦敦，试求：CIFC 5% 伦敦价为多少？（已知保险费率为 1.68%，运费合计为 9.68 美元，USD 100 = RMB 809.23）

解：

先根据公式"CIF =（FOB + 运费）÷（1 - 投保加成 × 保险费率）"，求得 CIF 价为：

CIF =（1200 + 9.68）÷（1 - 110% × 1.68%）= 1232.46（美元）

再根据公式"含佣价 = 净价 ÷（1 - 佣金率）"，求得 CIFC 5% 价为：

CIFC 5% = CIF ÷（1 - 佣金率）= 1232.46 ÷（1 - 5%）= 1297.32（美元）

第三节　代理出口业务中的各类计算方法

外贸经营是自营制、收购制和代理制并存的。外贸企业由于在外销渠道、信息、经验、信誉、人才等方面拥有优势，具有开拓市场的能力和积极性。就生产企业而言，随着其合作方式的选择空间扩大和经营资金等条件的改善，更愿意委托外贸公司代理出口，实现优势互补。

一、代理出口销售

代理出口销售是外贸企业的中介服务业务，而不是主体购销行为。它是指经营进出口业务的企业接受其他单位的委托，代办对外销售及交单结汇或同时代办出运、制单等工作。

受托的出口企业办理代理出口业务的原则是不垫付商品资金，不负担基本费用，在业务经营中发生的一切费用、佣金、理赔责任等均由委托单位承担。出口退税全部归属委托单位，经营盈亏由委托单位负责。

受托的出口企业，按照出口发票的金额及规定的手续费率，向委托方收取一定比例的手续费，作为办理代理出口业务的管理费用开支和收益。

【实例 2-14】

外销发票金额USD10000，代理费为1%，汇率为1USD=8.0923元，计算利润。

解：

利润＝外销发票×百分比×汇率

＝10000×1%×8.0923＝809.23（元）

二、代理买断制出口

代理买断制有两种主要形式：两方参与和三方参与。

（一）两方参与

两方参与的代理买断制的双方是委托方和受托方。委托方一般是生产性企业，受托方一般是专业外贸公司。

委托方自己拥有外方客户渠道，为了利用专业外贸公司在业务、资金和经营管理方面的优势，将已经谈妥外销价格口头成交的一笔出口业务，委托专业外贸公司代办从签约、租船订舱直至通关、结汇、出口退税等一系列业务，并给予受托方相应的报酬。

两方参与在形式上沿袭收购制的方式，由双方另行谈判一个折扣率（买断价）签订商品的购销合同，专业外贸公司赚取外销价和买断价之间的差额作为代理费。

目前，体现买断价的折扣率采用了买断汇率的形式。因为企业的收入有内、外两笔。"外"是指收自外商的"外汇货价×结算汇率"（银行结汇的买入价）。"内"是指收自财政的退税收入。把这两者结合在一起，就可把"外汇货价×汇率＋增值税退税"合成一个综合汇率。

例如，就出口每1美元为基准来说，设为7.97元（某日银行结汇的买入价），又设退税为1.08元，则每1美元外销的人民币总收入为9.05元，这就是综合汇率。假定谈判后买断汇率为8.8元，隐含佣金率为2.76%，即(9.05－8.8)÷9.05。与以往的定率代理费（例如1.5%）相比，不同点是现在为逐笔议定的弹性代理费；以往的计算是外汇收入，现在则包括了退税收入。

（二）三方参与

三方参与的三方如下。

1. 委托方，一般是非生产性企业（包括贸易性企业）；

2. 货源（生产）企业，一般为委托方所联系的供货企业；

3. 受托方，一般是专业外贸公司。

委托方拥有外方客户渠道，由其选定货源生产企业后，为了利用专业外贸公司的优势而委托受托方代办从签约起的出口业务。先由委托方和受托方签订代理出口协议，再由受托方与供货单位签订商品购销合同。

在购销合同签订前先要由委托方与供货企业谈定"开票汇率"（"开票汇率"要低于买断汇率，其差额就形成委托方佣金），按"外销发票价×开票汇率"收购。此时生产企业也要将增值税发票交付给受托方。

委托方、生产企业和受托方的利益关系如图 2-1 所示。

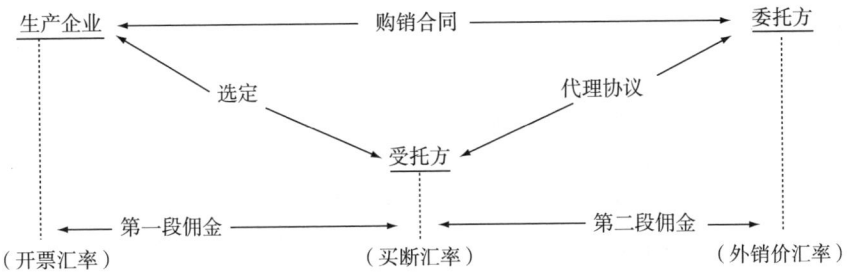

图 2-1 委托方、生产企业和受托方的利益关系图

这里形式上是"买断"，但最终盈亏仍由生产企业承担，这说明其实质是代理制。其后两环节都只是收取佣金而不负担出口买卖的盈亏，即由委托方代理谈判外销价并口头成交，由受托方代理从签约开始的全程业务。

（三）代理买断制的特点

1. 国外客户渠道为委托方所有，供货单位由委托方指定。

2. 外销价和货物收购价由委托方确定，受托方按委托方要求办理"收购"业务，并对外签约。

3. 受托方不负担基本费用，不承担出口销售盈亏，收到国外货款后对工厂支付货款，不垫付货款资金，但要垫付退税资金，一切费用由委托方承担。

4. 受托、委托双方事先签订代理出口协议，明确规定经营商品、商品交接、费用负担、买断汇率、货款的结算时间，索赔处理以及双方其他有关职责等。

5. 受托方办理出口退税，退税资金由受托方垫付。

6. 受托方赚取的收入是银行外汇结汇额、退税款，买断外汇折合额两者之间的差额，也就是代理出口手续费。

（四）买断汇率的确定

代理买断制中的买断汇率的确定是极为关键的问题。对受托方而言，买断汇率有一个上限，即受托方的盈亏临界点。如高于上限，受托方就没有利润。买断汇率的上限由银行外汇买入价和货物出口退税率两个因素决定。

以增值税税率17%为例，通行的计算公式如下：

买断汇率的上限 = 银行外汇的买入价 × （1 + 17%） ÷ （1 + 17% - 出口退税率） = 银行外汇的买入价 × 1.17 ÷ （1.17 - 出口退税率）

设美元银行买入价为7.97。

1. 退税率为17%时：

买断汇率的上限 = 7.97 × 1.17 ÷ （1.17 - 17%） = 9.32

2. 退税率为15%时：

买断汇率的上限 = 7.97 × 1.17 ÷ （1.17 - 15%） = 9.14

3. 退税率为13%时：

买断汇率的上限 = 7.97 × 1.17 ÷ （1.17 - 13%） = 8.97

4. 退税率为11%时：

买断汇率的上限 = 7.97 × 1.17 ÷ （1.17 - 11%） = 8.80

以上是受托方在不承担任何费用的情况下所能接受的最高买断汇率。受托方不承担国内外直接费用，但必须要承担间接费用。因此，在代理业务中如何确定买断汇率，受托方和委托方通过协商解决。对受托方而言，希望买断汇率定得低，而委托方则希望买断汇率定得高。买断汇率的高低是委托、受托双方洽谈业务的关键。

【实例2-15】

上海仪表厂出口一批仪器，对外成交30000美元，委托上海东浩商务有限公司出口，增值税征退均为17%。议定买断汇率为9.10，美元买入价为7.97，问出口每美元受托方的毛利是多少？总毛利是多少？

解：

$$出口每美元毛利 = 外汇买入价 - \frac{(1.17 - 出口退税率) \times 买断汇率}{1.17}$$

$$= 7.97 - \frac{(1.17 - 17\%) \times 9.10}{1.17} = 0.192（元/美元）$$

总毛利 = 30000 × 0.192 = 5760（元）

在买断汇率中须剔除退税因素按货价成本轧计毛利，因为代理费部分不能退税，须扣除。

第四节 运费计算方法

一、海运运费

(一) 班轮运费

1. 班轮运费的构成

运费 = 运费基数 × 分级运费率 + 附加费

基本运费和附加费的构成如图 2-2 所示。

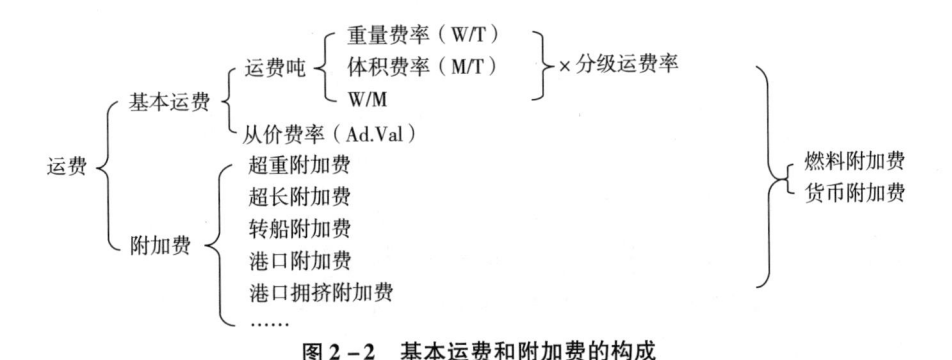

图 2-2 基本运费和附加费的构成

(1) 基本运费的计收标准

班轮运输费用是班轮公司为运输货物而向货主收取的费用。它包括货物从装运港至目的港的海上运费以及货物的装卸费，简称班轮运费。班轮运费包括基本运费和附加费两部分。基本运费是指货物在预订航线的各基本港口之间进行运输所规定的运价，是构成全程运费的主要部分。基本运费的计收标准，通常按不同商品分为下列几种。

①按货物的毛重计收。以重量吨（weight ton）为计算单位计收，在运价表内用"W"字母表示。

②按货物的体积计收。以尺码吨（measurement ton）为计算单位计收，在运价表内用"M"表示。

以上两种计算运费的重量吨和尺码吨统称为运费吨（freight ton）。

③按商品的价格（FOB 总值）计收，即按从价运费收取，在运价表内用"A. V."或"Ad Val."（拉丁文 ad valorem，意即从价）表示。

④按货物的毛重或体积，由船公司选择两者中收费较高的一种计收运费，在运价表中用"W/M"表示。

⑤按货物的重量、体积或价值三者中较高的一种计收运费，在运价表中用"W/M or A. V."表示。

⑥按货物的毛重或体积选择其高者，再加上从价费计收，在运价表中用"W/M plus ad val."表示。

⑦按货物的件数计收。

⑧对大宗低值货物，采用船、货双方临时议定运价的办法。

（2）混装情况的运费收取办法

班轮公司对同一包装、同一票货物或同一提单内出现混装情况时，计收运费的原则是就高不就低，具体收取办法如下。

①不同商品混装在同一包装内，全部运费一般按其中收费较高者收取。

②同一票货物，如包装不同，其计费标准和等级也不同。如托运人未按不同包装分别列明毛重和体积，则全票货物均按收费较高者计收运费。

③同一提单内有两种以上的货名，如托运人未分别列明不同货物的毛重和体积，则全部货物均按收费较高者计收运费。

按运费吨计价的货物一般分为 20 个等级，第 1 级货物运费率最低，第 20 级货物运费率最高。

班轮运费中的附加费的名目繁多，其中包括超长附加费、超重附加费、选择卸货港附加费、变更卸货港附加费、燃油附加费、港口拥挤附加费、绕航附加费、转船附加费和直航附加费等。上述基本运费和各种附加费，均按班轮运价表计算。

【实例 2-16】

上海东浩国际商务公司出口柴油机一批，共 15 箱，每箱重量 0.49 公吨，总体积为 10.676 立方米。由上海装中国远洋运输公司轮船（班轮），经香港转船至苏丹港。

查阅货物分级表，柴油机属于 10 级货，计算标准为 W/M。从航线费率表中查出 10 级货从上海运至香港的费率为 25 美元，香港中转费为 13 美元，再从香港—红海航线费率表中查出 10 级货的费率为 95 美元，最后查附加费率表，了解到苏丹港要收取港口拥挤附加费，费率为基本运费的 10%。试计算 A 公司应付船公司多少运费？

解：

总毛重 = 15 × 0.49 = 7.35（公吨）

运费吨的运价 = 25 + 13 + 95 + 95 × 10%

= 142.5（美元）

总运费 = 10.676 × 142.5 = 1521.33（美元）

2. 集装箱货物运费

运费率表内的集装箱整箱运费除另有说明外均为 CY/CY 费率。

(1) 整箱货运费

整箱（Full Container Load，FCL）是指货方自行将货物装满整箱以后，以箱为单位托运的集装箱。这种情况通常在货主有足够货源装载一个或数个整箱时采用，除有些大的货主自己置备集装箱外，一般都是向承运人或集装箱租赁公司租用一定的集装箱。空箱被运到工厂或仓库后，在海关人员的监管下，货主把货装入箱内、加锁、铅封后交承运人并取得站场收据，最后凭收据换取提单或运单。

整箱货不论集装箱内所装货物数量多少，均按箱内货物的等级及计费标准计收集装箱运费。但有一种包箱费率，论箱计费不论货物，称为混统包箱费率；另一种大类包箱费率，则粗分为 4 个等级。

两种或两种以上不同等级、不同计费标准，或相同等级、不同计费标准，或不同等级、相同计费标准的货物，作为整箱货装在同一集装箱内，其包箱运费按运费收入高者计收。

以"W/M"为计费标准的货物，其包箱运费按较高者计收。

以"Ad Val"为计费标准的货物，其包箱运费按箱内货物离岸价值的从价运费计收，但不应低于 20 级货物的运费。

(2) 拼箱货运费

拼箱（Less than Container Load，LCL）是指承运人（或代理人）接收货主托运的数量不足整箱的小票货运后，根据货类性质和目的地进行分类整理。把去同一目的地的货，集中到一定数量拼装入箱。由于一个箱内有不同货主的货拼装在一起，所以叫拼箱。这种情况在货主托运数量不足以装满整箱时采用。拼箱货的分类、整理、集中、装箱（拆箱）、交货等工作均在承运人码头集装箱货运站或内陆集装箱转运站进行。

拼箱货按其等级和计费标准计收运费，不足 1 吨者按其商品等级的一运费吨计收运费。以"Ad Val"为计费标准的货物,其拼箱货运费按箱内货物FOB价格的从价货运费计收,但应不低于20级货物的运费。

(3) 特种箱运费

挂衣箱运费,承运人接受场到场(CY/CY)挂衣箱的运输。由承运人提供挂衣箱,箱子具备挂装服装所必备的木制或金属横梁、箱内壁衬垫及绳索,挂衣箱运费较普通货箱运费高10%。

(4) 集装箱站处理费

集装箱站处理费(CFS Handling Charge)由承运人或其代理人在集装箱站接货,并提取空箱、装箱、积载、理货、铅封并将重箱送至装货港集装箱堆场,此间发生的费用为集装箱站处理费。例如,USD 120/20',USD 240/40',USD 5/FT。该费用可根据国内各港口具体情况浮动。

【实例2-17】

A公司出口商品共100箱,每箱的体积为30 cm×60 cm×50 cm,毛重为50千克,查运费表得知该货物为9级,计费标准为W/M,基本运费为每运费吨105USD,另收燃油附加费25%,港口拥挤费15%,货币贬值附加费10%,试计算该批货物的运费是多少美元。

解:

30 cm×60 cm×50 cm = 0.09 m^3,因为0.09 > 0.05且基本运费的计收方法是W/M,所以应选择0.09 m^3来计算运费。代入公式:

运费 = 计费标准×基本运费×商品数量×(1+各种附加费率)

= 0.09×105×100×(1+25%+15%+10%)

= 1417.50(美元)

【实例2-18】

A公司出口货物共200箱,对外报价为每箱340美元CFR神户,日本商人要求将价格改报为FOB价,试求每箱货物应付的运费及应改报的FOB价为多少?(已知该批货物每箱的体积为45 cm×35 cm×30 cm,毛重为40千克,商品的计费标准为W/M,每运费吨基本运费为100美元,到神户港需加收燃油附加费20%,货币贬值附加费10%,港口拥挤费20%。)

解:

(1) 45 cm×35 cm×30 cm = 0.04725 m^3,因为0.04725 > 0.04,且基本运费的计收办法是W/M,所以应选择0.04725 m^3计算运费。

单位运费 = 计费标准×基本运费×(1+各种附加费率)

$$= 0.04725 \times 100 \times (1 + 20\% + 20\% + 10\%)$$
$$= 7.0875（美元）$$

（2）应该报的 FOB 价是：FOB = CFR − 运费 = 340 − 7.0875
$$= 332.9125（美元）$$

【实例 2-19】

A 公司向纽约某进口商出口自行车 100 箱，每箱 1 件，每箱体积是 20 cm×50 cm×120 cm，计收运费的标准为 M，基本运费为每运费吨 280HKD，另加收燃油附加费 33%，港口拥挤费 10%，该批商品的运费是多少？

解：

运费 = 计费标准×基本运费×商品数量×（1 + 各种附加费率）
$$= 0.2 \times 0.5 \times 1.2 \times 280 \times 100 \times (1 + 30\% + 10\%)$$
$$= 0.12 \times 280 \times 100 \times 1.4 = 4704（港元）$$

（二）租船运输

租船通常是指包租整船，大宗货物一般采用租船运输。租船方式主要包括定程租船和定期租船两种，前者是指按航程租赁船舶，后者是指按期限租赁船舶，不论是按航程或按期限租船，船方、租方都要签订租船合同，以明确双方的权利和义务。

1. 定程租船

在定程租船方式下，船方必须按租船合同规定的航程完成货物运输任务，并负责船舶的经营管理及其在航行中的各项费用开支。租船人则应支付双方约定的运费，定程租船的运费一般按装运货物的数量计算，也有按航次包租总金额计算的，至于货物在港口的装卸费用由船方或租方负担，应在租船合同中作出明确规定。

2. 定期租船

按期限租船时，船方与租方的权利与义务应在定期租船合同中订明，船方应提供适航的船舶，关于船员薪金、伙食等费用以及保持船舶具有适航价值而产生的有关费用，均由船方负担。在船舶的出租期间，租船人可根据租船合同规定的航行区域自由使用和调动船舶，但船舶经营过程中产生的燃料费、港口费、装卸费和垫舱物料费等项开支，均应由租船人负担，关于定期租船的租金，一般是按租期每月每吨若干金额计算。

3. 程租船运输费用

（1）程租船的装卸费

程租船运输情况下，有关货物的装卸费用由租船人和船东协商确定后在程租船合同中作出具体规定。具体做法主要有以下4种。

①船方负担装货费和卸货费，又可称为"班轮条件"。

②船方管装不管卸（free out, F.O.），即船方负担装货费，不负担卸货费。

③船方管卸不管装（free in, F.I.），即船方负担卸货费，不负担装货费。

④船方装和卸均不管（free in and free out, F.I.O.）。

（2）装卸时间、滞期费和速遣费

程租船运输情况下，装卸货时间的长短影响到船舶的使用周期和在港费用，直接关系到船方利益。因而在程租船合同中，除需规定装卸货时间外，还需规定一种奖励处罚措施，以督促租船人实现快装快卸。

装卸时间或称装卸期限是指租船人承诺在一定期限内完成装卸作业，它是程租船合同的一项重要内容。装卸期限可用若干日表示，也可用装卸率表示，即平均每天装卸若干吨。此外，还要规定哪些时间应算为工作日，哪些时间除外。装卸时间的计算通常有以下几种。

①按日（days）、连续日或时（running or consecutive days/hours），是指时间连续满24小时就算一日或连续日。

②按工作日（working days），是指按港口习惯，属于正常工作的日子。

③按晴天工作日（weather working days），是指既是工作日，又是适宜装卸的天气才计算为装卸时间。

④连续24小时晴天工作日（weather working days of consecutive 24 hours）。

在规定的装卸期限内，如果租船人未能完成装卸作业，为了弥补船方的损失，对超过的时间，租船人应向船方支付一定的罚款。这种罚款称为"滞期费"或"延滞费"。反之，如果租船人在规定的装卸期限内，提前完成装卸作业，对所节省的时间，船方要向租船人支付一定的奖金。这种奖金称为"速遣费"，后者一般为前者的二分之一。

【实例2-20】

A公司出口化肥120000公吨，租船合同对装卸条件的规定如下。①连续 24 小时晴天工作日，星期六、星期日和节假日除已使用的不算。

②每一工作日装货 2000 公吨，6 天装卸完毕。滞期一天罚款 5000 美元，速遣奖励减半。

装货时间表

日期	星期	工作记录
7月15日	四	8时到24时工作
7月16日	五	0时到24时工作
7月17日	六	0时到18时工作
7月18日	日	8时到24时加班（有4小时下雨停工）
7月19日	一	8时到24时加班（有3小时下雨停工）
7月20日	二	0时到5时工作

试计算应付的滞期费或应得的速遣费是多少？

解：约定工作时间 = 6 × 24 = 144（小时）

实际工作时间 = 16 + 24 + 18 + 12 + 13 + 5 = 88（小时）

速遣费 =（144 − 88）÷ 24 × 2500 ≈ 5833.33（美元）

答：应得的速遣费约为 5833.33 美元。

二、航空运费

国际贸易中的航空运费是在国际航空运输协会（IATA）的控制之下制定的，全世界主要航空公司都是 IATA 的会员。国际空运业务有 98% 是服从 IATA 规则的，这可能使空运费率方面不存在竞争。

国际航空货运按计价重量收费，即按实际毛重或体积折合重量两者中孰高来计算。这时一种货物重 1 千克，而其体积大于 7000 立方厘米（合 427 立方英寸）时为标准密度，凡货物密度低的（相对来说体积大而重量轻的），则每 7000 立方厘米即算作 1 千克。但这一折算率在各个航空公司是不同的。在某些国家，例如中国是 6000 立方厘米或 366 立方英寸折合 1 千克。

（一）空运费率形式

1. 特别商品费率（代号 SCR）

150 多种在费率表上列明的运量较大、经常承运的货运，在特定起运空港和到达空港之间的航线上可以享受较低的费率。

2. 商品分级费率（代号 CCR）

凡不适用 SCR 的货物，就采用此费率，例如，新闻报纸、书籍、期刊、商品目录、某些形式的金和铂、钻石、活动物、人类尸体等。

3. 普通货物费率（代号 GCR）

凡不属于 SCR 及 CCR 的一般货物适用的基本费率。

由于竞争激烈，尽管运费率是明确的，但仍秘密地存在着暗扣。不仅如此，还有一些空运代理人帮助发货人把货物拼凑成一个较大的托运批次，以求获得更便宜的运费。这一实践与海运中拼箱货进集散站的运作相似。

（二）普通货物运价计算

普通货物运价（General Cargo Rate，GCR）是指除了等级货物运价和指定商品运价以外的适合于普通货物运输的运价。该运价公布在"TACT Rates Books Section 4"中。

通常，普通货物运价根据货物重量不同，分为若干个重量等级分界点运价。例如"N"表示标准普通货物运价（Normal General Cargo Rate），是指 45 千克以下的普通货物运价（如无 45 千克以下运价时，N 表示 100 千克以下普通货物运价）。同时，普通货物运价还公布有"Q45""Q100""Q300"等不同重量等级分界点的运价。这里"Q45"表示 45 千克以上（包括 45 千克）普通货物的运价，依此类推。对于 45 千克以上的不同重量分界点的普通货物运价均用"Q"表示。

用货物的计费重量和其适用的普通货物运价计算而得的航空运费不得低于运价资料上公布的航空运费的最低收费标准（M）。

这里，代号"N""Q""M"在航空货运单（Air Waybill，AWB）的销售工作中，主要用于填制货运单运费计算栏中"RAT CLASS"一栏。

1. 计算步骤的术语解释

Volume：体积

Volume Weight：体积重量

Chargeable Weight：计费重量

Applicable Rate：适用运价

Weight Charge：航空运费

2. 计算

Routing：BEIJING，CHINA（BJS）

to TOKYO, JAPAN（TYO）

Commodity：Sample

Gross Weight：25.2 kgs

Dimensions：82 cm×48 cm×32 cm

公布运价如下：

BEIJING Y. RENMINBI	CN CNY		BJS KGS
TOKYO	JP	M N 45	230.00 37.51 28.13

计算该票货物的航空运费。

解：

Volume：82 cm×48 cm×32 cm = 125952 cm^3

Volume Weight：125952 cm^3÷6000 cm^3/kg = 20.99 kgs ≈ 21.0 kgs

Gross Weight：25.2 kgs

Chargeable Weight：25.5 kgs

Applicable Rate：GCR N 37.51 CNY/KG

Weight Charge：25.5×37.51 = CNY956.51

航空货运单运费计算栏填制如下：

No. of Pieces RCP	Gross Weight	Kg Lb	N	Rate Class Commodity Item No.	Chargeable Weight	Rate/ Charge	Total	Nature and Quantity of Goods（Incl dimensions Volumn）
1	25.2	K			25.5	37.51	956.51	SAMPLE DIMS：82 cm×48 cm×32 cm

【实例 2-21】

Routing：BEIJING, CHINA（BJS）

to AMSTERDAM, HOLLAND（AMS）

Commodity：Toys

Gross Weight：38.6 kgs

Dimensions：101 cm×58 cm×32 cm

计算该票货物的航空运费。

公布运价如下：

BEIJING Y. RENMINBI	CN CNY		BJS KGS
AMSTERDAM	NL	M N 45 300	230.00 50.22 41.53 37.51

解：

（1）按实际重量计算

Volume：101 cm×58 cm×32 cm = 187456 cm^3

Volume Weight：187456 cm^3÷6000 cm^3/kg = 31.24 kgs ≈ 31.5 kgs

Gross Weight：38.6 kgs

Chargeable Weight：39.0 kgs

Applicable Rate：GCR N 50.22 CNY/KG

Weight Charge：39.0×50.22 = CNY1958.58

（2）采用较高重量分界点的较低运价计算

Chargeable Weight：45.0 kgs

Applicable Rate：GCR Q 41.53CNY/KG

Weight Charge：41.53×45.0 = CNY1868.85

（1）与（2）比较，取运费较低者。

Weight Charge：CNY1868.85

航空货运单运费计算栏填制如下：

No. of Pieces RCP	Gross Weight	Kg Lb	Rate Class		Chargeable Weight	Rate/ Charge	Total	Nature and Quantity of Goods (Incl dimensions Volume)
			Commodity Item No.	Q				
1	38.6	K			45.0	41.53	1868.85	Toys 101 cm×58 cm×32 cm

三、公路运费

近年来欧洲、亚洲等的国际公路拖车运输市场有了显著的发展。国际公路货运商索取的运费率是根据货物的体积或重量中较高者计算。运费和商品的等级、产地和目的地等有关。货物体积每 3 立方米折算为 1 吨后采用 W/M（孰高）计算。

【实例 2-22】

香港某进口商向大连服装厂询问一批西服的 CIF 伦敦价，并要求以单独报出使用海、陆、空 3 种运输方式的运费决定。

已知：

从大连发货到香港，全部打包为 6 只 3 层纸箱，每一纸箱的尺码是 120 厘米×80 厘米×80 厘米，重 50 千克。

运费率为：

空运：每收费重量千克为 W/MUSD2.50

海运：每吨 USD100

公路：每收费重量 1000 千克为 USD200

收费重量/体积比率分别假定如下：

空运：6 立方米 = 1000 千克

海运：1 立方米 = 1000 千克

公路：3 立方米 = 1000 千克

解：

1. 空运形式：

重量吨：6×50 千克 = 300 千克

体积吨：

$$6\ 箱 = 6 \times \frac{120 \times 80 \times 80}{1000000} \times \frac{1000\ 千克}{6\ 立方米}$$

$$= 6 \times 128\ 千克 = 768\ 千克$$

W/M：

空运总运费 = 体积折重 768 千克×2.50 = USD1920

2. 海运形式：

重量吨：6×50 千克 = 300 千克

体积吨：

$$6 \text{ 箱} = 6 \times \frac{120 \times 80 \times 80}{1000000} \times \frac{1000 \text{ 千克}}{1 \text{ 立方米}}$$

$$= 6 \times 768 \text{ 千克} = 4608 \text{ 千克}$$

W/M：

海运总运费 = 体积折重 4608 千克 × 100 ÷ 1000 千克 = USD460.80

3. 公路形式：

重量吨：6 × 50 千克 = 300 千克

体积吨：

$$6 \text{ 箱} = 6 \times \frac{120 \times 80 \times 80}{100^3 \times 3} \times 1000 \text{ 千克}$$

$$= 1536 \text{ 千克}$$

W/M：

公路总运费 = 1536 千克 × 0.20 = USD 307.20

第五节　保险费计算方法

一、保险金额（Insured Amount）

按照国际保险市场的习惯做法，出口货物的保险金额一般按 CIF 货价另加 10% 计算，增加的这 10% 叫保险加成，也就是买方进行这笔交易所付的费用和预期利润。保险金额计算的公式是：

保险金额 = CIF 货值 × (1 + 加成率)

二、保险费（Premium）

保险费率（Premium Rate）是由保险公司根据一定时期、不同种类货物的赔付率，按不同险别和目的地确定的。

保险费则根据保险费率表按保险金额计算，其计算公式是：保险费 = 保险金额 × 保险费率。

【实例 2-23】

长润进出口公司以每件 15 美元向美国杰盛公司出口女连衣裙 2000 打。货物出口前，由东海进出口公司向中国人民保险公司投保水渍险、包装破裂险及淡水雨淋险。水渍险、包装破裂险及淡水雨淋险的保险费率分别为 0.6%、0.1% 和 0.3%，按发票金额 110% 投保。试计算该批货物的投保金额和保险费。

解：

投保金额 = CIF 总值 × 110%

    = 15 × 12 × 2000 × 110%

    = 396000（美元）

保险费 = 投保金额 × 保险费率

   = 396000 ×（0.6% + 0.1% + 0.3%）

   = 3960（美元）

答：该批货物的投保金额是 396000 美元，保险费是 3960 美元。

第六节　进出口税费计算方法

海关征收的关税、进口环节税、滞纳金、滞报金等一律以人民币计征。税款的起征点为 50 元。进出口货物应当适用海关接受该货物申报进口或者出口之日实施的税率。

一、进出口关税税款的计算

（一）进口关税税款的计算

进口关税计征方法包括从价税、从量税、复合税和滑准税等。

1. 从价税

（1）从价税计税依据

从价税是以进口货物的完税价格作为计税依据，以应征税额占货物完税价格的百分比作为税率，货物进口时以此税率和实际完税价格相乘计算应征税额。

（2）计算公式

应征税额 = 进口货物的完税价格 × 进口从价税税率

减税征收的进口关税税额 = 进口货物的完税价格 × 减按进口关税税率

（3）计算程序

①按照归类原则确定税则归类，将应税货物归入适当的税号。

②根据原产地规则和税率适用规定，确定应税货物所适用税率。

③根据完税价格审定办法的有关规定，确定应税货物的 CIF 价格。

④根据汇率适用规定，将以外币计价的 CIF 价格折算成人民币（完

税价格)。

⑤按照计算公式正确计算应征税款。

(4) 计算实例

【实例 2-24】

国内某公司从日本购进轿车 10 辆,成交价格合计为 FOB 东京 120000.00 美元,实际支付运费 5000 美元,保险费 800 美元。计算应征进口关税 (1 美元 =6.82 元)。

解:

确定税则归类,汽缸容量 2000cc 的小轿车归入税号 8703.2341;

原产国日本适用最惠国税率 15%;

审定完税价格为 125800 美元 (120000 美元 +5000 美元 +800 美元);

将外币价格折算成人民币为 857956 元 (125800 美元 ×6.82)

应征进口关税税额 = 完税价格 × 法定进口关税税率

$$= 857956 \times 15\%$$
$$= 128693.40 （元）$$

【实例 2-25】

国内某公司从美国购进柴油船用发动机 4 台,成交价格合计为 CIF 广州 1360000.00 美元。经批准该发动机进口关税税率减按 1% 计征。实际支付运费 5000 美元,保险费 800 美元。计算应征进口关税 (1 美元 = 6.82 元)。

解:

确定税则归类,该发动机归入税号 8408.1000;

原产国美国适用最惠国税率 5%,减按 1% 计征;

审定 CIF 价格为 1360000.00 美元;

将外币价格折算成人民币为 9275200 元 (1360000 美元 ×6.82)

应征进口关税税额 = 完税价格 × 减按进口关税税率

$$= 9275200 \times 1\%$$
$$= 92752.00 （元）$$

2. 从量税

(1) 从量税的计征方法

从量税是以进口商品的数量、体积、重量等计量单位计征关税的方法。计算时以货物的数量(体积、重量)乘以每单位应纳税金额即可得出该货物的关税税额。

(2) 计算公式

应征税额 = 进口货物数量 × 单位税额

(3) 计算程序

①按照归类原则确定税则归类,将应税货物归入适当的税号。

②根据原产地规则和税率适用规定,确定应税货物所适用税率。

③确定其实际进口量。

④如计征进口环节增值税,根据完税价格审定的有关规定,确定应税货物的CIF价格。

⑤根据汇率适用规定,将外币折算成人民币(完税价格)。

⑥按照计算公式正确计算应征税款。

(4) 计算实例

【实例2-26】

内地某公司从香港进口柯达胶卷100800卷(宽度35毫米,长度1.8米),成交价格为CIF青岛10港币/卷,规格"135/36"的彩色胶卷1卷=0.05775平方米,计算应征进口关税。(100港币=87.91元)

解:

确定税则归类,彩色胶卷归入税号3702.5410;

原产地中国香港适用最惠国税率28元/平方米;

审定其实际进口量100800卷×0.05775平方米/卷=5821.20平方米;

应征进口关税税额 = 货物数量 × 单位税额

= 5821.20平方米 × 28元/平方米

= 162993.60(元)

审定完税价格为100800卷×10港币/卷=1008000港币,将外币折算成人民币为:1008000港币×0.8791=886132.80元(计征进口环节增值税时需要)。

3. 复合税

(1) 复合税的概念

复合税是在《中华人民共和国进出口税则》中,一个税目中的商品同时适用从价、从量两种标准计税,计税时以两者之和作为应征税额征收的关税。

(2) 计算公式

应征税额=进口货物数量×单位税额+进口货物的完税价格×进口从价税税率

(3) 计算程序

①按照归类原则确定税则归类，将应税货物归入适当的税号。
②根据原产地规则和税率适用规定，确定应税货物所适用税率。
③确定其实际进口量。
④根据完税价格审定的有关规定，确定应税货物的完税价格。
⑤根据汇率适用规定，将外币折算成人民币。
⑥按照计算公式正确计算应征税款。

(4) 计算实例

【实例2-27】

国内某公司，从日本购进广播级电视摄像机40台，其中20台成交价格为CIF宁波4000美元/台，其余20台成交价格为CIF宁波5200美元/台，计算应征进口关税（1美元=6.82元）。

解：

确定税则归类，该批摄像机归入税号8525.8012；

货物原产国为日本，关税税率适用最惠国税率，经查关税税率为：完税价格不高于5000美元/台的，关税税率执行单一从价税35%，完税价格高于5000美元/台的，每台征收从量税，税额为12960元，再加3%的从价税；

确定后成交价格合计为80000美元（每台4000美元，共20台）和104000美元（每台5200美元，共20台）；

将外币价格折算成人民币为545600元和709280元；

按照计算公式分别计算进口关税税款。

单一从价进口关税税额=完税价格×进口关税税率
$$=545600\times 35\%$$
$$=190960.00（元）$$

复合进口关税税额=货物数量×单位税额+完税价格×关税税率
$$=20\times 12960 元/台+709280\times 3\%$$
$$=259200.00+21278.40$$
$$=280478.40（元）$$

合计进口关税税额 = 从价进口关税税额 + 复合进口关税税额
= 190960.00 + 280478.40
= 471438.40（元）

4. 滑准税

（1）滑准税的概念

滑准税是在《中华人民共和国进出口税则》中预先按产品的价格高低分档制定若干不同的税率，然后根据进口商品价格的变动而增减进口税率的一种关税。当商品价格上涨时采用较低税率，当商品价格下跌时则采用较高税率，其目的是使该种商品的国内市场价格保持稳定。

（2）计算公式

2007年我国对关税配额外进口的一定数量的棉花（税号5201.0000）实行6%~40%的滑准税。当关税配额外进口棉花完税价格高于或等于11.397元/千克时，暂定关税税率为6%；当关税配额外进口棉花完税价格低于11.397元/千克时，暂定关税税率按下述公式计算：

$$R_i = \frac{\text{INT}\left[\left(\frac{P_t}{P_i \times E} + \alpha + P_i \times E - 1\right) \times 1000 + 0.5\right]}{1000} \quad (R_i \leqslant 40\%)$$

其中：R_i 为暂定关税税率，当 R_i 按上式计算值高于40%时，取值40%；

P_t 为常数，为8.8元/千克；

P_i 为关税完税价格，CIF价格，单位为"美元/千克"；

E 为美元汇率；

α 为常数，为2.526%；

INT 为取整函数（即小数点后面的数一律舍去）。

应征税款计算公式为：

应征进口关税税额 = 完税价格 × 关税税率

（3）计算程序

①按照归类原则确定税则归类，将应税货物归入适当的税号。
②根据原产地规则和税率适用规定，确定应税货物所适用的税率种类。
③根据完税价格审定的有关规定，确定应税货物的完税价格。
④根据关税税率计算公式计算关税税率。
⑤根据汇率适用规定，将外币折算成人民币。
⑥按照计算公式正确计算应征税款。

(4) 计算实例

【实例 2-28】

国内某公司购进配额外未梳棉花 1 吨，原产地为美国，成交价格为 CIF 上海 900 美元/吨。企业已向海关提交由国家发展和改革委员会授权机构出具的"关税配额外优惠关税税率进口棉花配额证"，经海关审核确认后，征收滑准关税。计算应征进口关税税款（1 美元 = 7.71 元）。

解：

确定税则归类，未梳棉花归入税目税号 5201.0000.08；

确定关税税率，审定完税价格 900 × 7.71 ÷ 1000 = 6.939（元/千克），将此完税价格与 11.397 元/千克进行比较，鉴于 6.939（元/千克）低于 11.397 元/千克，该进口货物原产国适用最惠国税率，根据当关税配额外进口棉花完税价格低于 11.397 元/千克时，暂定关税税率为≤40%（滑准关税税率），即：当计算的关税税率小于 40%，按照计算的关税税率计征关税；若计算的关税税率大于 40%，则按照 40% 的关税税率计征关税的规定和进口暂定关税税率（滑准关税税率）公式，计算该货物的暂定关税税率：

$$暂定关税税率 = \frac{INT\left[\left(\frac{8.8}{0.9 \times 7.71} + 2.526\% \times 0.9 \times 7.71 - 1\right) \times 1000 + 0.5\right]}{1000}$$

$$= \frac{443}{1000} = 44.3\%$$

该滑准关税税率计算后为 44.3%，大于 40%，按照 40% 的关税税率计征关税。

应征进口关税税额 = 完税价格（美元）× 汇率 × 暂定关税税率
= 900 × 7.71 × 40%
= 2775.60（元）

【实例 2-29】

国内某公司购进配额外未梳棉花 1 吨，原产地为美国，成交价格为 CIF 上海 1000 美元/吨。企业已向海关提交由国家发展和改革委员会授权机构出具的"关税配额外优惠关税税率进口棉花配额证"，经海关审核确认后，征收滑准关税。计算应征进口关税税款（1 美元 = 7.71 元）。

解：

确定税则归类，未梳棉花归入税目税号 5201.0000.08；

确定关税税率，审定完税价格 1000×7.71÷1000＝7.710（元/千克），将此完税价格与 11.397 元/千克进行比较，鉴于 7.710（元/千克）低于 11.397 元/千克，该进口货物原产国适用最惠国税率，根据当关税配额外进口棉花完税价格低于 11.397 元/千克时，暂定关税税率为≤40%（滑准关税税率），即：当计算的关税税率小于等于 40%，按照计算的关税税率计征关税；若计算的关税税率大于 40%，则按照 40% 的关税税率计征关税的规定和进口暂定关税税率（滑准关税税率）公式，计算该货物的暂定关税税率：

$$暂定关税税率 = \frac{\text{INT}\left[\left(\frac{8.8}{1\times 7.71} + 2.526\% \times 1 \times 7.71 - 1\right) \times 1000 + 0.5\right]}{1000}$$

$$= \frac{336}{1000} = 33.6\%$$

该滑准关税税率计算后为 33.6%，小于 40%，按照实际计算的关税税率计征关税。

应征进口关税税额 = 完税价格（美元）×汇率×暂定关税税率
　　　　　　　　 = 1000×7.71×33.6%
　　　　　　　　 = 2590.56（元）

【实例 2-30】

国内某公司购进配额外未梳棉花 1 吨，原产地为美国，成交价格为 CIF 上海 1500 美元/吨。企业已向海关提交由国家发展和改革委员会授权机构出具的"关税配额外优惠关税税率进口棉花配额证"，经海关审核确认后，征收滑准关税。计算应征进口关税税款。（1 美元 = 7.71 元）

解：

确定税则归类，未梳棉花归入税目税号 5201.0000.08；

确定关税税率，审定完税价格 1500×7.71÷1000＝11.565（元/千克），将此完税价格与 11.397 元/千克进行比较，鉴于 11.565 元/千克高于 11.397 元/千克，该进口货物原产国适用最惠国税率，根据"当关税配额外进口棉花完税价格高于或等于 11.397 元/千克时，暂定关税税率为 6%"的规定，该货物的暂定关税税率 6%。

应征进口关税税额 = 完税价格（美元）×汇率×暂定关税税率
　　　　　　　　 = 1500×7.71×6%
　　　　　　　　 = 693.90（元）

（二）反倾销税税款的计算

1. 反倾销税的概念

反倾销税是为抵制外国商品倾销进口，保护国内生产而征收的一种进口附加税，即在倾销商品进口时除征收进口关税外，再征收反倾销税。

2. 计算公式

反倾销税税额＝完税价格×适用的反倾销税税率

3. 计算程序

（1）按照归类原则确定税则归类，将应税货物归入适当的税号。

（2）根据反倾销税有关规定，确定应税货物所适用的反倾销税税率。

（3）根据完税价格审定的有关规定，确定应税货物的完税价格。

（4）根据汇率适用规定，将外币折算成人民币。

（5）按照计算公式正确计算应征反倾销税税款。

4. 计算实例

【实例2-31】

国内某公司从韩国购进厚度为0.7毫米的冷轧板卷200吨，成交价格为CIF大连560美元/吨，生产厂商为韩国××制钢株式会社，计算应征的反倾销税税款（1美元＝6.82元）。

解：

确定税则归类，厚度为0.7毫米的冷轧卷板归入税号7209.1790；

根据有关规定，进口韩国厂商韩国××制钢株式会社生产的冷轧卷板反倾销税率为14%；

审定完税价格为112000美元；

将外币价格折算成人民币为763840.00元；

反倾销税税额＝完税价格×反倾销税税率
　　　　　　＝763840.00×14%
　　　　　　＝106937.60（元）

（三）出口关税税款的计算

目前，我国仅对一小部分关系到国计民生的重要出口商品征收出口关税。

我国出口关税有从价和从量征收两种计征标准。此处只介绍实行从价计征标准的出口关税的计算方法。

1. 计算公式

应征税额 = 出口货物完税价格 × 出口关税税率

$$出口完税价格 = \frac{成交价格}{1 + 出口关税税率}$$

2. 计算程序

（1）按照归类原则确定税则归类，将应税货物归入适当的税号。
（2）根据完税价格审定的有关规定，确定应税货物的成交价格。
（3）根据汇率适用规定，将外币折算成人民币。
（4）按照计算公式正确计算应征出口关税税款。

3. 计算实例

【实例 2-32】

国内某企业从厦门出境合金生铁一批，申报出口量 95 吨，每吨成交价格为 96 美元，计算出口关税（1 美元 = 6.82 元）。

解：

确定税则归类，该批合金生铁归入税号 7201.5000，税率为 20%；

审定 FOB 为 9120 美元；

将外币价格折算成人民币为 62198.40 元；

$$出口关税税额 = \frac{成交价格}{1 + 出口关税税率} \times 出口关税税率$$

$$= \frac{62198.40}{1 + 20\%} \times 20\%$$

$$= 51832 \times 20\%$$

$$= 10366.40（元）$$

二、进口环节海关代征税的计算

（一）消费税税款的计算

1. 计算公式

（1）从价征收的消费税按照组成的计税价格计算。其计算公式为：

应纳税额 = 消费税组成计税价格 × 消费税税率

$$消费税组成计税价格 = \frac{关税完税价格 + 关税税额}{1 - 消费税税率}$$

（2）从量征收的消费税的计算公式为：

应纳税额 = 应征消费税消费品数量 × 单位税额

（3）同时实行从量、从价征收的消费税是运用上述两种征税方法计算的税额之和，其计算公式为：

应纳税额＝应征消费税消费品数量×单位税额＋消费税组成计税价格×消费税税率

2. 计算程序

（1）按照归类原则确定税则归类，将应税货物归入适当的税号。
（2）根据有关规定，确定应税货物所适用的消费税税率。
（3）根据完税价格审定的有关规定，确定应税货物的 CIF 价格。
（4）根据汇率适用规定，将外币折算成人民币（完税价格）。
（5）按照计算公式正确计算消费税税款。

3. 计算实例

【实例2-33】

某进出口公司进口丹麦产啤酒 3800 升，经海关审核其成交价格总值为 CIF 上海 1672 美元。现计算应征的税款（1 美元 ＝6.82 元）。

解：

确定税则归类，啤酒归入税号 2203.0000；

消费税税率为从量税，进口完税价格≥370 美元/吨的消费税税率为 250 元/吨，进口完税价格 ＜370 美元/吨的消费税税率为 220 元/吨；

进口啤酒数量：3800 升÷988 升/吨＝3.846 吨，计算完税价格单价：1672 美元÷3.846 吨＝434.74 美元/吨（进口完税价格＞370 美元/吨），则消费税税率为 250 元/吨。

按照计算公式计算进口环节消费税。

进口环节消费税税额＝应征消费税消费品数量×单位税额

＝3.846 吨×250 元/吨

＝961.50 元

（二）增值税税款的计算

1. 计算公式

应纳增值税税额＝增值税组成价格×增值税税率

增值税组成价格＝进口关税完税价格＋进口关税税额＋消费税税额

2. 计算实例

【实例2-34】

某公司进口货物一批，经海关审核其成交价格为1200美元，已知该批货物的关税税率为12%，消费税税率为10%，增值税税率为17%，计算应征增值税税额（1美元=6.82元）。

解：

首先计算关税税额，然后计算消费税税额，最后再计算增值税税额。

将外币价格折算成人民币为8184.00元。

计算关税税额：

应征关税税额 = 完税价格 × 关税税率

$\qquad$ = 8184 × 12%

$\qquad$ = 982.08（元）

计算消费税税额：

应征消费税税额 = $\dfrac{\text{关税完税价格} + \text{关税税额}}{1 - \text{消费税税率}}$ × 消费税税率

$\qquad$ = $\dfrac{8184 + 982.08}{1 - 10\%}$ × 10%

$\qquad$ = 10184.53 × 10%

$\qquad$ = 1018.45（元）

计算增值税税额：

应征增值税税额 = (关税完税价格 + 关税税额 + 消费税税额) × 增值税税率

$\qquad$ = (8184 + 982.08 + 1018.45) × 17%

$\qquad$ = 10184.53 × 17%

$\qquad$ = 1731.37（元）

【实例2-35】

某进出口公司进口某批不用征收进口消费税的货物，经海关审核其成交价格总值为CIF连云港800美元。已知该批货物的关税税率为35%，增值税税率为17%。现计算应征增值税税额（1美元=6.82元）。

解：

首先计算关税税额，然后再计算增值税税额。

计算关税税额：

应征关税税额 = 完税价格 × 关税税率

$$= 800 \times 6.82 \times 35\%$$
$$= 5456 \times 35\%$$
$$= 1909.60 \text{（元）}$$

计算增值税税额：

应征增值税税额 =（完税价格 + 关税税额）× 增值税税率
$$=（5456 + 1909.60）\times 17\%$$
$$= 7365.60 \times 17\%$$
$$= 1252.15 \text{（元）}$$

三、滞纳金的计算

按照规定，海关征收的关税、进口环节增值税和消费税、船舶吨税，如纳税义务人或其代理人逾期缴纳税款的，应缴纳税款滞纳金。其计算公式为：

关税滞纳金金额 = 滞纳关税税额 × 0.5‰ × 滞纳天数

进口环节海关代征税滞纳金金额 = 滞纳的进口环节海关代征税税额 × 0.5‰ × 滞纳天数

根据《中华人民共和国海关法》的规定，进出口货物的纳税义务人，应当自海关填发税款缴款书之日起15日内缴纳税款；逾期缴纳的，由海关征收滞纳金。在实际计算纳税期限时，应从海关填发税款缴款书之日的第二天起计算，当天不计入。缴纳期限的最后一日是星期六、星期日或法定节假日，则关税缴纳期限顺延至周末或法定节假日过后的第一个工作日。如果税款缴纳期限内含有星期六、星期日或法定节假日则不予扣除。滞纳天数按照实际滞纳天数计算，其中的星期六、星期日或法定节假日一并计算。

【实例2-36】

国内某公司从日本进口轿车一批，已知该批货物应征关税税额为352793.52元，应征进口环节消费税为72860.70元，进口环节增值税税额为247726.38元。海关于2008年5月15日填发海关专用缴款书，该公司于2008年6月10日缴纳税款。现计算应征的滞纳金。

计算方法：

首先确定滞纳天数，然后再计算应缴纳的关税、进口环节消费税和增值税的滞纳金。

税款缴款期限为 2008 年 5 月 30 日（星期五），5 月 31 日至 6 月 10 日为滞纳期，共滞纳 11 天。

按照计算公式分别计算进口关税、进口环节消费税和增值税的滞纳金。

关税滞纳金 = 滞纳关税税额 × 0.5‰ × 滞纳天数
　　　　　= 352793.52 × 0.5‰ × 11
　　　　　= 1940.36（元）
进口环节消费税滞纳金 = 进口环节消费税税额 × 0.5‰ × 滞纳天数
　　　　　　　　　　= 72860.70 × 0.5‰ × 11
　　　　　　　　　　= 400.73（元）
进口环节增值税滞纳金 = 进口环节增值税税额 × 0.5‰ × 滞纳天数
　　　　　　　　　　= 247726.38 × 0.5‰ × 11
　　　　　　　　　　= 1362.50（元）

第七节　进出口报价

一、出口报价核算

出口报价是出口商向国外客户出售某商品报出的价格。在计算价格时，首先需要明确价格的构成，即所报价格将由哪些部分组成，然后需要清楚了解各组成部分的计算方法，也就是出口成本、各项费用以及利润的计算依据，最后将各部分加以合理地汇总即可。

由于在国际贸易中，FOB、CIF 和 CFR 价格是最常用的贸易术语，因此就这 3 种价格核算进行阐述。

（一）FOB 价格核算

FOB 价 = 出口成本 + 预期利润额
　　　 = 实际购货成本 + 单位产品国内总费用 + 预期利润额

或：

FOB 价 = 实际购货成本 + 单位产品国内总费用 + 佣金 + 预期利润额

（二）CFR 价格核算

CFR 价格 = 出口成本 + 出口运费 + 预期利润额

或：

CFR 价 = 实际购货成本 + 单位产品国内总费用 + 单位产品出口运费 +

佣金 + 预期利润额

（三）CIF 价格核算

CIF 价 = 出口成本 + 出口运费 + 运输保险 + 预期利润额

或：

CIF 价 = 实际购货成本 + 单位产品国内总费用 + 单位产品出口运费 + 运输保险费 + 佣金 + 预期利润额

下面通过具体的案例来说明出口报价核算操作。

二、出口报价核算应用实例

长润进出口公司收到韩国进口商求购 18 吨香菇的询盘，该商品国内的进货价为每吨 5800 元（含增值税 17%），出口包装费每吨 520 元，该批货物国内运杂费计 1150 元，出口商检费 320 元，报关费 100 元，港区港杂费 980 元，其他各种费用共计 1500 元。长润进出口公司向银行贷款的年利率为 7.5%，预计垫款时间为两个月，银行手续费率为 0.5%（按成交价格计），出口香菇的退税率为 3%，海洋运费从装运港上海至韩国釜山一个 20 英尺集装箱的包箱费率是 1000 美元，用户要求按成交价的 110% 投保，保险费率 0.85%，韩国商人要求在报价中包括 3% 的佣金。若长润进出口公司的预期利润是 10%（以成交金额计），人民币对美元汇率为 7.97∶1，试报出每吨出口商品的 FOB、CFR 和 CIF 价格。为保持数据的相对准确性，运算过程保留四位小数，最终报价保留两位小数。

（一）实际购货成本

实际购货成本 = 购货价格 − 出口退税额
　　　　　　 = 5800 × （1 + 17% − 退税率）÷ （1 + 17%）
　　　　　　 = 5800 × （1 + 17% − 3%）÷ （1 + 17%）
　　　　　　 = 5800 × 1.14 ÷ 1.17 = 5651.2821 元/吨

费用：

国内费用 = 520 + （1150 + 320 + 100 + 980 + 1500）÷ 18 + 5800 × 7.5% × （2 ÷ 12）

　　　　 = 520 + 225 + 72.5

　　　　 = 817.50 元/吨（注：贷款利息通常根据进货成本来核算）

银行手续费 = 报价 × 0.5%

客户佣金 = 报价 × 3%
出口运费 = 1000 ÷ 18 × 7.97 = 55.5556 美元 × 7.97
         = 442.7781 元
出口保费 = CIF 价 × 110% × 0.85%
利润 = 报价 × 10%

(二) FOB 报价 (折成美元)

FOB 报价 = (实际购货成本 + 国内费用 + 佣金 + 银行手续费 +
          预期利润)
        = (5651.2821 + 817.50 + 报价 × 3% + 报价 × 0.5% +
          报价 × 10%)
FOBC3% = (5651.2821 + 817.50) ÷ (1 − 3% − 0.5% − 10%) ÷ 7.97
       = 6468.7821 ÷ 0.865 ÷ 7.97
       = 938.31 美元/吨

(三) CFR 报价

CFR 报价 = (实际购货成本 + 国内费用 + 出口运费 + 佣金 +
          银行手续费 + 预期利润)
        = (5651.2821 + 817.50 + 442.7781 + 报价 × 3% + 报价 ×
          0.5% + 报价 × 10%)
CFRC3% = (5651.2821 + 817.50 + 442.7781) ÷ (1 − 3% −
         0.5% − 10%) ÷ 7.97
       = 6911.5602 ÷ 0.865 ÷ 7.97
       = 1002.54 美元/吨

(四) CIF 报价

CIF 报价 = (实际购货成本 + 国内费用 + 出口运费 + 出口保险费 +
          佣金 + 银行手续费 + 预期利润)
        = (5651.2821 + 817.50 + 442.7781 + 报价 × 110% × 0.85% +
          报价 × 3% + 报价 × 0.5% + 报价 × 10%)
CIFC3% = (5651.2821 + 817.50 + 442.7781) ÷ (1 − 110% ×
         0.85% − 3% − 0.5% − 10%) ÷ 7.97
       = 6911.5602 ÷ 0.85565 ÷ 7.97
       = 1013.50 美元/吨

通过以上计算,18 吨香菇的出口报价如下:

$938.31 PER METRIC TON FOBC3% SHANGHAI
$1002.54 PER METRIC TON CFRC3% BUSAN
$1013.50 PER METRIC TON CIFC3% BUSAN

【实例 2-37】

利用以下数据进行出口价格核算。

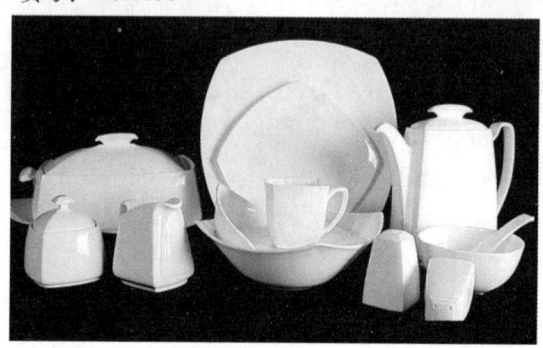

计量单位：	套	包装：	纸箱
包装方式：	1pc/inner box，4pc/carton		
每个纸箱尺码：	60 cm（长）	50 cm（宽）	40 cm（高）
每个纸箱毛重/净重：	G.W.：15kg	N.W.：13kg	
报价数量：	160 套		

品名：餐具　　货号：ART.158

核算数据如下。

采购成本：150 元/套（含增值税）

出口费用：单位商品出口的包干费约为：￥2.50

　　　　　件杂货/拼箱海运费率为：（计费标准"M/W"）$60.00（每运费吨）

　　　　　出口定额费率为：（按采购成本计）3.50%

　　　　　垫款周期为：30 天

　　　　　银行贷款年利率为：（1 年按 360 天计）8.00%

海运货物保险费率为：0.70%

投保加成率为：10.00%

增值税率为：17.00%

出口退税率为：13.00%

国外客户的佣金为：（按报价计）3.00%

银行手续费率为：（按报价计）0.35%

汇率：（1美元兑换人民币）6.90

预期利润：销售利润率为：10.00%

要求：每一步计算都保留4位小数，且四舍五入。计算的每一步都填在下列表中。FOB报价、CFR报价和CIF报价均为美元/套。

参考答案及报价核算如下：

计算项目	计算过程	计算结果	单位
货物总体积	160÷4×（60×50×40）÷1000000	4.8	立方米
货物总毛重	160÷4×15÷1000	0.6	公吨
实际成本	150×（1+17%-13%）÷（1+17%）	133.33	元/套
退税收入	150×13%÷（1+17%）	16.67	元/套
贷款利息	150×8%×30÷360	1	元/套
海洋运费	4.8×60÷160×6.90	12.42	元/套
海运保险费	26.0728×（1+10%）×0.7%×6.90	1.3852	元/套
出口业务定额费	150×3.50%	5.25	元/套
包干费		2.50	元/套
FOB报价	（133.33+1+5.25+2.5）÷（1-3%-0.35%-10%）÷6.90 =142.08÷0.8665÷6.90	23.7638	美元/套

续表

计算项目	计算过程	计算结果	单位
CFR 报价	（133.33 + 1 + 5.25 + 2.5 + 12.42）÷（1 - 3% - 0.35% - 10%）÷6.90 = 154.5 ÷ 0.8665 ÷ 6.90	25.8411	美元/套
CIF 报价	（133.33 + 1 + 5.25 + 2.5 + 12.42）÷［1 -（1 + 10%）× 0.70% - 3% - 0.35% - 10%］÷6.90 = 154.5 ÷ 0.8588 ÷ 6.90	26.0728	美元/套

【实例 2-38】

利用以下数据进行出口价格核算。

品名：餐具　　ART. 560

计量单位：	套	包装：	纸箱
包装方式：	6 套/纸箱		
每个纸箱尺码：	49.5 cm（长）	42 cm（宽）	58 cm（高）
每个纸箱 毛重/净重	G. W.：22 kg	N. W.：19.5 kg	
报价数量：	一个 20 英尺整箱可装 1100 套，一个 40 英尺整箱可装 2400 套		
报价数量/起订量：	一个 20 英尺集装箱		

核算数据如下。

采购成本：88 元/套（含增值税）

出口费用：单位商品出口的包干费为：￥2.50

20 英尺集装箱包干费为：￥850.00

40 英尺集装箱包干费为：￥1500.00

件杂货/拼箱海运费率为：（计费标准"M/W"）＄68.00（每运费吨）

20 英尺集装箱的海运包箱费为：＄1300.00

40 英尺集装箱的海运包箱费为：＄2250.00

出口定额费率为：（按采购成本计）3.50%

垫款周期为：60 天

银行贷款年利率为：（1 年按 360 天计）7.00%

海运货物保险费率为：0.75%

投保加成率为：10.00%

增值税率为：17.00%

出口退税率为：13.00%

银行手续费率为：（按报价计）0.35%

汇率：（1 美元兑换人民币）8.01

预期利润：销售利润率为：8.00%

要求：每一步计算都保留 4 位小数，小于 1 的数值保留 5 位小数，且四舍五入。计算的每一步都填在下列表中。FOB 报价、CFR 报价和 CIF 报价均为美元/套。

参考答案及报价核算如下：

计算项目	计算过程	计算结果	单位
实际成本	88 ÷（1+17%）×（1+17%－13%）	78.2222	元/套
退税收入	88 ÷（1+17%）×13%	9.7778	元/套
贷款利息	88×7%×60÷360	1.0267	元/套
包干费	850×1÷1000	0.7727	元/套
海洋运费	1300×1÷1100×8.01	9.4664	元/套
海运保险费	12.6635×（1+10%）×0.75%×8.01	0.8368	元/套

计算项目	计算过程	计算结果	单位
FOB 报价	(78.2222 + 1.0267 + 88×3% + 0.7727) ÷ (1 − 0.35% − 8%) ÷ 8.01	11.2600	美元/套
CFR 报价	(78.2222 + 1.0267 + 88×3% + 0.7727 + 9.4664) ÷ (1 − 0.35% − 8%) ÷ 8.01	12.5495	美元/套
CIF 报价	(78.2222 + 1.0267 + 88×3% + 0.7727 + 9.4664) ÷ [1 − (1 + 10%) × 0.75% − 0.35% − 8%] ÷ 8.01	12.6635	美元/套

还价核算 1：出口商报价后收到客户还价，表示其能够接受的单价为 \$11.80CIF，订购数量为一个 40 英尺集装箱。试根据客户的还价进行利润核算（按总量计）。

计算项目	计算过程	计算结果	单位
销售收入	2400 × 11.8 × 8.01	226843.2000	元
退税收入	2400 × 88 ÷ (1 + 17%) × 13%	23466.6667	元
实际成本	2400 × 88 ÷ (1 + 17%) × (1 + 17% − 13%)	187733.3333	元
采购成本	88 × 2400	211200.0000	元
贷款利息	211200 × 7% × 60 ÷ 360	2464.0000	元
定额费	211200 × 3%	6336.0000	元
包干费	1500 × 1	1500.0000	元
海洋运费	2250 × 1 × 8.01	18022.5000	元
海运保险费	2400 × 11.8 × 8.01 × (1 + 10%) × 0.75%	1871.4564	元
银行费用	11.8 × 8.01 × 0.35% × 2400	793.9512	元
利润额	226843.2 − 187733.3333 − 2464 − 6336 − 1500 − 18022.5 − 1871.4564 − 793.9512	8121.9591	元
销售利润率	8121.9591 ÷ 226843.2	3.58%	（百分比）
成本利润率	8121.9591 ÷ 211200	3.85%	（百分比）

还价核算 2：如果接受客户还价，同时出口商又必须保持 8% 的销售利润率，在其他费用和订购数量保持不变的情况下，试进行还价成本核算（按单位商品计）。

计算项目	计算过程	计算结果	单位
销售收入	11.8×8.01	94.5180	元/套
退税收入	83.511÷（1+17%）×13%	9.2790	元/套
海洋运费	2250×1÷2400×8.01	7.5094	元/套
海运保险费	11.8×（1+10%）×0.75%×8.01	0.7798	元/套
银行费用	11.8×8.01×0.35%	0.3308	元/套
包干费	1500×1÷2400	0.6250	元/套
利润额	11.8×8.01×8%	7.5614	元/套
贷款利息	85.511×7%×60÷360	0.9743	元/套
定额费	85.511×3%	2.5053	元/套
实际成本	85.511÷（1+17%）×（1+17%－13%）	74.2320	元/套
采购成本	（94.518－7.5094－0.7798－0.3308－0.625－7.5614）÷[1－13%÷（1+17%）+3%+7%×60÷360]	83.5110	元/套

注意：还价成本（采购成本）＝收入（销售收入＋退税收入）－各项费用－利润

＝销售收入＋退税收入－贷款利息－定额费－包干费－海洋运费－海运保险费－银行费用－利润

成交核算：经过磋商，买卖双方最终以每套 $12.20CIF 达成交易，成交数量为一个 40 英尺集装箱。试根据成交条件进行利润核算（按总量计）。

计算项目	计算过程	计算结果	单位
成交数量	2400×1	2400.0000	套
销售收入	2400×12.20×8.01	234532.8000	元
退税收入	2400×88÷（1+17%）×13%	23466.6667	元
实际成本	2400×88÷（1+17%）×（1+17%－13%）	187733.3333	元

计算项目	计算过程	计算结果	单位
采购成本	88×2400	211200.0000	元
贷款利息	88×2400×7%×60÷360	2464.0000	元
定额费	88×2400×3%	6336.0000	元
包干费	1500×1	1500.0000	元
海洋运费	2250×1×8.01	18022.5000	元
海运保险费	2400×12.20×8.01×（1+10%）×0.75%	1934.8960	元
银行费用	12.20×8.01×0.35%×2400	820.8648	元
利润额	234532.8 − 187733.3333 − 2464 − 6336 − 1500 − 18022.5 − 1934.896 − 820.8648	15721.2100	元
销售利润率	15721.21÷234532.8	6.70%	（百分比）
成本利润率	15721.21÷211200	7.44%	（百分比）

三、进口报价核算应用实例

【实例 2-39】

利用以下数据进行进口价格核算。

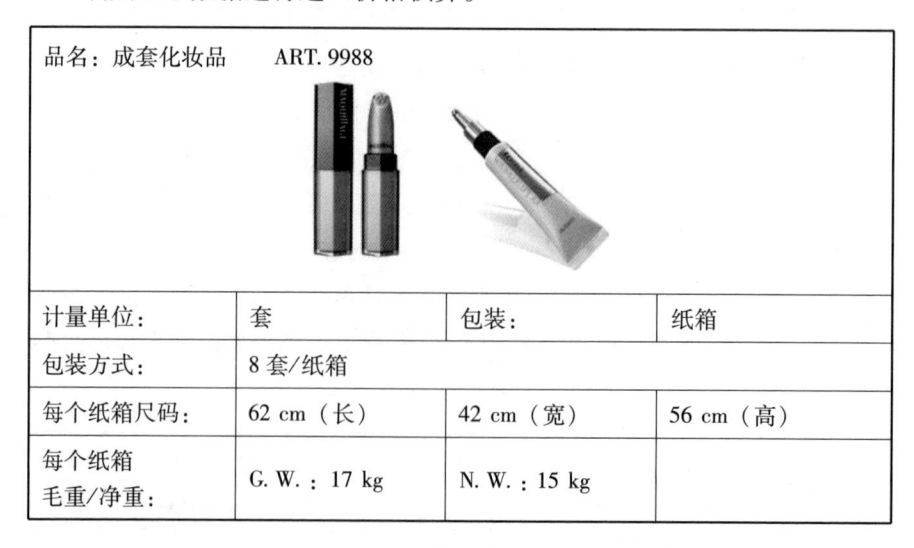

品名：成套化妆品	ART. 9988		
计量单位：	套	包装：	纸箱
包装方式：	8套/纸箱		
每个纸箱尺码：	62 cm（长）	42 cm（宽）	56 cm（高）
每个纸箱毛重/净重	G.W.：17 kg	N.W.：15 kg	

国外客户报价：$48.00/套（FOB价），拟购320套
进口费用：进口包干费（不含税收）为：¥2560.00
航空运费为每箱：$52.00

第二章 外贸业务经理人必备的财务知识·113

银行费用为每笔交易：$180.00

公司业务费用总额为：¥6510.00

保险费率为：0.90%

投保加成率为：10.00%

进口关税税率为：10.00%

增值税税率为：17.00%

消费税税率为：30.00%

汇率为：1美元=8.01元

预期利润率：进口成本的12.00%

要求：每一步计算都保留4位小数，小于1的数值保留5位小数，且四舍五入。

参考答案及报价核算如下：

计算项目	计算过程	计算结果	单位
进口运费	52×8.01÷8	52.0650	元/套
进口保险费	(48×8.01+52.065)÷(1-1.1×0.9%)×1.1×0.9%	4.3650	元/套
进口包干费	2560÷320	8.0000	元/套
业务费用	6510÷320	20.3438	元/套
银行费用	180×8.01÷320	4.5056	元/套
关税完税价格	(48×8.01+52.0650)÷(1-1.1×0.9%)	440.9100	元/套
关税额	440.91×10%	44.0910	元/套
消费税完税价格	(440.91+44.091)÷(1-30%)	692.8586	元/套
消费税额	692.8586×30%	207.8576	元/套
代缴增值税完税价格	440.91+44.091+207.8576	692.8586	元/套
代缴增值税额	692.8586×17%	117.7860	元/套
进口利润额	48×8.01×8%	30.7584	元/套
国内销售价格	(440.91+44.091+207.8576+8+20.3438+4.5056+30.7584)×1.17	885.0657	元/套
销售税款	885.0657÷1.17×0.17	128.5993	元/套

计算项目	计算过程	计算结果	单位
实缴增值税额	128.5993 – 117.786	10.8133	元/套
销售利润率	30.7584 ÷ 894.0625	3.44%	(百分比)

还价核算1：进口商向国内用户报价后，国内用户还价为每套860.00元，订购数量为320套。试根据客户还价进行利润核算（按总量计）。

计算项目	计算过程	计算结果	单位
销售收入	860×320	275200.0000	元
销售税款	275200÷1.17×17%	39986.3248	元
采购成本	48×8.01×320	123033.6000	元
进口包干费	2560	2560.0000	元
进口运费	52×8.01×320÷8	16660.8000	元
进口保险费	(123033.6+16660.8)÷(1–1.1×0.9%)×1.1×0.9%	1396.8029	元
银行费用	180×8.01	1441.8000	元
业务费用	6510	6510.0000	元
关税完税价格	(123033.6+16660.8)÷(1–1.1×0.9%)	141091.2029	元
关税税额	141091.2029×10%	14109.1203	元
消费税完税价格	(141091.2029+14109.1203)÷(1–30%)	221714.7474	元
消费税额	221714.7474×30%	66514.4242	元
代缴增值税完税价格	141091.2029+14109.1203+66514.4242	221714.7474	元
代缴增值税额	221714.7474×17%	37691.5071	元
进口利润额	275200 – 39986.3248 – 123033.6 – 2560 – 16660.8 – 1396.8029 – 1441.8 – 6510 – 14109.1203 – 66514.4242	2987.1278	元
销售利润率	2987.1278÷275200	1.09%	(百分比)

还价核算2：根据客户还价，同时由于进口商经营管理的需要，要求将原来的8%的成本利润率提高到10%，在其他费用和订购数量保持不变的情况下，试进行还价成本核算（按单位商品计）。

计算项目	计算过程	计算结果	单位
销售税款	860÷（1+17%）×17%	124.9573	元/套
进口利润率	45.8457×8.01×10%	36.7224	元/套
包干费用	2560÷320	8.0000	元/套
业务费用	6510÷320	20.3438	元/套
进口保险费	（45.8457×8.01+52.065）÷（1-1.1×0.9%）×1.1×0.9%	4.1925	元/套
银行费用	180×8.01÷320	4.5056	元/套
关税完税价格	（45.8457×8.01+52.065）÷（1-1.1×0.9%）	423.4815	元/套
关税额	423.4815×10%	42.3482	元/套
消费税完税价格	（423.4815+42.3482）÷（1-30%）	665.4710	元/套
消费税额	665.471×30%	199.6413	元/套
代缴增值税完税价格	423.4815+42.3482+199.6413	665.4710	元/套
代缴增值税额	665.471×17%	113.1301	元/套
实缴增值税额	124.9573-113.1301	11.8272	元/套
FOB采购成本	860÷（1+17%）-52.0650×（1+10%）÷［1-（1+10%）×0.9%］×（1-30%）-8-20.3438-4.5056÷｛（1+10%）÷［1-（1+10%）×0.9%］｝×（1-30%+10%）÷8.01	45.8457	美元/套

第八节　货物贸易外汇管理指引操作规程

为进一步深化外汇管理体制改革，促进贸易便利化，国家外汇管理局、海关总署和国家税务总局决定自2012年8月1日起在全国实施货物贸易外汇管理制度改革。自2012年8月1日起，全国上线运行货物贸易外汇监测系统，停止使用贸易收付汇核查系统、贸易信贷登记管理系统、出口收结汇联网核查系统以及中国电子口岸—出口收汇系统。

新的货物贸易外汇管理制度，在进一步体现优化管理手段、提升管理效率的同时便利贸易活动，全面降低社会成本，实现货物贸易外汇管理由逐笔核销向全面核查、由行为审核向主体分类监管转变，构建企业进出口综合监测、主体分类监管、部门信息共享的新型管理模式。相关文件内容详见国家外汇管理局门户网站中《国家外汇管理局关于印发货物贸易外汇管理法规有关问题的通知》。

依据《中华人民共和国外汇管理条例》（国务院令第 532 号）、《货物贸易外汇管理指引》、《货物贸易外汇管理指引实施细则》，制定操作规程。货物贸易外汇业务企业操作流程如图 2-3 所示。

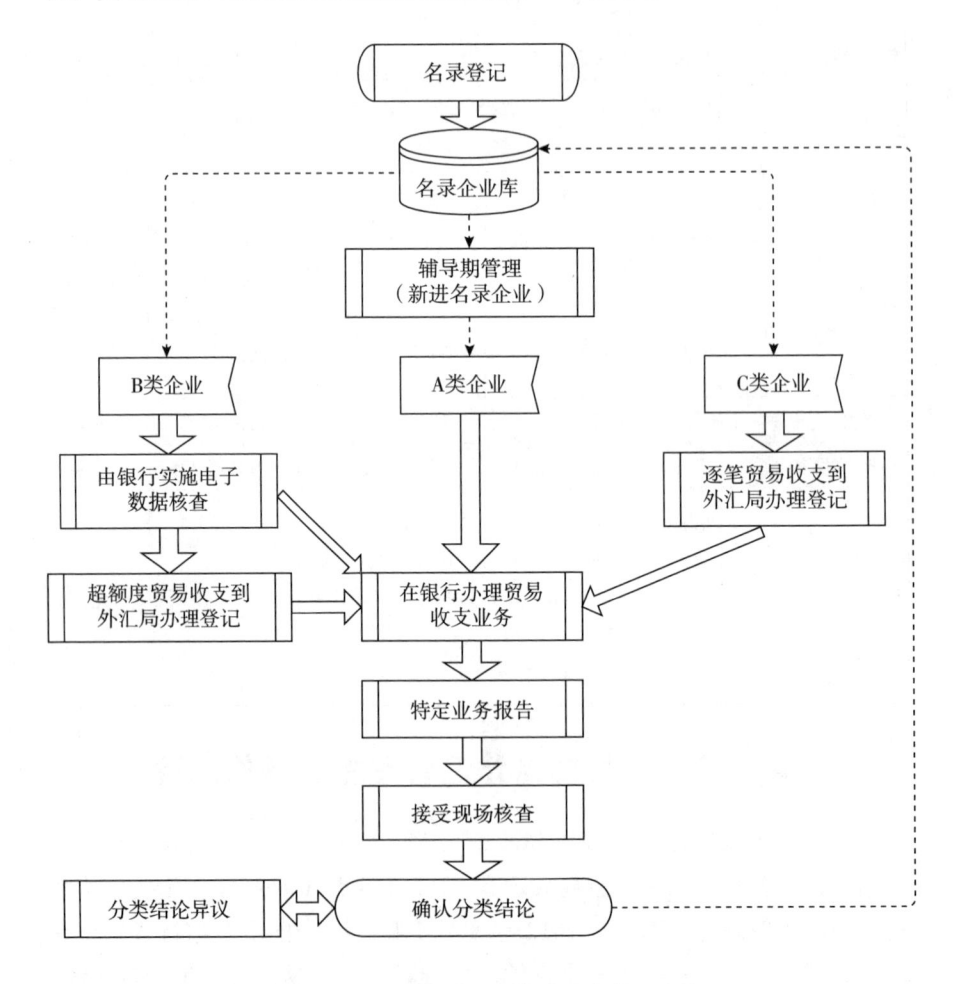

图 2-3　货物贸易外汇业务企业操作流程图

第九节　出口货物劳务免抵退税申报

一、申请条件

出口货物劳务免抵退税申报包括：出口货物免抵退税申报、视同出口货物免抵退税申报、对外加工修理修配劳务免抵退税申报。

一般纳税人转登记为小规模纳税人（转登记纳税人）的，其在一般纳税人期间出口适用增值税退（免）税政策的货物劳务，继续按照现行规定申报和办理出口退（免）税相关事项。

实行免抵退税办法的出口企业出口货物劳务后，应在货物报关出口之日次月起至次年 4 月 30 日前的各增值税纳税申报期内收齐有关凭证，向主管税务机关申请办理免抵退税申报业务。

出口货物劳务的出口日期，按以下原则确定：属于向海关报关出口的货物劳务，以出口货物报关单信息上注明的出口日期为准；属于非报关出口销售的货物以出口发票或普通发票的开具时间为准；属于保税区内出口企业或其他单位出口的货物以及经保税区出口的货物，以货物离境时海关出具的出境货物备案清单上注明的出口日期为准。纳税人出口货物劳务适用免抵退税办法的，可以在同一申报期内，既申报免抵退税又申请办理留抵退税。当期可申报免抵退税的出口销售额为零的，应办理免抵退税零申报。纳税人既申报免抵退税又申请办理留抵退税的，税务机关应先办理免抵退税。

（一）出口货物免抵退税申报

出口货物免抵退税申报是指生产企业以自营出口或委托出口方式销售给境外单位或个人的货物，在海关报关并实际离境后于规定申报期限内向主管税务机关提交免抵退税申报。

出口货物免抵退税申报业务中的出口货物除指生产企业常规性出口货物外，还包括视同自产货物、先退税后核销出口货物、经保税区仓储企业出口货物、适用启运港退税政策出口货物、边境贸易人民币结算出口货物。

（二）视同出口货物免抵退税申报

视同出口货物免抵退税申报的货物范围包括：销售到特殊区域货物、

进入列名出口监管仓库的国内货物、对外承包工程的出口货物、境外投资的出口货物、中标机电产品、海洋工程结构物产品、销售给国际航班的航空食品、销售到特殊区域的列名原材料等。

（三）对外提供加工修理修配劳务免抵退税申报

对外提供加工修理修配劳务免抵退税申报，是指出口企业对进境复出口货物或从事国际运输的运输工具进行的加工修理修配业务，在规定申报期限内向主管税务机关提交免抵退税申报。对外提供加工修理修配劳务业务类型包括：修理修配船舶、飞机、其他进境复出口货物以及航线维护（航次维修）。

二、设定依据

1.《国家税务总局关于发布〈出口货物劳务增值税和消费税管理办法〉的公告》（国家税务总局公告 2012 年第 24 号）第四条、第六条、第七条。

2.《国家税务总局关于〈出口货物劳务增值税和消费税管理办法〉有关问题的公告》（国家税务总局公告 2013 年第 12 号）第二条第（十）项第 1 目。

3.《国家税务总局关于出口退（免）税有关问题的公告》（国家税务总局公告 2015 年第 29 号）第六条。

4.《国家税务总局关于优化整合出口退税信息系统　更好服务纳税人有关事项的公告》（国家税务总局公告 2021 年第 15 号）第二条。

5.《国家税务总局关于进一步便利出口退税办理 促进外贸平稳发展有关事项的公告》（国家税务总局公告 2022 年第 9 号）第二条、第四条、第七条、第八条。

三、办理材料

出口货物劳务免抵退税办理材料如表 2-4 所示。

表 2-4　出口货物劳务免抵退税办理材料

序号	材料名称	数量
1	出口货物退（免）税申报电子数据	1 份
2	免抵退税申报汇总表	2 份

表 2-4（续1）

序号	材料名称	数量
3	生产企业出口货物劳务免抵退税申报明细表	1份
4	出口发票	1份
有以下情形的，还应提供相应材料		

适用情形	材料名称	数量
报送的"生产企业出口货物劳务免抵退税申报明细表"中的离岸价与相应出口货物报关单上的离岸价不一致的	"出口货物离岸价差异原因说明表"及电子数据	1份
从事进料加工出口业务的企业，在申报免抵退税前	"进料加工企业计划分配率备案表"及电子数据	1份
	以双委托方式从事进料加工业务的企业，委托方还应报送代理进、出口协议	1份
在出口货物报关单上的申报日期和出口日期期间，若海关调整商品代码，导致出口货物报关单上的商品代码与调整后的商品代码不一致的	"海关出口商品代码、名称、退税率调整对应表"及电子数据	1份
主管税务机关发现企业存在申报的不能收汇原因是虚假情形	收汇材料（"出口货物收汇情况表"）及举证材料	1份
主管税务机关发现企业存在提供的收汇凭证是冒用的情形		

表 2-4（续 2）

适用情形	材料名称	数量
纳税人在退（免）税申报期截止之日后申报出口货物退（免）税的 符合条件的生产企业在报送"先退税后核销资格申请表"及电子数据经税务机关同意后，申报办理"先退税后核销"业务	收汇材料（"出口货物收汇情况表"及举证材料）受托方主管	1 份
	出口合同复印件	1 份
	企业财务会计制度复印件	1 份
	出口销售明细账复印件	1 份
	"先退税后核销企业免抵退税申报附表"及电子数据	1 份
	年度财务报表	1 份
	收款凭证复印件	1 份
对外承包工程项目的出口货物	对外承包工程合同复印件，出口企业如属于分包单位的，应补充报送分包合同（协议）复印件	1 份
境外投资的出口货物	商务部及授权单位批准其在境外投资的文件副本复印件	1 份
销售的中标机电产品	由中国招标公司或其他国内招标组织签发的中标证明（正本）复印件	1 份
	中标人与中国招标公司或其他招标组织签订的供货合同（协议）复印件	1 份
	中标人按照标书规定及供货合同向用户发货的发货单复印件	1 份
	中标机电产品用户的收货清单	1 份
	销售中标机电产品的普通发票或出口发票	1 份
	外国企业中标再分包给国内企业供应的机电产品，还应报送与中标企业签署的分包合同（协议）复印件	1 份

表 2-4（续3）

适用情形	材料名称	数量
销售给海上石油天然气开采企业的自产的海洋工程结构物	销售合同复印件，并在"生产企业出口货物免、抵、退税申报明细表"的"备注栏"中需填写购货企业的纳税人识别号和购货企业名称	1份
生产并销售给国内和国外航空公司国际航班的航空食品	与航空公司签订的配餐合同复印件	1份
	航空公司提供的配餐计划表（需注明航班号、起降城市等内容）	1份
	国际航班乘务长签字的送货清单（需注明航空公司名称、航班号等内容）	1份
对外提供加工修理修配劳务	与境外单位、个人签署的修理修配合同复印件	1份
	维修工作单复印件（对外修理修配飞机业务提供）	1份
	为国外（地区）企业的飞机（船舶）提供航线维护（航次维修）的货物劳务，需在"生产企业出口货物免、抵、退税申报明细表"的"备注栏"中填写国外（地区）企业名称、航班号（船名），需提供与被维修的国外（地区）企业签订的维修合同复印件，出口发票，国外（地区）企业的航班机长或外轮舰长签字确认的维修单据[需注明国外（地区）企业名称和航班号（船名）]	1份

表 2-4（续 4）

适用情形	材料名称	数量
保税区内出口企业或通过保税区仓储企业报关离境的出口货物	保税区出境货物备案清单或保税区仓储企业的出境货物备案清单	1 份
企业出口的视同自产货物以及列名生产企业出口的非自产货物，属于消费税应税消费品的	生产企业出口非自产货物消费税退税申报表	1 份
	消费税专用缴款书或分割单	1 份
	海关进口消费税专用缴款书	1 份
	委托加工收回应税消费品的代扣代收税款凭证	1 份

四、办理时间

1. 管理类别为一类的出口企业在 5 个工作日内办结退（免）税手续。

2. 管理类别为二类的出口企业在 10 个工作日内办结退（免）税手续。

3. 管理类别为三类的出口企业在 15 个工作日内办结退（免）税手续。

4. 管理类别为四类的出口企业在 20 个工作日内办结退（免）税手续。

5. 对需要排除相关疑点及其他按规定暂缓退税的业务不受办结手续时限的限制。

五、办理流程

出口货物劳务免抵退税办理流程如图 2-4 所示。

六、纳税人注意事项

1. 纳税人对报送材料的真实性和合法性承担责任。

2. 文书表单可在各地税务局网站"下载中心"栏目查询下载或到办税服务厅领取。

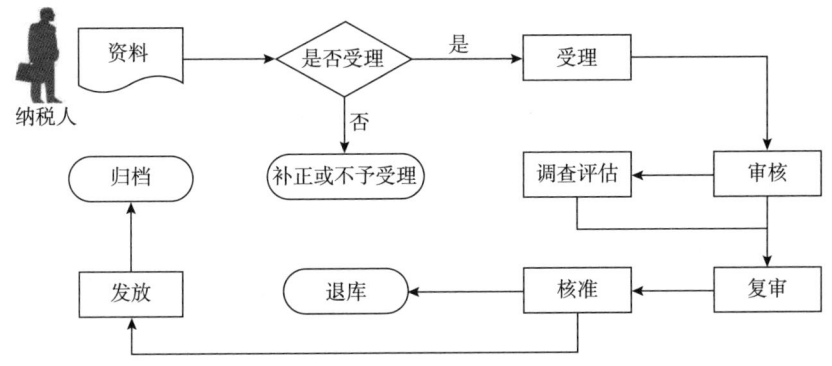

图 2-4 出口货物劳务免抵退税办理流程

外贸企业出口退税进货明细申报表，如表 2-5 所示。

外贸企业出口退税出口明细申报表，如表 2-6 所示。

3. 纳税人使用符合电子签名法规定条件的电子签名，与手写签名或者盖章具有同等法律效力。

4. 纳税人提供的各项资料为复印件的，均需注明"与原件一致"并签章。

5. 无纸化企业只应报送通过税控数字证书签名后的申报电子数据，相关纸质申报资料留存备查。

6. 在出口货物报关单上的申报日期和出口日期期间，若海关调整商品代码，导致出口货物报关单上的商品代码与调整后的商品代码不一致的，应报送海关出口商品代码、名称、退税率调整对应表及电子数据。

7. 出口企业出口货物因下列原因导致不能收汇的，属于应留存出口货物收汇情况表及举证材料时的规定原因。

（1）因国外商品市场行情变动的，提供有关商会出具的证明或有关交易所行情报价资料；由于客观原因无法提供的，提供进口商相关证明材料。

（2）因出口商品质量原因的，提供进口商的有关函件和进口国商检机构的证明；由于客观原因无法提供进口国商检机构证明的，提供进口商的检验报告等证明材料，或者货物、原材料生产商等第三方证明材料。

（3）因动物及鲜活产品变质、腐烂、非正常死亡或损耗的，提供进口商的有关函件和进口国商检机构的证明；由于客观原因确实无法提供商检证明的，提供进口商相关证明材料、货物运输等第三方证明材料。

（4）因自然灾害、战争等不可抗力因素的，提供报刊等新闻媒体的报道材料或中国驻进口国使领馆商务处出具的证明。

（5）因进口商破产、关闭、解散的，提供以下任一资料：报刊等新闻媒体的报道材料、中国驻进口国使领馆商务处出具的证明、进口商所在地破产清算机构出具的证明、债权申报证明。

（6）因进口国货币汇率变动的，提供报刊等新闻媒体刊登或人民银行公布的汇率资料。

（7）因溢短装的，提供提单或其他正式货运单证等商业单证。

（8）因出口合同约定全部收汇最终日期在申报退（免）税截止期限以后的，提供出口合同。

（9）因无法收汇而取得出口信用保险赔款的，提供相关出口信用保险合同、保险理赔单据、赔款入账流水等资料。

（10）因其他原因的，提供合理的佐证材料。

8. 申报修理修配船舶退（免）税的，应提供在修理修配业务中使用零部件、原材料的贸易方式为"一般贸易"的出口货物报关单。出口货物报关单中"标记唛码及备注"栏注明修理船舶。

9. 符合条件的生产企业申报办理"先退税后核销"业务，仅第一次申报时应报送出口合同及企业财务会计制度复印件。

10. 申请办理留抵退税的纳税人，出口货物劳务适用免抵退税办法的，应当按期申报免抵退税。当期可申报免抵退税的出口销售额为零的，应办理免抵退税零申报。

11. 纳税人既申报免抵退税又申请办理留抵退税的，应先办理免抵退税，办理免抵退税后，仍符合留抵退税条件的，再办理留抵退税。

表 2-5　外贸企业出口退税进货明细申报表

纳税人识别号（统一社会信用代码）：
纳税人名称：
申报退税额：
其中：增值税　　　　消费税
申报年月：　年　月　　　　申报批次：
金额单位：元（列至角分）

序号	关联号	税种	凭证种类	进货凭证号	供货方纳税人识别号	开票日期	出口商品代码	商品名称	计量单位	数量	计税金额	征税率（%）	退税率（%）	可退税额	备注
1	2	3	4	5	6	7	8	9	10	11	12	13	14	15	16

声明：此表是根据国家税收法律法规及相关规定填写的，本人（单位）对填报内容（及附带资料）的真实性、可靠性、完整性负责。

纳税人（签章）：　　　　　　　　　年　月　日

经办人：
经办人身份证号：
代理机构签章：
代理机构统一社会信用代码：

受理人：
受理税务机关（章）：
受理日期：　年　月　日

填表说明：
1. 申报年月：本年度出口的，按申报期年月填写；以前年度出口的，统一按上年 12 月份填写。

126 · 外贸业务经理人手册（第四版）

2. 申报批次：按申报年月的第几次申报填写。
3. 第1栏"序号"：按人位流水号填写，从00000001到99999999进行填写。
4. 第2栏"关联号"：是进货和出口数据关联的标志。按"申报年月（6位数字）+申报批次（3位数字）+关联号流水号（1-8位数字）"的规则进行填写；每21位出口货物报关单号作为一个关联号编写单位。代理出口货物证明编制规则同出口货物报关单。
5. 第3栏"税种"：若为增值税，填写"V"；若为消费税，填写"C"。
6. 第4栏"凭证种类"：按申报的进货凭证据实填写，具体包括增值税专用发票、海关进口增值税专用缴款书、海关进口消费税专用缴款书、税收缴款书（出口货物专用）、出口货物完税分割单。
7. 第5栏"进货凭证"：按进货凭证号码据实填写。如增值税专用发票，填写增值税专用发票代码和发票号码，其他凭证比照填写。
8. 第6栏"供货方纳税人识别号"：按申报的进货凭证上的供货方纳税人识别号或缴款单位填写。
9. 第7栏"开票日期"：按申报的进货凭证开具日期据实填写。
10. 第8栏"出口商品代码"：按出口货物报关单中商品代码对应的退税率文库中基本商品代码填写。无出口货物报关单的，按进货凭证中货物名称对应的退税率文库中的基本商品代码填写。
11. 第9栏"商品名称"：按退税率文库中该商品代码对应的名称填写，或按商品实际名称填写。
12. 第10栏"计量单位"：按出口商品代码在退税率文库中的计量单位填写。
13. 第11栏"数量"：按进货凭证本次申报的数量填写。如进货凭证上的计量单位与申报计量单位不一致的，应按申报计量单位折算填写。
14. 第12栏"计税金额"：按进货凭证或完税凭证上申报的计税价格分项填写。如果进货凭证上多项货物或应税劳务对应的出口货物报关单上同一项商品，可填写计税金额或完税价格总和。
15. 第13栏"征税率"：按进货凭证上的征税率据实填写。若为增值税，则按百分比的格式填写进货凭证上的税率；若为消费税，按政策规定的退税率填写。
16. 第14栏"退税率"：按退税率文库中商品代码对应出口商品的退税率填写；税种有特殊规定，按规定的退税率填写。
17. 第15栏"可退税额"：退税率计算填写。税种为增值税的，按计税金额×退税率计算填写；若为消费税的，按计税金额×退税率方式征税的按计税金额×退税率计算填写，从价定率方式征税的按计税金额×退税率计算填写，从量定额征税的按计税数量*退税率计算填写。

表2-6 外贸企业出口退税出口明细申报表

纳税人识别号（统一社会信用代码）：
纳税人名称：
申报年月：　　年　　月
申报批次：
申报退税额：
其中：增值税　　　　　　　　　　消费税　　　　　　　　　　　　　　　　　金额单位：元（列至角分）

序号	关联号	出口发票号	出口货物报关单号	代理出口货物证明号	出口日期	出口商品代码	出口商品名称	计量单位	出口数量	美元离岸价	申报商品代码	退（免）税业务类型	备注
1	2	3	4	5	6	7	8	9	10	11	12	13	14

声明：此表是根据国家税收法律法规及相关规定填写的，本人（单位）对填报内容（及附带资料）的真实性、可靠性、完整性负责。

纳税人（签章）：
　　　　　　年　月　日

经办人：
经办人身份证号：
代理机构签章：
代理机构统一社会信用代码：

受理人：
受理税务机关（章）：
受理日期：　　年　月　日

填表说明：
1. "申报年月"：本年度出口的，按不大于当前申报期年月填写；以前年度出口的，统一按上年12月份填写。

2. "申报批次"：按申报年月的第几次申报填写。
3. "序号"：按入位流水号填写，从00000001到99999999。
4. "关联号"：是进货和出口数据关联的标志。按"申报年月（6位数字）+申报批次（3位数字）+关联号流水号（1—8位数字）"的规则进行填写。每21位出口货物报关单号作为一个关联号码编写，代理出口货物证明编号同出口货物报关单。
5. "出口发票号"：按出口发票开具的业务，按税务机关要求填写。
6. "出口货物报关单号"：按出口货物报关单上的海关编号+0+项号填写，共21位；实际业务无出口货物报关单的按税务机关要求填写；委托出口的此栏不填。
7. "代理出口货物证明号"：按"代理出口货物证明"所列顺序编写，自营出口的此栏不填。
8. "出口日期"：按出口货物报关单中的出口日期填写，填写出境货物备案清单上的出口日期（01、02等）填写，项号按"代理出口货物证明"上的出口日期，非报关出口的，填写出口发票或普通发票开具日期。
9. "出口商品代码"：按出口货物报关单中商品代码对应的退税率文库中基本商品代码填写。无出口货物报关单的按进货凭证中货物名称对应的退税率文库中的基本商品代码填写。
10. 第8栏"出口商品名称"：按退税率文库中商品代码对应的名称填写，或按商品实际名称填写。
11. 第9栏"计量单位"：按出口商品代码在退税率文库中的计量单位填写。
12. 第10栏"出口数量"：按本次申报的出口货物报关单上的计量单位与申报计量单位不一致的，应按申报计量单位折算填写。
13. 第11栏"美元离岸价"：按出口货物报关单中的美元价格填写，非美元价格成交或成交方式非FOB的，需折算填写。
14. 第12栏"申报商品代码"：如果属于某出口商品主要原材料退税率申报退税的，按主要原材料商品代码填写，不属于此类情况的，此栏不填。
15. 第13栏"退（免）税业务类型"：按出口业务类型代码表中对应的"业务类型代码"填写。
16. 横栏，平潭地区内购买企业申报退税时，"出口发票号"栏改填写供货企业海关代码，"代理出口货物证明号"栏改填写"进境货物备案清单号"。

第三章

外贸业务经理人必备的管理知识

> 外贸业务经理人是外贸企业的管理者。管理者通过协调其他人的活动达到与其他人一起或者通过其他人实现组织目标的目的。
>
> 外贸业务的管理通常是通过制度来进行的，从手段上讲，一般通过外贸 ERP 系统实施管理。

第一节　外贸业务人员的岗位责任和管理者的职责

一、外贸业务人员的岗位责任

进出口贸易业务要经过贸易合同的磋商、商定、备货、办理货物运输、货运保险、出入境商品检验检疫、进出口货物报关和制单结汇等多个环节。从业的岗位主要有业务员、跟单员、单证员、报检员、报关员和外贸会计人员等。这些岗位在外贸业务的流程中有着一定的关联性，但就工作内容的重点来看，有着明显的差异。外贸业务人员的岗位职责及相关岗位的工作关系，详见图3-1。

二、外贸业务管理者的职责

20世纪早期，法国工业家亨利·法约尔（Henri Fayol）就提出所有的管理者都在从事5种管理职能，即计划、组织、指挥、协调和控制。到了20世纪50年代中期，管理教科书中首次使用了计划、组织、人员配备、指导和控制职能作为框架。至今，大多数管理教科书仍然按照管理职能来组织内容，只不过这些管理职能被进一步压缩为4个非常重要的基本职能，即计划、组织、领导和控制（详见图3-2）。

国际贸易业务经理的职责就是根据企业的国际化战略，制定目标市场战略，领导业务部门、监督指挥具体作业人员完成部门工作目标。其主要工作内容是确定目标市场战略，制订本部门工作方案，合理调配业务资源，指导监督本部门具体作业人员完成业务个案，策划、承接并指导部门人员执行重要业务个案。

高级国际贸易经理的职责就是在开展国际贸易业务的企业中，根据国际经济形势和企业发展目标，制定并监督推进企业国际化战略。其主要工作内容是制定并完善企业国际化战略，制定企业国际贸易业务规划和作业程序，主导国际商务策划，指导企业各部门实施业务方案，承接并监督执行重大贸易个案。

第三章 外贸业务经理人必备的管理知识·131

出口贸易业务流程　　　　岗位名称及责任

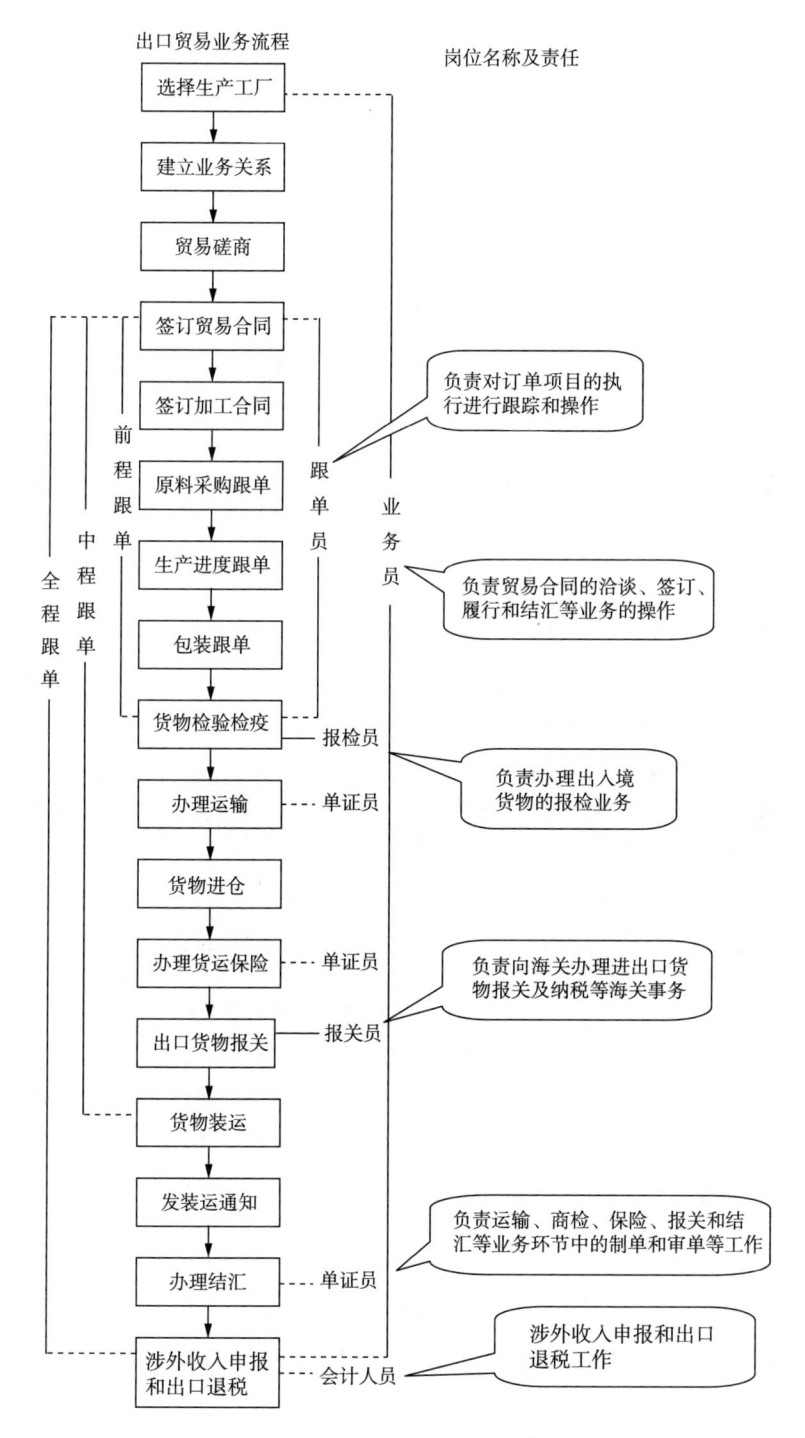

```
选择生产工厂
     ↓
建立业务关系
     ↓
 贸易磋商
     ↓
签订贸易合同 ─────┐
     ↓           │
签订加工合同      │  负责对订单项目的执
     ↓           ├─ 跟单员  行进行跟踪和操作
原料采购跟单      │           业
     ↓           │           务  负责贸易合同的洽谈、签订、
生产进度跟单      │           员  履行和结汇等业务的操作
     ↓           │
  包装跟单        │
     ↓           │
货物检验检疫 ──── 报检员  负责办理出入境
     ↓                    货物的报检业务
  办理运输 ────── 单证员
     ↓
  货物进仓
     ↓
办理货运保险 ──── 单证员
     ↓                    负责向海关办理进出口货
出口货物报关 ──── 报关员  物报关及纳税等海关事务
     ↓
  货物装运
     ↓
 发装运通知
     ↓                    负责运输、商检、保险、报关和结
  办理结汇 ────── 单证员  汇等业务环节中的制单和审单等工作
     ↓
涉外收入申报         涉外收入申报和出口
和出口退税 ─────── 会计人员  退税工作
```

前程跟单 / 中程跟单 / 全程跟单

图 3-1　外贸业务人员的岗位职责及相关岗位的工作关系

计划	组织	领导	控制	实现组织宣布的目标
定义目标，制定战略，开发分计划及协调活动	决定需要做什么，怎么做，谁去做	指导和激励所有的群体和个人，解决冲突	监控活动以确保他们按计划完成	

图3-2 管理者的管理职能

中华人民共和国国家标准《国际贸易的职业分类与资质管理》（GB/T 28158—2011）结合国际贸易从业人员各项职业的工作内容，将国际贸易从业人员各项职业分为如表3-1所示的4个类别和4个等级。4个类别为国际贸易业务运营类、国际贸易单证类、国际贸易财会类、国际贸易翻译类。4个等级分别为一级、二级、三级、四级。外贸业务职业经理人主要是国际贸易业务运营类中的高级国际贸易师或国际贸易师，同时他们领导和管理着外贸业务中的其他人员。

表3-1 国际贸易从业人员职业类别和等级

等级	类别			
	国际贸易业务运营类	国际贸易单证类	国际贸易财会类	国际贸易翻译类
一级	高级国际贸易师	高级国际贸易单证师	高级国际贸易会计师	高级国际贸易翻译
二级	国际贸易师	国际贸易单证师	国际贸易会计师	国际贸易翻译
三级	助理国际贸易师	助理国际贸易单证师	助理国际贸易会计师	助理国际贸易翻译
四级	国际贸易业务员	国际贸易单证员	国际贸易会计员	
	国际贸易跟单员	加工贸易报审员	外汇业务核销员	
	国际贸易秘书		出口退税办税员	

第二节　外贸业务管理的各项规定

外贸业务管理是通过各项制度实现的，本节的内容参照了一些外贸公司管理的制度要求，其中一些管理权限的金额规定仅供参考。

一、业务管理

（一）自营出口流程

1. 客户询价。
2. 资信调查。
3. 准备样品，对外报价。
4. 成交，订立售货确认书，按照公司既定版本，不要随意增加其他条款。
5. 付款方式。

（1）前 T/T 是最安全的付款方式。

（2）信用证是比较安全的付款方式。收到信用证后，必须对信用证进行审证，审核信用证是否符合 UCP 600 规定，条款是否正常，有没有软条款，出运日期和信用证到期日是否正常合理。

（3）如果是大客户，信誉好，本笔业务利润好，但是要放账的业务如 D/P、D/A、OA 等应考虑购买出口信用保险，以规避风险。

6. 收到信用证或预付款后，与工厂签订收购合同。
7. 如果需要支付预付款，则按照公司规定的管理办法执行。
8. 业务员（跟单员）必须下厂跟单，督促工厂按质按量生产，准时交货。
9. 办理出口货物保险（如有）。
10. 办理出口货物报验（如有）。
11. 托船订舱，报关出运。
12. 结汇单证制作，按合约规定及时、安全收汇。
13. 按合同规定与工厂清算。
14. 接受并配合外汇局对本企业货物贸易外汇收支进行监督检查。
15. 财务办理清算和出口退税。

（二）代理出口流程

1. 接受工厂委托的出口流程

（1）签订代理出口协议，一式两份，其中一份归档。

（2）与国外客户联系。

（3）收到信用证后认真审证，就可能产生的风险向工厂提出合适的建议。

(4) 按工厂提供的出货资料，托船订仓、报关出运。

(5) 制作结汇单证，按合约规定及时安全收汇。

(6) 按合同与工厂清算。

(7) 财务办理外汇监管和退税有关手续。

2. 接受中间商委托的出口流程

(1) 签订出口协议，一式两份，双方各执一份。

(2) 与国外客户联系。

(3) 收到信用证后要认真审证，并就可能出现的风险向中间商提出合理的建议。如果收款方式有风险，建议客户购买出口信用保险。

(4) 按中间商提供的出货资料，托船订舱，报关出运。

(5) 制作结汇单证，按合约规定及时安全收汇。

(6) 与代理客户清算，支付佣金。

(7) 财务办理外汇监管和退税有关手续。

(8) 财务办理出口收汇核销和出口退税。

所有出口业务在合同执行完毕后，须按备案单证要求，每月底将资料交公司档案室归档，归档的资料与业务员留底资料要一致。

注：公司可按实际情况签订格式合同。

(三) 代理进口流程

1. 受理委托进口业务，开展资信调查。

(1) 了解委托方情况。

(2) 了解委托方进口商品情况。

(3) 了解供货方的情况。

(4) 了解具体业务情况。

2. 与委托方签订代理进口协议。

(1) 长期代理进口协议。

(2) 每笔业务代理进口协议。

3. 与国外供货方签订进口合同。

4. 履约。

(1) 开证。

(2) 通关。

(3) 商品验收。

（4）放单放货。

（5）对外付汇。

（6）纠纷处理。

5. 进口结算。

6. 进口业务归档保存。

（四）加工贸易

根据国家对外经济贸易和海关加工贸易的有关规定，做好加工贸易的各个环节工作，使加工贸易业务健康发展。

1. 在政策规定的范围内，努力开拓加工贸易业务。凡从事加工贸易的部门和业务员，应熟悉国家海关和税务的政策法规，熟悉加工贸易的流程和要求，严格手续，避免违规和不规范操作现象。

2. 签订对外合同（进料加工、来料加工）和工厂加工合同。合同标的、品名、数量、规格、价款、质量要求、交货期明确且无歧义。

3. 进料加工和来料加工资料在网上预录，经主管部门审核通过后，须将领到的加工贸易相关文件及进出口合同复印件交总经理办公室备案。

4. 业务员对工厂提供的材料图、工艺流程图要仔细审核，为核销做好准备。要认真仔细填妥进料加工或来料加工手册和公司用印单。手册加盖公司印章后，准备好进料加工和来料加工的全部资料，向海关申报。

5. 进料加工须到税务局备案，来料加工须到税务局办理暂免税证明（第一批料件进口后20个工作日内），填报料件加工免税申报明细表。手册到期90天内要办理好税务核销。工厂免税证明根据税务局规定办理。

6. 进料或来料若有余料需要征税时，必须在手册有效期内及时办妥，不得延误。

7. 合同履行完毕，应及时办理进料或来料加工手册核销，不得拖延。若因业务需要延长手册有效期，应提前向海关申请延长有效期，并同时向总经理办公室备案。

（五）出口信用保险管理

为有效地规避业务风险，公司对于放账的出口业务，均要求购买出口信用保险。

各业务部门对外放账必须在公司批准的额度内，且获得保险公司额度批复内运作放账前，要向财务部提供合同、发票、装箱单、提单复印件、出口信用保险公司保险费通知书，财务部收到上述文本核对无误后，方可办理放账手续。

保险公司赔付要同时符合3个条件：支付方式、出口信用保险期限、限额。因此，各投保的业务部门应注意以下问题。

1. 货物出运后，超过收汇期限未收汇的，第二批货物出运仍然要向保险公司申报，而且第二批货物出运后风险不能得到赔付，待第一批出运收汇后，第二批出运后的风险自动纳入保险公司赔付责任。

2. 同一客户投保，不能出现漏保、跳保情况，否则出现风险后，保险公司将酌情降低赔付比例，而且应在出运3天内投保申请，最迟申报于出运后不超过15天。

3. 同一客户若超出保险限额，其超出部分仍要申报，并及时向保险公司提交追加限额申请。如果前面出运的货物正常收汇，超出限额的部分自动纳入赔付责任，若超出限额部分不申报，之前已经出运申报的部分发生风险，该部分赔付比例将受影响。

4. 若客户有破产的情况，必须在10天内向保险公司申报。

5. 对逾期收汇的情况要引起足够的重视，应及时向客户催收货款，否则后一批出运的风险将得不到赔付。

6. 对已经申请到保险限额，因故无业务发生，应立即向保险公司注销。

财务部应指定专人负责放账、把关工作，对是否放账亦可在信保通网站查询各投保的业务部门申报是否被保险公司受理的情况，若未被受理申报而放账，由负责人承担责任。

二、风险管理评审小组议事规则

（一）风险管理评审小组组成人员

由总经理担任组长，副总经理1人，财务1人，部门经理1人。

（二）公司风险管理评审小组议事规则

1. 预付账款一律由申请人员提出书面申请报告，5万元（含5万元）以下，由公司部门经理审批；在5万元至100万元（含100万元）之间，由公司总经理审批。经批准后，到公司财务部办理相关付款手续。

2. 预付账款在100万元（不含100万元）以上，由申请人员提交书面申请报告，报公司风险管理评审小组审批，该小组日常工作由财务部办理，审批方式有 3 种。

（1）在定期业务例会中进行预付账款等风险管理评审工作。由财务部形成会议纪要，交风险管理评审小组成员签字通过方可生效，然后交公司财务部办理相关付款手续。

（2）日常工作较忙，不能召开专题会议时，财务部将申请流转给公司风险管理评审小组成员审批，经风险管理评审小组成员签字通过生效后，交公司财务部办理相关付款手续。

（3）年初以风险小组开会确认的方式，对部分老客户的放账金额进行确认。

3. 风险管理评审小组通过以下方式对公司放账额度进行管理。

（1）一年一次对业务部提出的放账申请进行核查并审批。

（2）对不属额度管理的 10 万美元以上（不含 10 万美元）的放账业务进行核查并审批。

（3）放账额度的核查及审批程序同预付款的核查及审批程序。

（4）经公司同意的 D/A、D/P、OA 等业务必须要买出口信用保险，并必须经公司风险管理小组同意后方可对外签约。

4. 申请人应密切关注放账对方的经营情况，一旦发现对方有异常情况可能造成公司损失的，应及时通知公司风险管理小组采取相应的措施。

三、信用风险管理办法

公司根据业务经营需要，对符合条件的国外客户的放账业务，实行放账额度管理。放账额度的申请和审批一年一次，由相关业务部门提出申请，公司视客户资信、业务往来、经济能力等具体业务经营情况予以审批。

属于额度管理的放账业务，若放账金额在核定额度内，由相关业务部经理审批放行。若超额度或未超额度但发生逾期，则须由总经理审批。

不属额度管理的对外放账出口业务，必须由业务经营部门提前 3 天填写"无证托收放行单"并附相关资料，送交财务部。财务部在"无证托收放行单"上提供必要的财务数据，经相应的审批程序同意后，业务部方可办理出运事宜。信用评定结果的最终审批权限为：

1. 无逾期且金额在 1 万美元以下的由部门经理审批；

2. 无逾期且金额在 1 万~10 万美元或有逾期且金额小于 10 万美元的

由总经理审批；

3. 金额在 10 万美元以上的由风险管理小组审核决定。

业务部门进行信用风险的事中管理工作。经营放账业务的业务部门要认真、完整地履行出口销售合同，并始终了解放账客户的经济情况。

财务部提供各业务部每笔业务的收汇情况。对当月出现收汇异常情况的部门，财务部将会同该部门寻找产生原因，确定解决措施。

财务部每月初提供"逾期财款分析表"，供业务部门了解逾期应收账款的账龄及余额情况。业务部门将相关情况在"逾期财款分析表"上予以说明并明确具体的收汇日期后，将该表反馈给财务部，同时落实预期账款催收工作。财务部根据业务部反映的情况，编制"逾期业务情况说明表"，并报送公司总经理。

四、合同、法律事务管理

（一）合同管理

1. 合同签约

（1）各业务部门在业务运作中，应按公司授权权限规定，对外签约。签约人对合同的合法性、可行性、真实性负责。

（2）对重大、复杂的合同签约，由公司聘请律师参与谈判、签约全过程。

（3）签订合同的双方当事人必须具有法律主体资格，以双方当事人提供的有关法律文本为依据。

（4）签订合同的内容要素齐备，文字清晰，应避免模棱两可或产生歧义的情况。

2. 合同审查

一般合同由部门经理审查，重大复杂的合同须经公司风险管理小组审查或由公司聘请的律师审核，然后报公司领导审批。

3. 合同履约

（1）坚持诚信真实原则，双方当事人应认真履行各自的权利和义务。若在履行合同过程中确有困难，影响合同履行，应及时以书面方式告知对方，以取得对方谅解，同时取回双方确认的书面材料。

（2）对方若不能全面或部分履行合同或有违约行为，应及时向主管领导汇报，同时积极采取相应措施，以避免可能发生的损失。

（3）各部门履约合同应自始至终认真保管好所有与对方往来的函件、传真等相关材料。

（4）对履行完毕的合同，应整理立卷，移交总经理办公室归档，同时做好交接手续。

（二）合同诉讼

各业务员对有合同纠纷的情况，应在案发的第一时间内向部门经理汇报，并及时上报总经理。无论发生何种合同诉讼，都必须及时到总经理办公室登记备案。

涉案部门应视案情聘请律师，注意收集有关证据材料，了解熟悉相关法律法规，分析研究案情，制定应对措施，力争胜诉。

诉讼完毕，涉案部门应将诉讼材料整理好，并认真做好书面总结，为以后的业务发展提供经验教训。全部材料交总经理办公室归档。

第三节 外贸管理信息系统建设

传统的外贸公司主要从事进出口贸易，从国内的工厂或商家收购货物出口到国外，或从国外进口货物提供给国内的厂商。由于外贸进出口业务牵涉的环节比较多，业务流程复杂，所以每家公司必须备有相当数量的经过专业培训的业务员。随着中国改革开放特别是中国加入了WTO（世界贸易组织），越来越多的企业都能从事国际贸易，所以简化贸易环节，提高贸易效率，帮助大批中小企业直接进入国际贸易领域，就显得非常重要。

通常，一个良好的企业信息化基础设施，可以通过其运营的应用系统为企业带来投资回报。

1. 以一个国际化企业的形象参与全球市场竞争，获得更多的商业机会；

2. 优化市场供应链，密切与上游供应商和下游分销商之间的联系；

3. 优化内部操作和过程控制；

4. 改善客户服务质量，有利于维持和扩展客户群体；

5. 提高企业的决策水平，规避投资和经营风险；

6. 使企业明显降低成本，实现企业利益最大化。

作为外贸进出口企业来说，外贸进出口管理信息系统的建设不仅是重要的，而且是十分必要的。

一、外贸进出口管理信息系统应具有的功能

（一）外贸进出口管理信息系统功能应具备的方面

外贸进出口管理信息系统功能主要有以下几个方面。

1. 尽可能及时全面地提供信息和数据，以支持达到系统目标的决策；
2. 准备和提供统一格式的信息，使各种统计工作简化；
3. 利用指定的方法分析数据，可以根据过去的数据预测未来的情况；
4. 对不同的管理层次给出不同细度的报告，以期最快地分析解释报告并及时作出决策。

（二）外贸进出口管理信息系统包含的模块

外贸进出口管理信息系统应该分成两大模块：业务管理模块、各级各层管理模块，含企业内部经营状况信息和预测功能及决策分析支持功能。有条件的还应同时建成企业内部网（Intranet），实现公司自有的信息发布系统。

（三）细化功能

这些功能可细化为如下功能。

1. 建成基本完整的外贸经营管理系统。以进出仓、进出口、报运业务为基础，辅以统计、报表、决策分析等功能，基本覆盖外贸公司经营管理的领域。
2. 提供多种统计报表，为企业高层管理人员提供具体、及时、准确的经营状况信息和决策分析支持（包括销售排行榜）。
3. 拓展外贸企业办公自动化领域。把贸易活动中大量的单证、报表通过计算机实现，方便用户起草、修改、签发、打印和查询，实现单证不经打印而直接通过网络传送。
4. 形成企业内部网并开发电子公告功能，使公司下属部门能及时通过内部网浏览通知、公告、内部文件、外贸行情和外贸业务案例等内容，并为将来公司加入国际互联网打下基础。

二、外贸进出口管理信息系统的流程

外贸进出口管理信息系统主要围绕外贸业务展开，系统流程从获得订单开始，接着制定合同、合同评审、发票制作、单证制作，同时要进行商品管理、国外客户管理、供应商评审、库存管理、货物出运、财务付款等一系列其他工作。具体步骤如图 3-3 所示。

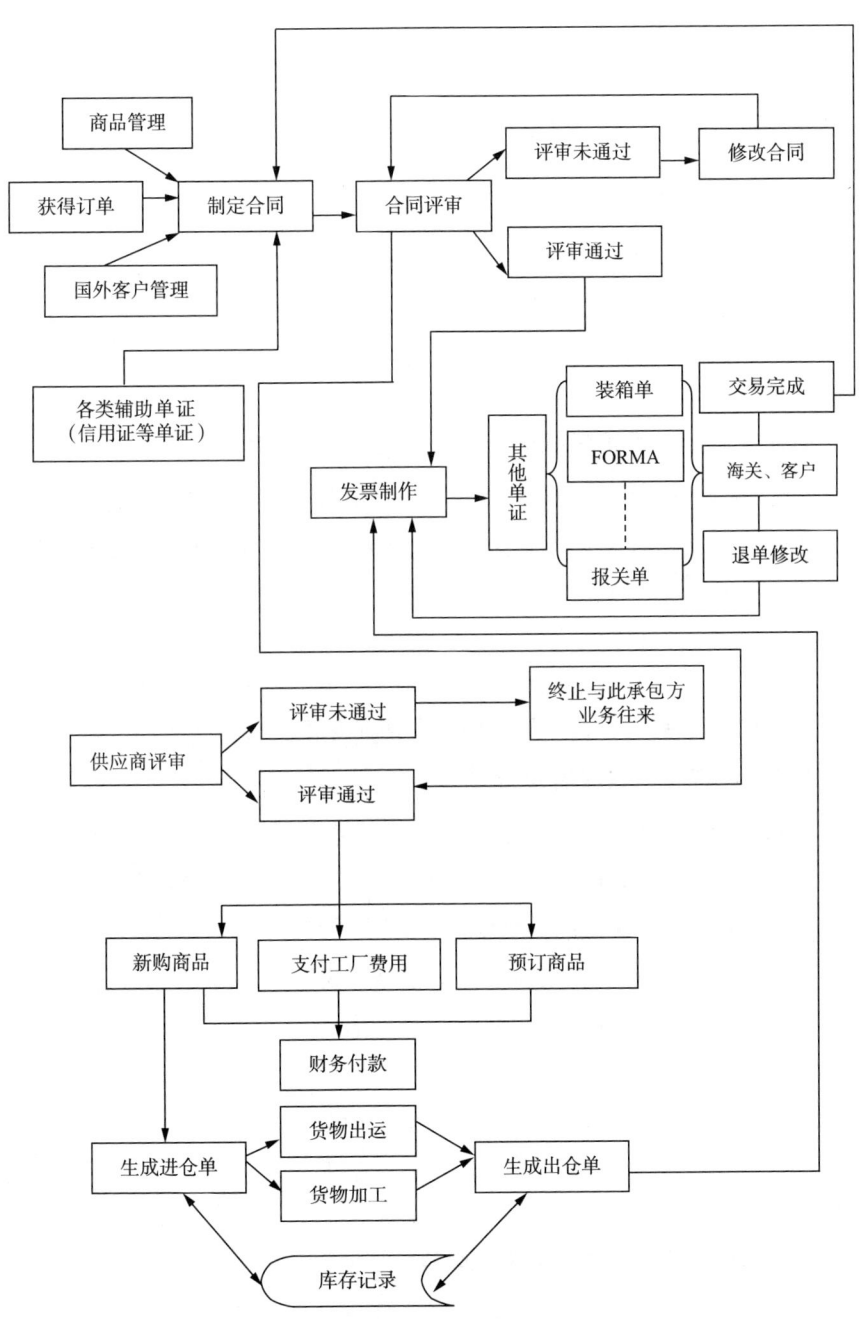

图 3-3 外贸进出口管理信息系统的流程

三、系统建设中要注意的几个问题

管理信息系统的多学科性、综合性决定了信息系统建设周期长、投入大、风险大，比一般技术工程有更大的难度和复杂性。这是因为：

第一，信息系统技术手段复杂；

第二，信息系统内容复杂，目标多样；

第三，信息系统投资密度大，效益难以计算；

第四，信息系统所处环境复杂多变；

第五，参与者的沟通效果影响系统的开发；

第六，信息系统建设受人文因素影响。

外贸管理信息系统建设有下列几点经验可供参考。

（一）要从企业的战略基础建设的高度来架构管理信息系统

考察企业的战略基础，最主要的是评估企业自身是否具有核心竞争力。评估企业有没有核心竞争力，应主要围绕以下方面进行：产品竞争力、市场竞争力、技术竞争力、人才竞争力、制度竞争力。

要想适应瞬息万变的国际市场，没有一套很好的信息管理系统，是很难做到的。因此要从企业的战略高度来抓好管理信息系统。

（二）要有一个权威的领导核心

外贸管理信息系统的大量信息都在业务员手里，信息是业务员最大的资源。如果没有非常权威的领导，无法将信息入库，系统也就无从谈起。

（三）要有一个优质的合作伙伴

企业决策者最关注的问题是如何保持企业平稳运转和业务增长，管理信息系统的建设是为业务的发展和管理服务的，并不是为建设信息化基础平台而建设。另外，由于计算机技术和网络技术的飞速发展，企业也无力依靠自己的力量整合多个供应商的新技术。因此，企业要建设企业信息系统，构建企业基础设施，最重要的事情是选择一个最合适的合作伙伴。

（四）系统的稳定性和安全性比单纯追求技术先进性更重要

对于企业内部网的规划和建设，绝对不只是一个技术问题，企业应当同时考虑业务管理和技术实现两个方面，并选择最合理的方式来实现。

一个有竞争力的企业应该能够确保业务运作的安全性和连续性，企业内部网应用软件对于最终用户应该有很强的实用性。

（五）一个好的系统应该是本好的教材

对新企业和老企业来讲，一个好的系统都很重要。对于老企业来说，一个好的系统能够规范企业的业务运作。有不少老外贸公司的业务部门甚至部门中的业务人员操作方式都不一样，长期以来无法规范趋于统一。只有用了管理信息系统才真正实现规范化。这是对原有业务系统的优化和再造。

对于新企业来说，万事开头难，再加上外贸业务流程复杂，很难理出头绪。用了一个好系统，从头就规范了业务运作，可以说是事半功倍。

（六）系统要有可扩展性

外贸管理信息系统的使用是外贸企业信息化的基础，电子商务、电子数据交换是企业发展的必经之路，一定要考虑系统的可扩展性。

第四节　综合的出口业务和管理案例

一、案例介绍

韩国 ABC 公司向上海东铭松进出口有限公司发来询价函，要求该公司对下列产品报 FOB SHANGHAI 价：文具盒 300 万只，劳防手套 100 万副，儿童排球 2 万只。

经过发盘还盘后，最终成交价格如下：

1. 文具盒 300 万只，FOB SHANGHAI USD 0.06/PCS。1 只文具盒装 1 只 PP 袋，1000 只装 1 个小纸箱，1×20 英尺柜，可装 150 万只，总计 180000.00 美元，2×20 英尺柜。

2. 劳防手套 100 万副，FOB SHANGHAI USD 0.096/PAIR。50 副装 1 个小纸箱，1×20 英尺柜，可装 50 万副，总计 96000.00 美元，2×20 英尺柜。

3. 儿童排球 2 万只，FOB SHANGHAI USD 1.136/PCS。50 只装 1 个小纸箱，1×20 英尺柜，可装 20000 只，总计 22720.00 美元，1×20 英尺柜。

4. 这些箱子共装在 600 个大纸箱内。

二、业务办理

（一）订立售货确认书

收到 L/C 后，与工厂签订收购合同，支付 30% 预付款。业务员到工厂全程跟单，保证工厂按质按量生产，准时交货。

（二）报关出运

业务员应到现场验货并监督装运，确保装运的货物与报关申报的货物一致。

（三）制作结汇单证

发票、装箱单、海运提单。

（四）结算、付款

按合同与工厂清算。财务付款时须准备的资料如下：

1. 工厂开具的增值税发票（必须盖有发票专用章）；

2. 进出仓单；

3. 内外销合同；

4. 付款联系单；

5. 核算清单；

6. 外销发票。

上述票据中显示的数据必须与出口报关单上的一致。

（五）计算利润

1. 结汇 298720.00 美元，国家汇率 8.0923，合计 2417331.86 元。

2. 退税：文具盒 13%，劳防手套 13%，儿童排球 13%。

3. 工厂货款：2500000.00 元。

4. 退税款：277777.78 元。

5. 银行费：4500 美元。

6. 包干费：7500 元。

7. 毛利润 =（298720 - 4500）× 8.0923 + 277777.78 - 2500000 - 7500 = 151194.29 元（未去除利息及人员费用）。

（六）所需单据

合同、发票、装箱单、明细单、收购合同、进出仓单、付款联系单、成本核算清单。

第五节　申请海关 AEO 认证

一、AEO 概述

AEO（Authorized Economic Operator，经认证的经营者），是指以任何一种方式参与货物国际流通，符合海关总署规定标准的企业。AEO 制度是世界海关组织《全球贸易安全与便利标准框架》中的核心制度，旨在通过海关与海关、海关与商界以及海关与其他政府部门的合作，将海关监管风险最小化，从而促进全球供应链安全与贸易便利化，实现关企互利共赢、贸易畅通。

中国海关将在海关注册登记和备案的企业按照信用等级划分为高级认证企业、失信企业、其他注册登记和备案企业，其中高级认证企业即为中国海关的 AEO 企业。

二、成为 AEO 的意义

中国海关自 2008 年正式实施 AEO 制度，对符合条件的企业提供本国海关、国内其他部门以及互认国海关最便捷和优惠的管理措施。可以说，AEO 企业是海关的 VIP，可以享受到国际、国内两个层面的优惠政策。

（一）国际方面

中国海关自 2008 年实施 AEO 制度以来，一直大力推进 AEO 国际互认，着力提升我国企业境内外通关便利化水平。

2022 年 2 月 4 日，中国海关与俄罗斯海关签署《中华人民共和国海关和俄罗斯联邦海关署关于"经认证的经营者"互认的安排》，一方面，两国 AEO 企业间直接进出口的货物将在通关中享受优先办理海关手续、优先查验、适用较低的单证审核率和查验率等便利措施，显著降低企业的仓储、物流等贸易成本；另一方面，得益于 AEO 制度对贸易安全的严格要求，中俄 AEO 互认将进一步促进两国供应链的安全顺畅，为两国巩固能源合作基础、持续扩大贸易和投资规模营造更加安全便利的环境。中国的 AEO "朋友圈"进一步扩大。

截至 2024 年 5 月，中国已经与新加坡、欧盟、新西兰等 28 个经济体签署 AEO 互认协议，覆盖 54 个国家（地区），互认协议签署数量和互认国家（地区）数量居全球"双第一"。海关总署数据显示，截至 2024 年 4 月底，全国 AEO 企业为 5882 家，占有进出口实绩企业数量的 0.96%，AEO 企业进出口额占全国进出口总额的 36.30%，海关对 AEO 企业便利措施为促进外贸高质量发展发挥了积极作用。

（二）国内方面

1. 海关便捷通关措施

（1）进出口货物平均查验率低于实施常规管理措施企业平均查验率的 20%，法律、行政法规或者海关总署有特殊规定的除外；

（2）出口货物原产地调查平均抽查比例在企业平均抽查比例的 20% 以下，法律、行政法规或者海关总署有特殊规定的除外；

（3）优先办理进出口货物通关手续及相关业务手续；

（4）优先向其他国家（地区）推荐农产品、食品等出口企业的注册；

（5）可以向海关申请免除担保；

（6）减少对企业稽查、核查频次；

（7）可以在出口货物运抵海关监管区之前向海关申报；

（8）海关为企业设立协调员；

（9）AEO 互认国家（地区）海关通关便利措施；

（10）国家有关部门实施的守信联合激励措施；

（11）因不可抗力中断国际贸易恢复后优先通关；

（12）海关总署规定的其他管理措施。

海关总署还在信用管理措施基础上，结合实际业务开展情况，进一步细化形成了涵盖优先办理、减少监管频次、降低通关成本、缩短办理时间、优化服务 5 大类 22 条高级认证企业优惠措施。

2. 国家有关部门实施的守信联合激励措施

2016 年 10 月，40 个中央部门联合签署《关于对海关高级认证企业实施守信联合激励的合作备忘录》，高级认证企业可以享受 49 项联合激励措施。

三、成为 AEO 的条件

在海关注册登记和备案的企业，无论公司规模大小、进出口量多少，只要做到诚信经营、守法规范，均可向注册地所属海关提交书面申请。

海关依据高级认证企业通用标准和相应的单项标准，对企业提交的申请和有关资料进行审查，并赴企业进行实地认证。海关应当自收到申请及相关资料之日起 90 日内进行认证并作出决定。特殊情形下，海关的认证时限可以延长 30 日。

经认证，符合高级认证企业标准的企业，海关制发高级认证企业证书；不符合高级认证企业标准的企业，海关制发未通过认证决定书。

四、海关高级认证企业标准重要内容

海关高级认证标准相当于给申请 AEO 认证的企业出的一份"考卷"，海关根据企业提供的"答案"赋分，通过考试的企业即可成为海关高级认证企业。

（一）认证标准分类

海关高级认证企业标准包括 1 套通用标准和 8 套单项标准，如图 3 - 4 所示。其中，通用标准适用所有申请企业，分为 5 大类标准，分别为内部控制、财务状况、守法规范、贸易安全 4 类基础标准和 1 类附加标准，如图 3 - 5 所示，共计 32 项具体赋分内容。单项标准则是海关根据不同经营类别企业而制定的标准，包括进出口收发货人标准、报关企业标准、外贸综合服务企业标准、跨境电子商务平台企业标准、进出境快件运营人标准、水运物流运输企业标准、公路物流运输企业标准和航空物流运输企业标准。申请企业需同时满足通用标准和符合其类型和经营范围的单项标准相关规定。

（二）企业通过 AEO 认证应满足的条件

申请企业根据自身所适用的认证标准向海关提交对应的内部管理制度和经营记录。海关组成两人以上认证组开展认证资料审核和实地认证工作，并根据考核情况为企业赋分。

每项基础认证标准项"达标"记"0"分、"基本达标"记"-1"分、"不达标"记"-2"分，附加标准项"符合"记"2"分、"不适用"记"0"分。

企业同时符合下列 3 个条件并经海关认定的，通过认证：

1. 所有赋分标准项均没有不达标（"-2"分）情形；
2. 内部控制、贸易安全两类标准中的赋分标准项基本达标（"-1"分）情况各不得超过 3 项；

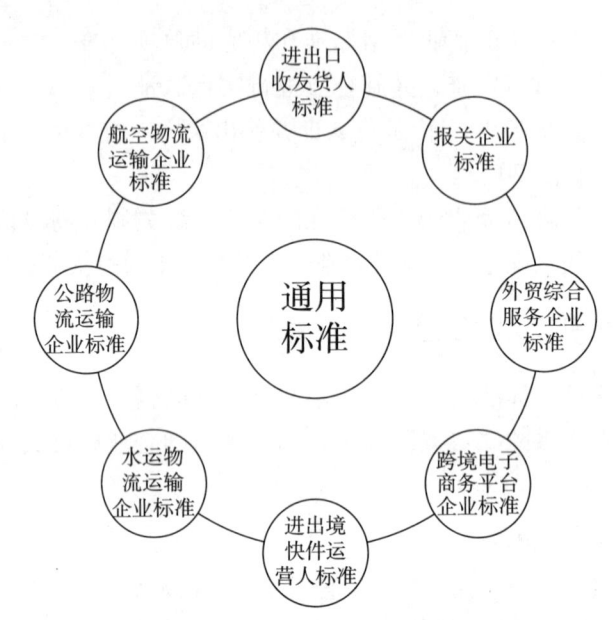

图 3-4　海关高级认证企业的 1 套通用标准和 8 套单项标准

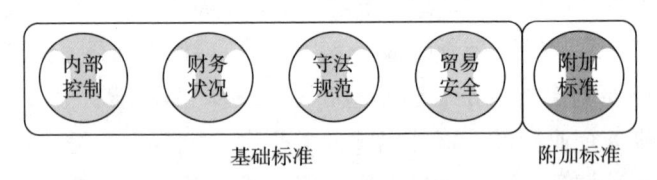

图 3-5　海关高级认证企业的 4 类基础标准和 1 类附加标准

3. 认证标准总分在 95 分（含本数）以上。

认证标准总分 = 100 + （所有赋分项目得分总和）。

五、企业申请 AEO 的要点

（一）熟读海关认证政策

企业所要熟读的政策主要有 2 个：

一是《中华人民共和国海关注册登记和备案企业信用管理办法》（海关总署令第 251 号），该办法规定了海关对不同信用等级企业的认定程序和管理措施，企业可通过此文件初步了解海关的信用管理政策。

二是《海关高级认证企业标准》（海关总署公告 2021 年第 88 号），该标准即为海关对高级认证企业的考核标准，申请 AEO 认证企业需熟读标准要求并根据要求提高和完善内部管理水平。

（二）高层重视、通力合作

《海关高级认证企业标准》共有 4 大类 31 项内容以及 1 项加分项目，涉及企业关务管理、行政管理、信息管理、财务管理、人事管理等多个部门的管理制度和资料。这就需要发挥公司高层领导核心作用，牵头组织、科学筹划。

公司各部门各司其职、通力配合，对照《海关高级认证企业标准》进行一次全面的"体检"，开展一次自我评估，最终达到两个匹配：企业制度应与认证标准相匹配，经营记录应与企业制度相匹配。

（三）加强与主管海关沟通

为推动海关信用管理工作高质量发展，海关推出了信用培育服务，通过遵循海关主动服务、企业自愿参与、公开参与途径、注重培育实效的原则，运用多种形式，主动对进出口企业开展信用管理政策、制度、措施等方面的宣传、培训、辅导、帮扶等服务活动，帮助企业强化自律合规意识、规范和优化内控管理、提高诚信守法水平、提升企业信用等级。

企业若有意向提升信用等级，可与注册地海关信用管理部门取得联系，咨询信用培育及认证申请相关问题。海关信用培育人员具备海关企业认证专业资质，具有丰富的认证经验，将耐心为企业提供服务。

六、申请 AEO 认证费用问题

无论是 AEO 认证还是信用培育工作，海关都不收取任何费用。

七、高级认证企业证书的有效期

高级认证企业证书长期有效。但是海关对高级认证企业每 5 年复核一次，若企业信用状况有异常，海关也可不定期开展复核。高级认证企业若无法通过复核或者涉及其他信用等级下调情形，海关将立即下调其信用等级。

有关外贸企业《海关高级认证企业标准》（通用标准），如表 3-2 所示；《海关高级认证企业标准》（单项标准），如表 3-3 所示。

表3-2 《海关高级认证企业标准》（通用标准）

认证标准		达标情况			
一、内部控制标准		达标	基本达标	不达标	不适用
1. 关企沟通联系合作	（1）建立并执行与海关沟通联系和合作的机制，指定高级管理人员负责关务。在发现异常、可疑的货物单据或者非法、可疑和不明货物涉及海关业务时，及时通知海关。				
	（2）企业的进出口业务、财务、贸易安全、内部审计等岗位职责分工明确。				
2. 进出口单证	（3）建立并执行进出口单证复核或者纠错制度，在申报前或者委托申报前有专门部门或者岗位人员对进出口单证的真实性、准确性、规范性和完整性进行内部复核。				
	（4）建立并执行进出口单证保管制度，妥善保存海关要求保管的进出口单证以及与进出口直接相关的其他资料和海关核发的证书、法律文书等。				
	（5）建立并执行禁止类产品合规审查制度。				
	（6）建立企业认证的书面或者电子资料的专门档案。				
3. 信息系统	（7）建立有效管理企业生产经营、进出口活动、财务数据等的信息系统，进出口活动主要环节在系统中能够实现流程检索、跟踪，涉及的货物流、单证流、信息流能够相互印证。				
	（8）生产经营数据以及与进出口活动有关的数据及时、准确、完整、规范录入系统。系统数据自进出口货物办结海关手续之日起保存3年以上。				

表 3-2（续1）

认证标准		达标情况		
一、内部控制标准		达标	基本达标	不达标	不适用
3. 信息系统	（9）建立并执行信息安全管理制度，包括防火墙、密码等保护信息系统免受未经授权的访问，以及防止信息丢失的程序和备份功能，并对违反信息安全管理制度造成损害的行为予以责任追究。				
4. 内部审计和改进	（10）建立并执行对进出口活动的内部审计制度。				
	（11）每年实施进出口活动及持续符合高级认证企业标准的内部审计，完整记录内部审计过程和结果。				
	（12）建立并执行对进出口活动中已发现问题的改进机制和违法行为的责任追究机制。发现有不符合海关企业认证标准事项导致企业无法持续符合高级认证企业标准的，应当主动及时向海关报告。对海关要求的改正或者规范改进等事项，应当由法定代表人（负责人）或者负责关务的高级管理人员组织实施。				
二、财务状况标准*		达标	基本达标	不达标	
5. 财务状况	（13）企业应当提供财务状况相关证明，可选择以下任一方式： 提供会计师事务所审计报告。 企业的ERP系统已与海关对接的，提供资产负债表。				
	（14）无连续5年资产负债率超过95%情形。				

表 3-2（续 2）

认证标准		达标情况	
三、守法规范标准		达标	不达标
6. 遵守法律法规	（15）企业法定代表人、主要负责人、财务负责人、关务负责人 1 年内未因故意犯罪受过刑事处罚。		
	（16）1 年内无因违反海关的监管规定被海关行政处罚金额超过 5 万元的行为。		
	（17）1 年内因违反海关的监管规定被海关行政处罚金额累计不超过 10 万元，且违法次数不超过 5 次或者违法次数不超过上年度报关单、进出境备案清单、进出境运输工具舱单等单证总票数千分之一。		
	（18）1 年内无因进口禁止进境的固体废物违反海关监管规定被海关行政处罚的情形。		
	上述（16）（17）所列行为经海关认定系企业自查发现并主动向海关报明的，比照《中华人民共和国海关注册登记和备案企业信用管理办法》第三十七条第四款执行。		
7. 进出口记录	（19）1 年内有进出口活动或者为进出口活动提供相关服务。		
8. 税款缴纳	（20）认证期间，没有超过法定期限尚未缴纳海关要求缴纳的税款（包括滞纳金）、罚款（包括加处罚款）的情形。		
9. 管理要求	1 年内企业无以下情形：		
	（21）向海关人员行贿。		
	（22）向海关提供虚假情况或者隐瞒事实。		
	（23）拒不配合海关执法。		
	（24）转移、隐匿、篡改、毁弃报关单等进出口单证以及与进出口直接相关的其他资料。		

表 3-2（续 3）

认证标准		达标情况	
三、守法规范标准		达标	不达标
9. 管理要求	（25）拒绝、拖延向海关提供账簿、单证或海关归类、价格、原产地、减免税核查所需资料等有关材料。		
	（26）被海关责令限期改正，但逾期不改正。		
	（27）由海关要求承担技术处理、退运、销毁等义务，但逾期不履行。		
	（28）报关单涉税要素申报不规范。		
	（29）涉及危险品等海关重点关注的高风险商品伪瞒报、夹藏夹带被查发。		
10. 外部信用	（30）企业和企业法定代表人、主要负责人、财务负责人、关务负责人 1 年内未被列入国家失信联合惩戒名单。		

认证标准		达标情况			
四、贸易安全标准		达标	基本达标	不达标	不适用
11. 经营场所安全	企业经营场所应当具有相应设施防止未载明货物和未经许可人员进入。根据企业经营特点和风险防范需要落实以下措施：				
	（31）建立并执行企业经营场所安全的管理制度。				
	（32）建筑物的建造方式能够防止非法闯入，定期对建筑物进行检查和修缮，保证其完整性、安全性。				
	（33）使用锁闭装置或者采取进出监控以及指纹、人脸识别等进出控制措施保护所有内外部窗户、大门和围墙的安全，实行钥匙发放与回收的登记管理或者进出权限的授予与取消管理。				

表 3-2（续 4）

认证标准		达标情况		
四、贸易安全标准		达标	基本达标	不达标	不适用
11. 经营场所安全	（34）企业经营场所必须有充足的照明，包括以下重要敏感区域：出入口，货物、物品装卸和仓储区域，围墙周边及停车场/停车区域等。				
	（35）车辆、人员进出企业的出入口配备人员驻守。仅允许经正确识别和授权的人员、车辆和货物进出。				
	（36）对单证存放区域和货物、物品装卸、仓储区域等实施受控进入管理，明确标识受控区域。对未经授权或者身份不明人员有质疑和报告的程序。				
	（37）企业经营场所的重要敏感区域装有视频监控系统，视频监控记录保存时限应当满足企业自身供应链安全检查追溯的要求。				
12. 人员安全	（38）建立并执行员工入职、离职等管理制度。实行员工档案管理，具有动态的员工清单。				
	（39）招聘新员工时应当进行违法记录调查。对在安全敏感岗位工作的员工应当进行定期或者有原因的背景调查。				
	（40）对企业员工进行身份识别，要求所有员工携带企业发放的身份标识，对离职员工及时取消身份识别、经营场所和信息系统访问的授权。				
	（41）实行访客进出登记管理，登记时必须检查带有照片的身份证件或者进行人脸识别登记。访客进入企业经营场所应当佩戴临时身份标识，进入企业受控区域应当有企业内部人员陪同。				

表 3-2（续 5）

认证标准		达标情况			
		达标	基本达标	不达标	不适用
四、贸易安全标准					
13. 货物、物品安全	本标准所称集装箱包括海运集装箱、空运集装器和在火车、卡车、飞机、轮船和任何其他运输工具上的用于装运进出口货物、进出境物品的可移动装置和厢式货车。				
	（42）建立并执行保证进出口货物、进出境物品在运输、装卸和存储过程中的完整性、安全性的管理制度。				
	（43）在装货前检查集装箱结构的物理完整性和可靠性，包括门的锁闭系统的可靠性，并做好相关登记。检查采取"七点检查法"（即对集装箱按照以下部位进行检查：前壁、左侧、右侧、地板、顶部、内/外门、外部/起落架）。				
	（44）确保企业及其在供应链中负有封条责任的商业伙伴建立并执行施加和检验封条的书面制度和程序，封条有专人管理、登记，已装货集装箱使用的封条符合或者超出现行 PAS ISO 17712 高度安全封条标准。				
	（45）确保企业保管的货物、物品和集装箱存放在安全的区域，防止未经授权的人员接触货物、物品。				
	（46）在货物被装运或者接收前对装运或者接收货物运输工具的驾驶人员进行身份核实。				

表 3-2（续 6）

认证标准		达标情况			
四、贸易安全标准		达标	基本达标	不达标	不适用
13. 货物、物品安全	（47）运抵的货物、物品要与货物、物品单证的信息相符，核实货物、物品的重量、标签、件数或者箱数，离岸的货物、物品要与购货订单或者装运订单上的内容进行核实，在货物、物品关键交接环节有保护制度，实施签名、盖章或者其他确认措施。				
	（48）在出现货物、物品溢、短装，法检商品安全、卫生、环保等指标不合格或者其他异常现象时要及时报告或者采取其他应对措施。				
	（49）生产型企业对出口货物、物品实施专人监装并保存相关记录；非生产型企业要求建立管理制度确保出口货物、物品安全装运。				
14. 运输工具安全	（50）建立并执行保证在其供应链内用于进出口货物、进出境物品运输的所有运输工具的完整性、安全性的管理制度。				
	（51）在装货前对运输工具进行检查，防止藏匿可疑货物、物品。				
	（52）确保运输工具在无人看管的情况下的安全。				
	（53）确保运输工具的驾驶人员经过培训，保证运输工具和货物、物品的安全。				
15. 商业伙伴安全	本标准所称商业伙伴是指与进出口相关的商业伙伴。商业伙伴系海关高级认证企业的，企业可以免于对该商业伙伴执行本项标准。				

表 3-2（续 7）

认证标准		达标情况		
四、贸易安全标准		达标	基本达标	不达标	不适用
15. 商业伙伴安全	（54）建立并执行评估、检查商业伙伴供应链安全的管理制度。				
	（55）在筛选商业伙伴时根据本认证标准对商业伙伴进行全面评估，重点评估守法合规、贸易安全和供货资质。				
	（56）企业应当在合同、协议或者其他书面资料中建议商业伙伴按照本认证标准优化和完善贸易安全管理，以加强全球供应链的安全性。				
	（57）定期监控或者检查商业伙伴遵守贸易安全要求的情况。				
16. 海关业务和贸易安全培训	（58）建立并执行海关法律法规等相关规定和贸易安全相关知识的内部培训制度。				
	（59）定期对与进出口活动相关岗位的员工进行海关法律法规等相关规定的培训，及时了解、掌握海关最新的政策文件要求。法定代表人（负责人）、负责关务的高级管理人员、关务负责人、负责贸易安全的高级管理人员应当每年参加至少 2 次培训。				
	（60）定期对员工进行与国际贸易供应链中货物流动相关风险的教育和培训，让员工了解、掌握海关高级认证企业在保证货物、物品安全过程中应做的工作。				
	（61）定期对员工进行危机管理的培训和危机处理模拟演练，让员工了解、掌握在应急处置和异常报告过程中应做的工作。				

表 3-2（续 8）

认证标准		达标情况			
四、贸易安全标准		达标	基本达标	不达标	不适用
16. 海关业务和贸易安全培训	（62）定期对员工进行信息安全和保密意识的教育和培训。				

*海关对企业财务状况认定标准如下：

（一）对企业财务状况的认定。

1. 企业提供会计师事务所审计报告的。

（1）上年度审计报告为无保留意见且无连续 5 年资产负债率超过 95% 情形的，该项标准为达标；

（2）上年度审计报告为带保留意见且无连续 5 年资产负债率超过 95% 情形的，该项标准为基本达标；

（3）上年度审计报告为否定意见，或者连续 5 年资产负债率超过 95% 情形的，该项标准为不达标。

2. 企业的 ERP 系统已与海关对接且提供资产负债表的，企业无连续 5 年资产负债率超过 95% 情形，该项标准为达标。

（二）企业资产负债率计算公式。

资产负债率 = 负债总额/资产总额。

负债总额、资产总额以资产负债表的期末值为准。

表 3-3 《海关高级认证企业标准》（单项标准）

认证标准		达标情况			
针对不同类型和经营范围，企业应当符合相应的单项标准。		达标	基本达标	不达标	不适用
一、加工贸易以及保税进出口业务	1. 对与加工贸易或保税货物有关的进口、存储、转让、转移、销售、加工、使用、损耗和出口等情况的账簿、报表以及其他有关单证的准确性、一致性进行内部复核，并保管相关单证资料。				
二、卫生检疫业务	2. 涉及出入境特殊物品的，审核特殊物品出入境卫生检疫审批单中的储存条件及拆检注意事项。				

表3-3（续1）

认证标准	达标情况				
针对不同类型和经营范围，企业应当符合相应的单项标准。	达标	基本达标	不达标	不适用	
二、卫生检疫业务	3. 涉及出入境特殊物品的，建立特殊物品生产、使用、销售记录及符合海关要求的特殊物品安全管理制度。				
三、动植物检疫业务	4. 企业进出境动植物及其产品需要检疫监管的，对口岸查验、装卸、调离、运输、隔离、生产、加工、存放、流向、检疫处理等环节建立台账。				
四、进出口食品业务	5. 企业进出口食品的，设有专门场所、特定部门和专人对进口、出口、销售记录和被境外通报的记录进行保管。				
	6. 1年内出口产品被国外通报安全卫生问题，调查后确认为企业自身原因导致质量安全问题的批次不超过2批次。				
	7. 1年内未出现因质量管理不到位，被国外通报使用我国或进口国禁用农药或禁用物质等严重安全卫生问题。				
	8. 1年内进口商未被列入海关总署进口食品不良记录名单。				
五、进出口商品检验业务	9. 企业进出口商品需要检验监管的，对日常检验监管情况、生产经营情况、不合格货物的处置、销毁、退运、召回等情况建立台账。				
六、代理报关业务	10. 遵守法律法规 （1）1年内无因违反海关的监管规定被海关行政处罚金额超过1万元的行为。 （2）1年内因违反海关的监管规定被海关行政处罚的次数不超过上年度报关单、进出境备案清单、进出境运输工具舱单等单证（以下简称"相关单证"）总票数万分之一，且被海关行政处罚金额累计不超过3万元。				

表 3-3（续 2）

认证标准	达标情况			
针对不同类型和经营范围，企业应当符合相应的单项标准。	达标	基本达标	不达标	不适用
六、代理报关业务	（3）上年度相关单证票数无法计算的，1年内无因违反海关的监管规定被海关行政处罚的行为。 上述（1）（2）（3）所列行为经海关认定系企业自查发现并主动向海关报明的，比照《中华人民共和国海关注册登记和备案企业信用管理办法》第三十七条第四款执行。				
	11. 建立并执行代理申报前对进出口单证及相关信息、监管证件、商业单据等资料的真实性、完整性和有效性进行合理审查并复核纠错的制度。通过信息系统对进出口单证等信息进行申报要素的逻辑检验。				
	12. 建立并执行对代理报关的进出口货物收发货人进行海关法律法规等相关规定的培训制度。				
	13. 企业应当协助海关对其被代理企业或者主要物流运输企业按照通用标准的货物、物品安全和运输工具安全要求实施延伸认证。				
七、快件运营业务	14. 建立并执行对收发件人的提醒制度，主动告知禁止、限制进出境物品的相关规定，并作出如实申报提示。				
	15. 建立并执行收发件人信息核实的管理制度。				
	16. 建立并执行对代理申报的快件是否符合海关有关监管要求的审核制度，与委托人核实、确认快件申报信息。				

表 3-3（续 3）

认证标准		达标情况			
针对不同类型和经营范围，企业应当符合相应的单项标准。		达标	基本达标	不达标	不适用
七、快件运营业务	17. 建立并执行符合法律法规要求的揽收快件验视、复核制度，对揽收承运的出境快件实施过机检查。				
	18. 信息系统应当具备全程实时快件物流信息跟踪功能，能够查询、记录快件的揽收、分拣、口岸、货类、签收、申报收件地、实际派送地等信息；对境内交由其他物流企业派送的包裹，能够提供实时物流和妥投数据。				
	19. 建立并执行快件风险防控制度，能够识别高风险收发件人、高风险快件，发现《中华人民共和国禁止进出境物品表》所列物品、有违法嫌疑或高风险快件的，立即通知海关并协助海关进行处理。				
八、物流运输业务	20. 企业从事跨境物流运输业务或者境内海关监管货物流运输业务且直接负责运输工具经营管理。				
	21. 建立并执行控制运输工具按规定区域和路线行驶的管理制度，能够实时掌握运输工具的行驶状态、路线，保存运输工具行驶轨迹数据记录。				
	22. 建立并执行运输工具驾驶人员与运输工具的匹配管理制度。载运前运输企业应当向客户发送公路运输车辆号牌、驾驶人员信息。				

表3-3（续4）

认证标准		达标情况			
		达标	基本达标	不达标	不适用
针对不同类型和经营范围，企业应当符合相应的单项标准。					
九、跨境电子商务平台业务	23. 建立并执行对进入平台销售的商品是否符合跨境电商有关监管要求的审核制度。				
	24. 如实向海关实时传输施加电子签名的跨境电商交易电子信息，并对真实性、完整性和有效性进行合理审查。				
	25. 建立并执行防止虚假交易及二次销售的风险防控制度，能够对境内订购人身份信息真实性进行校验，利用平台运营所积累的数据对商品归类、价格等准入、税收要素，产品质量和交易真实性进行监控。				
	26. 建立并执行对跨境电子商务企业及其境内代理人的身份、地址、资质等信息的审核制度，定期对上述信息进行核验、更新。				
	27. 建立并执行对跨境电子商务企业及其境内代理人进行海关法律法规等相关规定的培训制度。				
	28. 建立并执行对跨境电子商务企业及其境内代理人交易行为的监控制度，能够有效识别非正常交易行为并采取相应的处置措施。				
	29. 根据风险评估结果、违法违规记录等建立并执行对跨境电子商务企业及其境内代理人的分级管理制度，对有违法违规记录的跨境电子商务企业及其境内代理人采取相应管控措施。				

表 3-3（续 5）

认证标准		达标情况			
		达标	基本达标	不达标	不适用
针对不同类型和经营范围，企业应当符合相应的单项标准。					
十、外贸综合服务业务	30. 建立并执行对外贸综合服务平台客户订单相关信息、资料的真实性、完整性和有效性进行合理审查的制度，通过外贸综合服务平台对报关单信息进行申报要素的逻辑检验以及税收要素、贸易真实性的监控。				
	31. 建立并执行对外贸综合服务平台客户的实地审核、培训及分级管理制度。				
	32. 建立并执行对外贸综合服务平台客户进出口货物的风险评估制度，能够有效识别高风险货物并采取监装、检查等合理的处置措施。				

第四章

国际结算

国家（地区）与国家（地区）之间，由于商品贸易及非贸易往来而发生的债权债务的了结，称为国际结算（International Settlement）。本章只叙述国际贸易的结算。国际结算远较国内结算复杂，这不仅因为使用的货币不同，而且在做法上也有很大的差别，同时还涉及不同国家（地区）的有关法律、国际惯例和银行规定等。

在进出口业务中，国际结算是非常重要的环节。本章从国际结算的角度来分析，不同的结算方式会有不同的业务流程，通过图示和表格的方式进行汇总对比，比较清晰明了，如图4-1和表4-1所示。

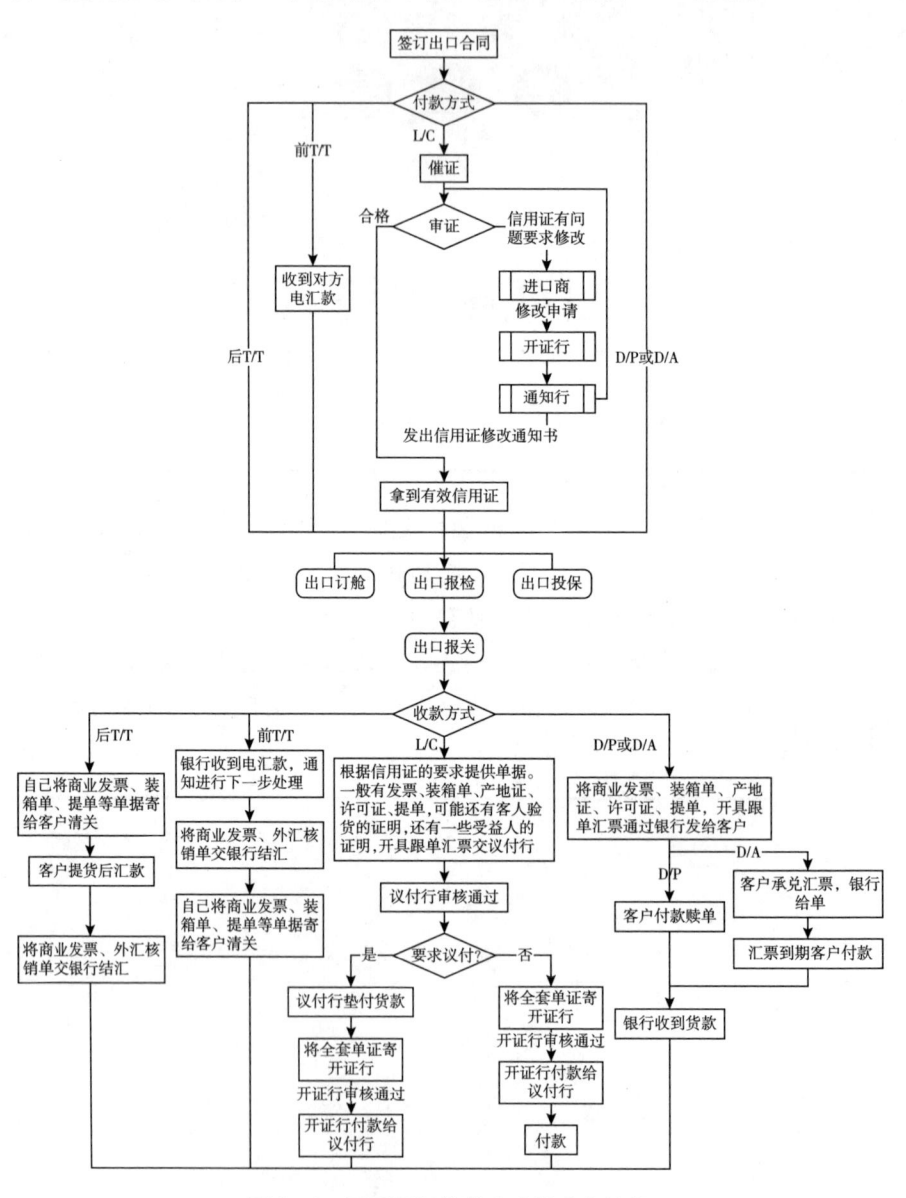

图4-1 不同国际结算方式的业务流程

表 4-1　3 种贸易货款结算方式的比较

比较方面	货款结算方式		
	信用证付款方式	托收方式	汇付方式
付款	基于付款承诺，由 L/C 开证行支付	托收条件（D/A 或 D/P）下由进口商付款	利用电传、邮政、银行汇（支）票方式支付
信用	开证行的信用	进口商的信用	进口商的信用
有关货运单据的寄送方法	经由银行转送	经由银行转送	直接由出口商寄给进口商
对进口商的利弊	即使货物品质不良，只要货运单据与信用证条款相符，就必须付款	省去了申请开立 L/C 的繁杂手续与费用（但须获得出口商方面的融资协助）	货款预付对进口商不利，后付则有利
对出口商的利弊	很容易利用出口融资（收到信用证便可确定该批交易可达成）	在资金融通上较困难	货款预收有利，后收则有风险性
相关国际惯例	《信用证统一惯例》	《托收统一规则》	尚无

第一节　票据

一、票据的基本概念

（一）票据的定义

票据是社会经济生活中的重要支付手段之一，是以支付金钱为目的的几种证券，由出票人在这些票据上签名，无条件地约定由其本人或其指定的另一人支付确定的金额给持票人或收款人，并可以流通转让。

在国际货款结算中，基本上采用票据作为结算工具。国际贸易中使用的票据包括汇票、本票及支票，以使用汇票为主。

票据有 3 个基本关系人，即出票人（Drawer）、付款人（Drawee）和收款人（Payee）。除 3 个基本关系人外，票据上还经常出现持票人、背书人和承兑人。

出票人是指开出票据的人，即指示付款人在一定日期履行付款责任的人。出票人一旦在票据上签名，即已发出指令，对收款人或持票人承担该项票据提示时，一定付款或承兑的保证责任。

付款人是指根据出票人的指令支付票款的人，付款人对票据承担付款责任。票据一经付款人承兑，付款人必须承担到期付款的责任。

收款人是指接受票据的人，是票据的主债权人。收款人有权向付款人要求付款，如被拒绝，有权向出票人追索票款。

持票人是指占有票据的人。

背书人是指收款人或持票人在收到票据后通过背书又将票据转让给第三者的人。

承兑人是指付款人经承兑保证票据到期付款的人。

票据是可以转让流通的一种信用证券，票据自出票到兑付之间产生一系列票据行为，主要有出票（to draw）、背书（endorsement）、提示（presentation）、承兑（acceptance）、付款（payment）、拒绝承兑和拒付（refusal of acceptance and dishonour of payment）以及追索（recourse）等。

（二）票据的特性

票据可分为汇票、本票和支票 3 种。若约定由出票人自行付款，则是本票；若由另一指定人付款，则是汇票或支票。

各种形式的票据，一般均具有以下特性。

1. 转让性

流通转让是票据的基本特性，票据所有权通过交付或背书及交付即可进行转让，转让时不必通知债务人，债务人不能以未接到转让通知为理由拒绝向票据权利人清偿债务。票据的受让人可获得票据的全部法律权利，他完成受让后可用自己的名义提出诉讼。票据受让人的权利是通过支付对价后获得的，因此他的权利不会因前手票据权利的缺陷而受影响。

2. 无因性

出票人签发票据给收款人即是保证将由自己或第三人支付票据上列明的款项。出票人之所以让收款人去收款，是因为对收款人负有债务，两者间产生了票据的权利义务关系，两者间的这种关系称为对价关系。如果收款人再将此票据转让出去，那么他和受让人之间也必定存在对价关系。第三人作为付款人之所以代出票人付款，是因为出票人在他处有存款或者他愿意向出票人提供贷款，两者间的这种关系称为资金关系。票据债权人在行使其票据权利时，不必证明票据的原因，只需凭票据上的文字记载，即可要求票据债务人支付票据规定的金额。

3. 要式性

各国票据法都非常强调票据的要式性。票据的要式性是指票据的必要项目必须齐全，票据的形式和内容必须符合规定。

票据是一种要式凭证，票据行为是一种要式法律行为。票据和票据行为的生效，必须以票据上记载的事项为依据。汇票、本票、支票上的记载事项可以分为必须记载事项、任意记载事项、不发生票据法律效力的记载事项和不得记载事项4类。

4. 文义性

文义即文字上的含义或其思想内容，指票据的效力是由文字的含义来决定，债权人和债务人只受文义的约束，债权人不得以票据上未记载的事项向债务人有所主张，债务人也不能用票据上未记载的事项对债权人有所抗辩。

二、汇票

（一）汇票的定义

汇票（bill of exchange，简称draft或bill）是出票人签发的，委托付款人在见票时或者在指定日期无条件支付确定金额给收款人或持票人的票据。汇票是国际货款结算中使用最多的票据。

英国票据法中汇票的定义是"由一人签发给另一人的无条件书面命令，要求受票人见票时或于未来某一规定的或可以确定的时间，将一定金额的款项支付给某一特定的人或其指定人，或持票人"。

（二）汇票的种类

常见的出口贸易结算的汇票从不同的角度分类，可分成以下几种。

1. 银行汇票（banker's draft）和商业汇票（commercial draft）

从出票人的角度来分，汇票可分为银行汇票和商业汇票。

银行汇票的出票人和付款人都是银行。例如，在汇款业务中，汇款人请求汇出行把款项交收款人，这时汇出银行开立汇票交给汇款人以便寄交收款人向付款行领取款项，这种汇票的出票人是银行，所以叫银行汇票。银行汇票一般为光票，不随附货运单据。

银行汇票的样张，如图4-2所示。

```
                    BANK OF CHINA              号码 20003513
                  本汇票有效期为一年              No.
                This draft is valid for one    金额
 中             year from the date of issue    AMOUNT_____
 国
 银      致：
 行      TO_____
         请  付
         PAY TO_____
         金   额
         THE SUM OF_____

         请凭本汇票付款划我行账户
         PAY AGAINST THIS DRAFT TO THE        中国银行上海分行
         DEBIT OF OUR ACCOUNT                 BANK OF CHINA SHANGHAI
```

图4-2　银行汇票的样张

商业汇票的出票人是商家或个人，付款人可以是商家或个人，也可以是银行。进出口贸易结算中的托收支付方式和信用证项下的支付方式所开具的汇票就属于商业汇票。商业汇票大都附有货运单据。

商业汇票的样张一，如图4-3所示。商业汇票的样张二，如图4-4所示。

2. 商业承兑汇票（commercial acceptance bill）和银行承兑汇票（banker's acceptance bill）

从承兑人的角度来分，汇票可分为商业承兑汇票和银行承兑汇票。在商业汇票中，远期汇票的付款人为商家或个人，并经付款人承兑，这种汇票叫商业承兑汇票。银行承兑汇票则是由银行承兑的远期汇票。银行承兑汇票是建立在银行信用的基础之上的。

3. 跟单汇票（documentary draft）和光票（clean draft）

汇票按是否跟随货运单据及其他单据来分，可以分为跟单汇票和光票。

第四章 国际结算

号码　　　汇票金额　　　　　　　　　　　中国　上海　　年　月　日
No. ....Exchange for _____ Shanghai, China................20..........
见票　　　　　　　　　　　　日后（本汇票之副本未付）付交
At...........................sight of this FIRST of Exchange (Second of Exchange being
Unpaid) Pay to the order of
金　　额
the sum of _____

against shipment of: ....
....
此致
To...
....

号码　　　汇票金额　　　　　　　　　　　中国　上海　　年　月　日
No. ....Exchange for _____ Shanghai, China................20..........
见票　　　　　　　　　　　　日后（本汇票之副本未付）付交
At...........................sight of this SECOND of Exchange (First of Exchange being
Unpaid) Pay to the order of
金　　额
the sum of _____

against shipment of: ....
....
此致
To...
....

图 4-3　商业汇票的样张一

凭　　ROYAL BANK OF CANADA　　　　　　　信用证
Drawn under　CANADA_____ L/C No.1736830M05401
日期
dated_____160328_____支取　Payable with interest @ _____% 按_____息_____付款
号码　　　　　　　　　　　　　　　　　　　　　　上海
No. IEB160305113　Exchange for　USD39652.86　Shanghai...................20..........
见票_____日后（本汇票之副本未付）付交　　　　金额
　　　　At_____sight of this FIRST of Exchange (Second of exchange
being unpaid) Pay to the order of　　　　　　　　　the sum of
SAY U.S. DOLLARS THIRTY-NINE THOUSAND SIX HUNDRED AND FIFTY-TWO AND CENTS EIGHTY-SIX ONLY
款已收讫
Value received_____

此致：ROYAL BANK OF CANADA　　　　上海东浩国际商务有限公司
To　　TRADE SERVICE CENTRE　　　　SHANGHAI EAST BEST INTERNATIONAL
　　　TORONTO ONTARIO M5J 1J1　　BUSINESS DEVELOPMENT CO.,　LTD.
　　　　　　　　　　　　　　　　　　　　　　　　　　（签字）

图 4-4　商业汇票的样张二

跟单汇票是指附有货运单据的汇票，又称为押汇汇票。"Credit available by your drafts at sight on us to be accompanied by the following documents."我们经常在信用证上见到的这个条款就是跟单汇票条款。开立这种汇票必须跟随有关货运单据（提单、发票、保险单等）及其他相关单据才能生效。汇票的付款人要取得货运单据提取货物，必须付清货款或提供担保。跟单汇票采用对进出口双方钱款和单据对流的方式，比较安全，因此，在国际货物结算中成为运用最多的结算工具。

光票是指不附有货运单据的汇票，又称为净票或白票。光票的流通全靠出票人、付款人或出让人（背书人）的信用。在国际结算中，费用或佣金等的收取采取光票方式。

4. 即期汇票（sight draft）和远期汇票（time draft）

从汇票的付款期限来分，有即期汇票和远期汇票。

即期汇票是指出口商开出即期汇票，开证行见票立即付款。有的信用证免出汇票，但在偿付条款中也明确规定："我行（指开证行）收到符合信用证的全套单据后将立即实现付款。"即期汇票可以在汇票付款期限栏中填上"at sight"。这种汇票无须提示承兑。

远期汇票是指指定付款人将于见票后××天或固定某日付款。

在实际业务中，一般远期付款的期限计算有4种。

（1）规定某一个特定日期，即定日付款。

（2）付款人见票后若干天付款（at...days after sight），如见票后30天、60天、90天、180天等。

（3）出票后若干天付款（at...days after date of draft）。

（4）运输单据日后若干天付款（at...days after date of transport document），其中，较多用"提单后若干天"（at...days after date of bill of lading）。

上述4种远期付款方式中，第2种使用最多。

（三）汇票的内容及填制

1. 汇票必须具备的内容

（1）表明"汇票"的字样；

（2）无条件支付的委托；

（3）确定的金额；

（4）付款人名称；

(5) 收款人名称；

(6) 出票日期；

(7) 出票人签章。

汇票上未记载前款规定事项之一的，汇票无效。汇票一般不得涂改。

2. 汇票的其他记载事项

除了上述必备内容外，可因交易需要设置其他记载事项。

(1) 利息条款。

(2) 复本汇票条款。按有无复本划分汇票分为正本汇票（First Exchange）和副本汇票（Second Exchange），但一定要标明付一不付二或付二不付一。

(3) 无追索权条款。

(4) 出票条款。

3. 汇票的具体填制要求

(1) 出票依据（Drawn under）——如为信用证支付方式，应填写开证行的完整名称，如为托收方式，应填 D/P 或 D/A。

(2) 信用证号码（L/C No.）——填写信用证号。

(3) 开证日期（Date of issuance）——填上信用证开立的日期。

(4) 年息（Payable with interest@…% per annum）——这一栏由结汇银行填写，用以清算企业与银行间利息费用。

(5) 号码（No.）——一般填商业发票的号码，以核对发票与汇票中相关内容，或者填汇票本身的顺序编号。

(6) 小写金额（Amount in figures）——由货币符号和阿拉伯数字组成，例如，美元二千零六元三十美分，写为：USD2,006.30。

填写时应注意以下几点。

①信用证没有特别规定，其金额应与发票金额一致。无证托收的汇票金额和发票金额一般均应一致。

②如信用证金额规定汇票金额为发票金额的百分之几，例如 97%，那么发票金额应为 100%，汇票金额为 97%，其差额 3% 一般理解为应付佣金。

③如信用证规定部分以贷记通知单（Credit Note）扣应付佣金，那么发票金额开 100%，而汇票金额应是发票金额减去"贷记通知单"金额后的余额。

④如信用证规定部分信用证付款，部分托收，应各分做两套汇票。信用证下支款的按信用证允许的金额支取，以银行为付款人。托收部分的以买方为付款人，发票金额是两套汇票相加的和。

（7）汇票交单日期和地点（Date and address）——一般是提交议付的日期，该日期往往由议付行填写。该日期不能迟于信用证的有效期，也不得早于各单据的出单日期。出票地点一般应是议付地点。

（8）汇票期限（At...sight）——如为即期汇票，在 At 与 Sight 之间打下"＊＊＊＊＊"符号；如为远期汇票，则应按信用证上规定的时间填制在此。

"60 days after"：见票后 60 天付款。

"30 days after"：出票日后 30 天付款。

"45 days after"：提单日后 45 天付款。

汇票的时间不包括见票日、出票日等，即常说的"算尾不算头"。

（9）收款人（Pay to the order of...）——在信用证方式下，通常都是填由受益人或出口人所委托的某家银行（议付行）的指示作为收款人。例如，通过中国银行议付的就填"Bank of China"。

（10）汇票金额的大写（Amount in words）——汇票上的金额小写和大写必须一致。由货币名称和英文文字组成，习惯上在大写数字前加"Say"和大写数字后加"Only"字样。

①Say U.S. Dollars Two Thousand and Six and Cents Thirty Only.

②Say U.S. Dollars Two Thousand and Six and 30/100 Only.

③Say U.S. Dollars Two Thousand and Six and Point Thirty Only.

④Say U.S. Dollars Two Thousand and Six & Cents Thirty Only.

⑤Say U.S. Dollars Two Thousand and Six & 30/100 Only.

⑥Say U.S. Dollars Two Thousand and Six & Point Thirty Only.

（11）付款人（Payer）——根据信用证汇票条款中所规定的付款人填写，如信用证规定"DRAFT DRAWN ON US"，则这里付款人应填开证行的名称及地址。如信用证规定"DRAFT DRAWN ON APPLECANT"，则这里付款人应填开证申请人的名称及地址。

（12）出票人（Drawer）——汇票右下方应由出票人签字盖章。在信用证方式下，出票人一般是信用证上指定的受益人，并应与发票上的签署人相一致。

按有无复本划分，汇票分成正本汇票（First Exchange）和副本汇票（Second Exchange），但一定要标明付一不付二（Second/First Unpaid）或付二不付一（First/Second Unpaid）

（四）汇票的使用

汇票的使用往往需要经过出票、提示、承兑和付款等程序。当汇票发生转让时，还要办理背书手续。汇票若被拒付，还得做成拒付证书，进行追索。

1. 出票

出票（to draw）是指出票人填具汇票并交付给收款人的行为。出票人要承担所签发的汇票必然被受票人承兑或付款的责任，出票人若在汇票上加注"无追索权条款"，则可免除这种责任，但这种汇票不易为受让人所接受。

2. 提示

提示（presentation）是指收款人或持票人向受票人提交汇票要求承兑或付款的行为。受票人看到汇票即为见票（sight）。即期汇票是指受票人见票即须付款，汇票的提示即为付款提示。远期汇票是指受票人见票则要办理承兑，汇票的提示则为承兑提示。收款人或持票人若未在法定的期限内提示汇票，则可能丧失对其前手追索的权利。

3. 承兑

承兑（acceptance）是指受票人在汇票上签字，承诺到期兑付汇票的行为。汇票的承兑是由受票人在汇票上签名，写上"承兑（accepted）"字样，注明承兑的日期，并交还持票人。受票人承兑汇票即意味着受票人承认汇票所体现的债务，承诺到期履行付款责任。汇票的承兑仅限于远期汇票，若是即期汇票，受票人见票即须付款。

4. 付款

付款（payment）是指受票人向持票人偿付汇票金额的行为。对于即期汇票，一经提示，受票人即须付款。对于远期汇票，经过承兑，于到期日再次提示，受票人即要履行付款。汇票一经付款，与之相关的债权债务关系即告终止。已经付款的汇票经持票人签收，留给受票人作为收据存查。

5. 背书

背书（endorsement）是指汇票的收款人或持票人在汇票背面签名或盖

章，或者再加署受让人名字，并将汇票交付给受让人的行为。汇票的背书可分为记名背书和空白背书两种。记名背书的汇票若再次发生转让，须由指定的受让人再次背书。空白背书又称无记名背书，是指背书人仅在汇票背面签名，并不指定被背书人（即受让人）。空白背书的汇票可凭交付而转让，无须再次背书。我国对外贸易实践中使用最多的是空白背书的汇票。

汇票经过背书，收款的权利就转让给了受让人，由受让人行使向受票人收取票款的权利。汇票经过背书而发生转让，对于受让人来说，所有在他之前的背书人以至出票人均为他的"前手"。对于出让人来说，所有在他之后的受让人都是他的"后手"。根据国家相关法律法规对票据的规定，前手要对后手承担所签发或背书的汇票必然被承兑或付款的担保责任。出让人若不愿承担这种责任，应在背书转让时加注"免予追索（without recourse）"之类的文字。这样，持票人在行使追索权时，只得跨越该出让人而向其前手追索。

6. 拒付

拒付（dishonour）是指受票人拒绝承兑汇票或者拒绝履行付款的行为。受票人被依法宣告破产或者发生死亡或逃匿等情况，使得汇票的承兑或付款在事实上成为不可能，同样构成拒付行为。受票人虽未明示拒付汇票，但迟迟拖延不付款或不承兑，也可认为汇票已被拒付。

7. 追索

汇票被拒付，持票人有权向任何一个前手追索，并可直至出票人。持票人行使追索权利应经过下述程序。

（1）在法定期限内向受票人提示汇票。

（2）将拒付事实及时书面通知其前手。

（3）在法定期限内提供拒绝证书。拒绝证书（protest）是一种证明付款人拒付的文件，通常由付款地的法定公证人或者其他依法有权作出这种证书的机构作出，如法院、银行公会等。

三、本票

（一）本票的定义

本票（promissory note）是出票人签发的，承诺自己在见票时无条件支付确定的金额给收款人或者持票人的票据。

(二) 本票的种类

本票可分为银行本票和商业本票。

1. 银行本票

银行本票是银行签发的，承诺自己在见票时无条件支付确定金额给付款人或者持票人的票据。按照《中华人民共和国票据法》（以下简称《票据法》）第七十三条中本票的定义"本法所称本票，是指银行本票"。

(1) 银行本票的特点

银行本票都是即期的。银行本票见票即付，可以用来支取现金，也可以用于转账，但银行本票仅限于在同城范围内的商品交易、劳务供应及其他款项结算。根据《票据法》第七十八条规定，"本票自出票日起，付款期限最长不得超过二个月"。

(2) 定额银行本票

定额银行本票是银行签发的，承诺在见票时无条件支付票面金额给收款人或者持票人的票据。定额银行本票目前只在部分地区（如上海、广州等）使用，这些地区的单位和个人均可以使用定额银行本票。定额银行本票的面额有 1000 元、5000 元、5 万元和 10 万元 4 种。

2. 商业本票

商业本票是由工商企业或个人签发的本票，也称为一般本票（general promissory note）。商业本票可按付款时间分为即期和远期两种。商业本票一般不具备再贴现条件，特别是中小企业或个人开出的远期本票，因信用保证不高，因此很难流通。《票据法》所定义的本票仅指银行本票，所以，本书所介绍的本票为银行本票。

(三) 本票必须记载的事项

1. 表明"本票"的字样；
2. 无条件支付的承诺；
3. 确定的金额；
4. 收款人名称；
5. 出票日期；
6. 出票人签章。

本票上未记载前款规定事项之一的，本票无效。

(四) 银行本票的使用

银行本票是银行签发的，承诺自己在见票时无条件支付确定金额给付款人或者持票人的票据。本票是承诺式票据，本票的基本当事人只有出票人和收款人两个，本票的付款人就是出票人自己。

银行本票的出票人是经中国人民银行当地分支机构批准办理本票业务的银行机构。因此银行本票是以银行信用为基础的，属于银行票据，具有较高的信誉。

银行本票可以用于一般商品交易，也可以用于劳务及其他款项的结算。银行本票可以办理转账结算，符合规定条件的也可以用于支取现金。银行本票仅限于同城使用，在这一点上不同于汇票。

银行本票的申请人可以是单位，也可以是个人，可以是在出票银行开立存款账户的单位和个人，也可以是没有在出票银行开立存款账户的单位和个人，但申请人必须先足额交存一定的本票资金。

银行本票见票即付，资金转账速度是所有票据中最快、最及时的。

定额银行本票的起点金额是1000元，可以背书转让。

银行本票的提示付款期为两个月，超过提示付款期限，经出具证明后，仍可请求出票银行付款。

填明"现金"字样的银行本票丢失，可以向银行申请挂失，或向法院申请公示催告或提起诉讼。未填明"现金"字样的银行本票丢失不得挂失。

银行本票是一种较新的票据结算方式，银行本票对于企事业单位和个人在同城范围办理转账结算具有明显的优点。从长远看，随着市场经济的发展和票据使用、流通的广泛，对出票人的资格限制必定会逐步放宽。

四、支票

（一）支票的定义

支票（cheque，check）是出票人签发的，委托办理支票存款业务的银行或者其他金融机构在见票时无条件支付确定的金额给收款人或者持票人的票据。

支票都是即期的，限于见票即付，不得另行记载付款日期。另行记载付款日期的，该记载无效。有些支票虽有时被称为期票，但仍然不是远期的。若是填迟日期，那个日期实际上应被视为出票日期，对那个日期来说，支票仍是见票即付的即期支票。

出票人签发支票时，应在付款行存有不低于票面金额的存款。如存款不足，持票人提款时会遭银行拒付，这种支票称为空头支票。开出空头支票的出票人要负法律责任。

(二) 支票的种类

1. 记名支票与不记名支票

记名支票是出票人在收款人栏中注明"付给某人"，"付给某人或其指定人"。这种支票转让流通时，须由持票人背书，取款时须由收款人在背面签字。

不记名支票又称空白支票，抬头一栏注明"付给来人"。这种支票无须背书即可转让，取款时也无须收款人在背面签字。

2. 转账支票与现金支票

支票上印有"转账"字样的为转账支票，转账支票是专门制作的只能用于转账的支票，转账支票不得用于支取现金。

支票上印有"现金"字样的为现金支票，现金支票是专门制作的用于支取现金的一种支票，现金支票只能用于支取现金。

3. 普通支票与画线支票

支票上未印有"现金"或"转账"字样的为普通支票，普通支票可以用于支取现金，也可以用于转账。

收款人收到未画线支票后，可通过自己的往来银行向付款银行收款，存入自己的账户，也可以径自到付款银行提取现款。

在普通支票左上角画两条平行线的称为画线支票（crossed cheque），画线支票只能用于转账，不得用以支取现金。视需要，支票既可由出票人画线，也可由收钱人或代收银行画线。

收款人收到画线支票，或收到未画线支票自己加上画线后，收款人只能通过往来银行代为收款入账。我国目前也有在普通支票上加画线而使之成为仅限于通过银行转账之用的。

4. 保付支票

为了避免出票人开出空头支票，收款人或持票人可以要求付款行在支票上加盖"保付"印记。付款银行保付后必须付款，这样的支票就是保付支票，支票经保付后身价提高。

(三) 支票必须记载的事项

1. 表明"支票"的字样；

2. 无条件支付的委托；

3. 确定的金额；

4. 付款人名称；

5. 出票日期；

6. 出票人签章。

支票上未记载前款规定事项之一的，支票无效。

（四）支票的使用

支票是出票人签发的，委托办理支票存款业务的银行或者其他金融机构在见票时无条件支付确定的金额给收款人或者持票人的票据。

按照我国多年使用支票的习惯，并考虑国际上的通行做法，我国保留了现金支票和转账支票，并新增了普通支票和画线支票。

支票是以商业信用为基础，要求支票的出票人有较高的信誉。票据法严禁签发空头支票。

支票可以用以办理转账结算，也可以用以支取现金。

支票的部分记载事项可以由出票人授权补记。出票人在签发支票时，可能无法确定支付的金额和收款人名称，为了便利，《票据法》明确规定了支票的金额、收款人名称可以由出票人授权补记，也可以由出票人授权本单位的使用人员补记，还可以授权收款单位补记。未补记前不得背书转让和提示付款。

支票可以背书转让，但是出票人在支票上记载"不得转让"字样的支票不得转让。背书人在背书栏注明"不得转让"字样的，被背书人也不得再转让。

支票的持票人可以委托其开户银行收款或者直接向付款人提示付款。用于支取现金的支票仅限于收款人向付款人提示付款。支票见票即付，但支票持票人委托其开户银行向付款人提示付款的，进账时间在同城为经过同城票据交换系统将票款划回的时间。2007年6月25日起，支票在全国通用。支票全国通用后，异地使用支票时，一般来说，款项到账时间较同一城市范围内的支票可能稍长，确切的时间则因持票人采用的提示付款方式不同而有所差异。持票人最早可在2至3小时之内收到款项，一般最长在银行受理支票之日起3个工作日内可以收到异地支票款项。如果持票人选择向出票人开户银行提示付款，支票款项最短在1小时之内可以到账，最长的可能为2天。

第二节 汇付

一、汇付的基本概念

（一）汇付的定义

汇付（Remittance），又称汇款，是国际贸易的支付方式之一，也是最简单的国际货款结算方式。采用汇付方式结算货款时，出口商（卖方）依照售货合同，将货物运给进口商（买方）后，有关货运单据由卖方直接寄给买方，买方则委托当地银行将货款按合同列明的汇款方式（如电汇、信汇、票汇），通过受托行海外代理行交付国外出口商（卖方）。

根据资金流向和结算工具传送的方向是否一致，国际结算方式可分为顺汇和逆汇两类。顺汇（Remittance）又称为汇付法，是指债务人委托本国银行，将款项主动汇付国外债权人的汇兑业务。顺汇的特点是它的资金流向与结算工具传送方向相同。顺汇包括贸易及非贸易项下的各种汇款业务。逆汇（Reverse Remittance）又被称为出票法，指债权人委托本国银行通过签发汇票等形式，主动向国外债务人索汇的另一类汇兑业务。逆汇的特点是它的资金流向与结算工具传送方向相反。逆汇包括贸易项下的信用证议付、跟单托收业务以及非贸易项下的光票托收业务。

（二）汇付方式的当事人

汇付方式的基本当事人，即汇款人、收款人、汇出行和汇入行。

汇款人（remitter），即付款人，一般是进口商或债务人，是委托当地银行将货款交付国外出口商的人。

收款人（payee）又称为受益人，一般是出口商或债权人，也可以是汇款人自己，是接受汇款人所汇款项的指定当事人。

汇出行（remitting bank），是应汇款人委托或申请，按汇款人指定的汇款方式将货款汇付收款人的银行，通常为进口地银行。

汇入行（receiving bank），又称为解付行（paying bank），是接受汇出行指令，将款项交付指定收款人的银行，通常是出口地银行。

（三）汇付方式的业务流程

汇付方式的业务流程，如图 4-5 所示。

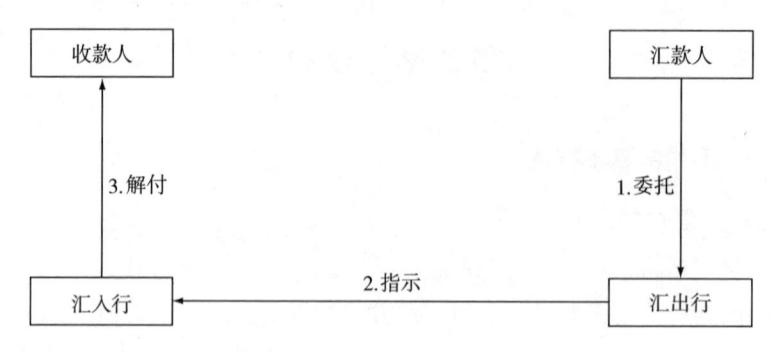

图 4-5　汇付方式的业务流程

二、汇付方式的种类

根据汇款方式的不同，汇付方式主要有电汇、信汇、票汇 3 种。

（一）电汇（telegraphic transfer，T/T）

电汇是指汇出行根据汇款人的申请，通过拍发加押电报或加押电传或环球银行间金融电讯网络（SWIFT）指示汇入行解付特定款项给指定收款人的汇款方式。

电汇方式的业务流程，如图 4-6 所示。

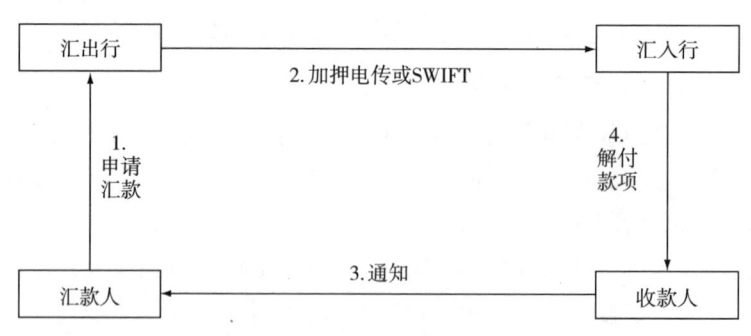

图 4-6　电汇方式的业务流程

电汇的优点是交款迅速安全。在 3 种汇款方式中电汇是最快捷的一种。通常情况下，只要汇款人资金落实，汇款申请书填制正确，汇出行与汇入行之间的办理时间为港澳地区 2~3 个工作日，其他地区 4~7 个工作日，比信汇和票汇的流转速度快得多。因此在实务操作中，电汇方式的使用率最高。由于电汇通常是银行间的直接通信，因此风险相对较小。电汇支付方式下，汇出行收取的费用由汇款手续费和电讯费组成，如是贸易项下的电汇，有些银行还要收取无兑换手续费。

目前，SWIFT 的付款电汇均以 MT100 格式发出，MT100 标准格式见表 4-2。

表 4-2　MT100 标准格式

Status 状态	Tag. 提示	Field Name 栏位名称	Content/Options 内容
M	20	Transaction Reference Number 汇款编号	16x
M	32A	Value Date, Currency Code, Amount 起息日/货币/金额	6n3a 15number
M	50	Ordering Customer 付款人	4*35x
O	52A	Ordering Institution 付款人银行	A or D
O	53A	Sender's Correspondent 发送行的代理行	A, B or D
O	54A	Receiver's Correspondent 收款行的代理行	A, B or D
O	56A	Intermediary 中间行	A
O	57A	Account with Institution 受益人银行	A, B or D
M	59	Beneficiary Customer 受益人	[/34x] 4*35x
O	70	Details of Payment 汇款摘要	4*35x
O	71A	Details of Charges 汇款费用	3a
O	72	Sender to Receiver Information 银行指令	6*35x
M = Mandatory（必需项目）　　O = Optional（任选项目）			

(二) 信汇 (mail transfer, M/T)

信汇是汇出行根据汇款人的申请,将信汇委托书 (M/T advice) 或支付通知书 (payment order) 通过邮政航空信函送达汇入行,授权汇入行依其指令,解付特定款项给指定收款人的汇款方式。

信汇方式的业务流程,如图 4-7 所示。

图 4-7 信汇方式的业务流程

由于信汇委托书需通过航空信函送达,因此途中信函有遗失或延误的可能,由于委托付款指示的送达信汇要比电汇慢,所以收款人收汇时间较长。

(三) 票汇 (remittance by banker's demand draft, D/D)

票汇是汇出行根据汇款人的申请开立的以汇出行的国外代理行为解付行的银行即期汇票,交由汇款人自行邮寄指定收款人或由其自带银行汇票出境,凭票向解付行取款的汇款方式。

票汇方式的业务流程,如图 4-8 所示。

图 4-8 票汇方式的业务流程

票汇方式的优点是灵活。汇票可以由汇款人自行邮寄或自行携带。除非汇出行开出的是画线汇票且同时注明 "NOT NEGOTIABLE"(不能转让）字样，否则汇票可背书转让。票汇支付方式下，汇出行收取的费用一般仅为汇款手续费，如是贸易项下的票汇同样要收取无兑换手续费。汇款手续费和无兑换手续费收取标准与电汇相同。由于汇票可以自行携带或背书转让，所以可以不发生其他费用，即使采用自行邮寄的办法，费用一般也低于电汇及信汇，因此在3种汇款方式中票汇费用最低。但票汇方式的缺点是风险大。自行邮寄或自行携带使得汇票遗失或毁损的可能性大大增加，背书转让又可能引起债务纠纷。

关于国际结算的费用，可参照中国银行的资费表，如表4-3所示。

表4-3 中国银行国际结算业务资费标准

服务项目	收费标准
汇出境外汇款	
电汇	汇款金额的1‰，最低50元/笔，最高1000元/笔，另加收电讯费
票汇、信汇	汇款金额的1‰，最低100元/笔，最高1200元/笔，另加收邮费（如有）
外币光票托收	
光票托收	托收金额的1‰，最低50元/笔，最高1000元/笔，另加收邮费
买入外币票据	
买入票据	票据金额的7.5‰，最低50元/笔
现钞托收	100元/笔，另加收邮费
汇出境外汇款	
进口托收	进口代收金额的1‰，最低200元/笔，最高2000元/笔
跟单托收	代收金额的1‰，最低200元/笔，最高2000元/笔，另加收邮费

备注：

1. 本表为对公国际结算资费表。
2. 我行费用计价单位为人民币，可收取人民币或等值外汇；收取等值外汇时，按当日公布中国银行外汇买入价折算收取。
3. 除另有约定外，我行一律向业务委托方收取有关费用。
4. 凡业务发生的境外银行收费，按实收取。
5. 以上所列价格为基准价格，我行有权根据客户资信状况、交易风险程度及业务复杂性的不同进行浮动。

三、汇付业务的实务操作

根据汇款资金流向的不同，汇款业务可分为"汇出汇款业务"和

"汇入汇款业务"。

（一）汇出汇款

汇出行处理的汇款业务称为汇出汇款（outward remittance）业务。

汇出汇款按性质可分为贸易汇款和非贸易汇款。贸易项下的汇款主要用于支付进口货款（包括贸易项下的从属费用，如运费、保险费、佣金、赔款、罚款、利息、押金、保证金、广告费等）。非贸易项下汇出的汇款有赡家费、外籍人员允许汇出的工资、外商投资企业外方利润、律师费、代理费等。

1. 正确填具汇款申请书

汇款申请书主要包括以下内容，汇款方式、汇款日期、收款人名称、收款人地址（城市名，国名）、开户行行名、银行账号、货币金额的大小写、汇款人名称、附言、汇款人签名盖章（汇款人为公司，需加盖开户时预留的印鉴）。汇款申请书上的各项内容均须用英文填写。

电汇和票汇申请书通常使用同一格式。汇款人如果是企事业单位，则应填写一式二联的汇款申请书。第一联由汇款人签名盖章，银行凭此办理汇款，并作汇出汇款科目贷方传票附件，第二联由银行加盖业务章后交汇款单位备查。私人汇款填写一联即可。

信汇汇款申请书一式三联。第一联由汇款人签名盖章，银行凭此联办理汇款，并作汇出汇款科目贷方传票附件。第二联是信汇通知书，寄送付款行。第三联由银行加盖业务章后交汇款人备查。

2. 汇款

汇款人在申请汇款时，须将所汇款项如数交纳或划付给汇出行。同时有义务付清受托行（汇出行）要求缴付的所有银行费用。汇出行根据汇款人所填汇款申请书的要求，发电（函）指示汇入行付款或开立即期银行汇票，并及时偿付汇入行。

当采用电汇或信汇方式时，如要办理汇款退汇，前提是需在汇款解付前提出撤销申请。每办理一笔退汇，汇出行需收取退汇费用100元。退汇的手续是先由汇款人提出书面申请并退还原汇款凭证，然后由汇出行向付款行致电（函）要求退汇，待收到付款行同意撤销的确认电（函）且查实该款项已贷记本行的总行账户后，通知汇款人来行办理退汇。当采取票汇方式时，退汇的前提是汇款人在寄发汇票以前提出撤销申请。每办理一笔退汇，汇出行收取的退汇费用也是100元。退汇的手续是先由汇款人提出书面申请并交还原汇票且在该汇票上背书，然后由汇出行在汇票上加盖"注销"（CANCEL）章并立即通知付款行将已寄出的票根退回注销。

（二）汇入汇款

汇入行处理的汇款业务称为汇入汇款（inward remittance）业务。

1. 解付

汇入行在收到国外汇出行所汇头寸或可以立即借记汇出行账户的通知后，才可办理解付。无特殊情况，银行不予以垫付头寸。

对电汇和信汇来说，汇入行接到汇出行的汇款电报、电传及信汇委托书正本后，电汇核对密押，信汇委托书核对印鉴。对票汇来说，收到汇出行的支付通知书（票根）后，汇入行核对签字样本。收款人持票前来兑取汇款时，银行还须再次核对出票行签署的有效性、汇票签发有效日期，并要求收款人在正本汇票的反面背书。

2. 退汇

收款人在汇款抵达前已经回国或收款人回国前已来授权汇入行办理退汇手续，收款人拒收汇款，款项解付前，汇出行来电（函）要求将汇款撤销并退回。款项解付后，汇出行来电（函）要求撤销汇款时，汇入行须征询收款人意见，否则无权自行退汇。

四、汇付方式的性质和实际运用

在国际贸易实务中，使用汇付方式结算货款的过程，银行不提供信用而只提供服务。运用汇款方式结算进出口双方的债权债务，以货物与货款交付的先后来划分主要有预付货款和货到付款。

（一）预付货款

预付货款（payment in advance）是进口商先将部分货款通过汇款方式预支给出口商，出口商收到货款后，在约定时间内备货出运，货交进口商的一种结算方式，实质是进口商向出口商预交一笔订金（down payment）。同一笔汇款，进口商称为预付货款，对出口商来说即为预收货款（advance on sales）。

预付货款的结算方式相对有利于出口商，对进口商较为不利。对于出口商的资金而言，货物出运前已得到一笔货款或称之为无息贷款，出口商可以先收款后购货出运，主动权在其手里。就风险而言，一方面，预付货款的支付对于进口商日后可能出现的违约行为起到一定程度的制约作用；另一方面，一旦进口商违约，出口商也可将该预付款抵扣部分货款及费用，减少其损失。

对于进口商来说，就资金而言，货物未到手之前，先汇出货款，资金被占用时间长。就风险而言，一方面，出口商收款后，可能未按时履行交货/交单的义务或未符合合同规定的货物质量和数量的要求；另一方面，如果出口商违约，即便进口商依约向出口商提出索赔，不仅费时费力，而且丧失了稍纵即逝的商机。

进口商考虑预付货款主要是基于：一是该商品热销而货源有限，且进口商对市场情况有一定的把握；二是出口商是信誉良好的大公司，双方之前已有较为频繁的业务往来；三是要求出口方银行出具预付货款保函。

（二）货到付款

货到付款（payment after arrival of goods）是出口商先发货，进口商收到货物后，在约定期限内向出口商汇付货款的结算方式，其实质是赊账交易（open account transaction，O/A）。货到付款交易情况与预付货款相反，一定程度上有利于进口商而不利于出口商。

我国的进口商申请办理货到付款性质的汇款，须向银行提供证明贸易真实性的文本资料，例如，贸易进口付款核销单（代申报单）、合同、发票、正本运输单据、正本进口货物报关单、进口付汇备案表、进口批文、代理协议、售（付）汇通知单等。

第三节 托收

一、托收的基本概念

（一）托收的定义

托收（collection）是国际结算中常见的基本方式之一，通常又称为无证托收，指出口商根据双方签订的贸易合同的规定，在货物发运后，委托当地银行按其指示，明确交单条件，即凭付款及/或承兑及/或以其他条件交单，借此通过代收行向进口商提示金融单据（又称资金单据，包括汇票、本票、支票、付款收据或其他类似用于取得付款的凭证）或商业单据（指发票、运输单据、所有权凭证或其他类似的单据或其他"非金融"方面的单据，如保险单据等）而收取货款的结算方式。

（二）托收方式的主要当事人

托收方式的主要当事人由以下几部分组成。

1. 委托人（principal），指委托当地银行办理托收业务，代收货款的人，通常为出口商。

2. 付款人（payer），指被代收行提示单据，并应承担付款或承兑赎单的人，通常为进口商。

3. 托收行（remitting bank），是委托人的代理人，是接受委托人的委托，向付款人代收货款的银行，通常为出口地银行。

4. 代收行（collecting bank）是托收行的代理人，是受托收行的委托，参与办理托收业务及/或直接向付款人提示单据而代为索款的进口地银行。通常为付款人的账户行或托收行的代理行。

5. 提示行（presenting bank），指接受托收行或代收行的委托，直接向付款人提示单据，代为索款的进口地银行。

通常情况下，提示行就是代收行。当托收指示中的代收行与付款人地处同一国家的两个城市或两者无直接账户关系时，且托收行未指定具体的提示行，则代收行有权自行选择一家本行的代理行为该笔托收业务的提示行，而此时，单据的代收行与提示行则分别为两家各自独立的银行。

（三）出口托收的种类

按照是否附有商业单据来划分，出口托收方式主要有两类，即光票托收和跟单托收。

1. 光票托收

光票托收（clean collection）是指仅凭金融单据向付款人提示付款，而不附带任何商业单据的一种托收方式。光票托收一般适用于货款的尾数、样品费、进口赔款等金额较小的费用的结算，而汇票的付款期限通常为即期。

2. 跟单托收

跟单托收（documentary collection）是指金融单据附带商业单据或为节省印花税而仅凭商业单据，不附带任何金融单据来提示承兑及/或付款的托收方式。

根据交付货运单据条件的不同，跟单托收结算方式又可细分为承兑交单与付款交单两种。

承兑交单（documents against acceptance，D/A）是指代收行或提示行仅凭付款人在远期汇票上"履行承兑"[在汇票正面所示的具体承兑日（acceptance date）与到期日（due date）一侧加盖公章并注明"同意承兑"字样]为唯一的交单条件。至此，作为代收行或提示行就已履行了托收指示中应尽的责任。（实务中，汇票到期之日或之前，付款人应将已承兑款项划至代收行或提示行以便银行按时汇付。而作为一家负责的代收行，当汇票临近到期日时，应善意提醒付款人届时支付义务的履行。若届时付款人拒付，也应及时向托收行尽其通达的义务）

付款交单（documents against payment，D/P）是指代收行或提示行须凭付款人的实质性付款为同意放单的唯一条件。

根据付款期限的远近，付款交单方式又可细分为即期付款交单（D/P at sight）与远期付款交单（D/P at ××days after sight/after B/L date）。

即期付款交单指凭即期汇票及相关商业单据或仅以相关商业单据的交付请求即期付款的托收方式。

远期付款交单指须凭远期汇票及相关商业单据或仅以相关商业单据在将来某一确定日期的交付请求届时付款的托收方式。

在实务操作中，代收行或提示行届时仍习惯以付款人的已承兑汇票作为付款提示。在此需强调的是，"URC522"不鼓励采用远期付款交单的方式。

二、出口托收的一般业务程序

（一）出口托收的申请

出口企业委托其开户行或某一银行办理托收时，应填制出口申请书。出口申请书内须明确注明代收行名称及详细地址、付款人的名称及详细地址、付款金额、付款期限和交单条件、单据种类和份数、合同号码、商品名称、货款收妥后用电报或信函告知、具体联系人及电话、托收业务中发生的代收行费用由谁承担、付款人拒付或拒绝承兑时单据和货物应如何处理等所有有关托收的条件，且加盖公章为证，以便托收行执行。

另外，如果托收的价格条款是CFR，则出口企业在交单时，最好随单附一份担保通知，说明已通知买方购买保险。

出口企业填写托收申请并将出口货物出运的运输单据、汇票及发票等商业单据一并递交托收行，委托代收货款。

（二）出口托收的修改

出口托收寄单后，可能会因情况变化需要修改托收金额与条款等内容时，构成出口托收的修改。

1. 出口商提出的修改

出口商提出的修改，则由出口商提交书面的托收修改申请。申请书上要注明原托收单据的有关信息，即金额、发票号、合同号、商品名称、付款人，以及修改后新的委托指示及简明说明事由，加盖公司公章后交托收行审核，由托收行通过电传、SWIFT 或信函方式通知国外代收行办理修改手续。

2. 付款人提出的修改

如果由代收行来函（电）通知付款人拒绝承兑或付款，要求改变交单条件或其他要求，托收行有责任立即通知出口商，由出口商研究处理。若出口商同意其要求，则出口商须拟书面修改前交托收行，由托收行转告代收行确认；若出口商不同意修改，坚持按原托收指示行事，同样须以书面形式明示托收行后，由托收行通过代收行与付款人再进行交涉。

（三）出口托收的注销

若国外客户迟迟不予赎单，出口商有权向银行提出申请，注销该笔托收业务。受托银行查核后联系国外代收行退单，待托收行收妥因托收业务所产生的各项银行费用及国外退单后，该笔托收业务才告正式注销。

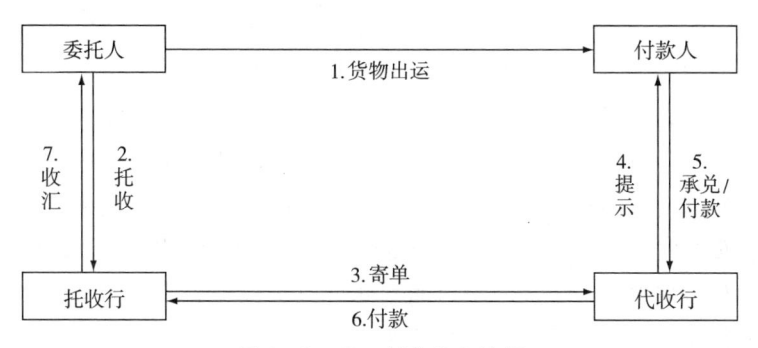

（四）出口托收业务流程

出口托收业务流程，如图 4-9 所示。

图 4-9 出口托收业务流程

三、托收统一规则

各国银行在办理托收业务时，银行与委托人之间对各方的权利、义务和责任经常因解释上的分歧而产生纠纷，影响国际贸易和结算的开展。为此，国际商会曾于1958年拟定了《商业单据托收统一规则》（Uniform Rules for Collection of Commercial Paper）（国际商会第192号出版物）。1967年5月，国际商会修订了上述规则并建议自1968年1月1日起实施（国际商会第254号出版物），在银行托收业务中取得了统一的术语、定义、程序和原则，同时为出口人在委托代收货款时有所依循和参考。此后，随着国际贸易不断发展，国际商会于1978年对该规则作了修订，改名为《托收统一规则》，即国际商会第322号出版物（Uniform Rules for Collection, ICC Publication No. 322），简称"URC322"，并于1979年1月1日起实施。在使用了十余年以后，根据使用中的情况和出现的问题，国际商会于1995年4月又一次颁布了新的修订本，作为国际商会第522号出版物，名称仍为《托收统一规则》（Uniform Rules for Collection），版本为国际商会第522号出版物（ICC Publication No. 522），简称"URC522"，并于1996年1月1日起正式实施。"URC522"全文共26条，分为总则和定义、托收的形式和结构、提示方式、义务和责任、付款、利息和手续费及其他费用、其他条款共7个部分，对国际托收程序、技术和法律等方面均有所修改。新规则已被许多国家的银行采纳，并据以处理托收业务中各方的纠纷和争议。我国银行在接受托收业务时，也遵循该规则办理。

《托收统一规则》是国际商会制定的，仅次于《国际贸易术语解释通则》和《跟单信用证统一惯例》，有着重要影响的规则。该规则自公布实施以来，很快被各国银行所采用，对减少当事人之间在托收业务中的纠纷和争议起了较大作用，但由于它只是一项国际惯例，所以，只有在托收指示书中约定按此行事时，才对当事人有约束力。

托收方式对进口商来说，由于不需要预垫资金，或仅需垫付较短时间的资金，所以非常有利。如果采用承兑交单条件，进口商还有进一步运用出口商资金的机会，或者仅凭本身的信用进行交易而无须购货资金。所以，以托收方式进行结算，能调动进口商的经营积极性，提高交易商品在国际市场上的竞争力，出口商据此可以达到扩大销售的目的。因而，在国际贸易中，托收方式经常被用作一种非价格竞争的手段。

但是，对进口商非常有利的托收方式，出口商则承担着很大的风险，这是一把"双刃剑"。按照《托收统一规则》，银行在托收业务中，只提供服务，不提供信用。银行只以委托人的代理人行事，既无法保证付款人必然付款，也无检查审核货运单据是否齐全、是否符合买卖合同的义务。当发生进口商拒绝付款赎单的情况后，除非事先取得托收银行同意，代收银行也无代为提货、办理进口手续和存仓保管的义务。所以，托收方式与汇付方式一样，也属商业信用性质。出口商委托银行收取的货款能否收到，全靠进口人的信用。所以，采用托收方式，出口商必须对进口商的资信情况、经营能力和经营作风进行了解，适度掌握授信额度。原则上国外代收行一般不能由进口人指定。出口商在货物装运后，直到买方付清货款前，都要关心货物安全，在出口业务中，原则上应由我方办理保险，即争取以 CIF 或 CIP 条件成交。对贸易管制和外汇管制较严的国家，在使用托收方式时要特别谨慎，对于进口需要领取许可证的商品，在成交时应规定进口商将领得的许可证或已获准进口外汇的证明在发运有关商品前寄达，否则不予发运。填写运输单据时一般应做空白抬头并加背书，如需做代收行抬头时，应先与银行联系并经认可后办理，被通知人一栏必须详细列明进口商的名称和地址，以便承运人到货时及时通知；出口商应严格按照出口合同规定装运货物、制作单据，以防止被买方找到借口拒付货款。采用远期付款交单方式更要慎重。总之，在托收业务中，出口商的风险很大，资金负担也较重，所以，在出口业务中决定采用托收方式收款时必须慎之又慎。

当然，如果我方作为进口商时，采用托收方式支付货款则非常有利，应该积极争取。

第四节　信用证

一、信用证的含义及作用

（一）信用证的含义

信用证（letter of credit，简称 L/C），又称信用状，是指开证银行应开证人的请求开具给受益人的，保证在一定条件下履行付款责任的一种书面担保文件。在国际贸易中，向银行申请开立信用证的是买方（即进口人），信用证的受益人是卖方（即出口人），开证银行在信用证中向受益人作出承诺，只要受益人按照信用证条款提交合乎信用证要求的单据，开证银行保证履行付款或承兑的责任。因此，信用证对于买方是银行授予的一种信用工具，对卖方是银行向其保证付款的一种支付手段。在信用证付款条件下，银行承担第一性付款责任，因此，信用证付款的性质属于银行信用。

信用证虽以贸易合同为基础，但信用证一经开出就成为独立于合同以外的另一种契约。开证银行只受信用证的约束而与该合同完全无关。

信用证纯粹是单据业务，银行处理的只是单据，不问货物、服务或其他行为。银行只强调从表面上确定其是否与信用证条款相符，以决定是否承担付款的责任。

（二）信用证的作用

信用证付款方式是我国目前对外贸易结算中使用最多的支付方式。信用证的作用有以下两点。

1. 信用证的使用可促成国际贸易交易的达成

国际贸易中的买卖双方分处不同的国家或地区，对彼此的财力和商业信誉不太了解。一笔交易从磋商、成交到合同履行，往往需要经过一段相对较长的时间。在这期间，不仅国际市场的行情可能波动，而且买卖双方的财务状况或经营条件也可能发生变化。因此，买卖双方谁先出钱或出货都会感到不安全。买方会担心在履行付款之后，卖方不交付货物或交不出货物。卖方则担心在交出货物或者代表货物的货运单据之后，买方可能拒收货物或者拒付货款。采用信用证方式付款，卖方得到银行以信用证方式作出的确切保证，只要依据信用证要求装运货物提交单据，开证银行即保证履行付款责任。买方在通过银行承兑汇票或者支付货款之后，会得到代表货物的表面合乎要求的货运单据，凭其提领货物。由于银行信用远比买卖双方之间的商业信用可靠得多，从而也更容易为买卖双方所接受，因此，可促成国际贸易交易的达成。

2. 信用证的使用有利于买卖双方的资金融通

在信用证付款条件下，出口方可以凭信用证向当地银行抵押贷款，俗称"打包放款"，在出运货物之后，即可备齐单据，凭信用证向当地银行申请办理押汇，收回货款。进口方在偿付全部货款前，只需付一定的开证保证金，银行就能为进口商开立信用证。若是远期信用证付款，买方资信情况良好，则可凭信托收据向银行借单，预先提领货物转售，待到约定的付款日期才向银行偿付货款。因此，以信用证方式付款利用的是银行的资金，有利于买卖双方的资金融通。

二、信用证的主要内容

在进出口业务中使用的信用证虽然没有统一的格式,但基本项目是相同的,主要有以下几方面。

1. 信用证本身的说明。如信用证的种类、性质、金额及其有效期和到期地点等。

2. 货物本身的描述。货物的品质、规格、数量、包装、价格等。

3. 货物运输的说明。装运期限、起运港(地)和目的港(地)、运输方式、可否分批装运和中途转船等。

4. 单据的要求。单据中主要包括商业发票、提单、保险单等。

5. 特殊条款。根据进口国政治经济贸易情况的变化或每一笔具体业务的需要,可能作出不同规定。

6. 有开证行对受益人及汇票持有人保证付款的责任文句。

使用信用证作为支付方式,出口商做到信用证与合同、信用证与单据、单据与单据、单据与货物相一致,才能安全及时收汇。

三、信用证的使用程序

信用证的基本当事人有开证申请人、开证银行和受益人。此外,还有其他关系人,有通知行、保兑行、付款行、偿付行、议付行等。

开证申请人(Applicant)是指向银行申请开立信用证的人,一般为进口人,在信用证中往往又称开证人(Opener)。如由银行自己主动开立信用证,此种信用证所涉及的当事人,没有开证申请人。

开证银行(Opening Bank,Issuing Bank)是指接受开证申请人的委托,开立信用证的银行,一般是进口地的银行。信用证一经开出,开证行负有承担付款的责任。

受益人(Beneficiary)是指信用证上指定的有权使用该证的人,一般为出口人。受益人通常也是信用证的收件人(Addressee)。

通知银行(Advising Bank,Notifying Bank)是指接受开证行的委托,将信用证通知(或转交)受益人的银行。通知银行只证明信用证的真实性,并不承担其他义务。通知银行一般是出口人所在地银行。

议付银行(Negotiating Bank)是指愿意买入受益人交来跟单汇票的银行。议付银行可以是指定的银行,也可以是非指定的银行,由信用证的条款来规定。议付银行又称押汇银行、购票银行或贴现银行。

付款银行（Paying Bank, Drawee Bank）是指信用证上指定的付款银行。它一般是开证行，也可以是指定的另一家银行，根据信用证的条款的规定来决定。

偿付银行（Reimbursing Bank）是指受开证行的指示或授权，对代付银行或议付银行的索偿予以照付的银行。信用证的偿付银行又称信用证的清算银行（Clearing Bank）。

保兑银行（Conforming Bank）是指开证银行请求在信用证上加具保兑的银行，它具有与开证银行相同的责任和地位。

承兑银行（Accepting Bank）是指对承兑信用证项下的单据，经审单确认与信用证规定相符时，在汇票正面签字承诺到期付款的银行。承兑银行可以是开证银行本身，也可以是通知行或其他指定的银行。

信用证使用的基本程序如图 4-10 所示。

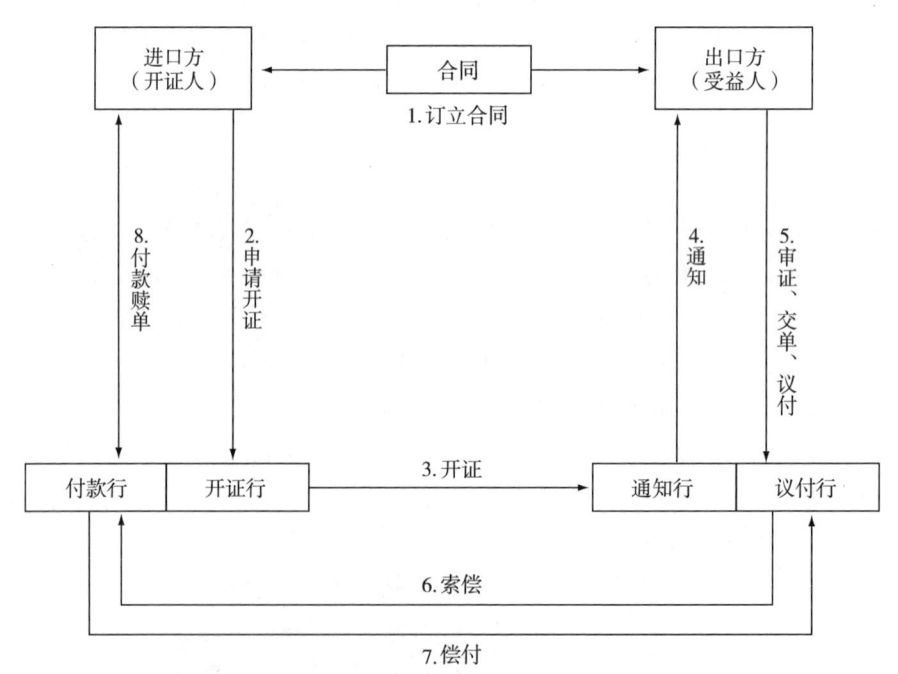

图 4-10 信用证使用的基本程序

1. 买卖双方在合同中约定凭信用证付款。
2. 买方向当地银行申请开证，并按合同内容填写开证申请书和交纳开证押金或提供其他保证。

3. 开证行按申请内容开证，并通知通知行。

4. 通知行将信用证交与受益人（卖方）。

5. 卖方收到信用证后，如审核无误，即按信用证要求发货，开出汇票并附各种单据向有关银行议付货款。

6. 议付行将汇票和单据给开证行或信用证指定的付款行索偿。

7. 付款行将货款偿付给议付行。

8. 开证行收到单据后，即通知买方付款赎单。

四、信用证的种类

（一）跟单信用证和光票信用证

根据付款凭证的不同，信用证可分为跟单信用证和光票信用证。

1. 跟单信用证（Documentary Credit）

指凭跟单汇票或单纯凭单据付款、承兑或议付的信用证。所谓"跟单"大多是指代表货物所有权或证明货物已装运的运输单据、商业发票、保险单据、商检证书、海关发票、产地证书、装箱单等。

2. 光票信用证（Clean Credit）

指开证行仅凭受益人开具的汇票或简单收据而无须附带单据付款的信用证。光票信用证在国际贸易货款的结算中主要被用于贸易总公司与各地分公司间的货款清偿及贸易从属费用和非贸易费用的结算。

（二）不可撤销信用证和可撤销信用证

在《跟单信用证统一惯例》（国际商会第 500 号出版物）（UCP 500）中根据开证银行的保证责任性质，可分为不可撤销信用证和可撤销信用证。在 UCP 600 中取消了可撤销信用证。

不可撤销信用证（Irrevocable Credit）是指信用证一经通知受益人，在有效期内，非经信用证受益人及有关当事人（即开证行、保兑行）的同意，不得修改或撤销信用证。不可撤销信用证对受益人提供了可靠的保证，只要受益人提交了符合信用证规定的单据，开证行就必须履行其确定的付款义务。国际贸易结算的信用证绝大多数为不可撤销信用证。

（三）保兑信用证和非保兑信用证

不可撤销信用证中，根据有无另一家银行提供保兑可分为保兑信用证和非保兑信用证。对于卖方来说，可能因为开证行是一家己方不熟悉的国外小银行，这家银行与买方关系不一般，或者可能受到尚未可知的外汇管制的限制,因此,希望有另外一家银行,最好是由卖方当地银行给开证行的付款保证再加以保证(保兑)。

1. 保兑信用证(Confirmed Letter of Credit)

指开证行开出的信用证由另一家银行保证兑付的信用证。经保证兑付的信用证,对符合信用证条款规定的单据履行付款义务,有保兑行兑付的保证。对于保兑信用证,开证行和保兑行都承担第一性的付款责任,所以,这种有双重保证的信用证对出口商安全收汇是有利的。

开证行要求通知行或第三家保兑行的邀请或授权,常见的措辞有:

(1) We authorized to add your confirmation.

(2) Please notify beneficiary and adding your confirmation.

(3) We have requested forwarding bank to add their confirmation to this credit.

保兑行同意保兑的措辞常见的有:

(1) We confirmed the credit and thereby undertake that all drafts draw and presented as above specified will be dully honored by us at our counter on or before...

(2) At the request of our correspondent, we confirm their credit and also engage with you that all drafts drawn under and in compliance with the terms of this credit will be dully honored.

通知行保兑的不可撤销信用证的流程,如图4-11所示。

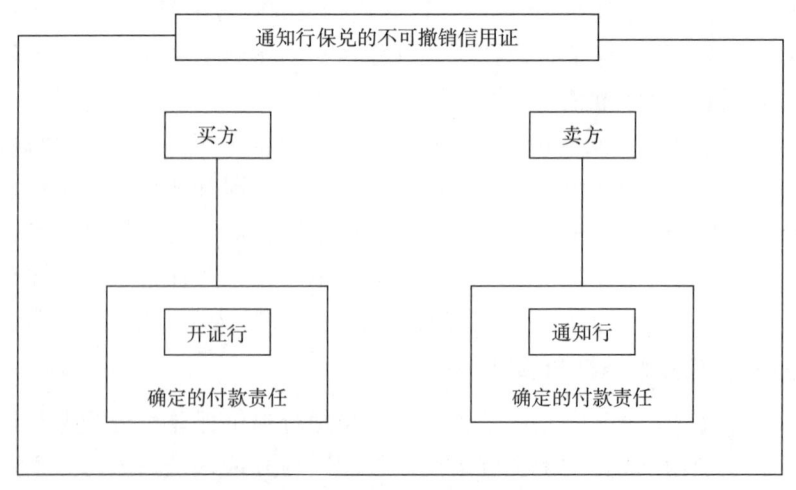

图4-11 通知行保兑的不可撤销信用证的流程

2. 非保兑信用证（Unconfirmed Letter of Credit）

指未经另一家银行加具保兑的信用证，即一般的不可撤销信用证。在非保兑信用证中，只有开证行承担付款责任，也就是由开证行单独负责付款。非保兑信用证一般通过卖方国家（地区）的银行通知给卖方，并且相关的运输单据和其他单据通常也是提交给这家银行以求得到最终付款。但是，最终的付款责任依旧由买方承担。通常在与发达国家的一家荣膺评估的开证行打交道时，大部分卖方很可能接受这种非保兑信用证作为较安全的支付工具。如果对开证行及其资信状况有疑问，可以通过本地银行的国际业务部门进行查询。

通知行非保兑的不可撤销信用证的流程，如图 4-12 所示。

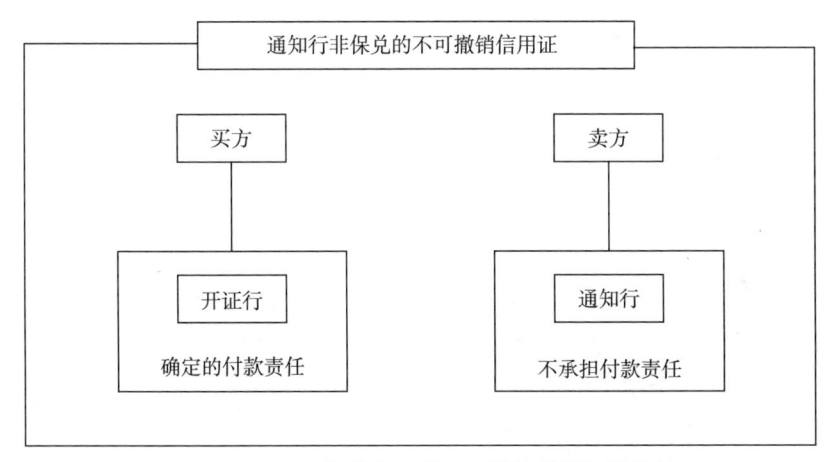

图 4-12　通知行非保兑的不可撤销信用证的流程

（四）即期信用证和远期信用证

根据付款时间不同，信用证可分为即期信用证和远期信用证。

1. 即期信用证（Sight L/C）

即期信用证指开证行或付款行收到符合信用证条款的汇票及/或单据，立即履行付款责任的信用证。由于即期信用证可使受益人通过银行付款或议付及时取得货款，因而在国际贸易结算中被广泛使用。即期信用证一般要求出具汇票，汇票的付款人是银行，但目前由于信用证有时规定无须开立汇票，所以凡是凭单据立即付款的信用证，都是即期付款信用证。即期付款信用证付款的性质属于立即、终局性、无追索权的付款。即期付款信用证的付款银行为开证行或被指定使用信用证的银行。

即期付款信用证的常见措辞有：

(1) Credit is available by sight payment with ×× × bank. (or) Credit is available with advising bank by payment at sight against the documents detailed herein and beneficiary's draft (s) drawn on advising bank.

(2) Upon receipt of documents in conformity with the L/C, we will credit your account with us.

2. 远期信用证（Usance L/C）

远期信用证指开证行或付款行收到远期汇票或单据后，在规定的一定期限内付款的信用证。其主要作用是便利进口商资金融通。远期信用证主要包括延期付款信用证、承兑信用证、议付信用证。远期信用证是否必须提交汇票，是划分延期付款信用证与承兑信用证的主要标志。

(1) 延期付款信用证

延期付款信用证（Deferred Payment L/C）是指开证行或被指定延期付款的银行仅凭受益人提示的满足信用证条款的单据，承担延期付款的责任，并于信用证到期日向受益人付款的信用证。

使用延期付款信用证不需要开立汇票。在实务中，如果开证申请人需要汇票，开证行可要求受益人或寄单行于延期付款信用证的到期日向其提示即期汇票（注意，此种汇票不宜贴现）。

延期付款信用证中确定付款日的常见表述有：

①开证行见单后若干天付款（×× days after sight）。

②装运日后若干天付款（×× days after B/L date or ×× days after the date of shipment）。

延期付款信用证的付款属于延期、终局性、无追索权的付款。延期付款信用证的付款银行为开证行或被指定使用延期付款信用证的银行。

延期付款信用证的常见措辞有：

①Credit is available by deferred payment at ×× days after sight (or ×× days after B/L date) with ×× bank.

②We hereby engage that payment will be dully made at maturity against the documents presented in conformity with the terms of this credit.

(2) 承兑信用证

承兑信用证（Acceptance L/C）是指付款银行在收到符合信用证规定的远期汇票和单据时，先在汇票上履行承兑手续，等汇票到期日再付款的信用证。

延期付款信用证和承兑信用证均属远期信用证，均是在交单以后某一个可以确定的日期付款。两者的不同点在于承兑信用证有汇票，必须有一个承兑的过程。承兑后，承兑行即承担不可推卸的到期付款的责任。经承兑的汇票，受益人便可去贴现市场贴现，获得资金周转。延期付款信用证则没有上述要求或规定，即使因开证申请人坚持，开证行允许受益人或寄单行于延期付款的到期日向其提示即期汇票，此种汇票也很难在贴现市场中获得融资。

承兑信用证一般必须要求提供远期汇票，而承兑人即日后的付款人可以是开证行，亦可以是信用证中指定的使用该证的银行。付款日系汇票承兑日后某一可以确定的日期。付款性质属终局性、对受益人无追索权的付款。承兑后承兑行可确定并注明付款日。如向开证行电索，电报费由开证行承担，若议付行收到承兑电后又要求寄回全套已承兑汇票，则承兑行有权拒绝。

承兑信用证常见的措辞有：

①Credit available with ×× bank by acceptance of drafts at ×× days sight against the documents detailed herein and beneficiary's drafts drawn on ×× bank.

②（Undertaking clause）We hereby engage that drafts drawn in conformity with the terms of this credit will be dully accepted on presentation to drawee bank and dully honoured on maturity.

（3）议付信用证

议付信用证（Negotiation L/C）是指允许受益人向某一指定银行或任何银行交单议付的信用证。通常在单证相符条件下，银行扣取垫付利息和手续费后即付给受益人。议付是汇票流通中的一个环节，除非保兑行议付，否则议付银行对其议付行为可保留追索权（如果汇票付款人不付款，持票人有权向其前手追索，直至出票人为止）。议付信用证可分为自由议付信用证（available by negotiation with any bank）、限制议付信用证（negotiation restricted to ×× bank）和指定议付信用证（available by negotiation with ×× bank）。

自由议付信用证亦称公开议付或流通信用证，指开证行对愿意办理议付的任何银行作公开的议付邀请和普遍的付款承诺。尽管自由议付信用证规定任何银行议付，但指的是到期地点的任何银行。如果选择非到期地点的银行交单，则该银行为受益人的交单行，并且在该信用证有效期之前，必须保证单据到达开证行。

指定议付与限制议付的相同点是两者都特定某一被授权银行的议付。不同点是两者的开证银行开立的动机不同，指定议付是为了便于受益人向该指定银行交单，开证银行开立限制议付信用证的主要目的是为被限制的银行招揽业务，被限制银行通常为开证行的代理行。

议付一般需要汇票，汇票的主要作用是开证行的支付凭证，是已履约的凭据，能维护双方利益。有些银行开立的信用证不要汇票的主要原因是为节省开具汇票而支付的印花税。所以，以发票或收据替代汇票，将汇票中应具备的要素均在发票或收据上显示。

（五）可转让信用证和不可转让信用证

按受益人是否有权将信用证转让给其他人使用，信用证可分为可转让信用证和不可转让信用证。

1. 可转让信用证（Transferable L/C）

可转让信用证指信用证的第一受益人将现存信用证的全部或部分金额转让给第二受益人（通常是货物的最终供货方）使用的信用证。这种信用证经常被中间商当作融资工具使用。

（1）可转让信用证的签发程序

可转让信用证的签发程序，如图 4-13 所示。

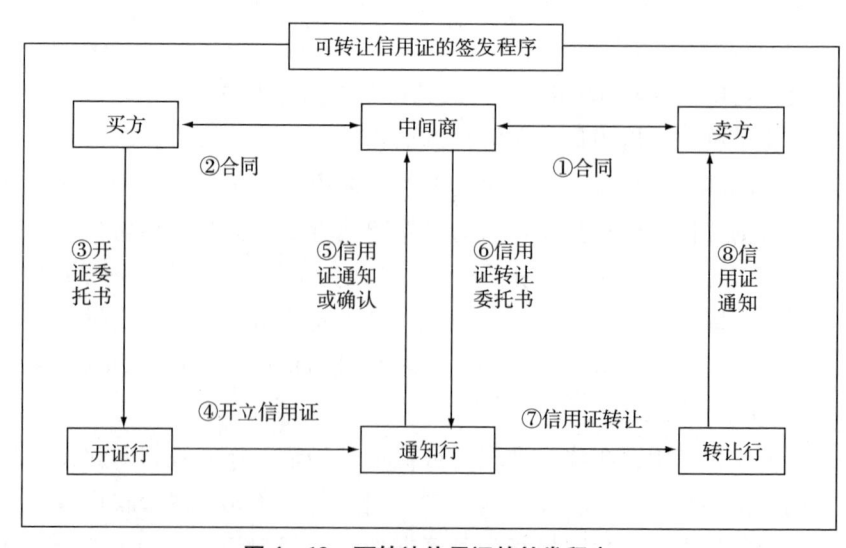

图 4-13 可转让信用证的签发程序

①中间商（第一受益人）和卖方（第二受益人）订立购货合同；
②中间商和买方订立售货合同（第一步和第二步没有先后顺序）；
③买方向开证行递交开证委托书；
④开证行签发信用证并将信用证转给通知行；
⑤通知行将信用证通知中间商；
⑥中间商指示通知行将信用证转让给卖方（第二受益人）；
⑦通知行将信用证转让给转让行（卖方银行）；
⑧转让行告知卖方（第二受益人）信用证。
（2）可转让信用证转让受益的程序
可转让信用证转让受益的程序，如图4-14所示。

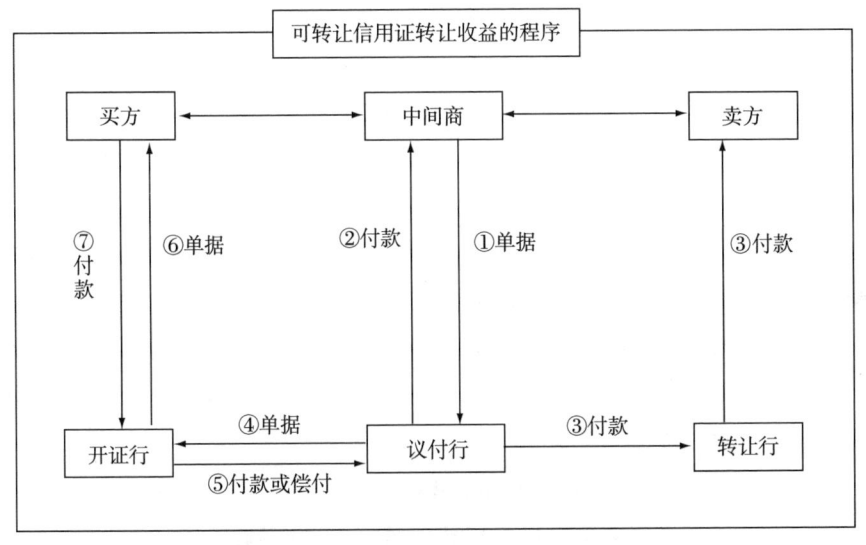

图4-14 可转让信用证转让受益的程序

①中间商（第一受益人）向议付行提示单据；
②议付行付款给中间商而不是卖方（第二受益人）；
③议付行付款给转让行，转让行依次支付给卖方（第二受益人）转让的金额；
④议付行向开证行提交单据；
⑤开证行依据信用证条款向议付行付款或偿付；
⑥开证行向买方提示单据；
⑦买方依据信用证条款向开证行付款。

2. 不可转让信用证（Non-transferable L/C）

不可转让信用证指受益人无权转让给其他人使用的信用证。凡在信用证上没有注明"可转让"字样的信用证，都是不可转让信用证。

（六）假远期信用证

假远期信用证（Usance Credit Payable at Sight）又称远期汇票即期付款的信用证，即出口商在货物装船并取得装运单据后，按照信用证规定开具远期汇票，向指定银行即期收回全部货款。对出口商来说，它与即期信用证无区别，但汇票到期时如被拒付则要承担被追索的风险。而进口商却可在远期汇票到期时，才向银行付款并承担利息和承兑费用，它实际上是银行对进口商的一种资金融通。

（七）循环信用证

循环信用证（Revolving L/C）是指该信用证在一定时间内利用规定金额后，能够重新恢复信用证原金额而再被利用，直至达到规定次数或规定的总金额为止。它可按时间循环和按金额循环，后者又可分为3种。

1. 自动循环（Automatic Revolving）

自动循环即在一定时期内金额被使用完毕后，不等开证行通知而恢复到原金额。

2. 半自动循环（Semi-automatic Revolving）

半自动循环即金额被使用后，如开证行未在一定期限内提出不能恢复原金额而自动恢复至原金额。

3. 非自动循环（Non-automatic Revolving）

非自动循环即需开证行通知后才能恢复至原金额。

（八）带电报索汇条款信用证

带电报索汇条款信用证（Credit With T/T Reimbursement）是指允许议付行在议付后用电报通知开证行，使其立即将货款用电汇拨交议付行的信用证。有此种信用证能使出口商尽快收到货款。

（九）预支信用证

预支信用证（Anticipatory L/C）是指允许受益人在货物出运前先凭光票向议付银行预支一部分货款作为备货资金，在信用证规定装运期内，受益人向议付银行提供全套货运单据，议付信用证金额将减去预支金额及利息后的差额。这种信用证预先垫款的特别条款，习惯上是用红色大写的，以引人注目，所以用了"红条款"这个名字。

（十）对背信用证

对背信用证（Back-to-back L/C）即背对背信用证，又称转开信用证、从属信用证、桥式信用证，是指受益人要求原证的通知行或其他银行以原证为基础，另开一张内容相似的新信用证。对背信用证的开立通常是中间商转售他人货物，从中图利，或两国（地区）不能直接办理进出口贸易时，通过第三者以此种方法来沟通贸易。对背信用证的受益人可以是国外的，也可以是国内的。

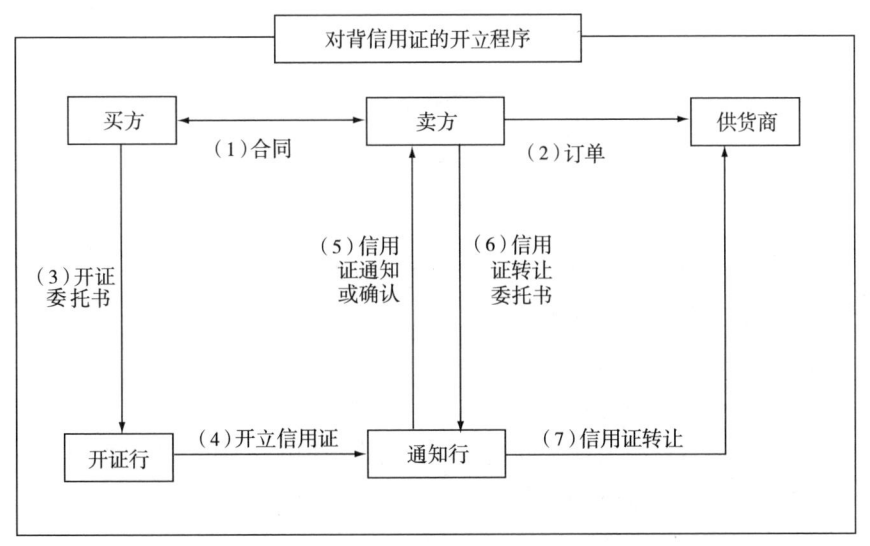

1. 对背信用证的开立程序

对背信用证的开立程序，如图 4-15 所示。

图 4-15　对背信用证的开立程序

（1）买卖双方磋商订立合同；
（2）卖方给供货商下订单；
（3）买方向开证行递交开证委托书；
（4）开证行签发信用证并将信用证转给通知行；
（5）通知行将信用证通知卖方；
（6）卖方指示通知行将信用证转让给供货商；
（7）通知行将信用证转让给供货商。

在第（7）步，通知行可以将信用证转让给第二个通知行或转让给保兑行。

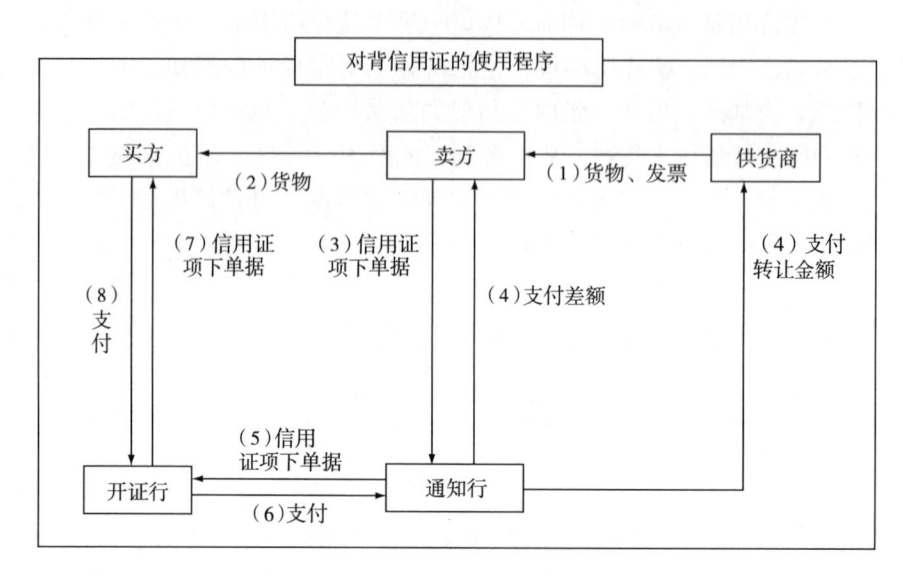

2. 对背信用证的使用程序

对背信用证的使用程序，如图 4-16 所示。

图 4-16 对背信用证的使用程序

（1）最终供货商发货给卖方，并递交发票；
（2）卖方将货物发运给买方；
（3）卖方将单据转至通知行；
（4）①通知行按照卖方委托书中的金额向供货商支付；
　　②通知行将原证金额和已转让给供货商的差额支付给卖方；
（5）通知行将单据寄给开证行；
（6）开证行向通知行偿付；
（7）开证行将单据转给买方；
（8）买方向开证行偿付。

（十一）对开信用证

对开信用证（Reciprocal L/C）是指两张信用证的开证申请人互以对方为受益人而开立的信用证。开立信用证是为了达到贸易平衡，以防止对方只出不进或只进不出。第一张信用证的受益人就是第二张信用证（也称回头证）的开证申请人，第一张信用证的开证申请人就是回头证的受益人。第一张信用证的通知行往往就是回头证的开证行。两张信用证的金额相等或大致相等，两证可同时互开，也可先后开立，这种信用证一般用于来料加工、补偿贸易和易货交易。

（十二）当地信用证

当地信用证（Local L/C）又称本地信用证，是指开证人、开证行与受益人都在同一国家的信用证。当地信用证一般作转开信用证之用。

（十三）备用信用证

备用信用证（Standby L/C），又称担保信用证或保证信用证，是适用于跟单信用证统一惯例的一种特殊形式的信用证，是开证行对受益人承担一项独立的、第一性的义务的凭证。在备用信用证中，开证行保证在开证申请人未能履行其应履行的义务时，受益人只要凭备用信用证的规定向开证行开具汇票，并随附开证申请人未履行义务声明或证明文件，即可得到开证和偿付。此类信用证对受益人来说，是开证申请人发生毁约情况时取得补偿的一种备用方式，采用备用信用证时，开证行处理的仅仅是与信用证相关的文件，与合同无关。只要受益人出具的汇票和证明开证申请人未履约的文件是符合信用证规定的，开证行即对受益人作无追索付款。这种信用证一般用在投标、履约、还款保证、预付、赊销等业务中。

（十四）红条款信用证

红条款信用证（Red Clause L/C），之所以称其为红条款信用证，是因为信用证中授权预付货款的条款传统上用红墨水书写。在红条款信用证里，有一个特殊条款授权保兑银行在受益人（卖方）提交装运单据之前，优先向受益人支付。在这类信用证中，买方实际上给卖方提供了资金融通，并承担了一定的风险。

（十五）SWIFT 信用证

SWIFT 是"Society for Worldwide Interbank Financial Telecommunications"（环球银行金融电信协会）的简称。该组织于 1973 年在比利时成立，协会已有 1.1 万多家银行参加，通过自动化国际金融电讯网办理成员银行间资金调拨，汇款结算，开立信用证，办理信用证项下的汇票业务和托收等业务。SWIFT 有自动开证格式，在信用证开端标着 MT700，MT701 代号。SWIFT 成员银行均加入国际商会，SWIFT 规定，使用 SWIFT 开立信用证，其信用证则受国际商会 UCP 600 条款约束，所以通过 SWIFT 格式开证，实质上已相当于根据 UCP 600 开立信用证。SWIFT 的使用，为银行的结算提供了安全、可靠、快捷、标准化、自动化的通信业务，从而大大提高了银行的结算速度。

随着银行、运输、保险各行业的发展，自1994年开始生效适用的UCP 500已经凸显出自身的不足，其条款的全面性以及实务内容已不能完全满足和适应实际业务的需要，表现在条款设置分类不科学、次序排列不足、语言繁杂欠精练等。与之密切相关的国际惯例，例如，ISP 98和ISBP中也存在一定问题，因此，推出新的统一惯例对信用证业务加以指引已是大势所趋。鉴于此，ICC对UCP 500作出修订后，提出了修订本UCP 600，并于2007年7月1日正式启用。UCP 600相对于UCP 500的调整，会给银行业及客户的实务操作带来影响，更加方便贸易和操作，也更加顺应了时代变迁以及科技发展方向。

UCP 600的条文编排参照了ISP 98的格式，对UCP 500的49个条款进行了大幅度的调整及增删，变成现在的39条。第1—5条为总则部分，包括UCP的适用范围、定义条款、解释规则、信用证的独立性等；第6—13条明确了有关信用证的开立、修改、各当事人的关系与责任等问题；第14—16条是关于单据的审核标准、单证相符或不符的处理的规定；第17—28条属单据条款，包括商业发票、运输单据、保险单据等；第29—32条规定了有关款项支取的问题；第33—37条属银行的免责条款；第38条是关于可转让信用证的规定；第39条是关于款项让渡的规定。

从UCP 600的内容来看，其变化表现在以下方面。第一，增加了专门的定义条款。这反映了UCP 600细化规定的精神，对一些术语作出定义不仅可以使概念明晰化，从而有利于条款的理解与适用，更可以解决一些地方法律适用的问题。引入了"Honour"（兑付）的概念，改进了议付的定义。第二，解释规则，删除可撤销信用证。第三，进一步明确开证行、保兑行及指定银行的责任，规范第二通知行。第四，审单标准进一步清晰。审单时间从"不超过7个银行工作日的合理时间"改为"最多不超过5个银行工作日"，明确了交单期限的适用范围。将单据与信用证相符的要求细化为"单内相符、单单相符、单证相符"。第五，将银行处理不符单据的选择增加到4种：持单听候交单人的处理，持单直到开证申请人接受不符单据，径直退单，依据事先得到交单人的指示行事。

该惯例经过多次修订，内容日益充实和完善，被当前大多数国家的银行采用。开证行如采用该惯例，就可在信用证中加注："除另有规定外，本证根据国际商会《跟单信用证统一惯例（2007年修订）》即国际商会第 600 号出版物办理。"国际商会《跟单信用证统一惯例》的实施，有利于国际贸易的发展和国际结算的进行，已为各国银行普遍接受，成为一项公认的国际上处理信用证的惯例，但是《跟单信用证统一惯例》本身并不是一项有约束性的法律文件，只有信用证上注明根据该惯例处理，该信用证才受该惯例的规定和解释的约束。

● 相关链接

样式一

信用证开立样式

```
2013OCT25  16：48：58                        LOGICAL TERMINAL 1068
MT S700              ISSUE OF A DOCUMENTARY CREDIT    PAGE 00001
                                                      FUNC SWPR3
                                                      UMR  26049536
MSGACK    DWS765I AUTH OK, KEY DIGEST BKCHCNBJ MHBKJPJT RECORD
BASIC HEADER         F   01 BKCHCNBJA300 1813 535071
APPLICATION HEADER   O   700 1745 131025 MHBKJPJTBXXX 2816 392123 131025 1648 N
                         * MIZUHO BANK LTD.
                         * TOKYO
USER HEADER          SERVICE CODE      103：
                     BANK. PRIORITY    113：
                     MSG USER REF.     108：
                     INFO. FROM CI     115：
SEQUENCE OF TOTAL    *27        ：1/1
FORM OF DOC. CREDIT  *40 A      ：IRREVOCABLE
DOC. CREDIT NUMBER   *20        ：30 - 0038 - 556987
DATE OF ISSUE        31C        ：131025
APPLICABLE RULES     *40 E      ：UCP LATEST VERSION
                                /
EXPIRY               *31 D      ：DATE 131120 PLACE CHINA
APPLICANT            *50        ：RAIN DREANS INTERNATIONAL, INC.
                                 10 - 14，KODENMACHO NIHONBASHI CHUO - KU
                                 TOKYO JAPAN
BENEFICIARY          *59        ：SHANGHAI WENTONG CO., LTD.
                                 1125 YANCHANG ROAD
                                 SHANGHAI CHINA
```

AMOUNT	*32 B	:	USD9195,
POS./NEG. TOL. (%)	39 A	:	05/05
AVAILABLE WITH/BY	*41 D	:	ANY BANK
			BY NEGOTIATION
DRAFTS AT…	42 C	:	BENEFICIARY'S DRAFT (S)
AT SIGHT			
FOR FULL INVOICE COST			
DRAWEE	42 A	:	MHBKJPJT
			* MIZUHO BANK LTD.
			* TOKYO
PARTIAL SHIPMENTS	43 P	:	ALLOWED
TRANSHIPMENT	43 T	:	PROHIBITED
PORT OF LOADING	44 E	:	CHINESEPORT
PORT OF DISCHARGE	44 F	:	JAPANESEPORT
LATEST DATE OF SHIP.	44 C	:	131104
DESCRIPT. OF GOODS	45 A	:	

        KNIT WEAR

        393B71039 (AR_ C5628)   600PCS

        393B71040 (AR_ C5629)   1000PCS

        393B71041 (AR_ C5630)   500PCS

        393B71042 (AR_ C5631)   500PCS

C AND F (CFR) JAPANESEPORT

DOCUMENTS REQUIRED   46 A   :

    + SIGNED COMMERCIAL INVOICE IN 2 COPIES

    + FULL SET LESS ONE ORIGINAL OF CLEAN ON BOARD MARINE BILLS OF LADING MADE OUT TO THE ORDER OF SHIPPER AND BLANK ENDORSED, MARKED 'FREIGHT PREPAID', NOTIFY APPLICANT

    + ONE ORIGINAL B/L SHOULD BE SENT TO L/C APPLICANT BY DHL WITHIN 2 DAYS AFTER SHIPMENT AND BENEFICIARY'S CERTIFICATE TO THIS EFFECT IS REQUIRED.

    + PACKING LIST IN 2 COPIES

2013OCT25 16:49:17   LOGICAL TERMINAL 1068

MT S700   ISSUE OF A DOCUMENTARY CREDIT   PAGE 00002

                                                             FUNC SWPR3

                                                             UMR 26049536

ADDITIONAL COND.   47A:

    1) THIRD PARTY'S AND FACTORY'S NEEDLE INSPECTION CERTIFICATE SHOULD BE FAXED WITH SHIPPING DOCUMENTS

DETAILS OF CHARGES	71B	:	ALL BANKING CHARGESOUTSIDE JAPAN ARE FOR BENEFICIARYS ACCOUNT.
PRESENTATION PERIOD	48	:	DOCUMENTS MUST BE PRESENTED WITHIN 15 DAYS AFTER THE DATE OF SHIPMENT BVT WITHIN THE VALTDITY OF THIS CREDIT
CONFIRMATION INSTRUCTIONS	*49 78	: :	WITHOUT

INSTRUCTIONS TO THE NEGOTIATING BANK :
T. T. CLAIM FOR REIMBURSEMENT IS PROHIBITED.
ON RECEIPT OF DOCS IN ORDER, WE'LL REMIT AS PER YR INSTRUCTION.
ALL DOCS TO BE SENT TO US IN TWO LOTS BY COURIER SERVICE
（ADD．：1－5 UCHISAIWACHO 1－CHOME CHIYODA－KU，TOKYO
100－0011 JAPAN）．
DISCREPANT FEE OF USD50.00/JPY5000－EQUIVALENT AND CABLE CHG OF
USD20.200/JPY2000－TO BE DEDUCTED FROM PROCEEDS, FOR DISCREPANT DOC.

TRAILER   ORDER IS ＜MAC：＞＜PAC：＞＜ENC：＞＜CHK：＞＜TNG：＞＜PDE：＞
           MAC：4D547E67
           CHK：D29F858B5C8B

样式二

信用证开立样式

2013NOV13 16：57：54   LOGICAL TERMINAL 1068
MT S707   AMENDMENTTO A DOCUMENTARY CREDIT   PAGE 00001
                                                   FUNC SWPR3
                                                   UMR 26228533

MSGACK   DWS765I AUTH OK, KEY DIGEST BKCHCNBJ MHBKJPJT RECORD
BASIC HEADER   F 01 BKCHCNBJA300 1819028781
APPLICATION HEADER O 707 1656 131113 MHBKJPJTBXXX 2838462718 131113 1556 N
                       ＊MIZUHO BANK LTD.
                       ＊TOKYO
USER HEADER   SERVICE CODE   103：
                    BANK. PRIORITY   113：
                    MSG USER REF.   108：
                    INFO. FROM CI   115：
SENDER'S REF.   ＊20   :   30－0038－556987
RECEIVER'S REF.   ＊21   :   UNKNOWN

```
DATE OF ISSUE            31C    :   131025
DATE OF AMENDMENT        30     :   131113
NUMBER OF AMENDMENT      26 E   :   01
BENEFICIARY              *59    :   SHANGHAI WENTONG CO., LTD.
                                    1125 YANCHANG ROAD
                                    SHANGHAI CHINA
NEW DATE OF EXPIRY       31 E   :   131230
INCREASE DOC CREDIT      32 B   :   USD7665
NEW AMOUNT               34 B   :   USD16860
POS./NEG. TOL. (%)       39 A   :   05/05
LATEST DATE OF SHIP.     44 C   :   131215
** REPEATABLE SEQUENCE 001 ***************** OCCURRENCE 00001
NARRATIVE                79     :   ADDITIONAL SHIPMENT OF:
                                    KNIT WEAR
301 A71008 (6012) 1050PCS
TRAILER           ORDER IS <MAC: > <PAC: > <ENC: > <CHK: > <TNG: > <PDE: >
                  MAC: AF8F4F6F
  CHK: 42E5B5A91177
```

第五节　跨境电子商务支付

一、跨境电子商务支付的产业链

跨境电子商务支付包括境外收单和外卡收单。

从进口角度看，跨境电子商务支付表现为境外收单业务。国内消费者通过电子商务平台从境外商户购买商品，支付机构为国内消费者购置外汇并支付给境外商户，如图4-17所示。

图4-17　跨境电子商务进口支付流程

从出口角度看，跨境电子商务支付表现为外卡收单业务。国内商户通过电子商务平台将产品销售给境外消费者，支付机构为国内商户收取外币并代理结汇，如图4-18所示。

图4-18 跨境电子商务出口支付流程

支付机构是境内境外交易的资金通道。从当前来看，主要有以下两种支付机构。

1. 第三方支付平台。通常用户只需要用邮箱注册，绑定自己的银行卡就可以开通第三方支付了。通过第三方支付平台，消费者和商家可以直接在线上完成跨境支付。

2. 商业银行。很多跨境电子商务网站都支持银联、VISA、万事达、美国运通、JCB等品种的银行卡，用户只需在网上输入卡号、姓名等信息即可。此外，用户也可以去银行的线下网点转账汇款支付。

以下以外卡收单业务中的信用卡收款为例，详细阐述跨境支付的产业链，如图4-19所示。

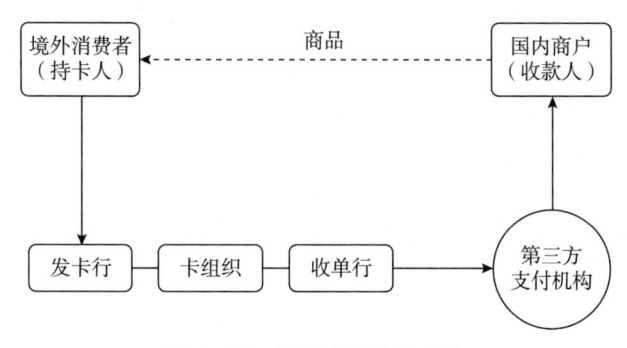

图4-19 跨境支付的产业链

发卡行是发行信用卡的金融机构，一般为商业银行。收单行是帮助商户接收消费者不同信用卡付款的机构，可以是银行，也可以是其他非金融机构。卡组织是为发卡行和收单行提供结算服务的机构，比如VISA、万事达等。一般而言，商户可以直接与收单行合作，满足消费者信用卡支付的需求。然而，在跨境电子商务中，收单行在国外，绝大多数国内商户都不具备与收单行对接的能力。这样，便催生出了提供跨境支付服务的第三方支付机构。第三方支付机构作为一种支付通道，可与境外银行合作，帮助国内商户收取外汇。

第三方支付平台拥有较为成熟的网络支付技术，且非常熟悉电商行业，但其并非金融机构。商业银行作为金融机构，拥有消费者和商户的账户资源，但其网络支付技术不够成熟，对电商行业不够了解。因此，二者通常是合作关系。此外，跨境电子商务支付还涉及不同币种、不同语言和不同的金融法规政策，这些都进一步促使二者加强合作关系。从另外一个角度看，二者存在一定的竞争关系。没有第三方支付时，用户一般只能通过银行进行跨境支付，第三方支付出现后，用户可以绕开银行完成跨境支付。因此，第三方支付平台和商业银行实际上是一种"竞合"关系。

这种"竞合"关系，一方面，使得跨境支付变得更加安全便捷，从而提升用户的跨境购物体验；另一方面，二者的激烈竞争必然带来支付成本的降低，广大的跨境商户也将因此受惠。可以说，第三方支付和商业银行是跨境电子商务支付产业链的核心。

二、第三方支付

第三方支付的进口跨境支付流程如图4-20所示。支付过程分为境内人民币收单和跨境外汇支付。

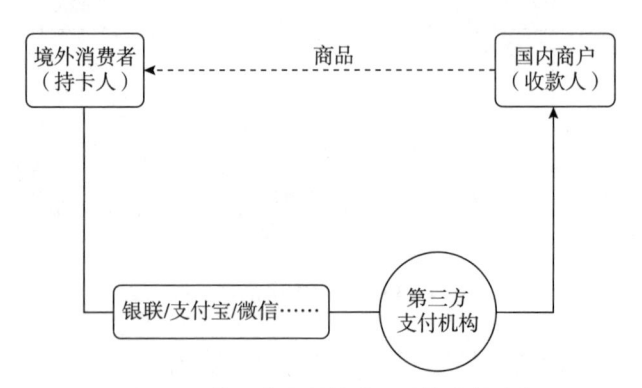

图4-20 第三方支付的进口跨境支付流程

出口跨境电子商务支付（外卡收单）流程如图4-21所示。一般来说，外卡收单有信用卡收款、海外本地支付和PayPal 3种类型。

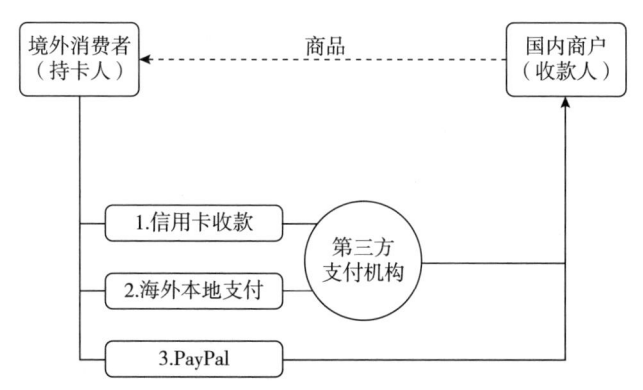

图 4−21　出口跨境电子商务支付（外卡收单）流程

第五章

贸易融资和风险控制

> 企业在进出口业务中需要大量的资金,贸易融资方式可以为企业的进出口业务提供非常好的融资渠道。贸易融资方式可以分为出口贸易融资、进口贸易融资和福费廷业务。同样,在贸易中如何控制风险,对企业来说,也非常重要,出口信用保险、外汇买卖和债务风险管理都是控制风险的手段。

第一节　出口贸易融资

一、票据贴现和出口贴现

（一）票据贴现

票据贴现业务是银行以购买未到期银行承兑汇票或商业承兑汇票的方式向企业发放的贷款。

票据贴现是收款人或持票人将未到期的银行承兑汇票或商业承兑汇票向银行申请贴现，银行按票面金额扣除贴现利息后将余款支付给收款人的一项银行授信业务。票据一经贴现便归贴现银行所有，贴现银行到期可凭票直接向承兑人收取票款。

1. 票据贴现的特点

票据贴现作为一种高效实用的融资手段，具有以下特点。

（1）贴现业务能为客户快速变现手中未到期的商业票据，手续方便、融资成本低。

（2）客户可预先得到银行垫付的融资款项，加速公司资金周转，提高资金使用效率。

2. 票据贴现的申办条件

银行对票据贴现有着严格的规定。

（1）按照《中华人民共和国票据法》和中国人民银行的《支付结算办法》规定签发的有效汇票，基本要素齐全。

（2）单张汇票金额有规定，如中国银行规定单张汇票金额不超过1000万元。

（3）汇票的签发和取得必须遵循诚实守信的原则，并以真实合法的交易关系和债务关系为基础。

3. 提供资料

（1）未到期的承兑汇票，贴现申请人的企业法人资格证明文件及有关法律文件。

（2）经年审合格的企业（法人）营业执照（复印件）。

（3）企业法人代表证明书或授权委托书，董事会决议及公司章程。

（4）贴现申请人的近期财务报表。

（5）贴现申请书。

（6）贴现申请人与出票人之间的商品交易合同复印件及合同项下的增值税专用发票复印件。

4. 申请程序

（1）持未到期的银行承兑汇票或商业承兑汇票到银行办事机构，填制"银行承兑汇票贴现申请书"或"商业承兑汇票贴现申请书"。

（2）向银行提供上述材料。

（3）银行按照规定的程序确认拟贴现汇票和贸易背景的真实性、合法性。

（4）计算票据贴现的利息和金额。

贴现利息＝汇票面值×实际贴现天数×月贴现利率/30

实付贴现金额＝汇票面额－贴现利息

（5）按照实付贴现金额发放贴现贷款。

5. 收费标准

票据贴现各项收费均通过合同约定。

（二）出口贴现

1. 出口贴现的概念

银行保留追索权地买入已经银行承兑、未到期的远期票据，为出口商提供短期资金融通的业务。出口贴现是最方便易行的出口贸易融资方式。

2. 出口贴现的特点

（1）简化融资手续。银行方便提供的贸易融资业务，手续简便。

（2）加快资金周转。即期收回远期债权，加快资金周转，缓解资金压力。

（3）扩大贸易机会。可为进口商提供远期付款的融资便利，扩大贸易机会。

远期承兑信用证项下的远期汇票被银行承兑后，因临时资金周转困难而需要短期的资金融通，遇到新的投资机会，且预期投资收益率高于贴现利率，则宜选择出口贴现。

3. 出口贴现的业务流程

出口贴现的业务流程，如图 5–1 所示。

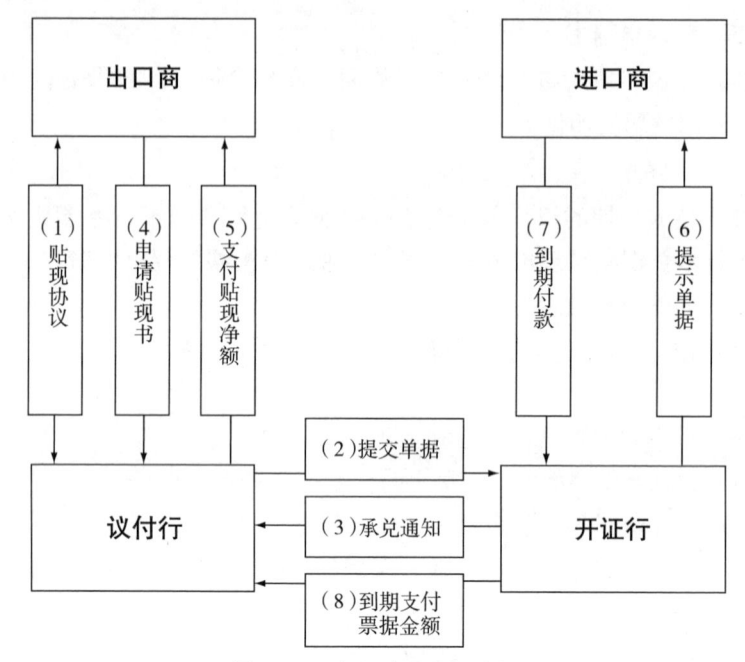

图 5-1 出口贴现业务流程

我国各中资和外资银行为了防范风险，一般不办理无贸易背景、用于投资目的的票据贴现。签订合同时与进口商约定以远期承兑信用证作为结算方式；开证行承兑远期汇票或发出承兑通知后，出口商须向银行提交贴现申请书。

二、打包贷款

（一）打包贷款的概念

打包贷款（Packing Loan），也称打包放款，是指出口地银行为支持出口商按期履行合同、出运交货，向收到合格信用证的出口商提供的用于采购、生产和装运信用证项下货物的专项贷款。打包贷款是一种装船前短期融资，使出口商在自有资金不足的情况下仍然可以办理采购、备料、加工，顺利开展贸易。打包贷款融资比例通常不超过90%。还款的来源在正常情况下为信用证项下的收汇款，在企业不能正常从国外收回货款的情况下，企业必须偿还打包贷款的本金及利息，或允许银行主动从其账户扣划打包贷款的本金及利息。根据国家的有关政策，打包贷款可以使用人民币，也可以使用外汇作为贷款的币种。

银行办理打包贷款通常不收手续费，利息计算公式为：

打包贷款利息 = 信用证金额×打包折扣（70%~90%）×融资年利率×
　　　　　　打包天数/360

打包天数的计算为：办理打包日至信用证最迟装运日的天数加 30 天。例如，信用证的受益人于 2024 年 11 月 10 日要求打包贷款，信用证的最迟装运日为 12 月 31 日，则打包的天数为 11 月 10 日~12 月 31 日的天数，即 51 天加 30 天，也就是 81 天。

（二）打包贷款的特点

打包贷款全面减少出口商资金占压的装船前融资，是一种高效实用的融资手段方式，具有以下特点。

1. 扩大贸易机会。在出口商自身资金紧缺而又无法争取到预付货款的支付条件时，顺利开展业务、把握贸易机会。

2. 减少资金占压。在生产、采购等备货阶段都不必占用出口商自有资金，缓解了流动资金压力。

3. 在流动资金紧缺，国外进口商虽然不接受预付货款的条件但同意开立信用证时，宜选择打包贷款。

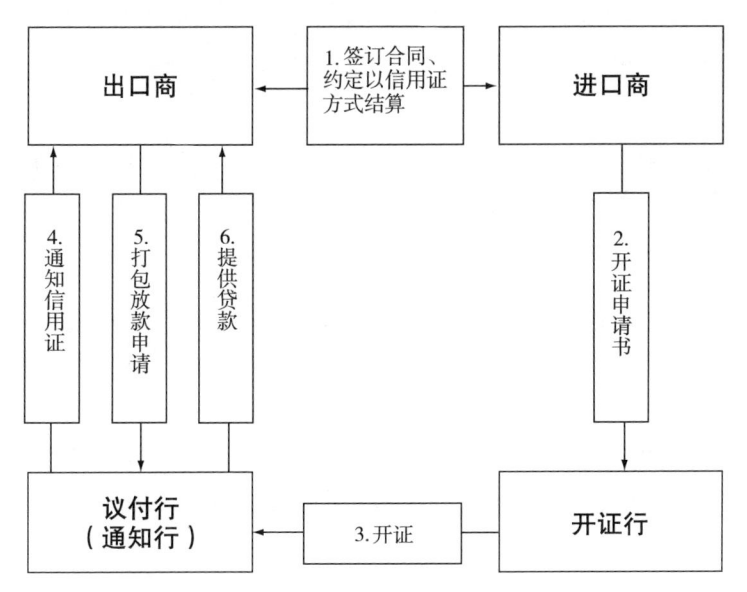

（三）打包贷款的业务流程

打包贷款的业务流程，如图 5-2 所示。

图 5-2　打包贷款的业务流程

1. 出口商与进口商签订合同，约定以信用证方式结算。
2. 进口商向开证行申请开立信用证。
3. 开证行将信用证交议付行（通知行）。
4. 议付行（通知行）通知出口商信用证到达。
5. 出口商打包贷款申请。
6. 银行提供贷款。

（四）办理打包贷款业务需要注意的事项

1. 需与银行签订正式的《借款合同（打包贷款）》；
2. 凭以放款的信用证以融资银行为通知行，且融资银行可以议付、付款；
3. 信用证中最好不含有出口商无法履行的"软条款"；
4. 申请打包贷款后，信用证正本须留存于融资银行；
5. 正常情况下，信用证项下收汇款须作为打包贷款的第一还款来源；
6. 装运货物并取得信用证下单据后，应及时向银行进行交单。

三、出口押汇

（一）出口押汇的概念

出口押汇（Export Bill Purchase）就是在出口商发出货物并交来信用证或合同要求的单据后，银行应出口商要求向其提供的以出口单据为抵押的在途资金融通。

银行办理出口押汇的范围通常包括信用证下出口押汇和跟单托收下出口押汇，外币出口押汇和人民币出口押汇。

（二）出口押汇的特点

出口押汇是应用最广泛的出口贸易融资方式，具有以下特点。

1. 加快资金周转。在进口商支付货款前，就可以提前得到偿付，加快资金周转速度。
2. 简化融资手续。融资手续相对于流动资金贷款等简便易行。
3. 改善现金流量。可以增加当期的现金流入量，从而改善财务状况，提供融资能力。
4. 节约财务费用。办理出口押汇，可以根据不同货币的利率水平选择融资币种，从而实现财务费用的最小化。

5. 押汇系短期垫款，押汇期限一般不超过 90 天。

企业在流动资金有限，依靠快速的资金周转开展业务；发货后、收款前遇到临时资金周转困难；发货后、收款前遇到新的投资机会，且预期收益率肯定高于押汇利率的情况下，宜选择出口押汇。

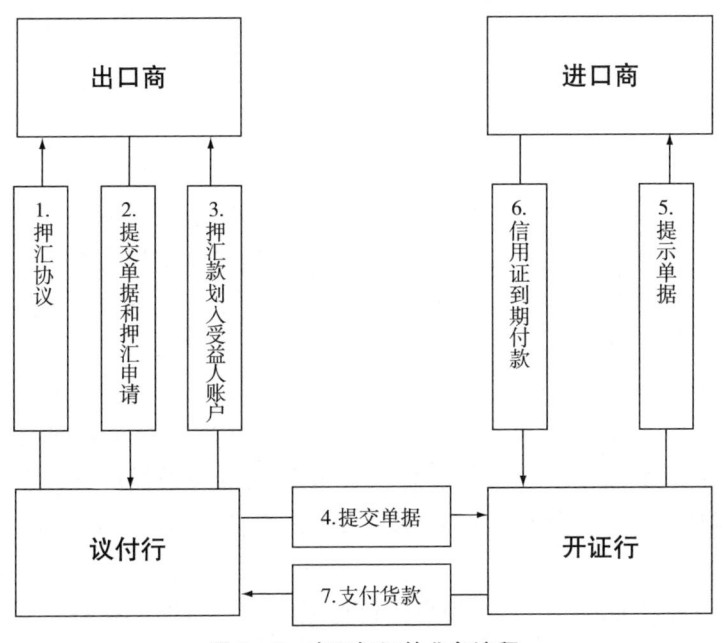

（三）出口押汇的业务流程

出口押汇的业务流程，如图 5-3 所示。

图 5-3 出口押汇的业务流程

（四）出口信用证押汇

出口信用证押汇（Negotiation Under Documentary Credit），是指在出口信用证项下，卖方（受益人）以出口单据作抵押，要求出口地银行在收到国外支付的货款之前，向其融通资金的业务。其融资比例通常为 100%，但由于银行使用了与其他贷款不同的"预收利息法"，即银行将在全额的本金内扣除预计利息及各种手续费后的余额贷给受益人，因此，受益人实际所得仍然不足 100%。还款的来源在正常情况下为信用证项下的收汇款，在企业不能正常从国外收回货款的情况下，企业应偿还押汇本金及利息，或允许银行主动从其账户扣划押汇的金额及补收有关的费用。押汇一般是原币（即信用证使用的货币）入受益人账户，若受益人无外汇账户，则可兑换（结汇）成人民币使用。

银行办理押汇通常不收押汇手续费，其利息计算公式为：

押汇利息＝本金×融资年利率×押汇天数/360

押汇天数的计算通常是：办理押汇日到预计信用证的收汇日的天数加上 5~7 天。例如，受益人在 2002 年 11 月 25 日要求办理押汇，装运日是 11 月 21 日，信用证的付款条件是提单后 30 天，预计信用证的收汇日为 12 月 21 日，则押汇天数为：从 11 月 25 日到 12 月 21 日的天数（27 天）加上 5~7 天，即为 32~34 天。

（五）出口托收押汇

出口托收押汇（Advance Against Documentary Collection），是指出口方收款人采用托收为结算方式并将单据交出口地托收行，在货款收回前，要求托收行先预支部分或全部货款，待托收款项收妥后归还银行垫款的一种贸易融资方式。其融资比例、收取利息的方法（预收）、利息计算公式等与出口信用证项下的押汇相同。还款的来源在正常情况下为托收项下的收汇款，在企业不能正常从国外收回货款的情况下，企业必须偿还押汇本金及利息，或允许银行主动从其账户扣划押汇的金额及补收有关的费用。出口托收押汇一般是原币（即托收使用的货币）入收款人同账户，若收款人无外汇账户，则可兑换（结汇）成人民币使用。

出口托收押汇的主要作用与出口信用证项下的押汇类似，出口方收款人在装运货物并向出口地银行提交有关的单据后，能向出口地银行（托收行）申请短期融资。在国外货款到达之前提前从银行得到垫款，方便了资金周转，与其他融资方式比，具有手续简单、融资速度快捷的特点。

出口托收押汇与出口信用证项下的押汇的根本区别在于后者有开证行（或保兑行）的付款保证，属银行信用；而前者为商业信用，没有银行作为付款保证，出口方收款人能否收回货款，完全取决于国外付款人的信誉，与托收行、代收行等银行无关，收汇的风险较大。为控制押汇风险，出口地银行通常根据出口方收款人的资信、还款能力等对其核定相应的授信额度，仅仅在额度内作出口托收押汇。

（六）办理出口押汇业务需要注意的事项

1. 需与银行签订正式的出口押汇总协议。
2. 向银行（通常为通知行或议付行）提出正式的出口押汇申请书。
3. 信用证项下的押汇申请人应为信用证的受益人。
4. 限制其他银行议付的信用证无法办理出口押汇。
5. 申请信用证下出口押汇，应尽量提交单证相符的出口单据。
6. 通过出口押汇进行融资，最好避免以下情况：（1）运输单据为非物权单据；（2）未能提交全套物权单据；（3）转让信用证；（4）带有软条款的信用证；（5）提交存在实质不符点的单据。
7. 避免索汇路线迂回曲折，影响安全、及时收汇。

第二节　进口贸易融资

一、进口开证授信额度

（一）进口开证授信额度的概念

进口开证授信额度（Limits for Issuing of Credit），是指开证行为方便进口开证业务，对一些具有外贸业务经营资格，在银行有一定外贸结算业务，业务情况及收付汇情况良好、资信可靠、具备一定经济实力，能够提供银行接受的可靠担保、抵押、质押的客户，根据其资信状况或提供抵押品的数量和质量的情况而核定的开证额度。进口人在额度内申请开立信用证时，可免收或减收一定的保证金。

（二）进口开证授信额度的分类及特点

进口开证授信额度分为普通开证额度、背对背信用证额度和一次性开证额度。

1. 普通开证额度

普通开证额度可循环使用，即用开证额度开立的信用证使用完毕，或在信用证注销、撤销，或在减额后，可相应自动恢复额度。同时，客户可在银行规定的期限内无限次在额度内委托银行开出信用证。

2. 背对背信用证额度

背对背（对开）信用证开证额度专用于根据出口来证由银行开立信

用证的额度。

3. 一次性开证额度

一次性开证额度是对于未取得银行普通开证额度的客户、非银行信贷客户办理单笔开证业务，或对于已在银行取得普通开证额度的客户、银行信贷客户办理某一特殊或大额开证业务而设立的开证额度。一次性开证额度由银行核准后一次有效，不能循环使用。

二、进口押汇

进口押汇（Import Bill Advance）就是银行在收到信用证或进口代收项下单据时，应进口商要求向其提供的短期资金融通。

按基础结算方式划分，可分为进口托收押汇和信用证下进口押汇。按押汇币种分，可分为外币押汇和人民币押汇。

进口押汇的流程，如图 5-4 所示。

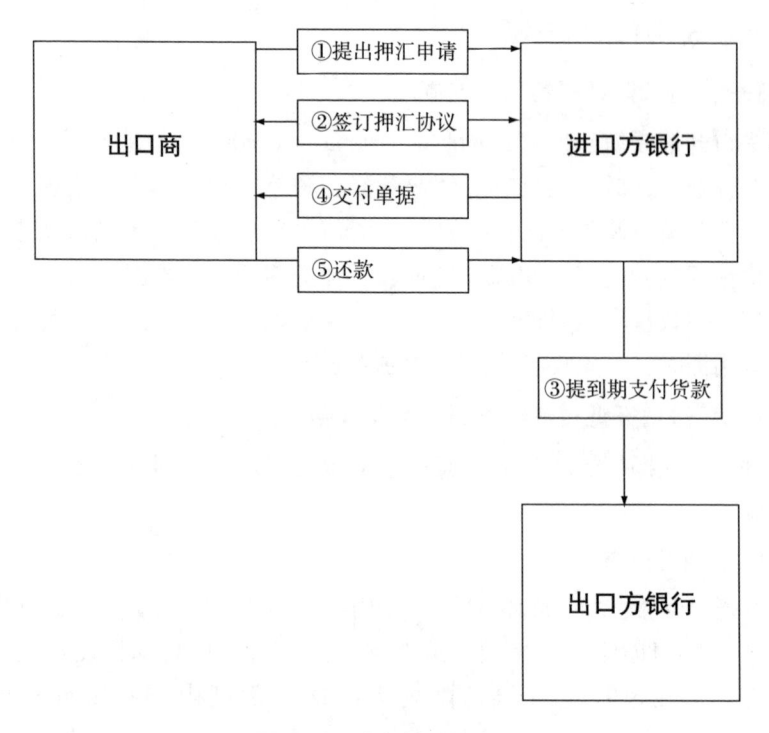

图 5-4　进口押汇的流程

（一）进口信用证押汇

1. 进口信用证押汇的概念

进口信用证押汇是指信用证项下单到并经审核无误后，开证申请人因资金周转关系，无法及时对外付款赎单，以该信用证项下代表货权的单据为质押，并同时提供必要的抵押/质押或其他担保，由银行先行代为对外付款。

2. 进口信用证押汇业务特点

（1）专款专用，仅用于履行押汇信用证项下的对外付款。

（2）进口押汇是短期融资，期限一般不超过90天，90天以内的远期信用证，其押汇期限与远期期限相加一般不得超过90天。

（3）进口押汇利率按银行当期流动资金贷款利率计收。

（4）押汇百分比、押汇期限等由银行按实际情况决定。

（5）进口押汇须逐笔申请，逐笔使用。

3. 信用证项下进口押汇业务流程

单据到达开证行后，开证申请人向开证行提出进口押汇申请并签订有关协议，开证行办理进口押汇并对外付款、开证申请人取得进口单据，押汇到期后开证申请人归还押汇款并支付押汇利息。

开证申请人办理进口押汇业务时，应向开证行提交下列材料。

（1）填写开证行印制的进口押汇申请书；

（2）与开证行签订信托收据，作为开证申请人将自己货物所有权转让给银行的确认书；

（3）签订经签章确认的进口押汇合同，合同须列明申请人名称、信用证编号、押汇金额、押汇期限、押汇利率、还款日期、还款责任及违约处理等。

（二）进口代收押汇

进口代收押汇，是代收行凭包括物权单据在内的进口代收单据为抵押向进口人提供的一种融资性垫款，由于风险较大，一般适用于以付款交单（D/P）为结算方式的进口代收业务。进口代收押汇的押汇比例、收取利息的方法、利息计算公式、还款的来源类似进口信用证押汇。

进口代收押汇的业务操作流程也较为简单。当进口方银行（代收行）收到出口地银行（托收行）寄送的单据后，代收行可根据进口人的申请，与进口人签订信托收据和进口押汇协议,先行对外垫付,同时将单据释放给进口人,由其提货进行加工、转卖,用货物的"回笼款"归还代收行的垫款。在实务中,若某进口人的进口代收业务较大,代收行通常根据其资信状况和抵押品的情况核定一个押汇额度,周转使用。

三、提货担保

(一)提货担保的概念

提货担保(Shipping Guarantee),是当正本货运单据未收到,而货物已到达时,客户可向银行申请开立提货担保保函,交给承运单位先予提货,待客户取得正本单据后,再以正本单据换回原提货担保保函。

(二)提货担保的特点

1. 提货担保可使公司客户及时提货,避免压仓,防止不必要的经济损失。

2. 一旦办理了担保提货手续,无论后到的单据是否有不符点,公司客户均不能提出拒付/拒绝承兑。

3. 提货担保限于银行开立的信用证项下的商品进口,并需逐笔审核。

(三)办理提货担保业务的手续

1. 客户须提供提货担保申请书(样本如图 5-5 所示)及提货担保保函(样本如图 5-6 所示)。

提货担保申请书

编号:

中国银行××分行:

　　兹因有关提单尚未收到,请贵行向承运公司签署提货担保书,以便我公司先行提取下列货物:

_____公司:

　　兹因有关提单尚未收到,请贵公司准许敝公司先行提取下列货物:

信用证/合同号:

货名:

船名:

提单号:

发货人:

装运地点及日期：
总件数（大写）：
唛头：

我公司谨此承诺和同意下列事项：
一、我公司在收到有关单据时，无论与其有关信用证/合同是否完全相符，我公司保证立即承付/承兑。贵行向我公司发出单到通知后，如我公司在合理工作日内未承付/承兑，贵行有权从我公司账户中扣款，按期对外付款。
二、我公司在收到有关提单时，立即向承运公司换回上述提货担保书退还贵行。
三、如因出具此提货担保使贵行遭受任何损失，我公司负责赔偿。
四、如提货担保出具之日到退还之日期间天数超过三个月，则须加收提货担保手续费。

公司（签字盖章）
公司经办：   银行经办：
联系电话：   复核：
日期：   负责人：

图 5-5　提货担保申请书样本

提货担保保函

_____公司：
兹因有关提单尚未收到，请贵公司准许敝公司先行提取下列货物：
信用证/合同号：
货名：
船名：
提单号：
发货人：
装运地点及日期：
总件数（大写）：
唛头：

上述货物属敝公司进口货物，倘因敝公司未凭提单先行提货致使贵公司遭受任何损失，敝公司负责赔偿。敝公司收到上述提单后，立即送交贵公司换回此担保书。

公司（签字盖章）

图 5-6　提货担保保函样本

```
┌─────────────────────────────────────────────────┐
│ 银行签署：                                       │
│ 兹保证上述承诺之履行。                            │
│ 经办_____ 复核_____ 负责人_____         │
│   （上述内容如有更改，须经本行签证方为有效）      │
│                                  中国银行××分行 │
│                                     年  月  日  │
└─────────────────────────────────────────────────┘
```

2. 客户提供相关资料，如发票、提单副本等。
3. 客户应提供担保措施或落实信用证备付款项。
4. 审核通过后，银行将提货担保保函交客户提货。
5. 客户拿到正本单据后，以单据正本换回银行提货担保保函返还银行。

提货担保的流程，如图 5-7 所示。

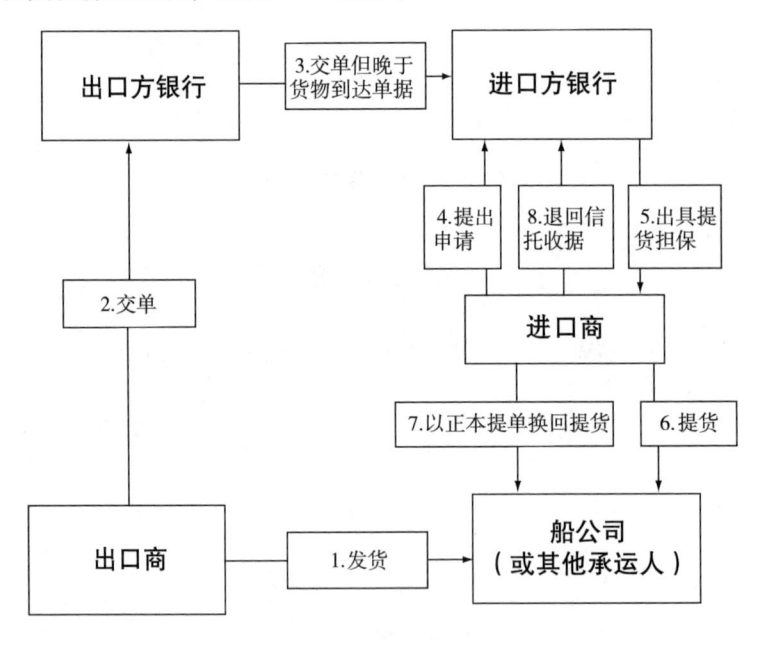

图 5-7　提货担保的流程

四、信托收据

（一）信托收据的概念

信托收据（Trust Receipt，简称 T/R），是进口人与开证行或代收行之间的关于物权处理等的一种契约，是将货物抵押给银行的确认书。从理论上而言，银行可以仅凭此办理融资业务。但在实务中，由于仅凭信托收据办理融资业务风险较大，因此通常不单独使用，而是在进口融资业务中，银行为从法律上保证其对货物的所有权，作为防范风险的一种手段而使用。如进口信用证业务项下的进口押汇业务、提货担保业务、进口代收押汇业务中，银行均须与企业签订信托收据（样本如图5-8所示）。

信托收据

编号：

×××银行：

我公司在贵行办理了业务编号为_____、期限为_____天的进口开证/代收业务，现同意以下列方式处理该进口开证/代收项下单据（单据金额：_____，货物名称：_____，数量：_____）及货物：

一、我公司兹确认收到贵行上述进口开证/代收项下单据/货物，自我公司取得该单据之日起，至我公司付清该进口开证/代收项下货款、利息及一切费用之日止，该单据及货物的所有权以及有关的保险权益均归属于贵行，我公司保证办理确认贵行上述权利所必需的手续。未经贵行授权，我公司不以任何方式处理该单据及货物。我公司不因上述转让行为而减少、免除或抵消我公司对贵行所承担的债务。

二、我公司作为贵行的受托人，代贵行保管有关单据，以贵行名义办理该货物的存仓、保管、运输、加工、销售及保险等有关事项，代为保管该货物出售后的货款或将货款存入贵行指定账户。贵行有权以任何合法方式对我公司进行监督，包括随时派员或代理人在任何时候进入仓库检查货物。

三、贵行有权要求我公司立即返还该单据或货物或销售所得款项，或从我公司在贵行系统内各机构开立的账户中直接扣款。该货物折价或销售所得款项不足我公司所欠贵行债务的，贵行有权就差额部分向我公司及保证人进行追索；货物折价或销售所得款项超过我公司所欠贵行债务的，超额部分我公司有权保留。

四、该货物在我公司保管期间产生的所有费用（包括但不限于保险、仓储、运输、码头费用等）由我公司承担。我公司承诺对该货物的市价投保所有可能出现的风险，在保险单上列明贵行为第一受益人，并将保险单交贵行保管，如投保货物发生损失，贵行有权直接向保险公司索赔。

五、未经允许，我公司不以延期付款或任何非货币方式或低于市场价值处理该货物。

六、我公司保证不将货物销售给我公司无权向其进行索偿的任何人。

七、我公司不向其他任何人抵押或质押该货物，或使该货物受到任何留置权的约束。

八、一经贵行要求，我公司即将该货物的账目、任何销售收入或与该货物有关的销售合同详细情况提交给贵行，贵行有权进入仓库对货物的实际情况进行检查或重新占有该货物。

九、若本公司发生破产清算，以信托收据提取的货物不在本公司债权人可分配的财产范围内。

十、我公司保证履行上述有关承诺，否则贵行有权采取任何措施（包括处理公司其他财产）清偿我公司在本信托收据项下承担的义务。

单位名称（公章）

授权签字人：

年　月　日

图 5-8　信托收据样本

进口人与银行签订信托收据，并办妥其他有关手续后，进口人在未付讫进口项下的货款前，能向开证行或代收行借出单据，从而及时报关、提货、销售等。但由于物权是开证行或代收行的，进口人仅是"借单行事"，处于代管货物的地位，是代保管人（Bailee）。因此，进口人取得的货款属开证行或代收行所有，进口人只能在向开证行或代收行付款，并赎回信托收据后，物权才归其所有。因此，进口人与银行签订信托收据的实质是开证行或代收行对进口人提供的一种资金融通便利。

（二）信托收据的适用范围

1. 在银行享有授信额度的客户所开出的信用证项下来单。

2. 卖方以付款交单托收方式的进口代收单据，但不适用于承兑交单进口代收单据。

3. 申办进口押汇。

（三）信托收据的业务内容

信托收据须指明客户作为银行的受托人代银行保管有关货物，同时保证：

1. 以银行名义代办货物存仓或处理；

2. 在银行要求下立即退回有关文件；

3. 以银行名义进行货物加工并在加工后重新存仓；

4. 安排出售货物,并立即或在规定期限内用销售收入归还全部银行垫款。

(四) 办理信托收据业务的步骤

1. 客户如申请办理进口押汇业务,必须签具信托收据,该收据须指明客户作为银行的信托人代理银行保管有关单据和货物。

2. 信托收据业务须逐笔申请、逐笔使用,适用于享有授信额度的客户索开的信用证项下来单。

3. 办理信托收据要核定已占用风险额度,若信托收据额度包含在开证额度内,则不得恢复开证额度。

五、汇出汇款项下融资

(一) 汇出汇款项下融资的概念

汇出汇款项下融资,是指在货到付款结算方式下,银行根据进口商申请,并凭其提供的有效凭证及商业单据先行对外支付,从而向进口商提供的短期资金融通。进口商申请融资的资格、条件、手续等,比照流动资金贷款执行。

(二) 进口商申请办理汇出汇款项下融资须提交的单据

1. "汇出汇款项下融资合同"及"汇出汇款项下融资申请书";
2. 购汇/用汇申请书;
3. 加盖公司章的副本商业发票一式两份;
4. 加盖公司章的副本提单一式两份;
5. 副本合同一式两份;
6. 正本报关单一份;
7. 进口批文一份(如需);
8. 外汇管理需要提供的其他单据或文件。

"汇出汇款项下融资申请书"样式,如图5-9所示。

汇出汇款项下融资申请书

现我司因在____号进口货物合同项下有资金融通需求,依据我司与贵行签署的_____年___字___号《汇出汇款项下融资合同》,向贵行申请叙做汇出汇款项下融资。此笔融资所产生的权利义务,均按我司与贵行签订的"汇出汇款项下融资合同"的规定办理。[此笔融资所产生的融资款项,占用_____年___字___号(授信额度协议）项下贵行为我司核定的额度。方括号中内容为选择性条款，下同。]

　　第一条　汇出汇款有关内容

　　进口合同号：_____解付银行名称：_____

　　进口货物报关单编号：_____汇款金额：_____

　　收款人：_____

　　第二条　融资币种和全额

　　融资币种为：_____

　　融资金额为：（大写）_____（小写）_____

　　第三条　融资期限

　　汇出汇款项下融资的期限为____月/天，自贵行对外汇付款项之日起连续计算。进口项下货物出售款项在汇出汇款项下融资到期日前全部收妥的，贵行有权以货款收妥之日作为融资到期日。

　　融资到期日前____月/天，如我司出现暂时还款困难，可申请展期一次。

　　第四条　利率和计息

　　利率：___%（年利率）。

　　计息：自融资之日起，计至融资款本息还清之日止，按实际融资额及实际的融资天数计算。

　　融资逾期的利息：我司未按还款计划还款，且又未就展期事宜与贵行达成协议，即构成融资逾期，在原融资利率基础上按_____加收罚息。

　　第五条　融资担保

　　本融资所产生的全部债务采用如下第_____种方式担保：

　　（一）由_____依据编号为_____的《保证合同》承担连带保证责任；

　　（二）由_____依据编号为_____的《抵押合同》提供抵押担保；

　　（三）由_____依据编号为_____的《质押合同》提供质押担保；

　　（四）由_____依据编号为_____的《最高额保证合同》承担最高额保证责任；

　　（五）由_____依据编号为_____的《最高额抵押合同》提供最高额抵押。

　　本申请书经贵行审核批准、双方签字盖公章后有效，并构成_____年___字___号《汇出汇款项下融资合同》项下不可分割的内容。本申请书如有与《汇出汇款项下融资合同》不一致之处，以《汇出汇款项下融资合同》为准。

　　银行意见：_____　　　　我司：_____（公章）

　　审批人：_____　　　　　授权签字人：_____

　　　　___年___月___日　　　　　　　　　___年___月___日

　　地点：_____　　　　　　地点：_____

图5-9　汇出汇款项下融资申请书样本

"汇出汇款项下融资合同"样式，如图 5-10 所示。

汇出汇款项下融资合同

编号：　　年　字　　号

甲方（申请人）：＿＿＿＿＿＿＿

法定代表人：＿＿＿＿＿＿＿

企业法人营业执照号码：＿＿＿＿＿＿＿

住所：＿＿＿＿＿＿＿

开户金融机构及账号：＿＿＿＿＿＿＿

联系方式：＿＿＿＿＿＿＿

乙方（融资行）：中国银行＿＿＿＿＿＿分行

负责人：＿＿＿＿＿＿＿

住所：＿＿＿＿＿＿＿

联系方式：＿＿＿＿＿＿＿

[依据甲乙双方签署的＿＿＿年＿＿字＿＿号《授信额度协议》，方括号中内容为选择性条款，下同。]鉴于甲方向乙方申请办理基于贸易项下汇出汇款的融资（简称"汇出汇款项下融资"，下同）业务，为保证有关业务的顺利进行，双方经协商一致，签订本合同，以共同遵守。

第一条　词语解释

贸易项下汇出汇款指甲方作为其已签订的进口货物合同中的进口方，根据合同（及其修改，如有）规定，通过银行汇款的方式支付。

汇出汇款项下融资在本合同及与本合同有关的文件中，是指乙方作为甲方的贸易项下汇款的汇出行在为甲方办理汇出汇款时，因甲方提出资金融通需要，向甲方提供资金对外付款，甲方承诺予以偿付。

第二条　融资的前提条件

甲方向乙方申请叙做汇出汇款项下融资，必须具备以下条件：

（一）甲方每申请叙做一笔汇出汇款项下融资业务，须向乙方提交一份《汇出汇款项下融资申请书》。

（二）在本协议第十三条规定的期限终止前提出申请，且乙方判断能够在该期限终止前将融资款项支付给甲方指定的收款人。

（三）甲方已向乙方提交有权签署本合同及与本合同有关的文件和单据的人员名单及上述人员的签字样本，以及单位公章样本。

（四）甲方在乙方开立存款账户，其收支接受乙方监督。

（五）甲方已按乙方要求填妥有关凭证并根据乙方要求提供有关文件资料，包括进口合同文本以及出口方基本情况的资料。

（六）甲方已办妥履行本合同所必备的法律和行政审批手续，并将相应的审批文件交由乙方查验。乙方有权要求甲方提供审批文件的副本或与原件相符的复印件。

（七）甲方同意本合同项下可能产生的甲方对乙方的债务占用在＿＿＿＿年＿＿＿字＿＿＿号《授信额度协议》中乙方为甲方核定的额度。

（八）本合同第六条规定的担保条件已具备。

（九）未出现第八条所规定的违约事件。

第三条　付款

在本合同第二条所列举的前提条件全部具备的情况下，乙方可自行决定是否为甲方提供融资。如乙方同意为甲方提供融资，则乙方应根据甲方提交并经乙方确认的"融资汇出汇款项下融资申请书"中规定的币种和金额将融资款项按照甲方提交的汇款申请书中的指示汇付收款人，并有权按照该申请书中规定的利率向甲方收取利息和罚息。

对于甲方应向乙方支付的利息，乙方有权从甲方在中国银行开立的存款账户中直接扣收。

第四条　融资期限

融资期限为甲方提交并经乙方确认的"汇出汇款项下融资申请书"中规定的期限或按本合同第八条规定的宣布立即到期日，融资期限应自乙方对外汇付款项之日起连续计算。

融资到期日前＿＿＿月/天，经甲方书面申请并经乙方书面同意，甲方还款可以展期一次，具体展期期限由双方依据当时情况另行约定。

如融资期限（包括展期后期限）届满或乙方按本合同第八条规定宣布立即到期后，甲方不能向乙方支付本合同项下的融资款项，乙方除有权加收罚息外，还将按本合同第五条和第八条行使权利。

第五条　当事人的权利义务

（一）乙方有权要求甲方将进口货物销售所得款项归还融资款项，或从甲方在乙方系统内各机构开立的账户中直接扣款；甲方利用汇出汇款项下融资所进口货物的销售所得款项应专用于清偿甲方所欠乙方债务，否则，乙方有权向甲方及其担保人进行追索。

（二）甲方承诺对所进口货物按货物的市价投保所有可能出现的风险，在保险单正本上列明乙方为被保险人，并将保险单正本交乙方保管；如投保货物发生损失，乙方有权直接向保险公司索赔。

（三）未经乙方书面允许，甲方不得以变更合同中的付款方式或低于市场价处理该货物。

（四）一经乙方要求，甲方即将该货物的账目、任何销售收入或与该货物有关的销售合同的详细情况提交给乙方；乙方有权随时进入存放合同项下货物的地点对货物的实际情况进行检查。

（五）甲方履行还款义务时所使用的币种应与乙方业务计价货币相同。乙方依据本合同的有关规定主动从甲方账户中扣款时，如该账户币种与业务计价货币不同，应按扣款当天乙方公布的汇率折算。

（六）乙方如在融资期限到期后不能收妥全部融资款，除有权向甲方追索外，亦有权依担保合同要求担保人履行担保责任。

第六条 担保

本合同项下发生的甲方对乙方的全部债务采用如下第_____种方式担保：

（一）由_____依据编号为_____的《保证合同》承担连带保证责任。

（二）由_____依据编号为_____的《抵押合同》提供抵押担保。

（三）由_____依据编号为_____的《质押合同》提供质押担保。

（四）由_____依据编号为_____的《最高额保证合同》承担最高额保证责任。

（五）由_____依据编号为_____的《最高额抵押合同》提供最高额抵押。

（六）依据汇出汇款融资申请书中确定的方式担保。

如担保人财务状况恶化或因其他原因导致偿债能力明显下降，或抵押物、质物贬值、毁损、灭失，致使担保能力明显减弱或丧失时，乙方有权要求甲方更换担保人或提供新的抵押物、质物以担保本合同项下债务。

第七条 甲方声明与承诺

甲方声明如下：

（一）甲方依法注册并合法存在。

（二）甲方已获得签署本合同所需要的授权。

（三）甲方向乙方提供的所有文件、资料、报表和凭证等是准确、真实、完整和有效的。

（四）甲方未隐瞒任何已发生或正在发生的、有可能影响对其履约能力判断的下列情况：

1. 与甲方或其主要领导人有牵连的重大违纪、违法或被索赔事件；
2. 甲方在其他合同项下的违约事件；
3. 甲方承担的债务、或有债务，或向第三人提供的抵押、质押担保；
4. 未了结的诉讼、仲裁案件；
5. 其他可能影响甲方财务状况和偿债能力的情况。

甲方承诺如下：

（一）与本汇出汇款项下融资有关的结算业务均通过甲方在乙方开立的账户办理。

（二）乙方不能按期收回的融资款及利息、费用，无论何种原因，甲方无条件承担还款责任，并支付相应的罚息，但经乙方同意展期的除外。

（三）甲方按____月定期/应乙方要求不定期向乙方提供真实的财务报表及所有开户行账户及存款余额情况。

（四）如果甲方已经或将与本合同担保人就其担保义务签订反担保协议或类似协议，该协议将不会损害乙方在本合同项下的任何权利。

（五）甲方不以降低其偿债能力的方式处置自有资产。甲方对第三人提供保证或以自身资产设置抵押、质押担保时，将及时通知乙方，并承诺其担保的债务总额不高于其自身净资产的____倍。

（六）甲方对乙方债务的清偿顺序将不亚于其他债权人的具有同等优先权的债务。

（七）甲方承诺当发生如下事件时将及时通知乙方：

1. 在本合同或其他任何与中国银行总行或分支机构之间合同项下发生的违约事件；

2. 甲方发生隶属关系的变更、高级管理人员的变动、公司章程的修改以及内部组织机构的重大调整；

3. 甲方经营出现困难和财务状况发生恶化；

4. 甲方涉入重大诉讼或仲裁案件；

5. 甲方发生其他影响其财务状况或偿债能力的情形。

（八）在有关会计年度的税后净利润为零或负数，或者税后利润不足以弥补以往会计年度累计亏损的情况下，或者税前利润未用于清偿甲方在该会计年度内应清偿的本金、利息和费用或者税前利润不足以清偿下一期本金、利息和费用时，甲方不以任何形式向股东分配股息、红利。

（九）甲方处理本融资合同项下的进口货物时，应当尽到谨慎与勤勉的职责。处理货物的合同应当要求货物的买方直接将货款划至乙方的账户，用于偿还本合同项下的融资本金、利息及其他费用。

第八条　违约事件和处理

（一）有下列情形之一的，视为甲方在本合同项下的违约：

1. 甲方违反本合同第五条关于当事人权利义务的规定；

2. 甲方在第七条中的声明不真实或违反其所作的承诺；

3. 甲方在与乙方或中国银行任何机构之间的合同项下发生违约事件；

4. 甲方与第三人发生纠纷并出现对甲方权益带来威胁和不利的事件；

5. 无论何种原因导致甲方或担保人将要或已经丧失支付本合同项下有关款项的能力；

6. 甲方违反了本合同的其他约定。

（二）出现本条第一款规定的违约事件时，甲方应及时通知乙方，乙方有权采取以下措施：

1. 要求甲方限期纠正违约事件；

2. 宣布本合同项下的融资本息全部立即到期；

3. 有权从甲方开立在中国银行任一机构内的账户中或从其他出口收汇中主动扣划甲方的融资款项，以及甲方应支付给乙方的其他任何费用；

4. 中止或解除本合同。

第九条　其他约定

未经乙方书面同意，甲方不得将本合同项下任何权利、义务转让予第三人。

乙方给予甲方的任何宽容、宽限、优惠或延缓行使本合同项下的任何权利，均不影响、损害或限制乙方依本合同和法律、法规而享有的一切权益，也不应视为乙方对本合同任何权益的放弃。

第十条　合同的变更、解除和解释

本合同经双方书面同意可以修改、补充或解除。本合同的任何修改和补充均构成本合同不可分割的一部分。

本合同任何条款的无效均不影响其他条款的效力。

第十一条　法律适用、争议解决及司法管辖

本合同适用中华人民共和国法律。

在合同履行期间，因履行本合同所发生的或与本合同有关的一切争议、纠纷，双方可协商解决。协商不成的，任何一方可以采取如下第____种方式加以解决：

（一）依法向乙方所在地人民法院起诉。

（二）提交_____仲裁委员会_____分会仲裁，仲裁地点为_____。

与诉讼或仲裁有关的所有费用（包括律师费）均由甲方承担，但法院判决或仲裁委员会裁决另有规定的除外。

第十二条　附件

下列附件及经双方共同确认的其他附件是本合同不可分割的组成部分，具有与本合同相同的效力。

（一）汇出汇款项下融资申请书。

（二）_____。

第十三条　生效条件［和期限］

本合同经双方的法定代表人或授权签字人签字并盖公章后生效［有效期至____止］。

本合同一式____份，双方各执____份，均具同等效力。

第十四条　特别提示

甲方与乙方已对本合同的所有条款进行了充分的协商。

乙方已提请甲方特别注意有关双方权利义务的全部条款，并对其作全面、准确的理解。乙方已经应甲方的要求对上述条款作出相应的说明。

甲方：_____（公章）：　乙方：_____（公章）：

法定代表人（或授权签字人）：_____	法定代表人（或授权签字人）：_____
_____年___月___日	_____年___月___日
地点：_____	地点：_____

图 5-10　汇出汇款项下融资合同样本

第三节　福费廷业务

一、福费廷业务的概念

福费廷（FORFAITING），又称包买票据或票据买断，是指包买商（Forfaiter，一般为商业银行或其他金融企业）从出口商那里无追索权地购买由银行承兑/承付或保付的远期汇票，以此向出口商提供融资的业务。它是一项新型的贸易融资工具，融资比例通常为100%，还款来源为出口项下的收汇款。出口方受益人承担的费用因办理银行的不同而稍有差异，但一般由利息、手续费和承诺费3部分构成。有的银行从与同业竞争的需要出发，采取了手续费暂不予收取，承诺费在客户违约时收取，仅仅收取利息的做法。

福费廷业务的利息计算方法与出口押汇相同。

福费廷利息 = 本金 × 利率（根据具体情况而定并高于押汇利率）× 天数（办理日至到期日天数 + 5 个工作日）/360

因此，出口方受益人办理福费廷业务后，实际进入账户的金额应为：

实际入账金额 = 本金（汇票或发票金额） - 利息 - 手续费 - 承诺费 - 出口议付本来应承担的费用（议付费、邮费、电报费） - 国外预扣款（通常为 USD300，在收汇后多退少补）

（一）福费廷业务的基本特点

1. 终局性融资便利。福费廷是一种无追索权的贸易融资便利，出口商一旦取得融资款项，就不必再对债务人偿债与否负责，同时不占用银行授信额度。

2. 改善现金流量。将远期收款变为当期现金流入，有利于出口商改善财务状况和清偿能力，从而避免资金占压，进一步提高筹资能力。

3. 节约管理费用。出口商不再承担资产管理和应收账款回收的工作及费用，从而大大降低管理费用。

4. 提前办理退税。办理福费廷业务后出口商可立即办理外汇核销及出口退税手续。

5. 规避各类风险。叙做福费廷业务后，出口商不再承担远期收款可能产生的利率、汇率、信用等方面的风险。

6. 增加贸易机会。出口商能以延期付款的条件促成与进口商的交易，避免了因进口商资金紧缺而无法开展贸易。

7. 实现价格转移。可以提前了解包买商的报价并将相应的成本转移到价格中去，从而规避融资成本。

8. 福费廷业务不仅适用于大额资本性交易，也适用于小额交易，但金额越小，融资成本越高，应在融资成本和福费廷带来的便利之间进行权衡。

9. 按照国际惯例，融资银行在承兑/承付/保付银行因法院止付令不能偿付到期款项的情况下，保留对出口商的追索权。

（二）在福费廷业务中包买商包买票据的类型

1. 出口人出具的并已被进口人承兑的汇票。
2. 进口人出具的以出口人为收款人的本票。
3. 由进口人往来银行开出的远期信用证项下的已承兑的汇票。
4. 由包买商可接受的担保人出具的独立保函所保付的以进口人为付款人的汇票，或进口人自己出具的本票。
5. 由包买商可接受的第三者加注了保付签字（Per Aval）的汇票或本票。

由于无追索权地购买纯汇票或本票的风险极大，因此在实务中，包买商购买的汇票或本票，主要是指远期信用证项下经开证行或保兑行承兑的汇票。

二、福费廷业务的操作流程

在我国，各中资、外资银行办理的福费廷业务暂时还局限于信用证项下的票据包买，对于其他的票据暂不予办理。因而在此以信用证项下的福费廷业务操作流程为例，如图 5-11 所示。

出口商（受益人）将远期信用证项下的单据交出口地银行议付（或处理）；出口地银行收到开证行的承兑后通知出口人；出口人提交福费廷

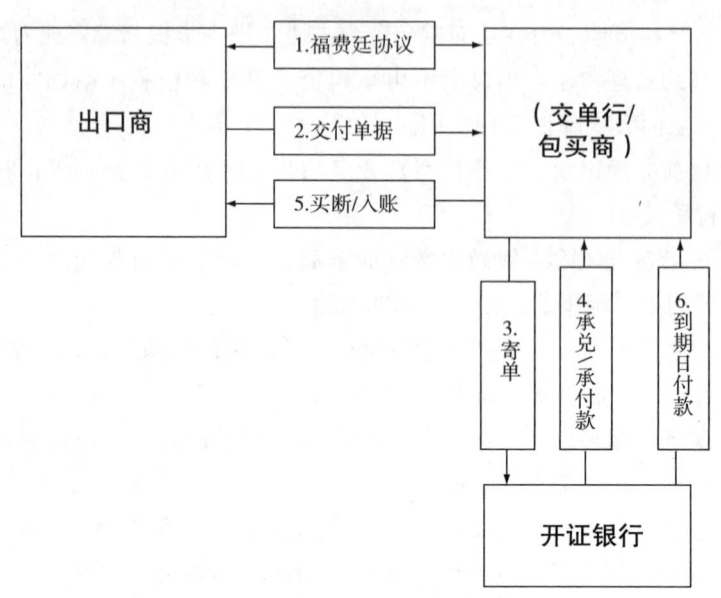

图 5-11 福费廷业务操作流程

业务申请；出口地银行确定价格并通知出口人；出口人出具《福费廷业务确认书》并与出口地银行签订办理福费廷业务的协议；出口地银行将本金扣除费用及利息后划入出口人账户，并出具可供国家外汇管理局核销的进账单或"水单"；出口地银行收到国外货款后自动还款转账。

出口人办理福费廷业务时，应向出口地银行提交下列材料：

1. 将出口信用证下的单据交出口地银行议付或处理。
2. 提供基础资料：企业营业执照、经过会计师事务所年审的报表、外经局出具的企业进出口权的批准证书或外商投资企业的批文。
3. 逐笔填写并提交银行格式化的"福费廷业务申请书"，样式如图 5-12 所示。

福费廷业务申请书

致：中国银行_____分（支）行　　　　我公司参考号_____

　　根据我公司与贵行签订的_____年第_____号《福费廷业务合同》，我公司特向贵行申请叙做福费廷业务。

　　有关交易情况如下：

　　□远期承兑信用证　　□延期付款信用证　　□远期议付信用证

1. 信用证号：
2. 开证行：
3. 指定承兑/承付银行（如有）：
4. 进口商名称及地址：
5. 信用证金额：
6. 远期/延期期限：
7. 汇票/发票金额：
8. 货物名称：
9. 出运及交单日期：
□出口承兑交单托收（D/A）
1. 汇票/发票金额：
2. 承兑交单期限：
3. 进口商名称及地址：
4. 货物名称：
5. 保付银行：

如果贵行确认可以对上述信用证或托收业务叙做福费廷业务，请向我公司报价。本申请书构成我公司与贵行签订的_____年第___号《福费廷业务合同》不可分割的一部分。在此，我公司重申遵守上述《福费廷业务合同》的有关承诺、陈述与保证。

我公司联系人：_____ 电话：_____ 传真：_____

公司名称：　　　　　　（加盖公章）

有权人签字：

日期：

图 5-12　福费廷业务申请书样本

4. 签署银行格式化的"福费廷业务确认书"，样式如图 5-13 所示。

福费廷业务确认书

致：_____公司

我行同意贵公司_____年___月___日提交的《福费廷业务申请书》（贵公司参考号_____）所述交易项下福费廷业务。我行叙做该笔福费廷业务的报价条件为：

买断汇票/债权币种及金额：_____

贴现利率：年利率_____%

承诺费：如贵公司在签署本确认书后及我行向贵公司支付买断款项前提出撤销此笔福费廷业务，则承诺费按本确认书出具之日起到我行收到贵公司撤销此笔福费廷业务申请之日止的实际天数计算（以承诺天数乘以买断汇票/债权金额乘以年利率＿＿＿％除以360，不足USD50.00的，按USD50.00收取），贵公司应立即支付承诺费并授权我行从贵公司的账户中主动扣划。

  预扣国外银行费用：＿＿＿＿＿

  其他正常的业务费用，例如信用证项下的单据处理费、电报费、邮费等按我行确定的标准照常收取。

  本确认书一式两份，如贵公司接受本确认书所列的报价条件，请在＿＿＿月＿＿＿日之前签署、确认并加盖公章，将其中一份及时退回我行。如我行在上述日期之前没有收到贵公司的同意确认，则此确认书自动失效。

  本确认书构成我行与贵公司签订的＿＿＿＿年第＿＿＿号《福费廷业务合同》不可分割的一部分。

          中国银行××分行（公章）

          有权签字人：

          日期：

  我公司同样接受贵行上述所列的福费廷业务条件，并重申我公司将遵守与贵行签署的《福费廷业务合同》中的有关承诺、保证与义务。请贵行为我公司有关交易办理福费廷业务。

          公司名称（公章）：

          有权签字人：

          日期：

图5－13　福费廷业务确认书样本

5. 与出口地银行签订"福费廷业务合同"，样式如图5－14所示。

6. 提交国外银行承兑电报或开证银行承兑的汇票。

福费廷业务合同

（＿＿＿＿年第＿＿＿号）

甲方：＿＿＿＿＿＿＿＿＿

企业法人营业执照号码：＿＿＿＿＿＿＿

法定代表人：＿＿＿＿＿＿＿

住所：＿＿＿＿＿＿＿

开户金融机构及账号：＿＿＿＿＿＿＿

联系方式：＿＿＿＿＿＿＿

乙方：中国银行××分行

负责人：_____
住所：_____
联系方式：_____

鉴于甲方向乙方申请办理福费廷业务，为保证有关业务的顺利进行，双方经协商一致，签订本合同，以共同遵守。

第一条　词语解释

福费廷在本合同及与本合同相关的文件中，是指乙方向甲方购买出口信用证项下或出口承兑交单托收（D/A）项下的汇票或债权，一经付款，乙方即放弃对甲方的追索权，甲方放弃所出售汇票或债权下的一切权益。

第二条　交易前提条件

在满足下列条件的情况下，甲方方可向乙方申请叙做福费廷业务。经乙方审查，未完全满足下列条件的，乙方有权拒绝为甲方提供福费廷业务服务。

一、甲方每申请叙做一笔福费廷业务，须向乙方提交一份《福费廷业务申请书》。

二、甲方签署同意接受乙方出具的《福费廷业务确认书》中的报价条件。

三、甲方已向乙方提交有权签署本合同及与本合同有关的文件和单据的授权人员名单及上述人员的签字样本。

四、甲方已按乙方要求填妥有关凭证并提交了乙方要求的有关文件资料。

五、甲方已办妥履行本合同及相关贸易合同所必备的法律和行政审批手续，并将相应的审批文件交由乙方查验。乙方有权要求申请人提供审批文件的副本或与原件相符的复印件。

六、如相关贸易结算方式为信用证，则：

1. 该信用证应声明适用国际商会制定的《跟单信用证统一惯例》（1993年版）或在信用证开立日有效的更新版本；信用证的形式和内容应经乙方审核认可。

2. 甲方应在信用证的有效期内向乙方交单。

3. 乙方对外提交单据后，应收到有关银行已承兑汇票或有关银行的承兑/承付通知。

七、如相关贸易结算方式为承兑交单托收方式（D/A），则：

1. 甲方须遵守乙方办理承兑交单托收业务的所有规定。

2. 乙方对外托收单据后，应收到已经当事人承兑并经有关银行保付的汇票或有关银行的保付通知。

八、未出现本合同第五条所规定的违约事件。

第三条　付款

在本合同第二条所列举的交易前提条件全部具备的情况下，乙方根据"福费廷业务确认书"中规定的条件，从已承兑/承付/保付汇票或债权面值金额中扣除贴现利息和相关费用后，将款项支付给甲方，并放弃对甲方的追索权。甲方放弃所出售汇票或债权下的一切权益。

第四条 声明与承诺

甲方声明与承诺如下：

一、甲方依法注册并合法存在。

二、甲方已获得签署本合同所需要的授权。

三、甲方在每一份汇票及其背书和每一份需要甲方签字的单据、文件上的签字均为有权签字人的真实签署，加盖公章真实合法。

四、甲方向乙方提供的所有文件、资料、报表和凭证等均是准确、真实、完整和有效的。

五、甲方在乙方开立账户。

六、甲方所从事的与本合同项下福费廷交易有关的基础交易是正当的、合法的，不涉及任何欺诈、洗钱等非法行为。

七、于所从事的基础交易，甲方已获得所有必要的董事会或政府批准、缴付应交税款、办妥有关的外汇管理手续、完成其他法定的登记工作，以确保本合同及乙方在本合同项下权利的合法性、有效性和可执行性以及在中国法院本合同作为证据的可接受性。

八、有关汇票或债权代表着甲方的相关贸易对手因甲方向其交付货物或提供劳务而应在汇票/债权到期日无条件向甲方支付的款项，不存在任何针对该款项的抗辩、抵消或反索偿。

九、甲方在有关汇票和/或贸易单据上未设立或允许保留任何抵押、质押、权益转让或为其他人设立优先权利，且不会采取任何可能损害或限制乙方与有关汇票和/或贸易单据有关权利的行动。

十、未经乙方书面同意，甲方不得与其相关贸易对手、有关汇票或债权的承兑人/承付人/保付人达成任何修改有关汇票或债权内容的协议。

十一、甲方所申请的福费廷业务没有抵触进口国法律，并且对有关汇票/债权的付款必须是全额支付，无须缴付任何税项。

十二、不存在影响有关汇票/债权项下款项支付的法院止付令、禁付令、冻结令或其他具有相同或类似功能的司法命令，或任何其他可能影响有关汇票/债权项下款项支付的问题。

十三、甲方应立即向乙方支付甲方收到的有关汇票/债权项下的全部款项，并且在该笔款项交付乙方前及在甲方控制的期间内，完全为乙方的排他利益收取和持有该笔款项并等待乙方的指令。

十四、如在有关汇票/债权到期日乙方未能取得全额付款，甲方应采取一切必要的行动协助乙方取得有关汇票/债权项下未付款项，这些行动包括但不限于：

应乙方要求，代表乙方追索或起诉，或允许乙方以甲方的名义追索或起诉，或授权乙方接替甲方进行追索、起诉、以债权人身份参加有关债务人的破产或清算程序，或采取其他任何为追讨有关汇票/债权项下未付款项所必需的行动。

十五、如因法院发出止付令、禁付令、冻结令或其他具有相同或类似功能的司法命令的原因而使乙方未能获得有关汇票/债权项下的款项，甲方承诺立即向乙方返还相当于有关汇票/债权面值的款项，以及从有关汇票/债权到期日到乙方收到甲方付款期间的利息和罚息（利息和罚息适用利率由乙方决定）。如甲方未能及时返还上述款项，乙方有权随时从甲方在乙方总行及任何分支机构开立的账户中直接扣收上述款项。

十六、甲方承诺及时向乙方支付乙方因提供福费廷服务而向甲方收取的有关费用。

十七、甲方承诺当发生以下事件时将立即通知乙方：

1. 甲方在本合同或其他任何与乙方总行或分支机构之间的合同项下发生的违约事件；

2. 甲方发生隶属关系变更、高级管理人员变动、公司章程修改以及内部组织结构的重大调整；

3. 甲方涉入重大诉讼或仲裁案件。

第五条 违约事件和处理

有下列情形之一的，视为甲方在本合同项下违约：

一、甲方在本合同第四条中的声明不真实或违反其所作的承诺；

二、甲方在与乙方总行或任何分支机构之间的合同项下发生违约事件；

三、甲方终止营业或者发生解散、撤销或破产事件；

四、甲方违反了本合同的其他约定。

出现上述违约事件时，乙方有权采取以下措施：

一、要求甲方限期纠正违约事件。

二、解除与违约行为有关的任何一笔福费廷交易。在交易被解除后，甲方应立即向乙方返还有关汇票/债权面值金额并支付相应利息。如延期返还，乙方有权向甲方收取罚息。

三、终止本合同。

四、乙方有权从甲方开立在乙方总行或任何分支机构的账户中或从其他甲方收汇款项中主动扣收甲方应向乙方支付的有关汇票/债权面值金额以及任何利息、罚息和费用。

第六条 其他约定

未经乙方书面同意，甲方不得将本合同项下的任何权利、义务转让予第三人。若乙方因业务需要须委托乙方总行或其他分支机构履行本合同项下权利及义务，甲方对此表示认可。乙方授权的总行或其他分支机构有权行使本合同项下全部权利，有权向法院提起诉讼或向仲裁机构提交仲裁申请。甲方放弃对乙方总行或其他分支机构有关诉讼或仲裁主体方面的任何异议。

乙方给予甲方的任何宽容、宽限、优惠或延缓行使本合同项下的任何权利，均不影响、损害或限制乙方依本合同和有关法律、法规而享有的一切权益，也不应视为乙方对本合同项下任何权利、权益的放弃。

如因政府命令、法律或法规的实施使乙方在本合同项下的履行成为非法，乙方将被免于本合同项下义务的履行。

第七条　合同的变更、解除和解释

本合同经双方书面同意可以修改、补充或解除。本合同的任何修改和补充均构成本合同不可分割的一部分。

本合同任何条款的无效均不影响其他条款的效力。

第八条　争议解决及司法管辖

在合同履行期间，因履行本合同所发生的或与本合同有关的一切争议、纠纷，双方可协商解决。协商不成的，任何一方可以采取如下第＿＿＿＿＿种方式加以解决：

一、依法向乙方所在地人民法院提起诉讼。

二、提交＿＿＿＿＿仲裁委员会仲裁。

第九条　生效条件

本合同经甲乙双方的法定代表人或授权签字人签字并盖章后生效。

本合同一式两份，甲方与乙方各执一份，具同等效力。

第十条　特别提示

甲方与乙方已对本合同的所有条款进行了充分的协商。

乙方已提请甲方特别注意有关双方权利义务的全部条款，并对其作全面、准确的理解。乙方已应甲方的要求对上述条款作出充分的说明。

甲方：＿＿＿＿＿＿＿＿＿　　　乙方：中国银行＿＿＿＿＿＿＿分（支）行
（加盖公章）　　　　　　　　　（加盖公章）
法定代表人或　　　　　　　　　负责人或
授权签字人：＿＿＿＿＿＿＿　　授权签字人：＿＿＿＿＿＿＿
签约时间：＿＿＿年＿＿月＿＿日　签约时间：＿＿＿年＿＿月＿＿日

图 5-14　福费廷业务合同样本

第四节　保理业务

一、保理业务的概念

保理是一项综合性金融服务。在保理业务中，卖方将其现在或将来的基于其与买方订立的货物销售/服务合同所产生的应收账款转让给保理商（提供保理服务的金融机构），由保理商为其提供下列服务中的至少两项。

（一）贸易融资

保理商可以根据卖方的资金需求，收到转让的应收账款后，立刻对卖方提供融资，协助卖方解决流动资金短缺问题。

（二）销售分户账管理

保理商可以根据卖方的要求，定期向卖方提供应收账款的回收情况、逾期账款情况、账龄分析等，发送各类对账单，协助卖方进行销售管理。

（三）应收账款的催收

保理商有专业人士从事追收，他们会根据应收账款逾期的时间采取有理、有力、有节的手段，协助卖方安全回收账款。

（四）信用风险控制与坏账担保

保理商可以根据卖方的需求为买方核定信用额度，对于卖方在信用额度内发货所产生的应收账款，保理商提供100%的坏账担保。

中国银行目前有国际保理与国内保理两大类、五大系列保理产品。国际保理产品包括出口保理产品、进口保理产品、出口商业发票贴现产品，国内保理产品包括国内综合保理产品、国内商业发票贴现产品。

二、国际保理的概念和作用

（一）国际保理的概念

国际保理（International Factoring）是国际保付代理的简称，是一种国际贸易结算方式。它是指保理商为国际贸易中采用赊销（Open Account，简称O/A）或跟单托收承兑交单（Documents Against Acceptance，简称D/A）结算方式时，为卖方（即供货商）提供的将出口贸易融资、账务处理、收取应收账款和买方信用担保融为一体的综合性金融服务。

(二) 国际保理业务产生的原因

随着交通的便捷、通信技术的发展以及经济全球化时代的到来，世界各国在国际贸易市场上的竞争日趋激烈。一方面，在当前的国际贸易市场上，以买方市场为特点的世界贸易格局已经基本形成。为了扩大出口，力求使自己的商品占据国际市场，出口商除了以商品的高质量、低价格作为竞争手段外，尤其重视在结算方式上向买方提供更具竞争力的贸易条件。另一方面，随着国际经济竞争的发展，在国际贸易领域存在着越来越多的贸易风险。在这种市场环境下，一种新型金融服务在国际上便有了广阔发展前景，这就是国际保理业务。该业务既能保证出口商安全收汇，又能为进口商提供买方信贷。目前在欧美地区，特别是在欧盟，80%的进出口业务都是采用非信用证方式，并由保理商代理收款。这种方式对出口方来说，不论进口方是否付款，货款都由保理商负责收付。保理商主要依靠全球资信网络与当地银行对商家的资信控制优势来收款。目前，国际保理业务在国际贸易结算与融资领域已占据越来越重要的地位。

与出口信用保险相比较，出口保理具有一定的优势，两者比较如表5-1所示。

表5-1　出口信用保险与出口保理比较

分类	出口保理	出口信用保险
最高信用保障（在所批准信用额度内）	100%	70% ~ 90%
赔偿期限（从货款到期日起）	90天	120 ~ 150天
索赔程序	简单	烦琐
坏账担保	有	有
进口商资信调查和评估	有	有
财务账目管理	有	无
账款催收追缴	有	无
以预支方式提供融资	有	无

出口保险公司一般要求出口商将其全部销售交易都要投保（无论哪种付款方式都要投保），而保理服务无此要求。一般说来，出口信用保险服务要比保理服务费用高。

出口信用保险项下，进口商信用风险一般由保险公司和出口商共同承担，在出现坏账时，保险公司一般只赔偿70%～90%，而且索赔手续烦琐、耗时。保理服务中，保理公司承担全部信用风险。

（三）国际保理业务的发展状况

早期的保理服务是以商业销售代理形式出现的。当时它只是一种国内业务，其作业方法也十分简单，主要是由从事保理业务的公司向卖主无追索权地预先支付一定金额（相当于货款扣除手续费、利息后的余额），并取得向买主收取货款的权利，以此获得经济利润。如果货款到期后，买主由于财务能力出现问题不能按期付款，则保理公司不能向卖主追回其已经预付的货款。随着通信技术和运输业的发展，保理公司和卖主之间的关系发生了质的变化。保理商不再像从前那样单纯接受卖主委托代其销售产品并收取佣金，而是采用贴现方式取得卖主应收账款的所有权。通过为卖主贴现应收账款这种运作方式，保理商所追收的账款就成为自己所有的款项。正是这种转变，推动了现代保理业务的发展。目前，国际上已成立包括我国在内的140多个国家（地区）组成的国际保理商联合会（Factors Chain International，FCI），并公布了世界各国保理公司普遍接受的统一惯例规则——国际保理业务惯例规则（*Code of International Factoring Customs*）。1988年5月，国际统一私法协会（International Institute for the Unification Of Private Law，UNIDROIT）又通过了国际统一私法协会国际保理公约（*Unidroit Convention International Factoring*），该公约对保理业务作了具体规定。近年来，国际保理业务得到了迅猛发展和大规模应用，据联合国贸发中心1998年的统计数据，在国际贸易结算中，信用证（Letter of Credit，L/C）的使用率已经降至16%，在发达国家甚至降至10%以下。由此可见，国际保理业务在国际贸易结算中已经占据了越来越重要的地位。

1993年，中国银行加入全球最大的保理商组织——FCI。中国银行已与遍布世界各地的众多保理商建立了多年业务合作关系，可受理国际保理业务的国家或地区包括欧洲大部分国家和地区、美国、加拿大、墨西哥、巴西、智利、阿根廷、南非、澳大利亚、新西兰、日本、韩国、新加坡、马来西亚、泰国、中国台湾、中国香港等。

国际保理属于国际贸易结算范畴，从资金和信用融通的角度看，国际保理又是国际金融实务操作层面的一项重要业务。

（四）国际保理业务的服务内容

根据国际统一私法协会（UNIDROIT）通过的《国际统一私法协会国际

保理公约》的规定，在国际贸易结算中采用国际保理业务，保理商应依据双方即出口商与保理商所签订的"保理合同"，提供以下全部或部分服务。

1. 为出口商提供贸易融资

保理商在承做保理业务时，出口保理商一般先从出口商那里购买应收账款，或对出口商的应收账款进行贷款，保理商通过这种服务方式向出口商提供无追索权的贸易融资。这种贸易融资方式较其他方式手续简便，且简单易行。它不像信用放款需要办理复杂的审批手续，也不像抵押放款需要办理抵押品的移交和过户手续。出口保理商通过国际保理业务为出口商出口商品或劳务融通资金，同时自己也从中获取可观的中间业务收益。这种贸易结算方式对出口商好处更多，一方面，出口商可以通过这种贸易结算方式从出口保理商那里及时获得资金融通，以便维护其资金的正常周转；另一方面，出口商在向国外进口商发货或提供技术服务后，只要将发票通知送交出口保理商，即可立即获得不超过发票金额的80%和无追索权的预付款融资，从而有效解决了出口商在国际贸易中在途以及信用销售过程中的资金占用，使其资金保持较好的流动性。这种贸易结算方式对出口保理商而言，也同样有诸多优点。首先，出口保理商在向出口商融通资金的同时，受让一笔相应的应收账款，就可以对有关债权或物权拥有充分的权利。其次，承做这项业务还可以获得较高的手续费收入。由于在业务开展之初，保理商已经对债务人的资信情况进行了一定程度的调查与分析，同时它还获得了一定的物权保证，因此，这种结算方式较其他信用放款方式而言，具有风险小、佣金收入高的特点。此外，这种融资方式与商品的流转是紧密相连的，不但资本循环周期短，而且流动性强，对银行十分有利。

2. 为出口商提供出口贸易销售账务处理

一般来说，国际上从事保理业务的公司大多是经营规模较大的商业银行或者是其附属机构。这些金融机构在为客户提供贸易销售账务服务方面具有明显的优势。首先，这些机构或公司都拥有完善的账户管理制度、先进的账务处理技术以及经验丰富的专业技术人员。其次，这些机构或公司广泛地应用电子计算机及其他先进的现代化办公设施进行业务处理。再次，这些银行还具有分布广泛的国内外业务网络以及分支或代理机构，通过这些海内外的分支或代理机构，可以形成其开展国际保理业务高效运行的网络系统。通常，这些金融机构开展国际保理业务的运作程序主要包括以下内容。第一,保理商在其电脑系统中为出口商设立管理账户,并输入出口商及进口商的有关信息,如进口商的名称、国别、债务金额、付款期限、结算方式等内容。第二,保理商在收到出口商交来的销售发票后,依据上述管理账户记载的有关信息进行记账处理。具体处理项目包括清算债务金额、利息结算、债务收取往来记录、定期出具账务清单等。第三,保理商在其承做保理业务期间还要对出口商的应收账款负责催收,并及时传递买卖双方有关贸易及法律文书,随时或定期提供各种资料。最后,在贸易结算完成后,保理商还要负责结清有关账目,并汇报出口商。通过保理商提供的这种外贸账务管理服务,可以有效地使出口商减轻对外贸易的财务处理负担,降低出口商的管理成本,以便出口商集中精力进行生产、研制及销售。保理业务所提供的专业、高效服务是确保出口企业正常生产、经营和销售的有效手段。目前,这种账务管理服务已经成为国际保理业务的一项重要内容。

3. 调查进口商的资信状况

当前,以买方市场为主的国际贸易格局已经形成,这势必造成某些进口企业为了获得不法利益,通过骗取商业信用的方式,进行贸易欺诈,致使出口商蒙受巨大的经济损失。为了适应国际贸易市场千变万化的行情,帮助出口企业准确掌握进口方的资信情况,聘请专业的资信调查公司提供服务就显得尤为重要。通过对进口商进行销售前调查,出口企业可以依据客户的状况制订相应的销售计划和必要的账务管理措施,以有效防止贸易风险的出现。一般而言,对于经营规模较小的出口企业很难自行完成对贸易伙伴的跨国度资信调查,而且受其自身的技术能力、经济实力所限,也不能完成贸易前国外客户的资信调查工作。所以,贸易风险防范措施在这种情况下根本无从谈起。为了解决国际贸易中存在的这类问题,国际保理业务应运而生,通过保理商提供的专业服务,跨国度的买方资信调查问题便迎刃而解。由于各国保理公司一般都是 FCI 的成员,这使得保理商形成了国际间广泛的相互代理网络和有关的咨询机构,同时各国保理公司还在国外设立自己的分支机构和代理网络,通过这种国际间的组织结构布局,就为保理商开展跨国的贸易资信调查提供了便利条件。此外,保理公司都拥有高素质的从业人员,不仅可以通过现代化的手段获取最新的客户信息与资料,为出口商提供客户的信用销售额度,还可以及时为出口企业制定出口战略以及风险防范措施,以降低出口商的销售风险。

4. 回收应收账款

企业的应收账款回收始终是一项融技术、法律、贸易于一体的复杂工作。对于一般的企业是这样，对于出口企业则更是如此。因为，外贸领域的应收账款回收还牵涉到各国家、各地区的贸易交易习惯、法律规则等多方面的巨大差别。一般的出口企业普遍缺乏这种收账技术和知识，也不可能在企业内部专门成立这样一支收账队伍，尤其在需要通过法律手段来解决有关的贸易争端或相关事宜时，出口商更是力不从心。国际间的贸易纠纷因各国的法律法规、交易习惯相差很大，而使问题更加难以解决。一般的律师根本无法胜任，加之诉讼程序复杂，诉讼期限漫长及律师费用高昂，出口企业很难收回应收账款，最后只能任由应收账款变为呆账、死账。因此，出口企业的应收账款如不能及时得到清偿，大量营运资金就会滞留在应收账款上，从而导致运营资金周转不灵，企业生产经营严重受阻，甚至会造成企业破产。与此不同的是，保理公司具有专门的收账人员以及专业的收账知识，并设置相关的专业律师，可以通过行之有效的方式顺利帮助出口企业完成应收账款的回收任务。出口企业只要与保理商签订了保付代理协议，明确双方的权利与义务，保理商就会全权为出口企业代收其债权。

5. 为买方提供信用担保

保理商与出口商签订保理合同，为出口商的商品出口或劳务提供保付代理项目前，一般都要对出口商的客户即进口商进行资信调查。调查的结果一般是对进口商核定一个出口商可以出口商品或劳务的信用额度。在进口保理商所核准的信用额度内，出口商可以与进口商进行贸易往来，如果进口商因为贸易争端以外的因素拒绝对出口商支付货款，则由保理商代进口商承担付款责任，即保理商对其客户承担在核准的信用额度内100%的坏账担保。但是，如果出口商与进口商的出口贸易额超过了保理商所核准的信用额度，则保理商只承担其所核定的信用额度内的货款，其余坏账损失由出口商自己承担。也就是说，只要出口商对其出口商品或提供劳务的客户的贸易额能够控制在保理商所核定的信用额度内，而又保证出口商品或劳务不存在质量、服务水平、交货期限等可能导致贸易争端的情况，那么出口商就可以有效地规避由于买方信用所造成的坏账风险，并保证正常贸易应收账款的回收。

此外，由于保理业务是由商务代理活动演变而来，长期以来一直具有商务代理的内容与性质,所以保理商除为其客户提供以上服务内容外,还经常为出口企业提供有关买方的信息,帮助出口企业打开国际市场,进行市场推销,调查买方的经营业绩、管理水平,并为买方提供担保。在买卖双方发生贸易纠纷时,代理出口商与买方进行协调包括进行法律诉讼。有的保理商还会根据出口企业的要求提供包括包装、商检、租运、办理保险等一系列带有商务性质的服务。

国际保理业务能为出口商和进口商带来增加营业额、风险保障、节约成本、简化手续、扩大利润等益处(如表5-2所示)。

表5-2 国际保理业务能为出口商和进口商带来的益处比较

益处	对出口商	对进口商
增加营业额	对于新的或现有的客户提供更有竞争力的O/A、D/A付款条件,以拓展海外市场,增加营业额	利用O/A、D/A优惠付款条件,以有限的资本,购进更多货物,加快资金流动,扩大营业额
风险保障	进口商的信用风险转由保理商承担,出口商可以得到100%的收汇保障	纯因公司的信誉和良好的财务表现而获得进口商的信贷,无须抵押
节约成本	资信调查、账务管理和账款追收都由保理商负责,减轻业务负担,节约管理成本	省却了开立信用证和处理繁杂文件的费用
简化手续	免除了一般信用证交易的烦琐手续	在批准信用额度后,购买手续简化,进货快捷
扩大利润	由于出口额扩大、降低了管理成本、排除了信用风险和坏账损失,利润随之增加	由于加快了资金和货物的流动,生意更发达,从而增加了利润

三、国际保理业务流程

(一)双保理商保理运行模式

目前,国际上通行的保理业务都是双保理商保理运行模式。在保理业务过程中,出口商将其对进口商的应收账款转让给本国的出口保理商,出口保理商再与债务人(买方)所在国的进口保理商签订协议,委托进口保理商负责货款的回收并提供坏账担保。由于一笔保理业务涉及出口保理商和进口保理商双方当事人,故称为双保理机制。如果出口保理商与进口保理商是由一家保理公司叙做业务,则称这种保理运行模式为单保理机制。

在双保理运行模式中，出口商委托本国出口保理商承办业务，出口保理商再从进口国的保理商中选择进口保理商进行合作。出口商将需要核定信用额度的进口商清单交给出口保理商，由其立即转交给进口保理商。进口保理商对各进口商进行资信调查，逐一核定相应的信用额度，并通过出口保理商通知出口商执行。出口商依据信用额度的核准情况，在核准的信用额度内发运货物，并将发票和货运单据直接寄给进口商，发票副本送出口保理商。如出口商有融资需求，出口保理商即以预付款方式向出口商提供不超过发票金额80%的无追索权短期贸易融资贷款，并向进口保理商定期提供应收账款清单，由其协助催收货款。货款到期后，进口商将全部货款付给进口保理商，进口保理商则立即将款项转交出口保理商。出口保理商在扣除有关费用及贴息之后，将剩余20%的货款全部付给出口商。这样，一笔保理业务就完成了。

（二）国际保理业务流程图示

国际保理业务流程，如图5-15所示。

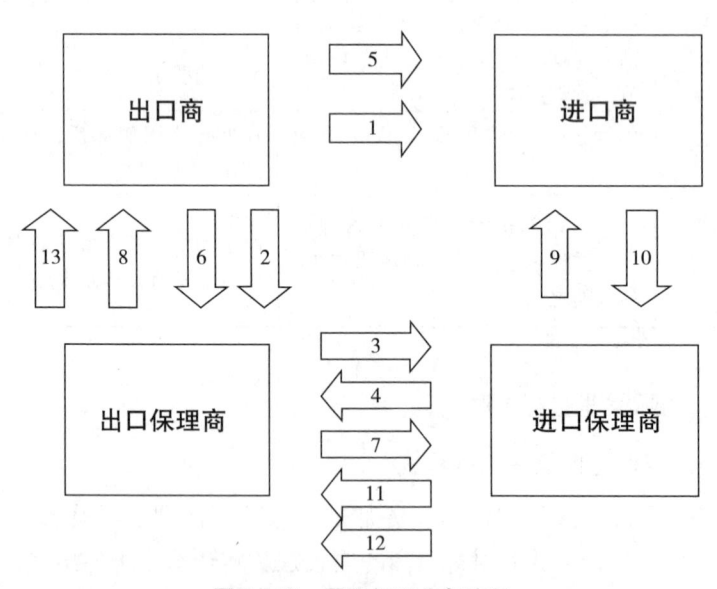

图5-15　国际保理业务流程

（三）国际保理业务具体运作步骤

国际保理业务具体运作步骤如下。

1. 出口商寻找有合作前途的进口商。

2. 出口商向出口保理商提出叙做保理的需求并要求为进口商核准信用额度。

3. 出口保理商要求进口保理商对进口商进行信用评估。

4. 如进口商信用良好，进口保理商将为其核准信用额度。

5. 如果进口商同意购买出口商的商品或服务，出口商开始供货，并将附有转让条款的发票寄送进口商。

6. 出口商将发票副本交出口保理商。

7. 出口保理商通知进口保理商有关发票详情。

8. 如出口商有融资需求，出口保理商付给出口商不超过发票金额的 80% 的融资款。

9. 进口保理商于发票到期日前若干天开始向进口商催收。

10. 进口商于发票到期日向进口保理商付款。

11. 进口保理商将款项付出口保理商。

12. 如果进口商在发票到期日 90 天后仍未付款，进口保理商做担保付款。

13. 出口保理商扣除融资本息（如有）及费用，将余额付出口商。

（四）中国银行国际保理业务

1. 中国银行国际保理业务范围

中国银行的国际保理业务包括以下两方面。

（1）出口保理

为出口商的出口赊销提供贸易融资、销售分户账管理、账款催收和坏账担保等服务。

（2）进口保理

为进口商利用赊销方式进口货物向出口商提供信用风险控制和坏账担保。

2. 中国银行国际保理业务费用

中国银行的国际保理业务费用如下。

（1）进出口保理商佣金：发票金额的 0.6%～1.2%。

（2）单据处理费：10 美元/单。

（3）银行费用。

四、叙做国际保理业务的条件限制

国际保理业务虽然能够为国际贸易往来，为各国经济发展带来诸多好处，但是并不是每一笔国际贸易都可以选择这种结算方式，它的使用受到许多条件限制。

首先，叙做国际保理业务的出口商与进口商之间的贸易结算必须采用赊销（O/A）或承兑交单（D/A）方式。所谓赊销，是指出口方在发出货物后，便将包括物权单据在内的所有单据直接寄给进口商，而不是通过银行或其他第三者进行传递，也不需要进口商承兑后交单或付款后交单等任何附加条件，出口商完全是出于对进口商的信任才在其付款前提前将有关的物权凭证寄送给进口商，使后者可以提前获得对货物的控制权。由于欧美等地区经济发达，法制健全，赊销已经成为较为普遍的结算方式。保理业务正是为适应赊销方式而产生的一种综合性的贸易服务手段。

其次，叙做保理国际业务的出口商必须具有法人资格。只有出口商在其正常的业务范围内所产生的债权及应收账款，才能成为保理商代其保付代理的项目。也就是说，保理商只有明确它所收购的是出口商通过正常的商业交易而产生的债权和应收账款，才能接受出口商申请，承办保付代理业务。

最后，叙做保理业务的出口商必须成立一年以上，并且拥有经过稽核的年度财务报告。欧美等地区的发达国家的法律通常规定，出口企业的年度财务报告只有经过独立的会计师事务所稽核后才能作为其纳税依据和对外公布的合法文件，也只有经过稽核的财务报告才能保证它的可靠性、真实性和完整性。保理商通过对稽核后的财务文件的分析与研究，便于其准确掌握出口企业的经营状况和管理水平，以及出口商是否适宜在对外贸易中采用保理业务作为结算手段。

由于国际贸易渠道和服务网络的错综复杂以及国际市场行情的千变万化，即使出口商具备了上述叙做国际保理业务的限制条件，依然需要根据自身情况考虑是否适宜采用保理这种结算方式。一般来说，在以下几种情况下出口商比较适合选用保理业务作为对外贸易的结算方式。

1. 出口商拟采用信用付款方式（O/A、D/A）进行贸易结算，但对国外进口商的资信情况和财务能力缺乏了解，即彼此之间存在信息不对称；

2. 在国际贸易中国外的进口商不能或不愿开出信用证，致使交易规模无法进一步扩大，限制了出口商出口份额的增加；

3. 由于市场或其他方面的影响，出口商有可能失去原先以信用证为支付方式的订单，甚至有可能在竞争中失去客户；

4. 出口商在以往与进口商采用托收方式交易中，经常会发生逾期付款、拖欠货款等情况；

5. 以消费品经销为主的出口商，为避免交易过程中存在的发货数量小、批量多，而力求减少中间环节，以适应国外买方需要的情况；

6. 出口商希望解除对外贸易中账务管理和应收账款追收方面的麻烦，以减少其业务管理成本。

此外，出口商在选做国际保理业务时，还应注意以下事项。

第一，保理业务不同于信用证以单据为付款依据，它是在商品与合同相符前提下保理商承担付款责任的结算方式。因此如果由于货物品质、数量、交货期限或其他任何方面原因引起进出口双方发生商务争议而导致进口商拒付货款，保理公司不承担任何赔付责任，而完全由进出口商双方自行解决，故采用这种结算方式，出口商必须严格遵守合同。倘若此类贸易争端在一定期限内得到解决，且有利于出口商，保理公司才承担赔偿责任。

第二，保理公司只承担信用额度内的风险担保，超额度的发货金额则不予担保，只能按托收方式进行处理，因此出口商还要自行协调好出口计划。

第五节　出口信用保险业务

一、出口信用保险的概念

出口信用保险是国家为了鼓励并推动本国的出口贸易，为众多出口企业承担由于进口国政治风险（包括战争、外汇管制、进口管制和颁发延期付款等）和进口商商业风险（包括破产、拖欠和拒收）而引起的收汇损失的政策性险种。

要发展对外贸易，增加产品和服务的出口，提供出口信用是重要手段。出口信用中的核心问题是出口信用风险，只有解决出口信用风险问题，出口企业的经营才能稳定和发展，出口融资才能得以顺利进行。另外，随着对外贸易的发展，按自由贸易和公平竞争的原则，各国政府对本国出口的直接支持，如贷款贴息等越来越受到限制，遭到国际社会的非议，取而代之的是部分政府对出口企业的间接、非表面化的支持。出口信用保险通过承担出口企业的出口信用风险，使出口企业获取融资便利，进而使出口得以顺利进行，这种方式符合国际贸易的发展趋势和要求，一般也不容易引起有关"补贴"问题的争议。

出口企业要生存和发展，就要多出口，多创汇。但如果出口后不能安全及时收汇，则任何效益也得不到，甚至引起出口企业的清盘和倒闭，进而影响贷款银行的资金安全。出口机电产品、成套设备等资本性货物的企业，其产品在国际市场上竞争激烈，必须采取灵活的支付方式争取国际市场，发展出口贸易。但由于这些产品收汇周期较长，需要采用中长期的买方信贷和卖方信贷方式，贸易才得以进行。在买方信贷项下，借款人多数是经济不发达、外汇资金也较紧缺的国家，因此风险较大。提供买方信贷的银行要求出口企业得到保险保障，以保证其能按时收回贷款资金。在卖方信贷项下，出口商与进口商签订的是中长期延付合同，尽管有时合同的付款有进口国家财政或银行的担保，商业风险虽小，但仍然存在较大的政治风险，因此国际上多数国家的金融机构也都要求出口企业取得出口信用保险保障。所以，无论对出口企业还是对提供出口信贷的银行来讲，要出口就存在风险，就应取得和利用好出口信用保险保障。通过投保出口信用保险，出口企业可以得到以下好处。

1. 利用出口信用保险的保障与补偿职能，可以变不定的大额坏账损失为确定的、可以打入成本的保险费开支，减少坏账对企业收益的影响，保证其财务成果的稳定性，免除在国际竞争中的后顾之忧。

2. 在取得了收汇风险的可靠保证后，出口企业可以大胆采用灵活的付款条件来达成贸易合同，向一些风险较大的市场出口，提高出口企业的竞争力。

3. 出口信用保险对国外买家及国家（地区）的风险调查评估，可以指导出口企业选择更有利的贸易对象和贸易条件，更安全地扩大出口，规避收汇风险。

4. 通过将已投保的出口信用保险权益转让，更加方便出口企业向银行申请出口信贷，银行也更加愿意为其提供有优惠利率的出口贷款，使得出口融资变得顺利和方便。

二、出口信用保险的种类

目前，出口信用保险的保险责任包括商业风险及政治风险。

商业风险是指买方无力偿还债务或破产、买方拒收货物并拒付货款、买方拖欠货款；政治风险是指买方国家（地区）禁止或限制汇兑、买方国家（地区）进口管制、买方国家（地区）撤销进口许可证、买方所在国或货款须经过的第三国颁布延期付款令、战争、暴乱或革命等被保险人和买方均无法控制的非常事件。

按照出口合同中规定的信用期限不同，出口信用保险业务分为短期出口信用保险和中长期出口信用保险两大类。短期出口信用保险适用于期限在180天以内，最长不超过360天，采取商业信用支付方式，如D/P、D/A、O/A等方式的出口；短期出口信用保险可以帮助出口商确保收汇、出口融资和进行买家调查。中长期出口信用保险适用于信用期在1年以上，一般不超过10年的出口。

（一）短期出口信用综合险

适用于包括机电产品在内的各类商品的出口，并需满足以下3个条件。

1. 付款方式采用凭单付现（CAD）、即期汇票（D/D）、付款交单（D/P）、承兑交单（D/A）及挂账（赊销）（O/A）等放账方式；

2. 信用期限不超过180天；

3. 出口产品全部或大部分在中国制造。

短期出口信用综合险还可扩展到承保下述内容。

一是付款方式采用即期或远期信用证；

二是信用期超过180天但不超过360天；

三是进口商品的再出口。

扩展承保范围须在保单上批注或加贴批单。

（二）中长期出口信用保险

主要适用于资本性货物的出口。投保中长期信用险的出口项目一般应具备下列条件。

1. 出口项目符合国家法律及政策规定；

2. 出口商品属于机电产品或成套设备等资本性货物；

3. 出口商品在国内制造的部分不少于70%（船舶不少于50%）；

4. 合同金额在卖方信贷项下不低于50万美元，在买方信贷项下不低于100万美元；

5. 信用期不少于1年，一般不超过10年；

6. 合同定金或交货前付款的金额不少于合同金额的15%，船舶不低于20%；

7. 出口企业具有相应的签约资格和履约能力；

8. 进口方资信可靠，有相应的财务实力；

9. 项目所在国政治经济形势稳定；

10. 进口方提供可接受的延期付款保证或担保；

11. 出口信贷融资落实。

出口信用保险可以采取两种方式进行承保，即特定方式和总括方式（或综合方式）。短期险大多采取总括方式进行承保，这种方式要求出口企业投保其保单适用范围内的全部出口，不得仅选择其中一部分客户或一部分业务投保。中长期保险则大多采用特定方式承保，一个合同一个保单。

三、出口信用保险的办理

（一）买方信用限额的申请

"买方信用限额"是保险机构批给每一买方的特定付款方式的最高信用额度。被保险人应为适保范围内的每一个买方分别申请信用限额。"买方信用限额"的作用贯穿整个保险过程，正确、及时地申请、使用和增减限额将直接关系到被保险人的切身利益。

被保险人应尽可能地提供申请表内要求的所有资料，并详细、正确地填写合同买方（即在合同上须负责支付货款的一方，有别于代理人或收货人）的英文名称和地址、电话、传真等，以便保险人进行信用调查。

被保险人所需的信用限额应该等于对该买方特定付款方式在任何时候的最高放账额，而非合同总额。例如，当合同总额为 10 万元，支付条件为 D/A60 天，分批出运，分别为 3 万元、3 万元、4 万元，回款时间为 3 个月（加上单据往来时间）。假定被保险人每个月出一批，那么被保险人需要申请 10 万元限额。假定被保险人每 3 个月出一批，那么只需申请 4 万元限额即可。

（二）投保出口信用险的注意事项

对投保出口信用险的外贸公司来说，在具体操作时应切实注意以下几点。

1. 申请限额时的注意事项

（1）合同一旦签订，应立即向保险公司申请限额。因为调查资信需要一段时间，包括内部周转时间、委托国外资信机构进行调查时间，有时长达 1 个月。

（2）在限额未审批之前，如果合同有变更，及时与保险公司联系。

（3）如果合同方式是 L/C 或 D/P 或 D/A 支付方式，但出运选用空运方式或提单自寄,这样的风险已等同 O/A 风险,应申请 O/A 方式的限额。

(4)由于保险公司只承担批复的买方信用限额条件内的出口的收汇风险,如果出口与保险公司批复的买方信用限额条件不一致,如出运日期早于限额生效日期、合同支付条件与限额支付条件不一致,保险公司将不承担赔偿责任。

2. 办理出口申报的注意事项

(1)出口货物在装运时应及时填制出口信用保险申报单,向保险公司申报,并交纳保险费。

(2)根据出口信用险条款规定,不得漏报和虚报。

3. 索赔的办理

填写规定格式的索赔申请书,并提供以下资料。

(1)详细陈述案件发生经过和处理情况的书面报告。

(2)证明保险标的材料,包括贸易合同、提单、出口报关单(正本)、发票、装箱单、汇票、D/P 或 D/A 方式的托收委托书以及 D/A 方式下的承兑文件(该文件是我国对出口企业在自身利益受到损害时,对外的一个自我保护依据,也是对外追讨的法律依据)。

4. 证明损失原因及金额的材料的提供

(1)买方破产或丧失还款能力的证明材料。

(2)由银行或有关机构提供的不承兑或不付款的证明。

(3)买卖双方往来函电。

(4)证明索赔涉及的出口已有本公司承保的材料,包括保单(明细表、费率表)、信用限额审批单、出口申报表。

(5)被保险人有义务如实提供其他有关资料。

5. 索赔办理的注意事项

(1)发现买方有信誉问题,在应付日后 15 日内未付,应及时向保险公司上报可能损失通知书,并采取一切可能减少损失。

(2)对于买方无力偿还债务造成的损失,不得晚于买方被宣告破产或丧失偿付能力后的 1 个月告知保险公司。

(3)对于其他原因引起的损失,不得晚于保单规定的赔款等待期满后 2 个月内提出索赔;否则保险公司视同出口商放弃权益,有权拒赔。

总之,向保险公司索赔一定要做到单证齐全,否则影响出口商的经济利益,也使国家利益蒙受损失。

尽管很多出口商知道出口信用保险，却很少有人使用或回避办理，这主要是因为保险费的问题。目前的贸易形势对所有的中国出口商来说都很严峻。出口成本居高不下，本来利润空间就很小，再增加一定的出口信用保险费，更难有利润。因此，大多数出口商宁愿冒险，沿用过去的做法，也不办出口信用保险。

那么，如何才能既买出口信用保险，又能节省一些费用呢？在与外商签约前，就应将出口信用保险作为一项常规的成本项目考虑进去。就出口商而言，如果能切切实实遵守保险条款规定，履行被保险人义务，坚决杜绝挑保、漏报或故意不报的情况，逐批如实填写出口申报，如期向保险公司缴纳保险费，并且积极配合保险公司做好风险防范的工作，就能使保费降到最低。

因为出口信用保险的费率取决于买方所在国所属风险类别、支付方式的风险程度和放账期限长短3个因素。出口商在成交前后自己宜仔细选择和综合控制。从保险正常运行来说，保险公司要通过筹措、建立保险基金来实施其补偿经济损失的基本职能，而保险基金的筹措，则以收取保险费的形式来积累。

中国银行的出口信用保险项下贸易融资业务流程，如图5-16所示。

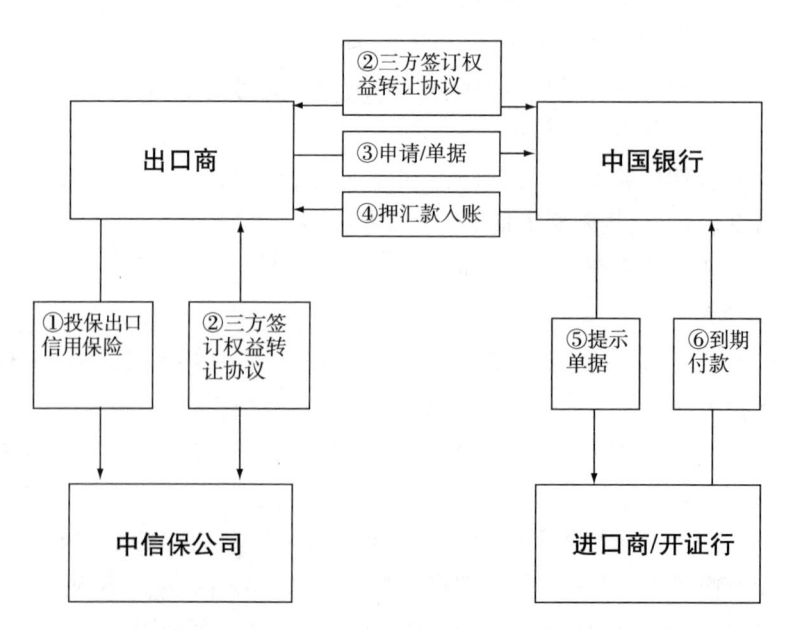

图5-16 中国银行的出口信用保险项下贸易融资业务流程

> **相关链接**

> 1. 出口信用保险项下贸易融资对出口商有哪些好处?
> （1）申请方便。出口信用保险项下贸易融资业务相当于在原有贸易融资产品的基础上增加了一层收汇保障，即出口信用保险公司就其承保的信用风险范围向融资银行提供额外收汇保障，因此申请方便快捷。
> （2）加快资金周转。在进口商支付货款前就可以提前得到偿付，加快了资金周转速度。
> （3）改善现金流量。叙作出口信用保险项下贸易融资业务，可以增加当期的现金流入量，从而改善财务状况，提供融资能力。
> 2. 在哪些情况下宜选择出口信用保险项下贸易融资?
> （1）已经办理了出口信用保险，并且流动资金有限，依靠快速的资金周转开展业务。
> （2）已经办理了出口信用保险，并且发货后、收款前遇到临时资金周转困难。
> （3）已经办理了出口信用保险，并且发货后、收款前遇到新的投资机会，且预期收益率肯定高于押汇利率。

第六节 外汇买卖业务

在国际结算中，使用的结算货币不尽相同，时常出现利率和汇率差异和变动，所以选择适当的利率和汇率等避险工具，对规避风险是非常重要的。

一、即期外汇买卖

即期外汇买卖（Spot Deal），是指交易双方按当天外汇市场的即期汇率成交，并在交易日以后第 2 个工作日（T + 2）进行交割的外汇交易。遇到起息日不是银行的营业日或是节假日，可顺延至下一个银行工作日。有的银行也可以按客户的要求，进行当天成交、当天起息和当天成交、第 2 天起息的外汇交易。

即期外汇买卖的主要作用如下。

1. 即期外汇买卖可以满足客户临时性的支付需要。通过即期外汇买卖业务，客户可将手上的一种外币即时兑换成另一种外币，用以应付进出口贸易、投标、海外工程承包等的外汇结算或归还外汇贷款。

2. 即期外汇买卖可以帮助客户调整手中外币的币种结构。通过即期外汇买卖，可以持有不同的外汇，如可分别持有美元、欧元、日元等币种，通过多种组合可以分散外汇风险。

3. 即期外汇买卖还是外汇投机的重要工具。这种投机行为既有可能带来丰厚利润，也可能造成巨额亏损。

【实例5-1】

某公司需在星期五归还某外国银行贷款100万美元，而该公司持有日元，该公司可以在星期三按1美元=120.00日元的即期汇率向银行购入100万美元，同时出售日元。星期三，该公司通过转账将1亿2千万日元交付给银行，银行将100万美元交付给公司，该公司便可将美元汇出以归还贷款。

二、远期外汇买卖

远期外汇买卖（Forward Deal），是指买卖双方按外汇合同约定的汇率，在约定的期限（成交日后第2个工作日以后的某一日期）进行交割的外汇交易。远期外汇买卖最长可以做到一年，超过一年的交易称为超远期外汇买卖。

（一）远期外汇买卖的功能与特点

远期外汇买卖是国际上最常用的避免外汇风险，固定外汇成本的方法。一般来说，客户对外贸易结算、到国外投资、外汇借贷或还贷的过程中都会涉及外汇保值的问题。通过叙做远期外汇买卖业务，客户可事先将某一项目的外汇成本固定，或锁定远期外汇收付的换汇成本，从而达到保值的目的，同时更能使企业集中时间和人力搞好本业经营。

通过恰当地运用远期外汇买卖，进口商或出口商可以锁定汇率，避免了汇率波动可能带来的损失。但是如果汇率向不利方向变动，那么由于锁定汇率，远期外汇买卖也就失去获利的机会。

（二）远期外汇买卖的期限

远期外汇买卖的期限通常为1个月、3个月、6个月、1年以及不规则起息日（如10天、1个月零9天、两个月零15天等）。

【实例5-2】

某公司主要出口对象在日本和拉丁美洲，收到的货币以日元、瑞士法郎和巴西雷亚尔为主。近期这些货币的价格波动剧烈，给公司造成很大风险。例如，公司可将预计3个月后收到的一笔10亿日元按照远期市场行情110.00卖出，卖得9090909.09美元，可以不再为市场汇率波动担心。

三、择期外汇买卖

择期外汇买卖（Option Forward Deal），是指客户可以在约定的将来某一段时间内的任何一个工作日，按约定的汇率进行交割的外汇买卖业务。它是一种可选择交割日的远期外汇买卖。

【实例5-3】

如"实例5-2"，假如该公司3个月后的交易日是12月6日，银行提供择期交易，择期最长3个月，就是说公司可以在12月6日到次年3月6日期间内任意一天都可以按照110.00的价格来交割日元。

四、远期结售汇业务

远期结售汇业务，是指客户与银行签订远期结售汇协议，约定未来结汇或售汇的外汇币种、金额、期限及汇率，到期时按照该协议规定的币种、金额、汇率办理的结售汇业务。

货币种类有美元、港币、欧元、日元、英镑、瑞士法郎、澳大利亚元、加拿大元等。

期限有7天、20天、1个月、2个月、3个月至12个月等，共14个期限档次。交易可以是固定期限交易，也可以是择期交易。

远期结售汇业务服务对象是在中华人民共和国境内设立的企事业单位、国家机关、社会团体、部队以及外商投资企业。

远期结售汇业务的办理情况如下。

（一）向银行申请办理远期结售汇业务的外汇收支

客户如有下列外汇收支，可向银行申请办理远期结售汇业务：

1. 贸易项下的收支；
2. 非贸易项下的收支；

3. 偿还银行自身的境内外汇贷款；
4. 偿还经国家外汇管理局登记的境外借款；
5. 经外汇局批准的其他外汇收支。

（二）签订书面总协议

客户在银行办理远期结售汇业务需要与银行（支行及以上机构）签订远期结售汇总协议，并逐笔向银行提交远期结汇或售汇申请。

（三）远期结售汇办理依据

远期结售汇必须依据远期合同中规定的外汇收入来源或外汇支出用途办理，客户不得以其他外汇收支进行冲抵。

五、超远期外汇买卖

超远期外汇买卖，是指起息日在一年以后的远期外汇买卖，即客户指定将来一年后的交割日，委托银行买入一种货币，卖出另一种货币。

通过这项业务，客户可将以后需支付的贷款利息及本金的换汇成本固定下来，达到防范汇率风险的目的。

【实例5-4】

某公司借入1000万欧元贷款，期限3年，固定利率6%，每年1月4日与7月6日付息。因公司今后只有美元收入，这样在以后还本付息时，都需要用美元买入欧元。为避免欧元升值的汇率风险，公司可以采用购买超远期欧元的方式，将今后3年期间的汇率风险全部锁住。这样，公司向中行卖出远期美元，买入远期欧元，所用远期汇率及金额为（即期汇率EUR1＝USD1.0460）：

2005年7月6日：买入30万欧元，EUR1＝USD1.0482

2006年1月4日：买入30万欧元，EUR1＝USD1.0610

……

2008年7月5日：买入1030万欧元，EUR1＝USD1.1410

从而，公司在当日就将以后3年中的各次付息及还本所需欧元以美元形式锁定，从而避免了汇率风险。

在上述一揽子超远期外汇买卖中，还可以采用平均超远期汇率的形式。如在上例中，平均远期汇率为EUR1＝USD1.1000（此汇率并非以上各远期汇率的简单算术平均值）。在这种方式下，将来所有买欧元卖美元，均使用同一远期汇率1EUR＝1.1USD。

六、掉期外汇买卖

客户委托银行买入 A 货币，卖出 B 货币，确定将来另一工作日反向操作，卖出同等金额 A 货币，买入 B 货币。

调整起息日。客户叙做远期外汇买卖后，因故需要提前交割，或者由于资金不到位或其他原因，不能按期交割，需要展期时，都可以通过叙做外汇掉期买卖对原交易的交割时间进行调整。

一笔掉期外汇买卖可以看成由两笔交易金额相同、起息日不同、交易方向相反的外汇买卖组成的，因此一笔掉期外汇买卖具有一前一后两个起息日和两项约定的汇率水平。在掉期外汇买卖中，客户和银行按约定的汇率水平将一种货币转换为另一种货币，在第一个起息日进行资金的交割，并按另一项约定的汇率将上述两种货币进行方向相反的转换，在第二个起息日进行资金的交割。

最常见的掉期交易是把一笔即期交易与一笔远期交易合在一起，等同于在即期卖出甲货币买进乙货币的同时，反方向地买进远期甲货币、卖出远期乙货币的外汇买卖交易。

【实例5-5】

一家美国贸易公司在1月预计4月1日将收到一笔欧元货款，为防范汇率风险，公司按远期汇率水平同银行叙作了一笔3个月远期外汇买卖，买入美元卖出欧元，起息日为4月1日。但到了3月底，公司得知对方将推迟付款，在5月1日才能收到这笔货款。于是公司可以通过一笔1个月的掉期外汇买卖，将4月1日的头寸转换至5月1日。

若客户目前持有甲货币而需使用乙货币，但在经过一段时间后又收回乙货币并将其换回甲货币，也可通过叙做掉期外汇买卖来固定换汇成本，防范风险。

一家日本贸易公司向美国出口产品，收到货款500万美元。该公司需将货款兑换为日元用于国内支出。同时公司需从美国进口原材料，并将于3个月后支付500万美元的货款。此时，公司可以采取以下措施：叙做一笔3个月美元兑日元掉期外汇买卖，即期卖出500万美元，买入相应的日元，3个月远期买入500万美元，卖出相应的日元。通过上述交易，公司可以轧平其中的资金缺口，达到规避风险的目的。

掉期交易只做一笔交易，不必做两笔，交易成本较低。

第七节　债务风险管理

一、外汇期权

外汇期权就是客户支付一定数额的期权费后，有权在将来的特定时间按约定的汇率向银行买入约定数额的一种货币，卖出另一种货币。

外汇期权买卖是一种交易方式，它是原有的几种外汇保值方式的发展和补充。它既为客户提供了外汇保值的方法，又为客户提供了从汇率变动中获利的机会，具有较大的灵活性。

期权外汇买卖实际上是一种权利的买卖。权利的买方在支付一定数额的期权费后，有权在未来的一定时间内按约定的汇率向权利的卖方买进或卖出约定数额的外币，权利的买方也有权不执行上述买卖合约。

【实例5-6】

某家合资企业手中持有美元，并需要在一个月后用日元支付进口货款，为防止汇率风险，该公司向中国银行购买一个"美元兑日元、期限为一个月"的欧式期权。假设，约定的汇率为1美元=110日元，那么该公司则有权在将来期权到期时，以1美元=110日元的汇率向中国银行购买约定数额的日元。如果在期权到期时，市场即期汇率为1美元=112日元，那么该公司可以不执行期权，因为此时按市场上即期汇率购买日元更为有利。相反，如果在期权到期时，1美元=108日元，那么该公司则可决定形式期权，要求中国银行以1美元=110日元的汇率将日元卖给它们。由此可见，外汇期权业务的优点在于客户的灵活选择性，对于那些合同尚未最后确定的进出口业务具有很好的保值作用。

与一年期以内的外汇期权交易类似，长期限外汇期权交易也由执行价格，期权手续费及欧式、美式类型等因素构成。利用这种产品，可以对一年期以上的外汇债务汇率风险进行管理。其优点是比较灵活，但不足之处在于购买期权需要支付手续费，而卖出期权可能会承担很大的风险。

美式期权和欧式期权的区别主要在执行时间上。

（一）美式期权

美式期权合同在到期日前的任何时候或在到期日都可以执行合同，

结算日则是在履约日之后的一天或两天,大多数的美式期权合同允许持有者在交易日到履约日之间随时履约,但也有一些合同规定一段比较短的时间可以履约,如"到期日前两周"。

(二) 欧式期权

欧式期权合同要求其持有者只能在到期日履行合同,结算日是履约后的一天或两天。目前国内的外汇期权交易多采用的欧式期权合同方式。

二、利率互换

利率互换又称"利率掉期",是指债务人根据国际资本市场利率走势,将其自身的浮动利率债务转换成固定利率债务,或将固定利率债务转换成浮动利率债务的操作。它被用来降低借款成本,或避免利率波动带来的风险,同时还可以固定边际利润。

利率互换是一项常用的债务保值工具,用于管理中长期利率风险。客户通过利率互换交易可以将一种利率形式的资产或负债转换为另一种利率形式的资产或负债。一般地说,当利率看涨时,将浮动利率债务转换成固定利率较为理想;当利率看跌时,将固定利率转换为浮动利率较好。这样可以有效地达到规避利率风险,降低债务成本,同时还可以用来固定自己的边际利润,便于债务管理。

利率可以有多种形式。任何两种不同的形式都可以通过利率互换进行相互转换,其中最常用的利率互换是在固定利率与浮动利率之间进行转换。

【实例 5-7】

某公司有一笔美元贷款,期限 10 年,从 1997 年 3 月 6 日至 2007 年 3 月 6 日,利息为每半年计息付息一次,利率水平为 USD 6 个月 LIBOR + 70 基本点。公司认为在 10 年之中,美元利率呈上升趋势,如果持有浮动利率债务,利息负担会越来越重。同时,由于利率水平起伏不定,公司无法精确预测贷款的利息负担,从而难以进行成本计划与控制。因此,公司希望能将此贷款转换为美元固定利率贷款。这时,公司可与中国银行叙做一笔利率互换交易。

经过利率互换,在每个利息支付日,公司要向银行支付固定利率 7.320%,而收入的 USD 6 个月 LIBOR + 70 基本点,正好用于支付原贷款利息。这样一来,公司将 10 年的债务成本,一次性地固定在 7.320% 的水平上，从而达到了管理自身债务利率风险的目的。

利率互换形式十分灵活，可以根据客户现金流量的实际情况做到"量体裁衣"，既适用于已有债务，也可以用于新借债务，还可以做成远期起息。

利率互换应注意以下问题。

1. 利率互换的期限与费用。美元、日元及主要外币利率互换期限最长可以做到 10 年。叙做利率互换只需在每个付息日与银行互相支付浮动（或固定）利率的利息，此外无其他费用。

2. 债务和资产实际是一枚硬币的正反两面，因此债务保值工具同样也是资产保值工具。利率互换同样可以运用于资产的收益管理，在利率看跌时将浮动利率的资产转换为固定利率的资产；在利率看涨时将固定利率的资产转换为浮动利率的资产，同样可以达到控制利率风险，增加收益的目的。

同业拆放利率指银行同业之间的短期资金借贷利率。同业拆放有两个利率，拆进利率（Bid Rate）表示银行愿意借款的利率，拆出利率（Offered Rate）表示银行愿意贷款的利率。一家银行的拆进（借款）实际上也是另一家银行的拆出（贷款）。同一家银行的拆进和拆出利率相比较，拆进利率永远小于拆出利率，其差额就是银行的得益。在美国市场上，一般拆进利率在前，拆出利率在后，例如 3.25 至 3.50。在英国市场上，一般是拆出利率在前，拆进利率在后，例如 3.50 至 3.25，两种情况下，都表示为"我借款 3.25，我贷款 3.50"。同业拆放中大量使用的利率是伦敦同业拆放利率（London Interbank Offered Rate，LIBOR）。LIBOR 指在伦敦的第一流银行借款给伦敦的另一家第一流银行资金的利率。现在 LIBOR 已经作为国际金融市场中大多数浮动利率的基础利率，作为银行从市场上筹集资金进行转贷的融资成本，贷款协议中议定的 LIBOR 通常是由几家指定的参考银行，在规定的时间（一般是伦敦时间上午 11：00）报价的平均利率。最大量使用的是 3 个月和 6 个月的 LIBOR。我国对外筹资成本即是在 LIBOR 利率的基础上加一定百分点。

从 LIBOR 变化出来的，还有新加坡同业拆放利率（Singapore Interbank Offered Rate，SIBOR）、纽约同业拆放利率（New York Interbank Offered Rate，NIBOR）、香港同业拆放利率（Hong Kong Interbank Offered Rate，HIBOR），等等。

三、利率期权

利率期权是一项关于利率变化的权利。买方支付一定金额的期权费后，就可以获得这项权利。在到期日按预先约定的利率，按一定的期限借入或贷出一定金额的货币。这样当市场利率向不利方向变化时，买方可固定其利率水平。当市场利率向有利方向变化时，买方可获得利率变化的好处。利率期权的卖方向买方收取期权费，同时承担相应的责任。

（一）利率期权的功能与特点

利率期权是一项规避短期利率风险的有效工具。借款人通过买入一项利率期权，可以在利率水平向不利方向变化时得到保护，而在利率水平向有利方向变化时得益。

（二）常见的利率期权种类

利率期权有多种形式，常见的主要有利率上限、利率下限、利率上下限。

1. 利率上限（Interest Rate Cap）

利率上限是客户与银行达成一项协议，双方确定一个利率上限水平，在此基础上，利率上限的卖方向买方承诺：在规定的期限内，如果市场参考利率高于协定的利率上限，则卖方向买方支付市场利率高于协定利率上限的差额部分；如果市场利率低于或等于协定的利率上限，卖方无任何支付义务，同时，买方由于获得了上述权利，必须向卖方支付一定数额的期权手续费。

2. 利率下限（Interest Rate Floor）

利率下限是指客户与银行达成一个协议，双方规定一个利率下限，卖方向买方承诺：在规定的有效期内，如果市场参考利率低于协定的利率下限，则卖方向买方支付市场参考利率低于协定利率下限的差额部分；若市场参考利率大于或等于协定的利率下限，则卖方没有任何支付义务。作为补偿，卖方向买方收取一定数额的手续费。

3. 利率上下限（Interest Rate Collar）

利率上下限，是指将利率上限和利率下限两种金融工具结合使用。具体地说，购买一个利率上下限，是指在买进一个利率上限的同时，卖出一个利率下限，以收入的手续费来抵消部分需要支出的手续费，从而达到既防范利率风险又降低费用成本的目的。而卖出一个利率上下限，则是指在卖出一个利率上限的同时，买入一个利率下限。

四、货币互换

货币互换又称"货币掉期"，是指为降低借款成本或避免远期汇率风险，将一种货币的债务转换成另一种货币的债务的交易。

货币互换是一项常用的债务保值工具，主要用来控制中长期汇率风险，把以一种外汇计价的债务或资产转换为以另一种外汇计价的债务或资产，达到规避汇率风险、降低成本的目的。

【实例5-8】

某公司有一笔日元贷款，金额为10亿日元，期限为7年，利率为固定利率3.25%，付息日为每年6月20日和12月20日。2000年12月20日提款，2007年12月20日到期归还。

公司提款后，将日元买成美元，用于采购生产设备。产品出口得到的收入是美元收入，而没有日元收入。

从以上的情况可以看出，公司的日元贷款存在着汇率风险。具体来看，公司借的是日元，用的是美元，2007年12月20日，公司需要将美元收入换成日元还款。如果日元升值，美元贬值（相对于期初汇率），则公司要用更多的美元来买日元还款。这样，由于公司的日元贷款在借、用、还上存在着货币不统一，就存在着汇率风险。

公司为控制汇率风险，决定与中国银行叙做一笔货币互换交易。双方规定，交易于2000年12月20日生效，2007年12月20日到期，使用汇率为USD1=JPY113。这一货币互换，如下所示。

1. 在提款日（2000年12月20日）公司与中行互换本金

公司从贷款行提取贷款本金，同时支付给中国银行，中国银行按约定的汇率水平向公司支付相应的美元。

2. 在付息日（每年6月20日和12月20日）公司与中行互换利息

中国银行按日元利率水平向公司支付日元利息，公司将日元利息支付给贷款行，同时按约定的美元利率水平向中国银行支付美元利息。

3. 在到期日（2007年12月20日）公司与中行再次互换本金

中国银行向公司支付日元本金，公司将日元本金归还给贷款行，同时按约定的汇率水平向中国银行支付相应的美元。

从以上可以看出，由于在期初与期末，公司与中行均按预先规定的同一汇率（USD1＝JPY113）互换本金，且在贷款期间公司只支付美元利息，而收入的日元利息正好用于归还原日元贷款利息，从而使公司避免了未来的汇率变动风险。

第八节　案例分析

一、进口代理先行放单的风险

某外贸公司接受国内一物资公司的委托，与其指定的中国香港某公司签订了进口钢材的合同。价格、交货期、开证时间、开证保证金、代理费等主要内容均在代理协议中一一明确。在收到物资公司的开证保证金（信用证金额的15%）后，外贸公司通过当地中国银行向外开出了远期信用证。很快外商就通过银行寄来了信用证项下的全套单据。根据代理协议的规定，外贸公司将全套单据复印件交物资公司审核并由其确认。之后，外贸公司向银行承兑并取得了提单。当外贸公司要求支付余款时，物资公司称资金一时周转困难，要求外贸公司予以宽限，并保证在外贸公司对外付款前几天付清余款，外贸公司于是将提单交给了物资公司。可承兑期满后，物资公司分文未付，而外贸公司却不得不对外支付信用证的全额。等回过头来去找物资公司时，却已是人去楼空。经了解，该物资公司早已欠下巨额外债，而外商是与其有多年关系的"朋友"。他们的"合作"使得外贸公司遭受了巨额损失。

（一）问题试分析

1. 在上述例子中，可承兑期满后，物资公司分文未付，而外贸公司可否不对外支付信用证的全额？

2. 从上述例子看，外贸公司从开出信用证到最后付款之间，其风险点主要有哪些？

3. 外贸公司在接收委托进口的情况下，一般应该注意哪些方面的事项？

（二）参考答案

1. 不行。信用证一经开出，便独立于合同，只要单单、单证相符，银行就必须无条件付款。外贸公司不得不对外支付信用证的全额。

2. 外贸公司从开出信用证和最后付款之间，其风险点主要如下。

（1）开证时，外贸公司应该收取开证保证金，本案例收取开证保证金（信用证金额的15%）是对的。

（2）外贸公司只有在收取全部余额后，才能将提单交给物资公司。因为提单就是货权。本案例诈骗者之所以选用远期信用证支付方式，是因为承兑期与付款期之间有时间差。通过承兑，便能拿到提单，获得货权。一旦将提单交给委托人，自由处分权此时已完全掌握在委托人手中。

3. 外贸公司在接受委托进口的情况下，一般应该注意以下方面的事项：

（1）外贸公司接受委托时，必须严格审查委托人和外商的资信；

（2）调研进口货物的市场行情和合理价位；

（3）必须将物权掌握在自己手中，以减少风险；

（4）尽可能在信用证中设置一些掌握主动权的条款；

（5）若发现进口货物有严重问题（如纯属废物，无任何价值），应立即采取司法救济手段，设法阻止银行对外付款（如能掌握诈骗的确切证据，法院可以采取保全措施）等。

二、出口代理打包贷款的风险

某外贸公司与箱包加工厂签订了一份出口代理协议。该工厂生产箱包后，由外贸公司向其指定的外商出口。在出口合同签订后，外商如期开来了即期不可撤销信用证。当外贸公司通知工厂备货履约时，工厂称因资金周转困难，需外贸公司协助解决购买原材料的流动资金。工厂提出希望外贸公司用信用证进行贸易融资，将融资的资金供工厂生产之用。经协商，外贸公司同意以信用证向银行申请打包贷款。

可工厂收到款项后并未及时安排生产，虽经外贸公司再三催促，但直至交货期，工厂也未能将货物备齐。结果，外贸公司因无法履行出口合同而遭外商索赔，而工厂此时已关门歇业。

（一）问题试分析

1. 什么是打包贷款，有什么作用？
2. 此笔业务的打包贷款货款如何解决？
3. 在此项业务中，外贸公司是代理方，工厂是委托人，因为工厂关闭无法履行合同，外贸公司有什么责任？外贸公司在出口代理合同中承担哪些责任？

4. 外贸公司在接受委托出口的情况下，一般应该注意哪些方面的事项？

（二）参考答案

1. 打包贷款（Packing Loan），也称打包放款，是指出口地银行为支持出口商按期履行合同、出运交货，向收到合格信用证的出口商提供的用于采购、生产和装运信用证项下货物的专项贷款。打包贷款是一种装船前短期融资，使出口商在自有资金不足的情况下仍然可以办理采购、备料、加工，顺利开展贸易。打包贷款融资比例通常不超过90%。还款的来源在正常情况下为信用证项下的收汇款，在企业不能正常从国外收回货款的情况下，企业必须偿还打包贷款的本金及利息，或允许银行主动从其账户扣划打包贷款的本金及利息。根据国家的有关政策，打包贷款可以使用人民币，也可以使用外汇作为贷款的币种。

2. 此笔业务的打包贷款最终由外贸公司偿还。在代理出口业务中，最容易发生的问题就是打包贷款。因为打包贷款实质上是用信用证进行质押的借贷，外贸公司必须向银行承担到期还款的责任，此责任的履行与出口合同能否切实执行无任何关系。

3. 外贸公司作为出口合同的卖方，必须履行出口合同中规定的义务，如有违反（即使是委托人的原因），必须向外商承担赔偿责任。从法律角度分析，外贸公司因此获得了向委托人追偿的权利，但此权利的实现依赖于委托人（即工厂）的经济状况，如案例中所述，因委托人关门歇业，外贸公司的双重损失无法从委托人处得到补偿。

4. 在接受代理出口委托时，外贸公司必须严格审查委托人和外商的资信情况，不要轻易为委托人向银行申请打包贷款。如经调查认可了委托人的资信，也要在其提供切实可行的经济保证后，才可申请打包贷款。严格审查信用证的内容，坚决不接受无法或难以执行的"软条款"，否则，主动权就完全掌握在外商的手中了。

三、出口押汇风险承担

2004年12月10日，宁波某公司（以下简称"宁波公司"）与法国某公司（以下简称"法国公司"）签订了一份地毯出口的合同。合同总价值为 USD 31346.86，装运港为中国宁波，目的地为法国巴黎，收货人为法国公司，付款条件为 D/P30 天。2004 年 12 月 20 日，宁波公司按照合同的要求备齐货物，从宁波港空运至法国巴黎。在取得空运提单和 FORM A 产地证之后，宁波公司汇同已缮制好的汇票、发票、单据一起交到该市 C 银行。因宁波公司当时资金紧张，随即以此单向 C 银行申请办理押汇。C 银行考虑虽然托收风险大，但宁波公司资信状况良好，与 C 银行有良好的合作关系，无不良记录，就为宁波公司办理了出口押汇。押汇金额为 USD 31346.86，押汇期限为 50 天，到期日为 2005 年 2 月 9 日，押汇利率为 7.4575%。同日 C 银行将此笔款项转到宁波公司账户，随后宁波公司便支用了该笔款项。2005 年 1 月 12 日，C 银行收到国外提示行电传，声称客户已经承兑，并取走了该套单据，到期日为 2005 年 2 月 8 日。但是，在到期日之后，却迟迟未见该笔款项划转过来。经宁波公司与 C 银行协商，由宁波公司与买方联系，但买方声称已将该笔款项转到银行。2005 年 3 月 25 日，C 银行发电至提示行查询，提示行未有任何答复。此时，宁波公司再与法国公司联系，法国公司一直没有回电，到 2005 年 9 月突然来电声称自己破产，已无偿还能力。至此，该笔托收已无收回的可能。

C 银行随即向宁波公司追讨，但宁波公司一直寻找借口，拖欠不还。C 银行见宁波公司无归还诚意，一纸诉状将宁波公司告上法庭，要求宁波公司履行义务，清偿所欠的银行债务。法庭上，宁波公司认为自己不具有清偿该笔资款的义务，理由是已将全套单据在 C 银行办理了质押，并将全套单据卖给了银行，既然银行买了全套单据，那么银行应该对这套单据负责，宁波公司虽然可以协助银行追讨欠款，但并无代为付款的义务。

（一）问题试分析

出口押汇与包买票据有哪些区别？出口押汇没能收汇，银行能否要求公司清偿该笔资款？

（二）参考答案

宁波公司的管理人员显然是把出口押汇与包买票据混淆了。出口押汇，是指出口方银行根据出口商提供的跟单信用证及全套单据，最终审核无误后，扣除押汇利息，按当月该外汇指定银行挂牌折成人民币，扣除押汇利息后将资金余额划给出口商的一种融资方式。出口押汇一般为信用证项下办理。但对于有些信用等级高、资信状况良好、内部管理严格、经济效益好的企业也可办理托收项下的出口押汇。福费廷是指出口商所在地银行买进远期票据，扣除利息，付出现款的一种业务。

这两种业务中，出口商都是通过单据或票据的买卖，及时获得资金，加速了资金周转。但出口押汇与包买票据有不可忽视的区别：在出口押汇业务中，如果单据被拒付，则办理押汇的银行可以对出票人行使追索权，要求出票人偿付；而办理包买票据业务的银行则不能对出票人行使追索权，出口商在办理这种业务时是一种买断行为，票据遭到拒付与出口商无关，出口商将据拒付的风险完全转移给银行。

在出口押汇业务中使用的单据为信用证或托收项下的单据，在一般的国际贸易中使用。包买票据业务中使用的票据是与大型成套设备相关的票据，可以包括数张等值的期票（或汇票），每张票据的间隔时间一般为6个月。

出口押汇中使用的单据除汇票外，还有提单、装箱单、保险单等其他信用证或合同要求的一些单据，银行在向出口商购买这些单据时，主要是货权的转移，故汇票本身并不需担保或承兑。办理包买票据一般只有汇票或本票，这种票据必须由第一流的银行担保。

出口押汇手续较简单，一般只收取贷款利息，而办理包买票据业务收费比一般的贴现业务的费用高，除按当时市场利率收取利息外还收取管理费，出口商未能履行或撤销合同致使包买票据业务不能实现的罚款。

所以C银行对宁波公司有追索权，宁波公司负有偿还此笔贷款的义务。

第六章

国际商务策划

一项计划能将企业家的设想变为切实可行的商业模式。对于一家企业来说,制订一项商务计划可能有两个目的:一是内部管理之用;二是说服对公司具有现实和潜在价值的外部机构(如投资者、银行或商业伙伴)达成合作。国际商业计划的许多基本构成因素与国内计划的构成因素相似,但在全球环境中,企业可能会遇到新的问题和风险。

第一节　国际市场营销环境

一、国际市场营销的基本概念

国际市场营销（International Marketing），简称国际营销，是指企业进行的市场营销活动。与国内营销者的任务一样，国际营销者也要首先确定市场需求，然后制定出适当的产品、价格、渠道和促销策略。国际营销的目的及其手段与国内营销一样，都是通过满足顾客需求而实现企业利润。

国际营销与国内营销除具有相同点外，国际营销还具有自己的特殊性，也就是国际营销的"跨国"性质。它是在两个甚至两个以上的国家进行的经营与销售活动。如果我国一家企业向美国出口产品，也就是这家企业进行了跨国界的营销活动，即进行了国际营销。另一家中国企业在美国设立了一个子公司，在美国从事生产并就地销售，这一企业进行的营销活动也属于国际营销的范围，因为其子公司在美国的生产与销售活动都要受到设在中国的公司总部的指挥和监督。如此看来，国际营销并不一定意味着产品的跨国界转移（进出口）。只要营销决策具有"跨国"性质，其营销活动也就属于国际营销的范畴。

国际营销的"跨国"性质，导致了其与国内营销有以下几点区别。

1. 国际营销者与国内营销者面临着完全不同的环境因素。国际市场的环境分析包括国际市场经济环境分析、国际市场文化环境分析、国际市场政治环境分析和国际市场法律环境分析，力求在国际市场环境差异性上下功夫，分析其变化趋势。在营销学中，这些被称为非控制因素。这些非控制因素的国际差异，必然会导致各国在需求、竞争、经营惯例和习俗等方面的差异，从而影响到企业的营销决策。

2. 国内营销与国际营销的可控因素也有所不同。所谓可控因素，主要是指企业可以施加控制的营销组合因素，包括产品、定价、分销渠道和促销等。这些因素几乎在各国市场上都有所不同。比如，企业在不同的国外市场上提供的产品和产品线、成本结构和价格构成以及促销方式等都可能存在着差异。

3. 国际营销需要进行多国协调和控制。当企业在许多国家有营销业务时，营销管理的任务并不仅仅局限于把在每个国家的营销活动管理好，还需要对各国的营销活动进行统一规划、控制和协调，使母公司和分散在世界各国的子公司的营销活动成为一个灵活运行的整体。只有这样，才能贯彻和执行全球性营销战略，使整体效益大于局部效益之和。这也是国际营销的特点之一。

总之，国际营销是国内营销的跨国延伸。国际营销这种"跨国"性质，大大增加了复杂性、多变性和不确定性。做一个合格的国际营销者比做一个合格的国内营销者要困难得多。因此，企业如果想更好地利用国际市场上的机会，并在竞争激烈的国际市场上获得竞争优势，其营销人员就必须认真学习和研究国际营销学。

二、国际市场营销的环境分析

（一）国际市场营销的经济环境分析

国际市场营销的经济环境由两部分组成：世界经济环境和目标国家（地区）经济环境。对世界经济环境的分析，通常包括世界经济格局及发展趋势、国际贸易构成和国际金融体系等方面的分析。目标国家（地区）经济环境调研的目的在于了解一个国家（地区）的自然条件、总体经济状况、生产力发展水平、产业结构特点、宏观经济政策、货币制度、经济法律和条约、价值观念、商业习惯、消费水平和基本特点等。

（二）国际市场营销的文化环境分析

国际营销是跨国界的经营活动，这种经营活动与国内营销的主要区别就是企业在其他国家（地区）面临着不同的文化环境。各国（地区）文化背景的不同导致了各国（地区）顾客的需求不同。企业要想在国际营销中满足异国（地区）顾客的需求，就必须首先进行文化分析，根据各国（地区）文化的差异判断各国（地区）顾客需求的差异。从各国（地区）企业的国际营销实践来看，重视文化分析者成功，忽略文化分析者失败，这已成为国际商界的一条定律。

文化环境对企业国际营销活动的影响具有广泛性和深远性。企业的国际营销活动，无论是市场调研、广告促销、交易磋商、物流配送、售后服务等环节，还是产品、定价、分销、促销等策略，无不感受到不同文化的影响和冲击。企业国际营销人员应重视对不同国家（地区）文化环境的分析，了解不同文化的背景，评估不同文化的影响，实施跨文化营销。

国际市场的文化环境中，语言教育、社会结构、宗教信仰、美学观点、价值观念和风俗习惯等文化构成要素的影响是文化环境分析的重点，不仅要探讨不同文化对企业产品、定价、分销和促销等营销组合的影响，而且还要了解企业国际营销活动对当地文化的影响。

（三）国际市场营销的政治和法律环境分析

国际市场营销不可避免地受到有关国家（地区）的政治及法律环境的制约。目标国家（地区）的政治和法律环境构成了市场进入的直接障碍，国际营销企业不仅要注意了解和分析目标国家（地区）政治法律环境的特征，遵守当地的法律法规，而且也要采取措施避免或减少可能的政治风险，维护自己的合法权益。

上文所讲的政治环境，是指影响企业国际营销活动的各种政治因素。国际企业到某国去从事营销活动，必须对该国的上述因素进行系统分析，并在此基础上进行政治风险评估，进而采取有效地规避风险的措施。

对于国际企业来说，仅仅了解国际营销的政治环境还不够。因为一个国家的政府对外来产品和投资的态度往往是通过法律来体现的，法律具体地规定了企业竞争和经营等行为的"游戏规则"。营销人员还应了解从事国际营销活动的法律环境，关于国际贸易和投资的有关法规。企业从事国际营销所面临的法律环境主要由三部分构成：一是本国法规，二是国际法规，三是东道国法规。

总而言之，国际市场营销环境分析需要对经济大环境有一个总体的了解，预估风险和效益情况。对外贸易要尽量与总体环境好的国家（地区）间开展。国际营销企业应当密切关注国际市场营销环境的变化，抓住机遇，规避风险，保证国际营销目标的实现。

相关链接

韩国现代制胜美国市场

美国是世界上主要的小轿车市场之一，而且也是世界上利润最高的轿车市场之一。据分析，日本汽车制造商的利润大部分来自北美市场。各国汽车制造商都想打入美国市场。但在过去的几年中，进入美国的汽车商中韩国的现代汽车取得成功。

一、时机

当前世界贸易保护主义盛行,但由于国与国之间的经济发展不平衡,对一个国家的贸易壁垒可能成为其他国家打入市场的绝好机会。由于日本对美国的汽车出口受到所谓"自愿配额"的限制,出口数量停留在每年 230 万辆左右。日本采取了向高档车转移的方针,逐步提高售价。美国的三大汽车商出于最优利润的考虑,采取了保持销量、提高售价的做法。这就使低档小型经济车的市场出现了缺口。这给韩国汽车提供了打入美国市场的机会。

二、币值

由于韩元对美元的比价基本不变。因美元对日元大幅度贬值,韩元对日元也就相对贬值,这就使韩国汽车的美元成本大大低于日本汽车的美元成本。

三、员工

美国轿车工业趋向于"夕阳工业",三大美国汽车商相继关闭多条生产线、解雇工人。新一代有才华的青年都不愿去汽车业谋职,使得工人年龄相对上升,素质相对下降。韩国的汽车工业正处于上升时期,汽车工人社会地位很高,汽车厂可毫不费力地招到优秀、能干的工人,而其工资只是美国汽车工人的十分之一。韩国汽车工人的平均年龄只有 27 岁,比日本的 34 岁还要年轻 7 岁。

四、产品

韩国的现代汽车采用的并不是当代最先进的汽车技术,而是 20 世纪 80 年代初日本三菱汽车公司的技术,这一技术在美国市场上已有 5 年历史,产品可靠、耐用、标准度高,维修非常方便。与之形成对照的日本铃木汽车,采用的是当代最新技术生产的马达,油耗量是轿车问世以来最低的,但其维修难度相应上升,产品成本也相应偏高,同时其可靠性、耐久性存疑。

五、价格

在产品的价格上,现代汽车采用了快速渗透定价策略,比同等级的日本车定价约低 1000 美元，被美国汽车界评为"日本技术，韩国价格"。

现代汽车采取了在产品的开发与生产过程中联合，在销售环节上独立，保证 100% 的销售控制的市场运作方法。

六、渠道

在渠道上，现代汽车选择了先出口加拿大，后打入美国的迂回路线。加拿大市场与美国市场极为相似，世界主要的汽车厂商均在加拿大销售。由于加拿大市场比美国市场小，有问题易于发现，也易于及时解决，代价也小得多。现代汽车采取了"少而精"的网点策略，在美国只建立了总共约 200 个经销点，使每个经销点都有较高的销售量，保证了经销商有厚利可图。

现代汽车充分考虑了政治因素，把零部件的采购纳入整个经营战略中统一考虑，尽可能地采用美国零部件，以保证其产品有较高的"美国成分"。而在加拿大，现代汽车中的"加拿大成分"也是进口国中最高的。现代汽车集团总经理曾表示，必须考虑双向贸易。

案例评析

从国际市场营销角度来看，韩国的现代汽车之所以能成功地打入美国市场有多方面原因。

1. 现代汽车把握住了国际市场营销环境造成的市场进入机会，利用日美贸易政策的摩擦和限制以及汇率优势，在美国这一极具市场潜力的国际市场中牢牢地把握机会，并及时扩大其市场份额，为其国际市场营销成功打下了良好基础。

2. 现代汽车充分考虑了美国及加拿大消费者的民族情感和社会价值观念，从政治角度出发处理经济问题，以整车中的"美国成分"和"加拿大成分"的增加为代价，取得了"民心"和异国消费者的"认同感"，从而降低了非经济的社会问题风险，减小了引起贸易摩擦的因素，降低了跨国营销障碍的"门槛"，改善了国际营销环境。

3. 现代汽车在产品策略上采用了稳妥的策略，考虑了外国市场消费者的习惯，采用了已被美国市场认可的技术，由于有较高的技术成熟度与可靠性，增加了消费者购买外国车的"安全感"和购后维修服务的便利与可靠感。

4. 在价格策略上，现代汽车依靠延伸产品造成的经济批量，采用快速渗透的策略，一方面充分利用国际市场机会，另一方面增强了自身的市场竞争力，形成独特的目标市场，避免了与美、日高档车的市场碰撞。

5. 在国际营销渠道上，现代公司也有两个较为成功之处，一是借加拿大市场避开了直接进入贸易壁垒相对较强的美国市场，又充分利用了加拿大与美国之间贸易联系较紧密、商品流通限制少、转移较为便利的条件；二是在自己营销力量较强的情况下，坚持了对销售环节的全面控制，并且保持了销售中间商的经营规模，从而使现代汽车有了较为顺畅、有效的渠道。

现代汽车进入美国市场的成功还在于充分利用了"比较利益"。正因为自身劳动力价格较低且在降低生产成本的同时保证了产品质量，形成资源配置和利用的优势，再加上正确的国际营销策略，所以取得成功也就有其必然性了。

三、国际营销战略规划

（一）市场营销战略规划

市场营销学认为，市场营销战略是企业在未来某个时间要达到的营销目标以及为达到这些目标要采取的行动方案。市场营销战略规划（或计划）是市场营销战略的书面表达。完成规划的步骤与遵循的原则称为市场营销战略规划过程。

在企业经营活动中，企业通过市场营销将产品或服务送到顾客手中，并从供应者那里获得资源。这个过程，就是企业和市场环境的资源交换。通过这种交换，企业获得生存和发展。企业在一段时期中期望要达到的结果，就是企业的目标。企业在营销活动中，往往不止一种可选择的目标。但企业必须依据资源可利用状况以及环境情况，在一段时期确定一个对自己来说最有利的目标。选择适当的目标，这就是营销战略的一层意思。市场营销战略的另一层意思是指企业为达到这个目标所要采取的方法。

市场导向的战略规划是一种管理程序，其任务是保持和发展企业的资源，使目标与千变万化的市场机会相匹配。战略规划的目标就是形成或重新开拓企业的业务和产品，以期获得目标利润。

战略规划包含了3项内容：第一，把企业的投资业务当作一个投资组合来管理，决定哪项业务需要建立、保持、收缩或终止；第二，通过考虑市场增长率和企业的定位，精确地估量每项业务的潜在利润；第三，对每一项业务制订一个战略方案。

（二）国际营销战略规划过程

市场营销战略规划，从广义上讲，是一个确定营销战略方案并对该方案予以执行和实施控制的过程。国际营销战略规划的制定过程包括8个步骤：

1. 明确企业任务；
2. 外部环境分析；
3. 内部环境分析；
4. 确定目标；
5. 确定营销战略与目标市场；
6. 制订计划；
7. 执行计划；
8. 反馈与控制。

● 相关链接

欧莱雅的中国目标市场策略

一、企业背景

欧莱雅的创立可以追溯到1909年，当时它还只是一个小型的化学实验室，由法国药剂师欧仁·舒莱尔创办。舒莱尔先生最初的兴趣在于发明染发剂，他成功研制出了一种新型无毒染发剂，这一创新为欧莱雅日后的发展奠定了坚实的基础。

随着产品的不断研发和市场的逐步拓展，欧莱雅逐渐从一个小型实验室发展成为一家专业的化妆品公司。到了20世纪50年代，欧莱雅已经拥有了一定的市场份额和品牌影响力，其产品线也日益丰富，涵盖了护肤、彩妆、香水等多个领域。

2016年欧莱雅官方数据显示：82900名员工来自140个不同的国家和地区。25.3亿欧元的销售业绩，全球排名第1的化妆品集团。2015年注册专利497个。2012年研发投资达7.91亿欧元，占销售额的3.5%。生产制造58亿件产品，其中87.1%为内部制造。世界各地有42家工厂和145个配送中心。86%的欧莱雅工厂都通过了ISO9001（2000版）或FDA（质量认证）认证，86%的欧莱雅工厂都通过OHSAS18001或VPP（安全认证）认证，88%的工厂都通过了ISO14001（环境认证）认证。欧莱雅的产品遍布五大洲的130个国家和地区。

2023年，欧莱雅集团再次展示了其强大的市场影响力和卓越的经营能力，全年业绩创下了新的里程碑。根据欧莱雅集团公布的财报，2023年销售额达到了411.8亿欧元，相比上一年度增长了7.6%，这一增长速度超过了全球美妆市场的平均增长率，体现了欧莱雅在全球经济环境波动中依然稳健前行的态势。营业利润方面，更是实现了81.4亿欧元的佳绩，同比增长9.2%，彰显了集团出色的盈利能力。

2023年的成功并非偶然，而是欧莱雅集团多方面努力的成果。首先，欧莱雅集团在数字化转型上的投入取得了显著成效，通过增强线上渠道的销售能力，有效应对了疫情后消费者购物习惯的变化。其次，高档化妆品部的表现尤为抢眼，成了推动集团整体增长的关键力量，这得益于全球范围内对高端美妆产品需求的持续增长。再次，集团也注重可持续发展策略，致力于推出环保包装和可持续来源的原料，以响应消费者对绿色消费的需求。

欧莱雅集团拥有大量独特的国际品牌，涵盖所有的化妆用品：护发、染发、护肤、化妆品和香水。这些品牌由欧莱雅集团各部门直接管理，每一个品牌都拥有各自的专业分销渠道。强大的组织性是欧莱雅集团的主要优势之一，这让欧莱雅集团得以依据消费者的不同习惯和生活方式作出积极响应，同时根据世界各地的实际分销情况进行调整，以求满足每一位消费者的期望。

二、企业在中国市场的状况

欧莱雅进入中国市场后，以其与众不同的优雅品牌形象，加上全球知名演员、模特的热情演绎，向公众充分展示了巴黎欧莱雅"你值得拥有"的理念。目前已在全国近百个大中城市的百货商店及超市设立了近400个形象专柜，并配有专业美容顾问，为广大中国女性提供全面的护肤、彩妆、染发定型等相关服务，深受消费者青睐。

欧莱雅扎根中国市场，已经发展成为中国最大的美妆集团，同时中国也成为欧莱雅全球第二大市场。

欧莱雅集团在中国的品牌主要分为大众品牌（巴黎欧莱雅、美宝莲、卡尼尔）、高档品牌（兰蔻、赫莲娜）、专业美发产品（卡诗、欧莱雅）以及活性健康化妆品（薇姿、理肤泉）等。

三、中国化妆品市场竞争状况

截至 2022 年，欧莱雅中国实现了 5.5% 的逆势增长，市场份额超过 30%，在高档化妆品部市场份额更是超过 30%。欧莱雅中国通过其多元化的产品线，包括高端护肤、彩妆、专业美发等，满足了不同消费者群体的需求。欧莱雅中国在电商渠道实现了两位数增长，并在"双11"期间荣登天猫、京东、抖音平台美妆集团榜首。2023 年，欧莱雅中国继续领跑市场，销售净额增长 5.4%，并在 2024 年第一季度显著引领市场，增长达 6.2%。

目前欧莱雅集团在中国的主要竞争对手也是国际知名化妆品品牌，主要有雅诗兰黛、倩碧、露华浓、圣罗兰、克里斯汀·迪奥、旁氏、妮维雅及资生堂等。这些品牌在国内都具有极高的知名度、美誉度和超群的市场表现，如日本的资生堂具有 120 多年的悠久历史，又深谙中国人的美容习性及文化传统，在国内拥有一批忠实的消费者，对任何的化妆品公司而言，日本资生堂绝对是一个难以跨越的对手。

除了国际品牌外，欧莱雅集团还面临着国内本土品牌的竞争。国产品牌实施薄利多销的策略，控制中低档市场，使得国内市场呈现各踞一方的局面。虽然欧莱雅集团旗下的各种品牌已经几乎覆盖了全部的市场空间，但是国内的上海家化等品牌依然占有不少的市场份额。此外，经过与外资品牌的多年较量，国产品牌在市场营销能力上已经与国外品牌不相上下，甚至更胜一筹，形成了自己的品牌价值。

四、企业的中国目标市场策略

面对中国化妆品市场的激烈竞争，欧莱雅集团为了争取中国化妆品市场份额，主要采取了以下的营销竞争策略。

（一）市场定位策略

由于欧莱雅集团属于世界顶级品牌，所以引入中国的品牌定位于中高档，主要分为大众品牌和高档品牌。随着竞争的加剧，欧莱雅集团的大众品牌价格开始有意识地下调，使得大众品牌中又分为不同档次，其最低价格已经接近国内品牌化妆品的价格，从而开始了中低市场的争夺。高档品牌则继续高品位策略。

（二）细分市场策略

第一，从产品的使用对象进行细分，有普通消费者用化妆品、专业使用的化妆品。专业使用的化妆品主要是指美容院等专业经营场所所使用的产品。

第二，按照品种进行细分，有彩妆、护肤、染发护发产品等，并进一步对每一品种按照化妆部位、颜色等进行细分。如彩妆又按照部位分为口红、眼膏、睫毛膏等，而就口红而言，又按照颜色细分为粉红、大红、无色等，按照口红的性质又分为保湿、明亮、滋润等。如此步步细分，仅美宝莲口红就达到150多种，而且基本保持每1~2个月推出新的款式。

第三，按照地区进行细分。由于南北、东西地区气候、习俗、文化等的差异，人们对化妆品的偏好具有明显的差异。如由于南方气温高，人们一般喜欢使用清淡的妆面，因此较倾向于淡妆。同样东西地区由于经济、观念、气候等，人们对化妆品也有不同的要求。欧莱雅集团敏锐地意识到了这一点，按照地区推出不同的主打产品。

第四，其他细分策略。如按照年龄细分等。

（三）品牌策略

首先，欧莱雅集团在中国引进了约10个主要品牌，分别分布于不同的细分市场，使得集团的竞争策略能够顺利地进行。所以，精确的品牌布局是欧莱雅集团最为关键的策略。其次，对品牌的延展性、内涵性、兼容性作出了精确的定位。

（四）广告策略

由于化妆品的激烈竞争和越来越强的无差异趋势，如何提高自身的知名度和认可度，成为化妆品公司挖空心思需要解决的问题。化妆品的发展日新月异，人们对流行的追随，消费者很难对某一款式或品牌忠诚。因此，广告对化妆品十分重要，针对每一品牌的不同定位和内涵，欧莱雅集团有区别地进行宣传，以达到最佳的效果。

（五）公共沟通策略

利用跨界活动，呈现产品的特点，宣传品牌。如设立"欧莱雅—联合国教科文组织世界杰出女科学家成就奖"和"联合国教科文组织—欧莱雅世界青年女科学家奖学金",每年评选一次,提高了欧莱雅集团的社会地位和可信赖度。利用社会焦点,吸引消费者的注意。

通过使用公共沟通策略,欧莱雅集团成功地让各种产品尽可能多地出现在人们的视野中,无形中让消费者不断地认识或加深了对欧莱雅集团各个品牌的印象和好感。

案例启示

1. 品牌定位是建立一个与目标市场有关的品牌形象的过程和结果,指为某个特定品牌确定一个适当的市场位置,使商品在消费者的心中占领一个特殊的位置。也可以说,品牌定位只能顺应消费者的认知而不能与之冲突。而企业一旦选定了目标市场,就要设计并塑造自己相应的产品、品牌及企业形象,以争取目标消费者的认同。

2. 由于市场定位的最终目标是为了实现产品销售,而品牌是企业传播产品相关信息的基础,也是消费者选购产品的主要依据,因而品牌成为产品与消费者连接的桥梁,品牌定位也就成为市场定位的核心和集中表现。

3. 为了尽可能地争取最大的份额,欧莱雅集团在产品设计方面苦下功夫,保持了欧莱雅集团产品高品质、独特、领先、丰富的文化内涵。

4. 欧莱雅以品牌为基础,形成品牌矩阵和产品结构框架。

第二节 行业环境分析

一、波特的五力模型

与宏观环境相比,行业环境对竞争和超额利润的影响更加直接。一个行业的竞争程度和利润潜力可以从 5 个方面反映出来(如图 6-1 所示)。五力模型首先由哈佛大学教授波特提出,其后得到多位学者的扩展和加强。5 种力量的竞争力威胁见表 6-1。

(一)新进入者的威胁

一些因素,如规模经济性、品牌忠诚度和资本规模决定了新竞争者进入一个产业的难易程度。行业的新进入者通常会给企业带来很大的威胁。一是他们增加了行业总支出,从而导致整个行业的收入和回报降低;

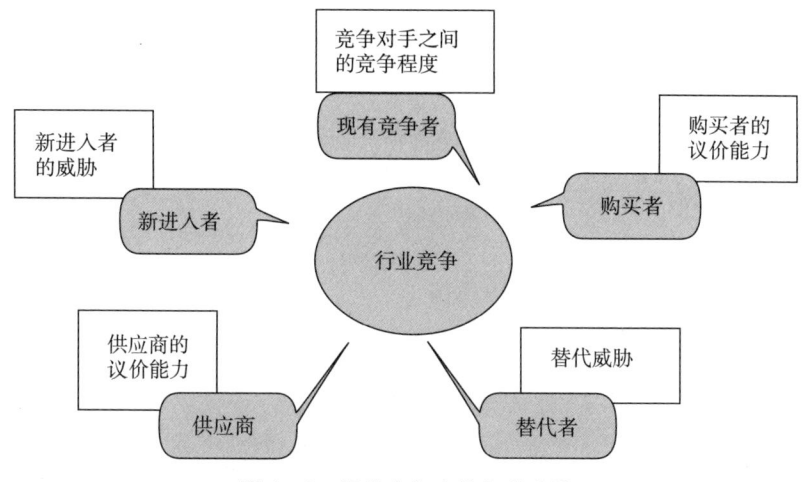

图 6-1 行业竞争中的各种力量

二是新进入者通常拥有相当的资源，想占领更大的市场份额。

（二）替代威胁

替代品是指那些与本行业的产品有同样功能的其他产品。转换成本、购买者的忠诚度等因素决定了顾客是否愿意购买替代产品的程度。

（三）购买者的议价能力

大型或集中采购的买家、购买标准化产品或有较低转换成本的买家拥有更强的议价能力，能够要求更低的价格或更高的质量，影响企业利润。

（四）供应商的议价能力

当供应商集中度高、转换成本大、替代原料有限时，供应商的议价能力强，可能会挤压企业的利润。

（五）竞争对手之间的竞争程度

由于行业内的企业互相制约，一个企业的行为会引起竞争反应。产业的增长率、增长或下降的需求以及产品的差异等决定了产业中现有企业之间相互竞争的强度。

表 6-1　竞争力威胁的表现

5 种力量	竞争力威胁的表现形式
竞争对手之间的竞争程度	竞争企业数量众多； 竞争对手在规模、市场影响和产品方面颇为相似； 产品售价高，不是经常买的产品； 产能大幅增加； 产业低速增长或衰退； 退出成本高
购买者的议价能力	购买者数量少； 产品缺乏吸引力； 买方从重点企业购买的是标准无差异的产品； 购买者缺乏购买力； 买方愿意并能够进行后向一体化
供应商的议价能力	供应商数量少； 供应商提供独特的有差异的产品； 该企业不是供应商的主要客户； 供应商愿意并能够进行前向一体化
新进入者的威胁	缺少规模经济带来的低成本优势； 缺少非规模经济带来的低成本优势； 产品差异小； 报复的威胁小； 没有阻止或限制新进入的政府政策
替代威胁	替代品在质量和功能上优于现有产品； 使用替代品的转换成本低

● 相关链接

出口电商行业的4大趋势

出口电商行业作为全球贸易的新引擎，在近年来展现出蓬勃发展的态势，在技术革新、消费者行为变化以及全球供应链重构的推动下，行业格局与发展方向正经历深刻变革。

趋势1：海外仓模式渐成常态

一、背景与现状

海外仓模式，顾名思义，就是指把产品直接存放在国外的仓库，借此实现商品的本地配送，来缩短交货期。

随着跨境电商交易量的激增，物流效率与成本控制成为决定商家竞争力的关键因素。传统的直邮模式虽然操作简便，但运输时间长、物流费用高且难以保证商品安全。海外仓模式应运而生，即在目标销售市场设立仓库，提前将商品批量运输至海外，缩短配送时间，提高顾客满意度。

二、发展动因

成本效益：大批量运输降低了单位商品的物流成本，同时，当地发货避免了高额的国际运输费用和关税。

快速响应：缩短了订单处理与配送周期，能够快速响应消费者需求，提升购物体验。

库存管理灵活：商家能更灵活地管理库存，及时补货或调整库存结构，减少积压风险。

合规便利：海外仓有助于遵守目的国的法律法规，简化清关流程，降低被扣押或退回的风险。

三、实践案例与影响

亚马逊FBA（Fulfillment by Amazon）服务是海外仓模式的典型代表，它为第三方卖家提供了仓储、打包、配送和客户服务等一站式解决方案。中国品牌如SHEIN、Anker等通过在美国、欧洲等地建立海外仓，大幅提升了国际市场的竞争力。

四、未来展望

随着技术的进步，海外仓将更加智能化，集成自动化拣选、数据分析等功能，提升运营效率。同时，海外仓网络将更加密集，覆盖更多新兴市场，以适应全球化销售的需要。

趋势2：欧美主流市场对于卖家合规性经营要求提高

一、背景与现状

欧美地区作为跨境电商的主要市场，对进口商品的合规性要求历来严格，包括产品质量标准、安全认证、数据保护、税务合规等方面。近年来，随着电商规模的扩张，各国政府加大了监管力度，以保障消费者权益和市场公平竞争。

二、发展动因

消费者保护：欧美消费者对产品质量与安全的关注度日益提升，促使政府出台更严格的法规。

税收公平：跨境电商的税基侵蚀问题引起关注，各国政府通过VAT（增值税）、GST（商品及服务税）等规定，确保跨境电商与本土企业税收公平。

数据安全：GDPR（欧盟《通用数据保护条例》）等法规的实施，对跨境电商的数据处理和隐私保护提出了更高要求。

三、实践案例与影响

亚马逊、eBay等平台纷纷要求卖家提供合规证明，如CE认证、UL认证等，未达标的商品将被下架。此外，欧盟VAT合规要求促使许多中国卖家不得不调整税务策略，增加成本透明度。

四、未来展望

合规经营将成为出口电商的生存基础。企业需加强内部合规体系构建，借助专业服务提供商进行合规咨询与审计，同时利用数字化工具提高合规效率。长远看，合规性将促进出口电商行业的规范化发展，提升国际形象。

趋势3：新兴市场崛起，东南亚市场成亮点

一、背景与现状

东南亚拥有超过6亿人口，互联网普及率高，年轻消费群体占比大，

是全球最具潜力的电商市场之一。随着数字经济的快速发展，电商平台如Shopee、Lazada等在东南亚地区的兴起，为出口电商提供了新的增长点。

二、发展动因

互联网普及：移动互联网的普及和智能手机使用率的提升，为电商提供了广阔市场。

年轻消费群体：东南亚年轻人对国际品牌有较高接受度，追求时尚与品质生活。

中产阶级扩大：经济增长带动中产阶级群体扩大，消费能力增强。

政策支持：多国政府出台政策鼓励电商发展，改善物流基础设施。

三、实践案例与影响

中国跨境电商企业如阿里巴巴、京东通过投资或合作方式进入东南亚市场，通过本地化策略快速占领市场份额。同时，许多中小卖家也通过这些平台，将产品销往东南亚，实现业务的国际化扩展。

四、未来展望

东南亚市场仍处于电商发展的黄金时期，预计未来几年将持续高速增长。出口电商需深入了解当地文化、消费习惯，开发适合当地市场的产品，并利用社交媒体营销等手段，增强品牌影响力。

趋势4：粗放模式渐成过去时

一、背景与现状

早期出口电商依靠低价竞争、海量铺货的粗放式经营策略迅速扩张。然而，随着市场竞争加剧，消费者需求日益多样化和个性化，这种模式已难以为继。

二、发展动因

消费升级：消费者从追求性价比转向追求品质、设计与服务体验。

品牌意识增强：消费者更倾向于购买有品牌故事、有良好口碑的产品。

市场细分：市场逐渐细分，要求商家具备更强的市场定位能力和精细化的运营策略。

技术驱动：大数据、人工智能等技术的应用，使得个性化推荐和精准营销成为可能。

三、实践案例与影响

DTC（Direct-to-Consumer，直接触达消费者）模式的兴起，让品牌直接触达消费者，通过个性化营销、定制化服务提升顾客忠诚度。如Anker、SHEIN等品牌通过数据分析，精准定位客户需求，实现了从产品开发到营销策略的全面升级。

四、未来展望

出口电商将更加重视品牌建设与消费者体验，利用技术优化供应链，提升运营效率。同时，精细化运营、个性化服务将成为标配，商家需构建以消费者为中心的全链路服务体系，实现从粗放到精细的转变。未来，出口电商的竞争将更加激烈，但同时也为那些能够快速适应市场变化、提供高质量产品与服务的企业带来更大的发展机遇。

二、竞争战略实施

一旦管理者评估了5种力量，确定了存在的威胁和机会，接下来就是选择适当的竞争战略。根据波特的观点，没有哪家企业能够在所有的事情上都获得成功，他提出，管理者应该选择能够给企业带来竞争优势的战略。波特进一步指出，竞争优势来自要么是比竞争对手的成本更低，要么是与竞争对手形成显著的差异。有鉴于此，管理者应该考虑下面3种战略：成本领先战略、差异化战略和集中化战略（见表6-2）。管理者究竟选择哪一种战略，取决于组织的优势和核心能力以及竞争对手的劣势。

表6-2 实施波特的竞争战略的要求

一般战略	技能和资源要求	组织要求
成本领先	持续的资本投资和融资能力； 流程再造技能； 严格控制人工成本； 产品设计得更容易制造； 低成本的分销系统	严格的成本控制； 频繁、详细的控制报告； 功能化的组织和职责； 基于严格的定量目标的奖励

续表

一般战略	技能和资源要求	组织要求
差异化	强大的市场营销能力； 产品工程能力； 创造性的洞察力； 强大的基础研究能力； 公司在质量和技术领先方面享有盛名； 产业传统或业务技能与销售渠道的合作能力	对研究、产品开发和市场营销功能的强有力的协调； 主观的绩效度量和激励而不是定量的考核； 能吸引高技能的劳动力、科学家或富有创造力的人员
集中化	指向特定战略目标的、有远见的政策组合	指向特定战略目标的、有远见的政策组合

成本领先战略（cost leadership strategy），是一种反映了企业如何成功竞争的理论，其核心是低成本和低价格。以较低的价格为消费者提供相同的产品价值。成本领先者通常将其产品定位于差别极小的大众市场上的"普通消费者"。成本领先者的主要职责就是生产和原材料的管理，通过不断降低经验曲线，使成本不断降低。这种战略的特点是薄利多销。

差异化战略（differentiation strategy），着眼于如何为消费者提供既有价值又有所不同的产品。差异化的来源可以是与众不同的质量、独树一帜的服务、创新的设计、技术的潜在能力或者是杰出的品牌形象。对于这种竞争战略来说，关键在于产品和服务的属性必须使公司有别于它的竞争对手，并且足以创造价格的溢价，这种溢价超过了差异化所增加的成本。这种战略的关键是薄销多利。

集中化战略（focus strategy），就是满足产业内特定细分市场的需求。集中化战略的目的是在狭窄的市场区隔上寻求成本优势，或者差异化优势。虽然成本领先战略和差异化战略二者是在整个行业范围内达到目的，但集中化战略的目的是很好地服务于某一特定的目标，它的关键在于能够比竞争对手提供更为有效或效率更高的服务。研究表明，集中化战略对于小型企业来说是更有效的选择，因为它们不具有规模经济性或者足够的内部资源以成功地实施其他两种战略。

研究表明，兼有低成本和差异化优势不是不可能的，它也能带来高绩效。

第三节　国际商业计划书编制

一、国际商业计划书编制的主要内容

商业计划（Business Plan）。在美国，商业计划是作为一种吸引私人投资人和风险投资家进行投资的"商业包装"而出现的。对于一个公司来说，把商业计划书提供给各种合作者不失为一种很好的方式，它可以让合作伙伴更好地了解自己。同时，制订商业计划也可以增强自己对公司现状及未来前景的了解。商业计划不但在企业运营之初扮演着重要的角色，而且在实际运作中仍然发挥着作为管理工具的作用。

鉴于人们在阅读商业计划书时一般没有作者在旁边回答问题或给予解释，所以应尽量采用通俗的语言，避免产生误解。商业计划书应当做到让外行也能看懂。

编制一份商业计划有多种方法，没有固定的格式，但商业计划书的写作风格应一致，有些指导原则是可以借鉴的。构成商业计划书的要素有：（1）绪言或摘要；（2）公司背景；（3）业务；（4）产品与服务；（5）营销；（6）财务信息；（7）管理与组织机构；（8）人力资源；（9）保密协议；（10）补充资料。

国际商业计划有别于国内商业计划。国际商业计划的特点有：（1）国际商业计划书必须充分考虑每个目标国家（地区）的独特文化、语言及其他方面的差异；（2）国际商业计划书必须考虑不同的法律法规、规章政策，该计划还必须包括每个新目标的进入策略；（3）国际商业计划书必须掌握目标国（地区）政治、法律、经济和文化环境的多重信息，整理分析当地的市场信息；（4）国际商业计划书在本质上更加复杂，因为它试图利用不同国家所提供的不同机会，要考虑产品开发、原材料采购、生产及在多个国家（地区）销售等一系列问题。其中的经历变幻莫测，在一个国家（地区）开发产品，在第二个国家（地区）购买原材料，在第三个国家（地区）制造产品，通过第四个国家（地区）运输，在第五个国家（地区）销售。当然，也有可能将最终产品运回开发国家（地区）。国际商业计划书的编制主要包括以下几方面。

（一）介绍/概要

本部分应该介绍公司商业计划的重点，让读者对计划书中其他部分的内容有所了解，起到提纲挈领的作用。在看完概要后，应让读者对公司的整个情况、产品、市场机会和财务目标有明确的了解。一般情况下应在计划其他部分已经起草后再写概要。在多数情况下，概要不应超过两页（最好为一页）。计划涉及全球业务方面的内容应该在概要中有所强调，其重点应为海外市场机会以及公司在这些市场中的财务目标。主要内容有以下几方面。

1. 简单描述公司的业务；
2. 介绍公司产品的重要特征；
3. 介绍公司产品的市场潜力；
4. 介绍公司的财务目标（例如，2 年内在新市场实现 250 万美元的销售收入，3 年内实现盈利，4 年内实现一定规模的销售收入和税后利润等）；
5. 介绍计划的目的及其与公司财务目标实现之间的关系。

（二）公司介绍

在商业计划书中对公司的发展历史进行全面概括是有一定难度的，但是，说明公司最初如何建立对商业计划是有帮助的。本部分列明公司每项产品的详细情况。重点应将产品和相关顾客群的需求联系起来。这将能说明公司是如何能够以不同于竞争者的方式来满足这些需求的。尽管该部分中的若干问题涉及公司预计的顾客群，但此类问题还可以在下列"行业背景和市场分析"部分中涉及。

1. 介绍公司的主要业务领域；
2. 介绍公司每个业务领域的产品；
3. 针对公司每个业务领域的有关产品，介绍实际的或预计的顾客群，以及这些顾客群对公司产品类型的具体需求；
4. 介绍公司为发现顾客需求所采取的具体措施，包括采访、市场调研、研究或测试等；
5. 针对为公司产品确定的各个顾客群，介绍公司的独特能力或竞争优势，如为什么那些顾客会购买公司的产品，而不购买竞争者的产品或替代品；
6. 介绍每种产品的盈利结构，包括预期销售价格、成本和利润率。

（三）行业背景和市场分析

公司产品所涉及的行业和市场包括各种变量，例如，顾客需求和购买习惯以及竞争者的优劣势将会影响行业和市场的发展趋势。本部分的观点更概括一些，主要考察一般性的人口和技术因素，以及可能在未来几年中对公司产生影响的其他变化。如果公司产品要受众多法规的制约，或公司的海外投资计划将要在目标国家（地区）接受政府的审查，那么还应在法规和相关的战略方面作出详细的调查研究，进行阐述。

1. 介绍公司主要经营的某个或多个行业；
2. 介绍其在每个行业的规模，今后 5~10 年的预计增长模式；
3. 发现行业中将会对公司产品感兴趣的主要领域；
4. 介绍那些很可能为公司产品带来主要顾客的业务类型，如大型的公司或小型的合伙企业；
5. 确定并介绍行业中其他重要的人口或技术发展趋势；
6. 介绍有关法规对公司产品的实际或潜在影响。

（四）竞争

商业计划书必须说明公司借以取得其经营和金融目标的竞争优势及核心竞争力。竞争因素因每个市场的不同而有所不同。例如，有些竞争者属于全球性的公司，它们活跃于每个市场，这些市场中的顾客群规模足以引起关注。在其他情况下，竞争来自地方公司，这些公司只满足于在其境内经营。通常情况下，这些企业可能非常具有竞争力，有着很高的品牌知名度和忠诚度。另外，一个市场中起重要作用的因素可能是价格，在另一个市场中起关键作用的则可能是顾客服务。此部分主要内容有以下几方面。

1. 确定并简单介绍公司每个目标市场中重要的实际或潜在竞争者。
2. 确定并介绍每个目标市场中重要的竞争因素。
3. 以公正的态度分析潜在顾客，将如何看待公司在前述竞争因素方面和竞争者展开竞争的方式。
4. 介绍公司为了利用竞争优势和/或为了减少、消除竞争劣势所打算采取的措施。
5. 介绍主要竞争者对第四项所述措施可能作出的反应。
6. 找出"市场进入障碍"，这种障碍可能会给新竞争对手进入市场造成困难。这些障碍包括：

(1) 取得规模经济所需的资本；
(2) 产品或服务的专有性；
(3) 品牌知名度；
(4) 对客户群的"转换成本"；
(5) 销售渠道；
(6) 绝对成本优势；
(7) 可能延缓或降低新竞争的规章要求。

（五）营销与销售

要制定出适合每个地区市场的战略，因为公司可能需要根据国家（地区）的不同而改变其经销渠道和促销方式。营销计划应该让读者能够清楚地了解公司的具体目标市场和推出具体营销活动方面的轻重缓急。在很多情况下，公司预算要求营销活动应在一定的时间内按计划分两个或多个阶段进行。建立和实施公司营销和销售战略所涉及的主要内容如下。

1. 介绍公司的总体营销战略和目标，如公司在市场上是如何被认知的，其开发市场份额的目标是什么等。

2. 介绍公司经销产品的策略，如直销、独立销售代表和第三方签订经销协议等。

3. 介绍公司的促销策略。在国外新市场的促销策略包括为宣传公司产品信息选择适当的媒体、制定营销策略以及为客户提供服务与支持。

4. 介绍公司的定价战略。如果没有政府对价格的控制，或其他人为的价格限制，那么公司必须根据竞争价格、要求的投资回报、利润率以及近期战略目标等传统因素为其产品定价。

5. 确定并介绍公司的主要"推销方式"（也就是销售和促销活动中的主要宣传方式）。

6. 介绍公司在顾客、经销商、渠道的服务与支持方面所采取的战略。

7. 介绍公司的销售策略和活动，如顾客的发现、销售人员的要求及报酬、销售的目标与跟踪等。

（六）技术与研发

不管公司经销的产品类型如何，技术都至关重要。对于有些公司来说，技术被融入产品之中。而在其他情况下，技术则使公司能够获得生产工艺方面的竞争优势。不管怎样，商业计划都应介绍公司开发新产品和新工艺的关键技术和策略。在有些情况下，可依靠第三方开发的成果，通过技术购买活动或许可项目安排取代研发活动，或对研发活动提供补充。主要内容有以下几方面。

1. 介绍公司为开展业务所需要的技术要点。

2. 介绍以上第一条所列每个技术要素的状况，如创意、原型、小规模生产等。

3. 介绍公司对每项技术要素的所有权和/或使用权。

4. 介绍技术公司主要市场中的一般状况，包括那些拥有优于或类似于公司技术的其他公司的情况。

5. 介绍今后 5 年中有关技术的预计发展趋势，包括在这时期可能出现的在商业方面具有可行性的新技术，以及可能限制其发展或接受度的因素。

6. 介绍公司的重要研发活动，重要的突破和风险。

7. 介绍公司研发活动的结果将如何用于公司业务中，如新产品、新生产方法、新工艺，经过对现有产品改良而能够满足既定顾客需求的产品等。

8. 介绍核准方面的规章制度对公司研发活动的影响。

（七）生产与经营

生产领域通常是公司选择海外市场寻求低成本的领域。在这种情况下，计划应详细分析海外生产的成本和风险。虽然研发费用可能很大，但制造成本对公司来说也是一笔重大开支，因此要想方设法降低制造成本，以在价格上比竞争者更具优势。主要内容有以下几方面。

1. 介绍公司的生产、经营的活动与战略。

2. 介绍与第三方签订的重要生产协议。

3. 介绍公司在生产方面的竞争优势或劣势，以及公司为发挥优势或消除劣势所采取的措施。

（八）管理与人力资源

如果缺乏良好的公司管理和适当的组织机构，那么即使是好的产品或优秀的产品开发人员也可能无法取得成功。在现实中，对于没有专业管理人员参加编写的任何商业计划，聪明的投资者都不会认真考虑。管理技能、人力资源和组织结构是商业计划的关键内容。对于国际商业计划来说，应特别关注海外部门的组织、合格的地方经理的招聘以及对全球业务实施监督的信息和报告系统的建立。主要内容有以下几方面。

1. 介绍公司的管理和组织结构，包括所有重要的海外业务部门。

2. 介绍公司的招聘、培训和薪酬政策。商业计划书中应说明可能包括在总薪酬中的基本工资、奖金、股票奖励计划、利润分成计划和其他利益。

3. 介绍公司的内部信息管理结构。

4. 如果将商业计划用于筹集资本，还应介绍重要经理人员的技能和业绩记录，以及公司额外招聘经理人员的计划。投资者希望了解经理的经验是否符合公司的业务要求等。

（九）财务报表

创建并经营一个企业最重要的就是盈利能力和为投资者提供投资回报。因此，商业计划应该包括大量的财务信息和财务分析。尽管一个公司的高层管理人员对公司的财务状况很熟悉，但是，财务信息的编制工作应该让那些具有专业知识的人员来负责。在较大的公司中，财务总监和审计主管将在这方面负主要责任。在较小的公司中，首席执行官将承担这项工作，但一般需要有独立会计师的协助。

国际商业计划书中财务方面的重要部分有：历史财务报表、预编财务报表、营业预算。在有些情况下，如果商业计划用于资本筹集活动，那么该计划还应对所需要的现金量进行描述，其中包括收益的预计用途以及将资金退回投资者的策略（公开销售证券、出售公司、债券的赎回或定期偿还）。这些通常称为"退出策略"。

对一个希望扩大实力的企业来说，历史财务报表和预编财务报表将包括3大部分：资产负债表、收益表和现金流量表（新创建的公司只有预编的这3种报表）。3~5年内的报表中最近两三年内的报表应按月提供，其余的则按季度提供。国际商业计划的财务部分应该对这3大报表的内容进行总结性介绍。详细的报表则和其他补充材料一起作为附件附在计划的后面。财务报表不必经过审计，但是必须根据公司所在地的"会计准则"进行编制。

营业预算应包括启动期间和持续经营期间。至于历史财务报表和预编财务报表一样，国际商业计划的财务部分应对这类报表的内容进行总结，报表详情可作为补充材料。

1. 历史财务报表

历史财务报表的用途有很多。首先，它反映了公司的现状，是否正在兴起,是否能得到全面发展。从营业方面来说,能将收入和支出与竞争者相比较,总结优劣势;能够反映公司在生产、营销或管理方面的支出是否高于他人;能够反映是否有必要对公司的经营方式进行调整,如果有必要,对预计节省的成本或增加的利润作出估算。

其次,历史财务报表能够反映公司过去是如何管理的。公司是否有效地、合理地利用好资金。公司是否有效利用了各种机会,如果没有,那么就可能需要在管理方面作出调整以吸引投资者。另外,公司是否能满足其营业预算需求,如果没有,商业计划应该解释其原因,并说明应该采取什么措施来纠正这种情况。

商业计划还应对公司的会计制度、库存控制系统进行介绍,同样,还应显示外部会计师和审计员的名字,同时说明他们为公司工作的时长。

2. 预编财务报表

尽管财务内容的每一部分都很重要,但有些读者(尤其是那些有财务背景的读者)则将其大部分注意力放在预编财务报表上。因此,一定要确保预编财务报表是准确的、有依据的和有说服力的。要使预编财务报表具有可信度,那么预测内容应该和过去的业绩相一致。各预测项目之间应是协调一致的。比如,如果预计的销售收入为100万美元,那么该项预测还必须包括足以实现收入目标的库存准备和销售成本。

(1) 免责条款

当预编报表与资本筹集有关时,其中应包括免责条款。免责条款声明内容有:尽管公司管理层对预测目标抱有信心,而且重要假设也是合理可靠的,但是公司并没有声称其经营状况将实际上会达到预期目标。免责条款应该比较醒目,建议用粗体字。

(2) 风险因素

当计划用于筹资时,很多计划还包括一个风险因素清单,这些风险因素可能限制公司实现预期目标。不管是否在其他地方已将风险内容包括进去,最好在某个部分(通常为预测部分)对其再做扼要叙述——即使只是要求读者参看详细介绍也应在此有所提示。

(3) 假设

该计划还应包括编制财务报表时所做的重要假设。这些假设将有助于读者了解结论是如何得出的,在需要作出调整以考虑经济条件和市场状况的变化时,它也能起到一定的作用。对企业起重要作用的具体财务假设将取决于公司的业务活动范围以及与公司有关的特定经济风险。

对于消费品类的公司而言，财务假设内容包括：国家和地方所得税、薪津税、雇员福利、应收账款、坏账准备、销售与营销费用等。

3. 营业预算

商业计划是对打算如何经营公司进行全面的概括。海外市场的推广，根据项目运行的两个阶段需要准备两类预算。第一类为启动阶段的预算，第二类则为业务启动并开始运营后经营阶段的预算。

（1）启动阶段

对于这一类预算，应该描述公司将采取什么措施，且会有很多一次性费用的发生，如设备和场地，还会有保证金和预付定金。公司在购置设备、场地配备、人员配备之后，还需要经过一段时间才能将产品推向市场。

启动预算中应包括的项目有：占用率，执照和许可证，设备，原材料与供应，库存，折旧，人员（包括工资、福利、培训和教育），法律、会计以及其他方面的专业费用，保险，税收，营销、广告和促销，佣金，水、电、煤气等费用。

在编写计划书时，确保已经将这一阶段企业的所有收入包括进去。另外，可考虑进行小规模的启动。很多企业在业务全面开始前，往往通过小项目来"探路"。

（2）经营阶段

经营预算的期限从公司开业起算，主要包括成本投入、营运收入以及如何弥补支出和收入之间的差额。如果在头几个月或头几个季度中经营出现赤字，那么应该说明弥补亏损的资金来源。

经营期间的有些内容和启动预算的内容相同，但涉及的活动会有所不同。这一阶段的重点已从启动转变为运营。其中包括的项目如下：占用率，执照和许可证，设备，原材料与供应，库存，折旧，人员（包括工资、福利、培训和教育），法律、会计以及其他方面的专业费用，保险，偿债，税收，营销、广告和促销，佣金，水、电、煤气等费用。

这一阶段的很多数据将低于启动阶段的预算。因为在启动阶段，公司要建设基础设施和赢得知名度，所以新设备和广告费用很可能要高一些。

当然，计划还应包括销售预测的内容。销售预测会有很多方法，其中包括：每次访问顾客所带来的平均销售额、每个销售人员的平均销售额、竞争者的平均销售额、行业标准。

接着，计算售货成本。这些与收益表中计算的内容相同。在计算可变成本和不变成本时，需要考虑不同时间的变化。另外，还应对通货膨胀、利率、生产率以及市场增长方面的变化进行调整。

二、国际商业计划书编制的保密协议和封面制作

（一）保密协议

商业计划书中的信息是公司的商业秘密。这些信息包括：产品或服务的研发记录、备忘录和报告，营销手段，消费者和客户名单，全球扩展计划，合同协议以及其他公众不能轻易获取的类似信息。

在商业合作的前提下，有时需要向你的合作伙伴公开其业务活动方面的秘密信息。在这种情况下，有必要与合作伙伴签订一份"保密协议"。但是，企业却不希望因为一份详尽的保密协议条款而在谈判中陷入困境。在这种情况下，公司应该向接受方提供一份简略的保密协议，其中包括保护公司权利所必要的所有基本问题。保密协议可包括以下条款：保密信息的界定、接受方对信息进行保密，并在要求的情况下，将保密信息退回公司的义务等。如果有迹象表明在首次公开后，将会有大量保密信息被公开，那么，可能就需要新签一份详尽的决议，新协议应该包含根据简略协议所公开的信息。

保密协议的主要条款如下所示。

1. 保密信息的定义

给出"保密信息"定义的产品类型、具有专有性或保密性的与业务有关的口头信息或书面信息。

2. 例外条款

列出接受方将对第三方不承担责任的信息：（1）已经普遍为公众所知或已经提供给公众的信息；（2）接受方已经知道的信息；（3）接受方在公司将此类信息向其公开之前从公司之外的其他来源知道的或获得的信息；（4）已经向正式受雇于接受方的人员公开的信息；（5）已经由接受方无权获得保密信息的人员独立开发的信息；（6）在书面声明所提供信息的公开不受限制的情况下，已经提供给接受方的信息；（7）由公司

书面授权同意发布或使用的信息等。

3. 接受方的义务

接受方的义务有：(1) 对秘密信息绝对保密，不将此种信息透露给任何第三方；(2) 采取合理措施，防止未经授权就公开保密信息；(3) 不复印或使用任何口头或书面的资料；(4) 不将任何保密信息用于业务目的之外的其他目的。

4. 可选方案

可选方案是接受方义务的详细陈述。

5. 必要的公开

在有关法律要求公开并且公开程度仅限于有关法律要求的情况下，接受方可以公开保密信息。但接受方应通过保护性指令或保密性处理请求采取合理的措施来限制信息的公开，并在信息被公开之前让公司有合理的机会对公开情况进行审查和对此种公开表示反对。

6. 保密信息的退回

一经请求，接受方将退回所有由公司提供的书面材料、图片和所有其他文件，以及这些材料、图片和文件的所有副本和复印件。

7. 合法权利的保留

公司保留专利法和其他法律赋予它的所有权利和补救措施，包括但不限于旨在保护专有信息或保密信息的任何法律。

8. 禁止令救济

接受方承认未经授权就使用或公开保密信息将会给公司带来不可挽回的损失。因此，接受方同意公司有权立即禁止任何违反或将要违反本协议的行为，并有权就此种违反行为寻求法律上的或衡平法上的所有其他权利和补救措施。

9. 协议期限

本协议适用于公司向接受方透露的所有保密信息，其有效期从开始生效到该日期后的若干个月。

10. 整个协议

本协议对整个协议以及各方之间所达成的谅解进行规定，并融合了各方先前就保密信息所进行的所有讨论。

11. 适用法律

本协议将适用××国家针对那些完全在××国家内达成或履行的合

同所采用的××国家法。

12. 继承与转让

本协议将对协议各方、各方继承人、管理人、执行人、接任人和受让人有效并具有约束力。

（二）封面制作

封面应提出商业计划书所包含的信息保密问题。计划书中应包括一份声明或说明，内容有：(1) 计划书中的信息为公司财产；(2) 计划书中的信息为保密信息，为公司所有；(3) 严禁复制；(4) 未经公司书面同意，计划书或其中内容不得泄露；(5) 如果要求，应将计划书退还公司。

当计划书在世界范围内流传时，保密信息和免责条款要用当地的语言提出。

商业计划封面示例如下：

机密专有

份数：

接受方：

公司名称：

公司地址：

商业计划日期：

本商业计划书内的信息属于机密，由以上列明并由公司转给的人员使用。未经公司的事先书面同意，不得全部或部分复制本计划或泄露计划的任何内容。使用本计划的其他限制性规定请参见计划书里的内容。

● 相关链接

商业计划书样本

下文标明商业计划的内页封面有关信息。需要再加上一个外封，封面用纸的纸质要坚硬耐磨，尽量使用彩色纸张，可以使文件外观更具吸引力，但颜色不要过于耀眼。另外，还可以使用透明胶片作封面。

[公司或项目名称]

商业计划书

[时间：　年　月]

[制定联系人]

[职务]

[电话号码]

[传真机号码]

[电子邮件]

[地址]

[国家、城市]

[邮政编码]

[网址]

保密协议

本商业计划书属于商业机密，所有权属于［公司或项目名称］。其所涉及的内容和资料仅限于已签署投资意向书的投资者使用。收到本计划书后，收件人应即刻确认，并遵守以下的规定：

1. 若收件人不希望涉足本计划书所述项目，请按上述地址尽快将本计划书完整退回；

2. 在没有取得［公司或项目名］的书面同意前，收件人不得将本计划书全部和/或部分予以复制、传递给他人、影印、泄露或散布给他人；

3. 应该以对待贵公司的机密资料一样的态度对待本计划书所提供的所有机密资料。

本商业计划书不可用作销售报价使用，也不可用作购买时的报价使用。

商业计划编号：　　　　　　　　　　收方：

公司：　　　　　　　　　　　　　　签字：

　　　　　　　　　　　　　　　　　日期：

(三) 目录和概要

1. 目录

商业计划书要编写目录。目录要包含所有的章节名称，还有重要的具体信息，如定价、竞争者和知识产权等。

目录中要将关键主题列入计划书的小标题中，目录要简明扼要，以一页为宜，用缩进形式表现不同的主题和副主题。

非常重要的是目录中不能出现错误。

2. 概要

概要是计划书中最重要的部分。概要的编写可以留到计划书大部分或全部完成后编写，也可以先写一个纲要，在计划书完成后进行修改完善。

概要的开头应简明扼要地告诉读者为什么编写该计划书，强调计划书的重要性。概要应让读者在1~2分钟的时间内掌握有需要了解问题的基本信息。

概要的编写根据读者的不同，侧重点会有所不同。

（1）对于投资者要突出被认为对投资很重要的特点。

（2）对于董事会成员应说明为什么公司决定投资某一特定项目。

（3）对于外商合资企业应简明阐述对公司现有产品、服务或资源进行开发的目标市场和机会，与预期合作伙伴有关的优势、需要的投资额及预期的回报。

编写风格，体现3C原则，即清晰（Clear）、简明（Concise）和引人入胜（Compelling）。概要的篇幅不要太长，两页为宜，一页亦可。

（四）远景目标与使命声明

1. 远景目标

远景是一种远期目标，是对公司未来理想的简明陈述。

2. 使命声明

使命比远景目标更直接，更易于实现。它提出了公司在可预见的将来希望达到的目标。这些声明充满激情，是一种激励手段，要求言简意赅。

远景目标与使命声明是企业文化的一部分，它不仅要体现在计划书中，也应该张贴在公司的墙上，印在公司的宣传手册和报告中。

> 相关链接

国际商业计划书目录样式

第一章　摘要 ·· 3
第二章　公司介绍 ·· 5
　一、宗旨（任务） ··· 5
　二、公司简介 ·· 5
　三、公司战略 ·· 6
　　1. 产品/服务 A ·· 7
　　2. 产品/服务 B ·· 8
　　3. 客户合同的开发、培训及咨询等业务 ···························· 8
　四、技术 ··· 8
　　1. 专利技术 ··· 8
　　2. 相关技术的使用情况（技术间的关系） ······················· 8
　五、价值评估 ·· 9
　六、公司管理 ·· 9
　　1. 管理队伍状况 ·· 9
　　2. 外部支持 ··· 10
　　3. 董事会 ··· 10
　七、组织、协作及对外关系 ··· 10
　八、知识产权策略 ·· 11
　九、场地与设施 ·· 12
　十、风险 ·· 13
第三章　市场分析 ·· 14
　一、市场介绍 ·· 14
　二、目标市场 ·· 15
　三、顾客的购买准则 ··· 16
　四、销售策略 ·· 17
　五、市场渗透和销售量 ··· 17
第四章　竞争性分析 ··· 18
　一、竞争者 ··· 18
　二、竞争策略或消除壁垒 ·· 19
　　1. 竞争者 A ··· 19
　　2. 竞争者 B ··· 19
第五章　产品与服务 ··· 20
　一、产品品种规划 ··· 20

二、研究与开发 ………………………………………………………… 21
三、未来产品和服务规划 ……………………………………………… 21
四、生产与储运 ………………………………………………………… 21
五、包装 ………………………………………………………………… 22
六、实施阶段 …………………………………………………………… 23
七、服务与支持 ………………………………………………………… 23

第六章 市场与销售 …………………………………………………… 23
　一、市场计划 …………………………………………………………… 23
　二、销售策略 …………………………………………………………… 24
　　1. 实时销售方法 ……………………………………………………… 24
　　2. 产品定位 …………………………………………………………… 24
　三、销售渠道与伙伴 …………………………………………………… 24
　四、销售周期 …………………………………………………………… 26
　五、定价策略 …………………………………………………………… 27
　　1. 产品/服务 A ……………………………………………………… 27
　　2. 产品/服务 B ……………………………………………………… 28
　六、市场联络 …………………………………………………………… 28
　　1. 贸易展销会 ………………………………………………………… 28
　　2. 广告宣传 …………………………………………………………… 29
　　3. 新闻发布会 ………………………………………………………… 29
　　4. 年度会议/学术讨论会 …………………………………………… 29
　　5. 国际互联网促销 …………………………………………………… 29
　　6. 其他促销因素 ……………………………………………………… 29
　　7. 贸易刊物、文章报道 ……………………………………………… 30
　　8. 直接邮寄 …………………………………………………………… 30
　七、社会认证 …………………………………………………………… 30

第七章 财务计划 ……………………………………………………… 31
　一、财务汇总 …………………………………………………………… 31
　二、财务年度报表 ……………………………………………………… 32
　三、资金需求 …………………………………………………………… 33
　四、收益表 ……………………………………………………………… 34
　五、资产负债预计表 …………………………………………………… 35
　六、现金流量表 ………………………………………………………… 36

第八章 附录 …………………………………………………………… 37
　一、(公司或项目)背景与机构设置 ………………………………… 37
　二、市场背景 …………………………………………………………… 37

第六章　国际商务策划

　　三、管理层人员简历 …………………………………… 38
　　四、行业关系 …………………………………………… 38
　　五、竞争对手的文件资料 ……………………………… 38
　　六、公司现状 …………………………………………… 38
　　七、顾客名单 …………………………………………… 39
　　八、新闻剪报与发行物 ………………………………… 39
　　九、市场营销 …………………………………………… 39
　　十、专门术语 …………………………………………… 39
第九章　图表 ………………………………………………… 40

第七章

出口商品技术指南

据海关总署调查，2019年我国有19.68%的出口企业受到国外技术性贸易措施影响，因遭受退货、销毁、产品降级或者丧失订单等所发生的直接损失额达692.08亿元，因进行技术升级改造、检测认证等新增加成本161.14亿元。

商务部于2005年5月发布首批10项《出口商品技术指南》，帮助国内企业了解国外技术标准，更好地应对技术性贸易壁垒。

2022年9月，《出口商品技术指南》已有86项，其中食品土畜20项，纺织服装8项，轻工工艺14项，五矿化工7项，机械电子29项，医疗保健品4项，综合4项。

第一节　推出背景

随着世界经济一体化进程的加快,传统贸易壁垒手段被逐步弱化或取消,反倾销和技术性贸易壁垒被频繁使用。发达国家利用技术优势,以维护国家或地区整体安全、保障人类或动植物安全和保护环境等理由,不断采取技术法规、标准、认证、专利等手段,提高市场技术门槛,对中国大批出口产品形成贸易壁垒。目前,技术性贸易壁垒已经超过反倾销,成为制约我国外贸出口的主要障碍之一。技术性贸易壁垒对于我国的产品出口,对国民经济发展,甚至国家经济安全都产生了一定的影响,必须予以高度关注。

一、技术性贸易壁垒的定义、背景及特点

(一)技术性贸易壁垒的定义

技术性贸易壁垒(Technical Barriers to Trade,简称TBT),是指一国或区域组织以维护其基本安全、保障人类及动植物的生命健康和安全、保护环境、防止欺诈行为、保证产品质量等为由而采取的一些强制性或自愿性的技术性措施。这些措施对其他国家或区域组织的商品、服务和投资进入该国或该区域市场将造成影响。TBT有狭义和广义之分。狭义的TBT主要是指WTO《技术性贸易壁垒协定》(简称"TBT协定")规定的技术法规、标准和合格评定程序。广义的TBT还包括动植物及其产品的检验和检疫措施(SPS)、包装和标签及标志要求、绿色壁垒、信息技术壁垒等。技术性贸易壁垒是非关税壁垒的重要组成部分。

(二)技术性贸易壁垒产生的背景及其主要特点

技术性贸易壁垒的产生有其深刻的社会和技术背景。随着经济的发展,产品质量问题越来越受到重视。为了保证和审核产品质量,各国都制定了许多技术标准,建立了产品质量认证制度,进而扩展到安全认证。另外,各国在强调发展经济的同时,却对环境保护重视不够,导致生态环境不断恶化,人类的健康和生存受到威胁。为了保护生态环境,各国纷纷采取技术性措施。这些措施的实施对贸易的发展造成了重要影响。

由于技术和经济发展水平不同,各国制定和实施TBT的差别亦很大。随着多边贸易谈判的推进,关税壁垒不断削减,非关税壁垒的作用日益

增大。许多国家尤其是发达国家凭借其较高的技术和经济水平，利用 WTO 的规则，维护本国利益，制定各种技术性贸易措施，客观上形成不合理的贸易壁垒。它的主要特点是：合理性、隐蔽性、扩散性、专业性、长期性、复杂性、动态性等。

二、技术性贸易壁垒的评判标准

（一）标准的定义

根据我国标准化管理机构的定义，标准指在一定范围内为形成最佳秩序，获得最大效益，针对其活动或结果，经协商一致制定并经公认机构批准的，用于共同或重复使用的规则、导则及特性的文件。

根据 WTO/TBT 协定，标准指经公认机构批准的，规定非强制执行的，供通用或重复使用的产品或相关工艺和生产方法的规则、指南或特性的文件。该文件可以包括或专门用于规定产品、工艺或生产方法的专门术语、符号、包装、标识或标签要求。

（二）标准的分类

按适用范围或审批权限，标准可分为国际标准、区域标准、国家标准、团体标准、行业标准、地方标准和企业标准。我国标准分为国家标准、行业标准、地方标准和企业标准。

按内容属性，标准可分为技术标准、管理标准和工作标准。其中技术标准主要包括：基础标准、产品标准、方法标准和安全、卫生与环保标准。管理标准主要包括：生产管理、技术管理、经营管理和劳动组织管理等标准。工作标准主要包括：作业方法、设计程序、工艺流程等标准。

按作用的对象，标准可分为材料标准、零部件（半成品）标准、工艺和工装标准、设计维修标准、产品标准、检验与实验方法标准等。

此外，我国还按约束性将标准分为强制性标准和推荐性标准。这是我国的特殊划分法，欧美日等国家和地区标准都是自愿性（推荐性）的。

（三）各国技术法规和标准的差异对国际贸易造成的障碍

一方面，技术法规和标准对市场和贸易起到了规范和促进作用；另一方面，各国在技术法规和标准上的差异也对国际贸易造成了一定程度的障碍。

近年来，经济学界将技术法规和标准对国际贸易造成的障碍进行了模型化评估（这些模型包括规则保护模型、供给变化模型和需求变化模型等）。尽管各个分析模型很难精确地量化技术法规和标准的差异对国际贸易造成的障碍，但是最显而易见、最主要的障碍是出口国出口商和生产商因遵守进口国的技术法规和标准而导致的产品成本升高。

由于技术法规是强制性遵守的，进口产品如果不符合进口国技术法规的相关要求，将不能进入进口国市场。标准虽然是自愿遵守的，但是，如果进口产品不符合该国相关标准的规定，其竞争力和市场份额将受到不利的影响。所以，要使进口产品合法进入进口国市场并且在该国市场上占有一席之地，出口国生产商、出口商须使该产品符合进口国相关的技术法规和标准的要求。由此产生的成本主要包括以下两个方面：

1. 一次性发生的产品重新设计以及建立相应管理体系的成本。
2. 重复发生的维持产品质量监控的成本，以及确定是否符合进口国的技术法规和标准的检验、鉴定的成本。

换句话说，上述成本一类是因采取相应措施以使进口产品符合进口国的技术法规和标准而产生的成本；另一类是评定进口产品是否符合技术法规和标准而产生的成本，即合格评定的成本。

由此，出口国和出口国生产商面临着两种选择：（1）花费巨额成本建立面向国际市场的生产平台，在此基础上经过轻微调整就能符合特定出口市场的技术要求；（2）建立面向国内市场的生产平台，在此基础上耗费很大成本做相应调整以符合出口市场的技术要求。前一个策略经常被发达国家以及实力雄厚的大公司所采用。发展中国家和小公司由于资金、技术等掣肘因素不得不选择后者。这就使发达国家和发展中国家的产品之间，大公司和小公司的产品之间存在着不同的竞争力。

上述成本在很大程度上抬高了进口产品进入进口国市场的门槛，削弱了进口产品的市场竞争力，甚至使外国生产商或者出口商因为成本的提高、利润的降低而不愿进出口。

为了减少因技术法规、标准以及合格评定程序的差异给国际贸易造成的障碍，各国以及区域性经济合作组织纷纷制定同一技术法规和标准（Harmonization）或者互相承认协议（Mutual Recognition Agreement，MRA）的双边或者区域性的协定。亚太经济合作组织（APEC）内部已经达成在玩具安全方面交换信息、对食品产品的合格评定、有关电信设备以及电力设备的互相承认协议。欧盟也达成了若干双边的互相承认协议，其中包括欧盟委员会和其贸易伙伴达成的4个相互承认协议。

尽管同一技术法规和标准以及互相承认协议对国际贸易起到了积极的促进作用，如果缺乏相关的国际准则，仍有可能出现仅仅是为了保护本国产业而制定技术法规和标准的情况，尤其是在关税壁垒逐步消除的背景下。为了避免技术法规、标准以及合格评定程序的制定、采用和实施给国际贸易造成不必要的障碍，关税与贸易总协定以及WTO在规范技术法规、标准与合格评定程序的制定、采用及实施等方面开展了一系列的谈判并且达成了相关的技术性贸易壁垒协议。

1947年的关税及贸易总协定（GATT）仅在第三条、第十一条和第二十条概括性地提及了技术法规和标准。随后，为评估非关税壁垒对国际贸易造成的影响而成立的GATT工作组研究认为，技术性壁垒是出口商面临的最大的非关税壁垒。在1979年东京回合谈判中，32个缔约方签署了技术性贸易壁垒的多边协定，该协定对所有缔约方开放，是自愿签署的。1994年乌拉圭回合议定的技术性贸易壁垒协议是WTO"一揽子"协议中必不可少的组成部分，明确规定了为使技术法规、标准以及合格评定程序不给国际贸易造成不必要的障碍，各缔约方应有所为以及所不应为。不为应所为，为所不应为，都可能给国际贸易造成不必要的障碍。

一般说来，各国实施技术性贸易壁垒都是极其隐蔽的。相关技术法规、标准和合格评定程序的制定在本质上是为了保护国内产业。它们或者基于技术性贸易壁垒协议中规定的正当目标，或者援引技术性贸易壁垒协议的相关例外规定。因此，如何判断一国在制定、批准和实施技术法规、标准和合格评定程序时的相关措施构成了技术性贸易壁垒，是问题的关键。

（四）我国出口企业应对外国技术性贸易壁垒的对策

实施科技兴贸战略以来，中国企业积极适应国际市场需求，针对国外日益提高的市场准入技术条件，研发关键技术，实施技术改造，开展国际认证，提升技术竞争力，出口商品的技术含量和附加值不断增加，总体质量和效益逐步提高，贸易结构进一步优化。

《出口商品技术指南》是商务部为社会提供的一项公共产品。自2001年加入WTO以来，我国经济实现跨越式发展，渐成世界贸易大国。据WTO统计，2016年我国货物出口总额达2.1万亿美元，占世界货物出口总额的 13.15%，稳居世界第一。

近年来，技术性贸易措施对我国贸易影响日趋严重。技术性贸易措施主要包括 WTO/TBT 协定中的技术法规、标准、合格评定程序，及《实施卫生与植物卫生措施协定》（SPS 协定）中的动物卫生、植物卫生与食品安全及相关措施。据调查，2019 年我国 19.68% 的出口企业受到国外技术性贸易措施影响，导致我国企业直接损失 692.08 亿元，使企业新增成本 161.14 亿元。

目前，我国多数企业尤其是中小企业，应对国外技术性贸易措施的主要难题之一是信息不畅，因而对目标市场准入条件的变化不敏感。2016 年 WTO 成员通报了新制/修订的 3728 项技术性贸易措施。对于单一企业来说，跟踪、研究这些技术性贸易措施的最新信息难度大、成本高，但若不跟踪、不应对则会对其经营产生严重影响。

为贯彻党的二十大报告中"加快建设贸易强国"的要求，商务部主管部门参照国际通行做法，在 WTO 规则框架下，构建出口商品技术服务体系，重点加强信息服务，不定期更新《出口商品技术指南》，帮助企业尽快了解和掌握国外市场的标准、技术法规、认证检验等市场准入要求，跨越国外技术壁垒，引导企业主动提升自身技术水平和国际竞争力。

出口商品技术指南明细表，如表 7-1 至 7-7 所示。

表 7-1 《出口商品技术指南》明细表（食品土畜）

序号	类别	序号	类别
1	贝类和养殖虾（2004 版）	11	茶叶（2018 版）
2	葱及葱类制品（2006 版）	12	大蒜及其制品（2019 版）
3	冻鱼片（2004 版）	13	冻猪肉（2017 版）
4	蜂蜜（2021 版）	14	花卉（2017 版）
5	绿茶（2017 版）	15	鳗鱼（2016 版）
6	热带作物农残（2016 版）	16	食品标签、添加剂限量（2005 版）
7	食品污染物及农残限量（2004 版）	17	输美农残（2014 版）
8	输欧茶叶（2020 版）	18	水海产品（2014 版）
9	鲜冻鸡肉产品和熟制鸡肉产品（2022 版）	19	香菇（2013 版）
10	印度尼西亚果蔬（2018 版）	20	玉米（2004 版）

表7-2 《出口商品技术指南》明细表（纺织服装）

序号	类别	序号	类别
1	北美纺织品和服装（2014版）	5	绸缎（2017版）
2	出口针织品（2017版）	6	儿童服装（2016版）
3	棉及其混纺织物低甲醛（2019版）	7	生丝检测（2018版）
4	羊绒制品（2017版）	8	羽绒服（2016版）

表7-3 《出口商品技术指南》明细表（轻工工艺）

序号	类别	序号	类别
1	灯具（2004版）	8	电池（2016版）
2	化妆品标签管理（2011版）	9	建筑陶瓷（2017版）
3	皮革制品（2020版）	10	日用陶瓷（2017版）
4	塑纺面箱包（2005版）	11	童车（2019版）
5	玩具（2005版）	12	玩具-美国、加拿大（2018版）
6	玩具-欧盟（2018版）	13	玩具-日本（2019版）
7	鞋类（2021版）	14	竹木制品（2017版）

表7-4 《出口商品技术指南》明细表（五矿化工）

序号	类别	序号	类别
1	柠檬酸（2018版）	5	欧盟REACH法规（2021版）
2	染料及相关产品（2017版）	6	稀土新材料制品（2008版）
3	铜管材（2008版）	7	铝型材（2004版）
4	稀土永磁材料（2020版）		

表7-5 《出口商品技术指南》明细表（机械电子）

序号	类别	序号	类别
1	低压电器（2019版）	7	欧盟生态设计指令（2013版）
2	电动工具（2005版）	8	欧盟WEEE指令（2019版）
3	电器附件（2010版）	9	数控机床（2021版）
4	光伏电池（2015版）	10	微波炉（2021版）
5	计算机及其附件产品（2020版）	11	洗衣机（2018版）
6	空调器（2017版）	12	小型汽油机和柴油机（2022版）

表 7–5（续）

序号	类别	序号	类别
13	印刷机械（2014 版）	22	欧盟新 RoHS 指令（2018 版）
14	中小电机（2022 版）	23	汽车整车认证（2019 版）
15	新能源汽车国际标准法规（2020 版）	24	特种设备（2015 版）
16	电冰箱（2019 版）	25	自行车（2015 版）
17	电能表（2016 版）	26	小型家用电器（2016 版）
18	工程机械（2014 版）	27	音视频产品（2005 版）
19	机械安全（2011 版）	28	真空吸尘器（2022 版）
20	紧固件产品（2012 版）	29	房间空调器（2022 版）
21	矿用液压支架类设备安全认证（2019 版）		

表 7–6　《出口商品技术指南》明细表（医疗保健品）

序号	类别	序号	类别
1	出口药品注册（2019 版）	3	医疗器械（2017 版）
2	医用口罩（2020 版）	4	保健食品（2021 版）

表 7–7　《出口商品技术指南》明细表（综合）

序号	类别	序号	类别
1	北美地区商品包装（2020 版）	3	欧盟和美国食品包装（2018 版）
2	欧盟和英国商品包装（2022 版）	4	日本、韩国、澳大利亚、新西兰商品包装（2018 版）

第二节　主要内容

受篇幅限制，无法将《出口商品技术指南》的所有详细内容进行介绍，下文仅对商品包装和电动工具进行介绍，其他内容可在商务部网站上进行下载。

一、出口商品技术指南——商品包装

目前颁布的有关商品包装的有 4 个技术指南：《欧盟和英国商品包

装》《北美地区商品包装》《欧盟和美国食品包装》和《日本、韩国、澳大利亚、新西兰商品包装》。

（一）欧盟和英国商品包装

《欧盟和英国商品包装》指南摘要（2023年第五次修订）如下。

本指南根据商务部"技术性贸易措施体系建设——出口商品技术指南"项目计划，由中国出口商品包装研究所负责起草。

本指南2023年修订版根据商务部批准建立的出口商品技术服务中心（包装）的工作计划提出。

本指南给出了欧盟和英国关于商品包装的法规、标准及合格评定程序，提出了我国出口欧盟和英国商品包装的通用技术要求和主要大类出口欧盟和英国商品包装的技术与方法，以及供参考的建议。

本指南适用于出口欧盟和英国的商品包装的设计、生产、检验、贸易和流通。出口其他国家和地区的商品包装可参考采用。

本指南主要技术内容依据欧盟法规、欧洲协调标准、欧盟成员方技术标准和国际标准，同时考虑到我国出口欧盟和英国商品包装的现实情况和预期的潜在市场。

本指南分5章。第一章介绍欧盟和英国商品包装概况和主要的包装技术措施。第二章介绍欧盟包装技术法规，对重点法规进行了技术性解读。第三章介绍协调标准，归纳总结技术要点和使用方法。第四章提出适用的出口欧盟和英国商品包装通用技术要求。第五章推荐适用于机械设备、电器、仪表和五金工具类；服装、鞋帽和纺织品类；羽绒和动物皮毛类；玩具类；新鲜水果蔬菜和预包装食品的包装技术与方法。

本指南以欧盟27个成员方和英国为目标市场，研究了市场准入门槛最高的欧盟主要成员方的商品包装技术现状。目的在于使企业清楚地了解和掌握进入欧盟和英国市场的商品包装应采取的技术对策，有效地规避经营风险。

鉴于我国目前出口欧盟和英国商品包装的现状，根据必要的比较分析，本指南提炼和筛选了30余条可能形成贸易障碍的技术性差异或差距，同时介绍欧盟对进口货物包装的限制性要求。

为使我国商品顺利进入欧盟和英国市场，本指南第四章和第五章陈述出口欧盟和英国商品包装应采取的30余条措施、建议或解决方案。

本指南2023年修订版共采纳欧盟技术法规、指令、标准和其他技术文献31篇，与2017年第四版相比较，删除了3项已经废止并且过渡期已满的法规，重点增加了94/62/EC指令的1项最新修订案《欧洲议会和理事会关于包装和包装废弃物指令94/62/EC的修正案2018/852/EU》，并将其增加到附录中。

本指南第一章增加了英国商品包装概况，在欧盟商品包装概况部分，新增塑料包装、纸包装、金属包装及玻璃包装标准索引14项，更新标准索引7项，新增其他包装类标准索引22项。本指南第二章为本次修订重点，增加了欧盟包装指令94/62/EC最新修订案2018/852/EU、烈性酒精饮料标签法规（EU）2019/787及修订案（EU）2021/1335、2001/83/EC、1935/2004修订案（EU）2019/1381、（EC）No 450/2009《关于用于食品接触的活性和智能材料和物品》、欧盟关于木质包装最新法规2021/127的相关介绍。

为了方便企业和读者使用本指南，本次修订还对指南第三章、第四章、第五章和部分附录进行了编辑性修改。

结合近年来我国输欧和英国商品被通报情况，指南本次修订还增加了附录D——欧盟及英国因产品包装问题对华通报情况。并对附录E（2017年第四版附录D）出口欧盟及英国商品包装问题案例中有关案例进行新增和改写。为了满足出口企业的实际需求，指南更新了附录F——限制物质清单，包含REACH法规附件XVII中和包装相关的限制物质，30多项。

本修订版采纳的技术文献的颁布日期截至2023年6月，分析研究截至2023年7月。

（二）北美地区商品包装

本指南根据商务部"技术性贸易措施体系建设——出口商品技术指南"项目计划，由中国出口商品包装研究所负责起草。

本指南适用于出口北美地区的商品包装的设计、生产、检验和流通，出口其他国家和地区可参考。本指南未涉及危险品包装，危险品包装另有规定。

本指南分为6章。第一章概述了北美地区包装市场及发展趋势。第二章介绍了北美地区商品包装法规。第三章解读了北美地区包装技术标准。第四章给出了出口北美地区商品包装通用要求。第五章陈述了出口北美地区大类商品包装技术与方法。第六章列举了出口北美地区包装问题案例。

本指南内容的确定主要考虑到出口北美地区商品包装的现实情况和

可预见的潜在市场。其目的在于让企业了解目标国的法律环境和市场概况，从而采取有效措施规避经营风险。为此，本指南的第二章和第三章给出了近 40 条对北美地区包装法规和技术标准的解释和说明，第四章和第五章提出了对出口北美地区商品包装的 30 余条措施、建议或方法。

本指南于 2005 年完成第一版，于 2011 年、2014 年两次修订，目前的版本是第三次修订版。2020 年修订版共纳入北美地区包装相关指令、法规、技术标准及其他技术文件 41 项，其中收录了指令及法规原文（翻译）13 项。与 2014 年修订版相比较，增加了 3 项包装相关法规（美国 1 项，加拿大 2 项），包括：《美国法典》第 15 篇《商业和贸易》中的 3 条条款、《加拿大食品安全法》、《加拿大食品安全条例》，还增加了 5 项包装相关技术标准（加拿大 2 项，墨西哥 3 项），包括：CAN/CSA – Z76. 1 – 16 – 2017《可重新盖紧的防止儿童开启包装》、CAN/CSA – ISO 14020《环境标签和声明——一般原则》、NOM – 051 – SCFI/SSA1 – 2010《预包装食品和非酒精类饮料标签通用技术标准——商业和食品安全信息》、NOM – 141 – SSA1/SCFI – 2012《预包装化妆品的标签 卫生和商业标签》、NOM – 024 – SCFI – 2013《电子、电器和家电产品包装上必须显示及说明书和质量保证书中必须包括的商业信息》；更新了 25 项技术法规和标准；删除了 1 项已经被取代的法规。

本次修订本着方便实用的原则，对本指南进行重新编写。对指南第一章的内容进行了重新编写。本指南的第二、三章是本次修订的重点：第二章首先整体介绍了北美地区三国的国家法律体系，然后分别介绍并详细解读了美国、加拿大、墨西哥三国关于包装的法令、法规、条例或具体条款；第三章首先整体介绍了目标国技术标准整体情况，然后分别详细介绍了美国、加拿大、墨西哥三国的标准化概况和标准化组织，最后逐个解读了北美地区包装相关技术标准。为了便于阅读和理解指南的内容，对指南第四、五章的编排进行了重新梳理。此外，结合近年来我国出口北美地区商品因包装问题遭召回的实际情况，本次修订还增加了第六章，介绍并分析了具有代表性的 7 个出口北美地区商品包装问题案例。

为了便于企业和读者使用本指南，本次修订还对指南正文和部分附件进行了编辑性修改。

本修订版采纳的技术文件的颁布日期截至 2020 年 10 月，分析研究截至 2020 年 12 月。

(三) 日本、韩国、澳大利亚、新西兰商品包装

本指南适用于出口日本、韩国、澳大利亚、新西兰的商品包装的设计、生产、检验、贸易和流通。出口其他国家和地区的商品包装可参考采用。本指南未涉及危险品包装。

本指南分析研究了目标国关于包装的法律、限制性要求、典型的技术标准和市场准入制度的技术内容及其关系和作用。预包装消费商品的包装和标签，分销包装的技术特点和关于运输包装的设计、商业规程和试验方法是本指南的重点内容。

本指南对目标国关于包装的法律和技术标准进行了概括和归纳，给出了通用技术要求，目的在于使企业清楚地了解和掌握进入目标国市场的商品包装应采取的技术对策，有效地规避经营风险。针对我国出口目标国产品的现状和预期的潜在市场给出了按大类产品划分的技术与方法。附录中推荐的技术法规和技术标准是有代表性的和适用的。

本指南参考的目标国包装法律文献和技术标准的颁布日期截至2018年11月。

本指南第一章介绍日本、韩国、澳大利亚、新西兰包装市场及立法概况；第二章介绍日本、韩国、澳大利亚、新西兰关于包装的法律；第三章介绍日本、韩国、澳大利亚、新西兰包装技术标准与市场准入制度；第四章介绍出口日本、韩国、澳大利亚、新西兰商品包装通用技术要求；第五章介绍出口日本、韩国、澳大利亚、新西兰主要大类商品的包装技术与方法。

(四) 欧盟和美国食品包装

本指南根据商务部"技术性贸易措施体系建设——出口商品技术指南"项目计划，由中国出口商品包装研究所负责起草。

本指南修订版在研究和分析欧盟、美国食品包装相关法规和指令的基础上，归纳和解读了出口欧盟和美国的食品包装应符合的食品安全管理规定和标签技术要求，给出了可参考的标签示例和有代表性的问题案例。

本指南适用于出口欧盟和美国的食品包装，出口其他国家和地区可参考。

本指南分6章。第一章介绍欧盟和美国食品包装概况；第二章介绍欧盟食品包装法规；第三章介绍欧盟食品包装标签；第四章介绍美国食品包装安全管理；第五章介绍美国食品包装标签；第六章介绍出口欧盟和美国食品包装问题案例。

本指南以欧盟和美国的食品包装为目标市场，主要研究了欧盟和美国食品包装相关法规和标签法规。目的在于使企业清楚地了解和掌握进入欧盟和美国市场的食品包装应采取的技术对策，有效地规避经营风险。

为便于我国食品出口企业的实际应用，使我国食品包装更好地满足欧盟和美国市场的要求，本次指南修订过程中，起草组系统整理并研究了截至2018年11月欧盟和美国食品包装安全管理的最近进展情况，共纳入欧盟和美国食品包装相关法规、指令、标准及其他技术文件近30项，对其中15项进行了重点研究与解读，收录了法规或指令原文8项，提供了来自《欧盟官方公报》和美国食品药品监督管理局（FDA）等官方渠道的法规信息链接21项。与2012年第一版相比较，删除了14项已经失效的、已被取代的或相关性小的法规、指令和技术文件。增加了欧盟关于食品接触陶瓷制品的理事会指令84/500/EEC、指令84/500/EEC的修正案2005/31/EC、美国FDA编号3479号表——食品接触物质成分通报表、美国FDA编号3480号表——新食品接触物质通报、预通报咨询及食品主文件表、美国FDA列出的126种受法律豁免的食品接触物质清单及其使用限制、《美国联邦法规》（CFR）第21卷第179章——食品生产加工和处理方面的辐射等技术内容。

本次修订本着方便、实用的原则，结合欧盟和美国食品包装法规和标签的特点，对原指南进行了重新编写。本指南第二、三、四、五章是本次修订的重点。第二章主要对欧盟食品包装法规体系下的框架法规、针对特定材料的法规和指令、针对特定化学物质的法规和标准进行技术性解读，还介绍了REACH法规对食品接触材料相关管理要求和成员方的食品包装法规。第三章主要介绍了欧盟食品包装标签通用法规以及产品标签法规和要求。第四章主要介绍美国食品包装安全法规体系，并对《美国联邦法规》第21卷中食品包装相关法规进行详细解读。第五章主要介绍美国食品包装标签相关法规，包括《美国联邦法规》第21卷第101章《食品标签》、第19卷第134章原产国标识、食品过敏原标识和消费者保护法规及《联邦食品、药品和化妆品法》（FFDCA）中对过敏原食品及其标签的规定。此外，本次修订还增加了第一章和第六章的内容。第一章欧盟和美国食品包装概况中，主要介绍欧盟和美国食品包装现状和发展、欧盟食品包装安全管理体系和美国食品安全法规体系和监管机制概况；第六章介绍了出口欧盟和美国食品包装的问题案例和分析。

本修订版采纳的技术文献的颁布日期截至 2018 年 11 月，分析研究截至 2018 年 11 月。

（五）应用实例

【实例 7-1】出口欧盟包装推荐使用的色彩、包装图案和使用语言的使用示例

包装装潢和标签必须充分考虑欧盟成员方及其消费者的宗教信仰或某些禁忌和使用的语言。详见表 7-8、表 7-9 和表 7-10。

表 7-8　出口欧盟包装适用和忌用的颜色

国家	适用的颜色	忌用的颜色
法国	粉红色、蓝色、高雅灰色	墨绿
比利时	蓝色、粉红色	
德国	鲜明色彩	茶、红、深蓝及黑色
爱尔兰	绿色	红、白、蓝色组
西班牙	黑色	
意大利	绿色	
瑞典		蓝、黄色组
奥地利	绿色	
保加利亚	深绿	
荷兰	橙色、蓝色	
挪威	红、蓝、绿等鲜明色	
希腊	蓝白相间及鲜明色彩	

表 7-9　出口欧盟包装适用和忌用的图案

国家	适用的图案	忌用的图案
英国	月季	
意大利	十字架	菊花
法国		核桃
瑞士		猫头鹰
捷克		红三角
匈牙利		黑猫

表 7-10 欧盟成员方和英国的官方语言

国家	官方语言	国家	官方语言
比利时	法语和弗拉芒语	保加利亚	保加利亚语
塞浦路斯	希腊语和土耳其语	捷克	捷克语
丹麦	丹麦语	德国	德语
希腊	希腊语	西班牙	西班牙语
爱沙尼亚	爱沙尼亚语	法国	法语
匈牙利	匈牙利语	爱尔兰	爱尔兰语和英语
意大利	意大利语	拉脱维亚	拉脱维亚语
立陶宛	立陶宛语	卢森堡	法语、德语、卢森堡语
马耳他	马耳他语和英语	荷兰	荷兰语
奥地利	德语	波兰	波兰语
葡萄牙	葡萄牙语	罗马尼亚	罗马尼亚语
斯洛伐克	斯洛伐克语	斯洛文尼亚	斯洛文尼亚语
芬兰	芬兰语和瑞典语	瑞典	瑞典语
克罗地亚	克罗地亚语	英国	英语

说明：英语在西欧各国普遍通用；西班牙少数民族语言在本地区为官方语言；立陶宛主要语言为立陶宛语和俄语；罗马尼亚主要民族语言为匈牙利语。

一般情况下，包装或标签的语言文字和内容表达应在合同书中明确规定。

【实例 7-2】欧盟五金工具类商品包装的运输包装、配送包装

出口五金工具类商品的包装容器主要有：木箱、瓦楞纸箱、钙塑瓦楞箱等。通常采用集装箱运输。钙塑瓦楞箱可能因为进口国没有同类产品而被拒绝。目前存在的问题是产品及包装的档次有待于提高。实际上欧洲人并不认为五金件和小工具属于低价值商品。这方面，我国与欧洲人的观念存在较大差异。

小工具一般在超市的垂直展墙上悬挂销售，销售包装宜采用泡罩包装，便于展示。

五金件防锈可采用塑料袋包装，不涂抹传统的黏稠防锈油，而且考虑每件包装适宜的定量。

装箱时商品卡紧、固定于外包装箱内,以保证在运输、装卸过程中不会产生移动或碰撞。商品装箱如有空隙,可采用缓冲材料充填固定。

运输包装箱的外部尺寸适合集装箱运输,可采用 1100 mm×1100 mm、1200 mm×1000 mm 和 1200 mm×800 mm 的标准托盘,避免浪费运输空间。当产品较重,包装箱静载荷能力不足时,可考虑适当降低每个托盘的堆码层数,比如原来在 2200 mm 的高度上用 2 个托盘,现改用 3 个,不必非增加包装箱的静载荷强度。同时,还可考虑在托盘的 4 个角上加护角支撑,与包装箱捆扎成一个单元。

【实例 7-3】服装、鞋帽和纺织品类商品的运输(配送)包装和销售包装

出口欧盟的服装、鞋帽和纺织品类包装均应符合指令 94/62/EC 及其修正案的要求,或按其协调标准进行评估。此外,应符合欧盟和英国商品包装指南第四章规定的适用的通则和基本要求。技术与方法可参照第四章的有关描述。应特别注意化学品的使用。包装材料和辅助材料应符合关于保障人身健康和卫生的要求,包装袋不使用偶氮染料。

1. 提示与建议

我国的服装、鞋帽和纺织品类出口量居全世界首位,对欧盟的出口也有很好的业绩。目前的主要问题在于如何提高产品及包装的质量和档次。

(1) 销售包装的质量和档次应与产品(内装物)相适应。

(2) 运输(配送)包装应防潮,并适合于标准托盘或集装箱尺寸,避免运输和储存空间的浪费。印刷适度。

2. 销售包装

包装设计需考虑销售方式和环境,自助式销售应能展示消费者最关注的特征,如在产品上设计可长期保留的商标和标签,并注明材质、尺寸和型号等。包装首次打开,应有明显迹象。

3. 运输(配送)包装

采用纸箱时,按合同书表达每箱的型号(尺寸)。封箱带至少捆扎两道,不开提手孔。箱表面需印刷必要的商品信息,如名称、数量、型号(尺寸)、货号、生产商(销售商)名称、地址等,并且不被捆扎带遮挡。

高档服装可采用悬挂式运输,防止产品受压而产生皱褶。

【实例 7-4】玩具类包装

出口欧盟的玩具包装均应符合指令 94/62/EC 及其修正案的要求,或

按其协调标准进行评估。此外，应符合欧盟和英国商品包装指南第四章规定的适用的通则和基本要求。技术与方法可参照第四章的有关描述。应特别注意化学品的使用。包装和标签应符合 88/378/EEC 的要求，不遗漏必要的警告和提示。包装材料和辅助材料应符合关于保障人身健康和卫生的要求。

1. 提示与建议

欧盟对玩具的包装和标签有严格的规定，我国的相关企业应给予高度重视。

纸盒及外包装纸箱上尽量不采用 U 型钉，尽量不采用高黏度胶带（特别是销售包装容易造成开封时撕掉标签的情况）。3 岁以下儿童使用的玩具包装材料不采用聚氯乙烯（防止吸吮）。

2. 销售包装

（1）销售包装应适合自助式销售。

（2）包装装潢应适度，标签内容明显、清晰，消费者需要了解的商品信息放在显要位置。

（3）印刷油墨过度使用不仅提高成本，还直接造成重金属浓度水平超标。以纸箱为例，回收造纸要大量施用脱墨剂，直接造成纸的品质下降，污水处理困难。

3. 标签

（1）玩具的 CE 标志以及名称和（或）商标和（或）标签、厂商或其全权代表、进口商的地址应显著清楚地并且牢固地被粘贴在玩具或其包装上。小玩具或小零件可在标签或说明书上给出详细说明。

（2）玩具上系挂的商标或文字不应与 CE 标志混淆。

（3）如果生产商的全权代表是共同体的进口商，其身份容易识别则可简写。

（4）如玩具在一国上市，应当提供该国文字说明。

4. 玩具应注意的警告和提示

对于 36 个月以下的儿童，玩具有一定危险性，因此需要提出警示。例如，"不适合 36 个月以下儿童使用"或者"不适合 3 岁以下儿童使用"。与此同时，提供简单的使用提示。这些也应表达在使用说明中，避免危险的发生。

5. 功能性玩具

功能性玩具及其包装应标有"警告：在家长的监督下使用"的提示语。这些玩具上还应标注使用指导以及注意事项，提醒使用者，如使用不当可能引发危险，还应注明玩具必须放在儿童不能触及的地方。

6. 玩具中含有危险物质或制品

在不损害共同体关于申请的条款基础上，对含有危险物质或制品的玩具包装，应当具有显示这些危险物质或制品毒性的警告。对于这类玩具，应加以详细地说明，并且提醒使用者注意以避免发生意外。提醒使用者使用不当可能引发严重的事故，并说明急救方法，还应注明玩具必须放在儿童不能触及的地方。

化学玩具在其包装上应标有"警告：对于儿童——只有在成人监督下才能使用"的提示语。

7. 适用于儿童轮滑和滑板

如果这些产品用于销售，应明确提醒消费者"警告：穿戴防护服装和用品"，并且提醒使用者多加小心。避免摔倒或相撞而造成使用者或第三方的伤害，还可提供一些必要的提示以此推荐使用者穿戴防护器具。

8. 水下玩具

应该根据欧洲标准委员会（CEN）采用的 EN/71 第一和第二部分的内容提醒消费者"警告：只可在儿童允许水深并且在监护下使用。"

上述举例仅为不可缺少的内容提示，在贸易实践中，具体的标签内容应由进口商提供，或规定在合同书中。

【实例 7-5】北美地区商品包装上目标国及其消费者的偏爱或禁忌颜色或图案

北美地区商品包装上目标国及消费者的偏爱或禁忌颜色或图案见表 7-11，目标国法定的官方语言见表 7-12。

表 7-11　北美地区商品包装上目标国及消费者的偏爱或禁忌颜色或图案

国家	适用的颜色或图案	忌用的颜色或图案
美国		大象
加拿大	枫叶	
墨西哥	红、白、绿色的组合	红、深蓝、绿色的组合

表 7-12 目标国法定的官方语言

美国	加拿大	墨西哥
英语	英语、法语	西班牙语、英语①

注①：非真正定义的官方语言，是实际惯用的。

【实例 7-6】日本、韩国、澳大利亚、新西兰商品包装上目标国及消费者的偏爱或禁忌颜色或图案

日本、韩国、澳大利亚、新西兰商品包装上目标国及消费者的偏爱或禁忌颜色或图案见表 7-13。

表 7-13 日本、韩国、澳大利亚、新西兰商品包装上目标国及其消费者的偏爱或禁忌颜色或图案

国家	适用的颜色或图案	忌用的颜色或图案
日本	白色、鲜蓝、浅蓝	黄色、绿色、荷花
韩国	枫叶	黑色或紫色
澳大利亚	红、白、绿色的组合	红、深蓝、绿色的组合
新西兰	蓝色	

【实例 7-7】出口欧盟食品包装问题案例

欧盟是国际上制定食品接触材料方面法律法规体系较完整的地区，也是中国食品接触材料及制品出口的主要市场。近些年，欧盟针对食品安全问题陆续发布了多项法律法规和市场准入制度。其中，欧盟食品和饲料类快速预警系统（Rapid Alert System for Foodand Feed，RASFF），主要是针对各成员方内部由于食品不符合安全要求或标识不准确等原因引起的风险和可能带来的问题，及时通报各成员方，使消费者避开风险的一种安全保障系统。RASFF 通报的产品不光包括食品和饲料本身，还包括食品包装材料和标识信息等。

目前，欧盟通常在口岸和市场两个环节对食品接触产品进行查验抽测，若结果不合格，则立即采取相关措施（如拒绝入境、召回、下架、销毁等），并同时通过欧盟 RASFF 通告参与该系统的所有成员方，以及不合格产品出口国。

欧美等发达国家和经济体利用其经济和科技上的优势，不断提出日益严格复杂的技术规范和评定要求，成为阻碍其他经济体对其出口的重

要技术性贸易壁垒之一。我国出口欧盟食品相关企业和包装企业应该跟进了解欧盟相关法规和标准，有效地规避经营风险。

近年来，通过我国各地检疫相关机构及对外贸易通报网站了解的一些输欧产品（含英国）因包装问题遭撤架、退市等强制性措施的信息和具体案例，总结出遭通报的原因主要包括以下几类：第一，儿童玩具等用品因包装膜太薄易导致窒息；第二，商品包装中含危险物质、化学品或限制物质超标；第三，商品包装的警告、标志、说明不完善；第四，产品外观类似食物易导致误食。

以下案例，仅供相关企业参考。

案例1　因产品标签未含过敏原信息 英国召回中国产方便面

来源：中国质量新闻网广东省WTO/TBT中心　时间：2022-05-12

据英国食品标准局（FSA）消息，2022年5月11日，英国食品标准局发布通告称，Liroy B. V. 正在召回一款中国产方便面，因为产品中含有标签上未提及的牛奶（过敏原）。受召回产品的信息如下：

据通告，受召回产品的名称为GY Chongqing Instant Noodle Hot and Sour Flavour，重量为110g，此次召回所有生产日期的该款产品。

英国食品标准局建议对牛奶过敏的消费者不要食用上述产品，可将其退回获得全额退款。

2022年，我国输欧食品也因产品标识不合格而被多次通报，其中占比较高的风险因子为产品标签未按规定要求标示乳、大豆、谷物等过敏原成分，对消费者易造成误导，导致产品被退出市场流通或退运。欧盟对过敏原标示的要求主要依据为（EU）No 1169/2011《向消费者提供食品信息的规定》，其中对包括乳、蛋、花生、坚果、大豆类等14大类过敏原的标示要求为：对于作为食物成分有意加入的过敏原，在配料表后必须以对比或突出显示的方式清晰标明过敏原种类及名称。

案例2　只因包装不达标，国产魔方遭欧盟退市

来源：中国质量新闻网　时间：2017-08-01

从江苏检验检疫局获悉，欧盟委员会非食品类快速预警系统日前对中国产的"R&T"牌魔方发出消费者警告，原因是这款产品塑料包装过

薄，可能会盖住儿童的口鼻，有造成窒息的危险，不符合《欧盟玩具安全指令》和相关欧洲标准 EN71-1 的要求。目前进口商已对上述产品采取了退市措施。

昆山检验检疫局玩具检验专家介绍说，婴儿独自玩耍玩具或其他物品的包装塑料袋，是一件非常危险的事情。尤其是 1 岁以下的婴儿，他们独自玩耍时会把塑料袋套在头上，呼吸时塑料袋紧紧贴住口鼻，如果家长没有及时发现，最终会因缺氧而导致意外的发生。

专家表示，国家强制性标准对玩具中的包装塑料袋有严格要求。用于玩具中的无衬里软塑料薄膜或软塑料袋，在外形最小尺寸大于 100 毫米的情况下，平均厚度要大于或等于 0.038 毫米，包装袋上还需打有界线清晰的孔，总面积至少占 1%。塑料膜足够厚，就减少了牢牢吸附在婴儿口鼻上的机会；打上足够多的小孔，有利于空气流通，减少窒息现象的发生。

案例 3　玩具塑料包装袋不够厚，遭芬兰拒绝进口

来源：中国质量新闻网　　时间：2012-06-25

欧盟委员会非食品类快速预警系统对中国产"Xiangfeng Toys"牌玩具积木"City Series, Police & Rescuers"发出消费者警告。本案的通报国为芬兰。由于该款积木的塑料包装袋不够厚（平均厚度为 0.027±0.004 毫米），存在窒息的危险，不符合欧盟玩具指令和相关标准 EN 71-1。目前，芬兰已对该产品采取拒绝进口的措施。

欧美等国家和地区对儿童玩具的软性塑料薄膜和包装袋有明确的要求。欧盟相关法规明确规定玩具包装不得构成绞勒风险或因空气阻塞导致的窒息。因此检验检疫部门在日常检验监管中应加大对出口儿童玩具包装厚度的检查力度，提高企业责任感和危机意识。

为此，检验检疫部门提醒相关出口企业：一是密切关注进口国质量标准及召回动态，增强风险意识，严格按照标准生产检测，消除出口安全隐患；二是强化企业责任意识，选择诚信的合格供方，加强原辅材料的验收，切莫贪图便宜，埋下安全隐患；三是加强与检验检疫联系沟通，获取信息和技术支持。对于新产品或者有疑问的产品，及时联系检验人员，将隐患消灭在萌芽中，确保出口玩具质量安全。

案例 4　玩具包装因含限制物质超标，遭欧盟强制撤架

来源：厦门 WTO 工作站　　时间：2014 - 10 - 28

欧盟成员方之一塞浦路斯就中国出口的 Ausini 牌塑料动物玩具套装和另一品牌的塑料娃娃套装发出通报，具体通报内容如下：

塑料动物含有 DEHP 和 DBP 超过允许限量值（测量值分别为 1.42% 和 6.76%），这些邻苯二甲酸盐可能危害儿童健康，导致生殖系统损害，存在化学危害的危险；此外还含有 DINP 超过允许的限量值（测量值为 0.39%）。而且该玩具套装的塑料包装含有过量的 DEHP、DINP 和 DBP（测量值分别为 13.6%，0.82% 和 0.26%）。

娃娃头部含有 DEHP 超过允许限量值（测量值为 20.2%），这种邻苯二甲酸酯可能危害儿童健康，导致生殖系统损害；此外娃娃头部的棕色头发含有 DINP 超过允许限量值（测量值为 8.3%）。这些均存在化学危害的危险。而且该玩具的塑料包装含有过量的 DEHP、DINP 和 DBP（测量值分别为 13.6%，0.82% 和 0.26%）。

根据欧盟 REACH 法规的规定，在所有玩具和儿童护理产品中，禁止含有 DEHP、DBP、BBP；禁止在儿童可以放入口中的玩具或儿童护理用品中含有 DINP、DIDP、DNOP。根据法规内容，欧盟对以上产品采取强制撤架的措施。

案例 5　国产"Nurse - A - Baby"牌塑胶娃娃塑料包装镉超标，欧盟发出消费者警报

来源：检测通　　时间：2013 - 08 - 24

2013 年 8 月 23 日，欧盟非食品类快速预警系统 RAPEX 对中国产"Nurse - A - Baby"牌塑胶娃娃发出消费者警告。通报国家为瑞典。此次通报的塑胶娃娃着白色和粉红色的衣服，外包装为柔软，透明的 PVC 透明包装。

该玩具对环境构成了风险，因为该玩具塑料包装含高达 474 mg/kg 的镉，该产品不符合 REACH 法规 1907/2006。

目前，已采取从市场撤回产品的自愿措施。

案例6　儿童用品包装袋化学安全有要求

来源：中国质量新闻网　　时间：2013-05-31

前不久，某儿童用品生产企业接到欧盟 REPEX 系统发来的不合格通报，被通报的产品为边缘可以覆盖儿童床的毛毯，装于一个透明塑料袋内。该产品申报出口国家为芬兰。被通报为不合格的塑料包装袋出口前未经第三方检测，经芬兰国家儿童用品监管部门抽样检测，发现该产品包装塑料袋镉含量超标，不符合 REACH 法规附件 XVII 中关于镉在珠宝、钎焊合金和 PVC 中的限制使用要求以及 EN71-3 环保标准的要求。经了解，该企业重视产品本身质量，忽视了对其产品包装物安全卫生要求的关注，表示愿意对不合格塑料包装袋进行就地销毁，并承担相关损失。

这个通报案例很特殊，查阅之前我国玩具、童装及其他儿童产品遭欧盟通报召回的一系列案例，大多是产品本身小部件拉力不符合规定要求、易脱落，使儿童可能吞食造成咽喉或气管哽噎或窒息甚至引起死亡的风险；或者产品本身油墨、金属、PVC 材料所含重金属、邻苯二甲酸盐（塑化剂）含量超出规定限量要求，给儿童造成神经、生殖发育等健康危害等等。对产品包装的通报仅限于塑料包装袋厚度达不到规定要求，易使儿童吸入而引起窒息的风险。这次出现的对儿童产品外包装塑料袋化学安全性能要求不合格而引起的通报还是第一次，而且该产品既不是玩具，也不是童装，而是包装与儿童直接接触的可能性很小的儿童床上用品。

尽管企业的国外客户在当地更换了符合要求的包装，为企业挽回了影响和损失，但这件事情给从事儿童产品出口生产和监管的人士提了个醒，出口儿童用品塑料包装袋化学安全要求不容忽视。对出口到欧盟的儿童产品，特别是出口到芬兰、挪威等国家的儿童产品，务必要关注产品外包装的化学安全性能要求，以免因外包装经国外抽检不符合规定要求而招致通报召回，给企业造成不必要的损失或贸易纠纷。

案例7　未印有警示语或危险接触警告安全标签，欧盟对国产 C3 Boutique 牌电子香烟液体发出消费者警报

来源：检测通　　时间：2013-12-16

2013 年 12 月 13 日，欧盟 RAPEX 非食品类快速预警系统对中国企业生产的 C3 Boutique 牌电子香烟液体发出消费者警报。通报国家为法国。

电子香烟的芯为 20 mg/mL 的（产品1）和 16 mg/mL（产品2）。该产品的包装没有明确提及尼古丁的存在（1.8%），并且没有印有警示语或危险接触的警告的安全标签。因此，用户没有任何该产品与皮肤接触的危险性的任何信息。该产品不符合欧盟 1999/45/EC 有关分类、包装和危险配制品标签的指令。

目前，该商品将从市场上召回。

案例8　外形"看上去很好吃"的产品被欧盟采取退市措施

来源：中国质量新闻网　时间：2017-07-06

随着消费者安全环保意识的增强，市面上的一些产品频频标榜"能吃"来凸显不含有害物质，从能吃的口红到能喝的涂料已司空见惯。有些产品还特意做成"看上去很好吃"的样子吸引消费者。然而最近"看上去很好吃"的产品在欧洲遭到当头棒喝。

从江苏昆山检验检疫局获悉，欧盟委员会非食品类快速预警系统（RAPEX）日前对中国产"RS"牌蜡烛发出消费者警告。该产品一套5支，主体为三角状红色，装饰了黑色的"瓜子"和"瓜皮"，像切成一片片的西瓜。由于其特有的形状和颜色，儿童可能会误食并造成窒息。该产品不符合欧盟委员会指令第 87/357/EEC 号要求。目前，进口商已对上述产品采取了退市措施。

江苏昆山检验检疫局专家指出，家居用品不合格的原因一般有微生物超标、重金属超标、违规添加禁用物质、带有尖锐边角或危险缝隙等，外观设计原因引起的不合格的确不多见。企业为了产品更吸引眼球，在外观设计上求新求变固然值得肯定，但一定要考虑周全。首先容易被儿童接触的产品，不要设计成食品的形状。对不懂事的儿童来说，别说像西瓜或蜂蜜会误食，即便硬的跟石头一样，也照样可能会放到嘴里尝一尝；其次要深入了解相关产品外观设计专利，注意模仿、借鉴和抄袭的区别，防止引起法律纠纷；再次要考虑到世界各国政治、宗教、风俗习惯等，注意语言、数字、图案和色彩使用上的喜忌，以避免造成损失。

案例9　欧盟发出消费者警告，原因是沐浴露太像蜂蜜

来源：检测通　时间：2016-11-22

近期，欧盟委员会非食品类快速预警系统（RAPEX）目前对一款中

国产"BONTANICA"牌沐浴露发出了消费者的警告,并且采取退市措施,原因居然是太像蜂蜜了。

这款沐浴露为棕黄色,装在300毫升塑料瓶内,还附带一根搅拌棒,沐浴露的形状、颜色和尺寸都可能被误认为是瓶装蜂蜜,儿童误食会引起肺部炎症,不符合欧盟化妆品法规的要求。

日化用品不合格的原因一般微生物超标、重金属超标、有效物含量不达标、违规添加禁用物质等,外观原因引起的不合格较少见。

二、出口商品技术指南——具体商品类(电动工具)

(一)电动工具技术指南

本指南的电动工具适用于出口电动工具,包括手持式、可移式、电池式和园林作业用电动工具。电动工具出口商品技术指南重点研究了欧盟、北美、日本、澳大利亚、新西兰、东南亚6个主要出口目标市场,主要分析了欧盟关于协调各成员方用于某些电压(低电压)范围内的电气设备法律、欧盟关于使各成员方有关机械设备趋于一致指令、美国国家电气安全法规等国外技术法规9套,美国手持式电动工具安全系列标准、美国家用和类似用途的安全系列标准、美国携带式电动工具的安全、美国固定式电动工具的安全等国外标准152套,欧盟CE认证、美国UL认证等国外合格评定程序及其他市场准入条件5套。

本指南总结了我国标准和技术法规在电磁兼容、电源电压和频率、振动和噪声等方面与国外标准和技术法规的43个方面的技术差异,为企业和行业提出了针对技术差异和目标市场的开拓等方面的12套解决方案。指南技术资料来源截至2004年8月。

(二)应用实例

【实例7-8】CE、GS认证流程

CE两个字母,是从法语"Communate Europpene"缩写而成,是欧洲共同体的意思。欧洲共同体后来演变成了欧洲联盟(简称"欧盟")。

CE标志是一种安全认证标志,被视为制造商打开并进入欧洲市场的护照。凡是贴有CE标志的产品均可在欧盟各成员方销售,无须符合每个成员方的要求,从而实现了商品在欧盟成员方范围内的自由流通。

在欧盟市场CE标志属强制性认证标志,不论是欧盟内部企业生产的产品,还是其他国家(地区)生产的产品,要想在欧盟市场上自由流通,必须加贴 CE 标志，以表明产品符合欧盟"技术协调与标准化新方法"指令的基本要求。这是欧盟法律对产品提出的一种强制性要求。

近年来，在欧洲经济区（欧洲联盟、欧洲自由贸易协会成员方，瑞士除外）市场上销售的商品中，CE 标志的使用越来越多，CE 标志加贴的商品表示其符合安全、卫生、环保和消费者保护等一系列欧洲指令所要表达的要求。

在过去，欧盟国家对进口和销售的产品要求各异，根据一国标准制造的商品到别国极可能不能上市，作为消除贸易壁垒的一部分，CE 应运而生。因此，CE 代表欧洲统一（CONFORMITE EUROPEENNE）。事实上，CE 还是欧盟许多国家语种中的"欧盟"这一词组的缩写，原来用英语词组 EUROPEAN COMMUNITY 的缩写 EC，后因欧盟在法文是 COMMUNATE EUROPEIA，意大利文为 COMUNITA EUROPEA，葡萄牙文为 COMUNIDADE EUROPEIA，西班牙文为 COMUNIDADE EUROPE 等，故改 EC 为 CE。当然，也不妨把 CE 视为 CONFORMITY WITH EUROPEAN (DEMAND) [符合欧洲（要求）]。

加贴 CE 标志的产品符合有关欧洲指令规定的主要要求（Essential Requirements），表明该产品已通过了相应的合格评定程序和/或制造商的合格声明，真正成为产品被允许进入欧盟市场。按照指令，要求加贴 CE 标志的工业产品没有 CE 标志，不得上市销售；已加贴 CE 标志进入市场产品的，发现不符合安全要求的，要责令从市场收回，持续违反 CE 标志规定的，将被限制或禁止进入欧盟市场或被迫退出市场。

如果某一个产品（如电动工具、家用电器）需符合多个 EEC 或 EC 指令，且同样需要提供 CE 合格标记，此时的 CE 标记表示该产品同时符合多个指令。

综上所述，CE 认证是一种政府行为，是强制性的，并涉及法律责任，是市场准入的必须。

GS 的含义是德语"Geprufte Sicherheit"（安全性已认证），也有"Germany Safety"（德国安全）的意思。GS 认证以德国产品安全法（SGS）为依据，按照欧盟统一标准 EN 或德国工业标准 DIN 进行检测的一种自愿性认证，是欧洲市场公认的德国安全认证标志。

GS 标志表示该产品的使用安全性已经通过公信力的独立机构的测试。GS 标志虽然不是法律强制要求，但是它确实能在产品发生故障而造成意外事故时，使制造商受到严格的德国（欧洲）产品安全法的约束。所以 GS 标志是强有力的市场工具,能增强顾客的信心及购买欲望。虽然 GS 是德国标准,但欧洲绝大多数国家都认同。满足 GS 认证的同时,产品也会满足欧盟的 CE 标志的要求。和 CE 不一样,GS 标志并无法律强制要求,但由于安全意识已深入普通消费者,一个有 GS 标志的电器在市场可能会较一般产品有更大的竞争力。

CE、GS 认证流程,如图 7-1 所示。

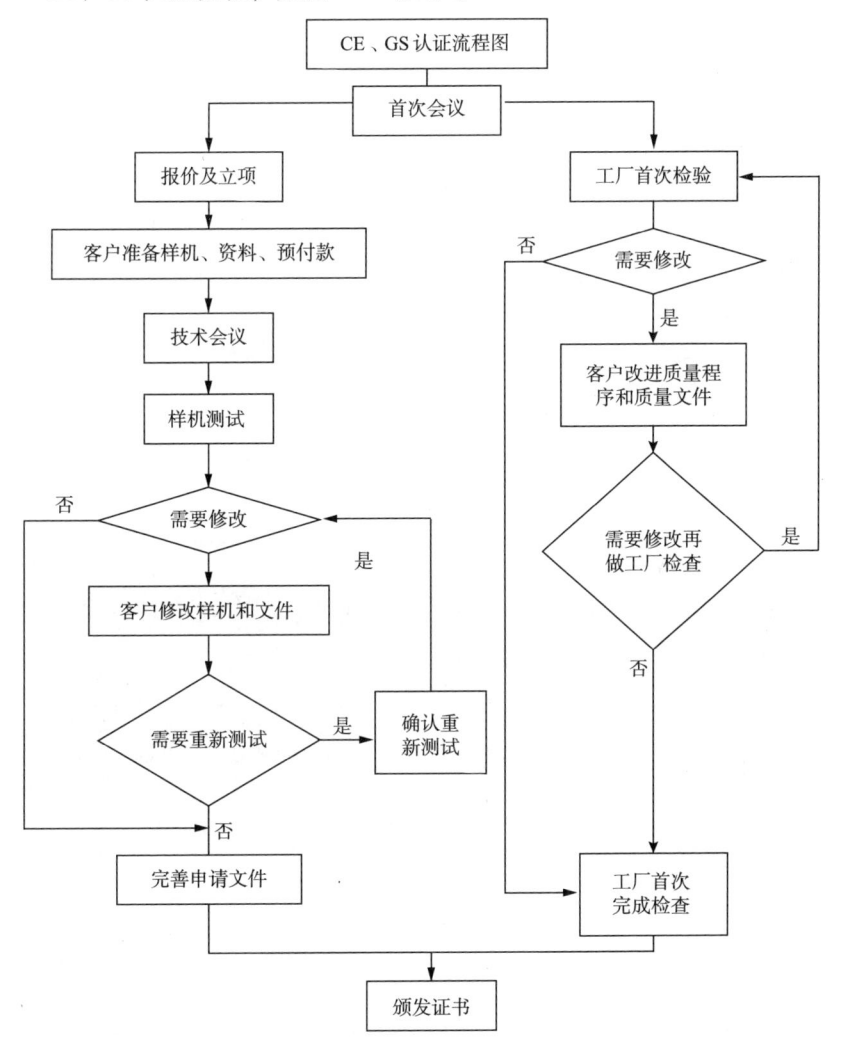

图 7-1　CE、GS 认证流程

【实例 7-9】美国 UL 申请产品认证的典型步骤

美国电气安全标准由美国保险商实验室有限公司(UL)制定,作为进入美国市场安全认证的技术标准,电动工具的安全标准有:

1. UL745 携带式电动工具的安全；
2. UL987 固定式电动工具的安全。

虽然美国向国际承诺在世界贸易中采用国际标准，但在电动工具的安全标准仍坚持以 UL745 和 UL987 标准，作为市场准入的技术标准。不仅反映了美国在电动工具的国际贸易中设置的技术壁垒，而且维护着标准的制定者和实施者美国保险商实验室有限公司（UL）的商业利益。

美国 UL 申请产品认证的典型步骤，如图 7-2 所示。

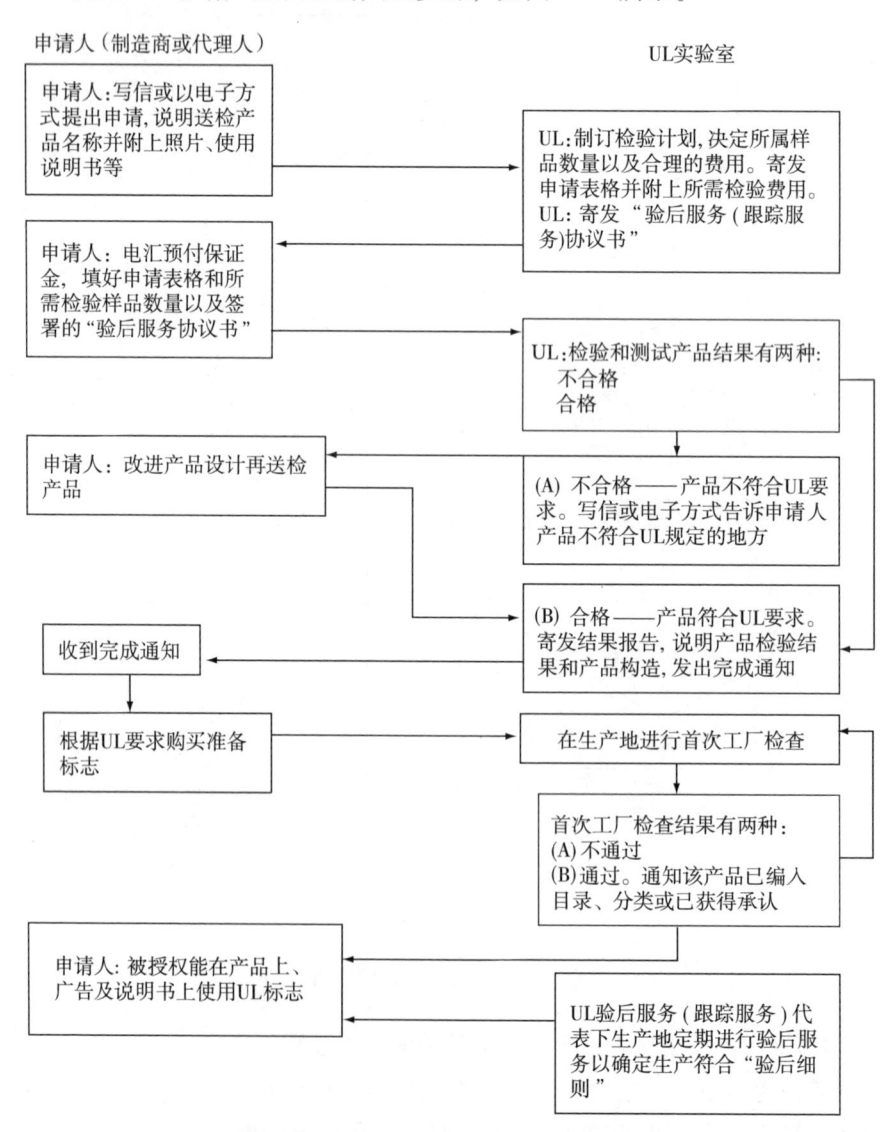

申请人（制造商或代理人）　　　　　　　　　UL实验室

- 申请人：写信或以电子方式提出申请，说明送检产品名称并附上照片、使用说明书等
- UL：制订检验计划，决定所属样品数量以及合理的费用。寄发申请表格并附上所需检验费用。UL：寄发"验后服务（跟踪服务)协议书"
- 申请人：电汇预付保证金，填好申请表格和所需检验样品数量以及签署的"验后服务协议书"
- UL：检验和测试产品结果有两种：
  不合格
  合格
- 申请人：改进产品设计再送检产品
- (A) 不合格——产品不符合UL要求。写信或电子方式告诉申请人产品不符合UL规定的地方
- (B) 合格——产品符合UL要求。寄发结果报告，说明产品检验结果和产品构造，发出完成通知
- 收到完成通知
- 根据UL要求购买准备标志
- 在生产地进行首次工厂检查
- 首次工厂检查结果有两种：
  (A) 不通过
  (B) 通过。通知该产品已编入目录、分类或已获得承认
- 申请人：被授权能在产品上、广告及说明书上使用UL标志
- UL验后服务（跟踪服务）代表下生产地定期进行验后服务以确定生产符合"验后细则"

图 7-2　美国 UL 申请产品认证的典型步骤

第八章

加工贸易

据海关统计，2023年我国货物贸易进出口总值41.76万亿元，同比增长0.2%。其中，出口23.77万亿元，同比增长0.6%；进口17.99万亿元，同比下降0.3%。来料加工装配贸易1万亿元，进料加工贸易6.6万亿元，合计7.6万亿元，占进出口总值的18.2%。

第一节　加工贸易概述

一、加工贸易的概念和特征

（一）加工贸易的概念

加工贸易是指从境外保税进口全部或部分原辅材料、零部件、元器件、包装物料（以下简称"进口料件"），经境内企业加工或装配后，将制成品复出口的经营活动。

（二）加工贸易货物的特征

1. "两头在外"的特征

加工贸易最基本的特征是"两头在外"，即其用以加工成品的全部或部分料件采购自境外，而其加工成品又销往境外的货物流向上的特征。

2. 加工增值的特征

加工增值是加工贸易得以发生的企业方面的根本动因。企业对外签订加工贸易合同的目的在于通过加工使进口料件增值，并从中赚取差价或工缴费。

3. 料件保税的特征

我国海关现行的法规规定，海关对进口料件实施保税监管，即对其进口料件实施海关监管下的暂缓缴纳各种进口税费的制度。料件的保税可以降低企业的运行成本，增强出口成品的竞争力。

二、加工贸易的常见类型

加工贸易的常见类型包括来料加工和进料加工。

来料加工是指进口料件由境外企业提供，经营企业不需要付汇进口，按照境外企业的要求进行加工或者装配，只收取加工费，制成品由境外企业销售的经营活动。

进料加工是指进口料件由经营企业付汇进口，制成品由经营企业外销出口的经营活动。

三、加工贸易术语

1. 加工贸易货物

加工贸易货物是指加工贸易项下的进口料件、加工成品以及加工过程中产生的边角料、残次品、副产品等。

2. 加工贸易企业

加工贸易企业包括经海关注册登记的经营企业和加工企业。

（1）经营企业。经营企业是指负责对外签订加工贸易进出口合同的各类进出口企业和外商投资企业，以及经批准获得来料加工经营许可的对外加工装配服务公司。

（2）加工企业。加工企业是指接受经营企业委托，负责对进口料件进行加工或者装配，且具有法人资格的生产企业，以及由经营企业设立的虽不具有法人资格，但实行相对独立核算并已经办理工商营业证（执照）的工厂。

3. 单位耗料量

单位耗料量是指加工贸易企业在正常生产条件下加工生产单位出口成品所耗用的进口料件的数量。

4. 深加工结转

深加工结转是指加工贸易企业将保税进口料件加工的产品转至另一加工贸易企业进一步加工后复出口的经营活动。

5. 承揽者

承揽者是指与经营企业签订加工合同，承接经营企业委托的外发加工业务的企业或者个人。

6. 外发加工

外发加工是指经营企业委托承揽者对加工贸易货物进行加工，在规定期限内将加工后的产品最终复出口的行为。

7. 核销

核销是指加工贸易经营企业加工复出口或者办理内销等海关手续后，凭规定单证向海关报核，海关按照规定进行核查以后办理解除监管手续的行为。

8. 边角料

边角料是指加工贸易企业从事加工复出口业务，在海关核定的单位耗料量内（以下简称"单耗"）、加工过程中产生的、无法再用于加工该合同项下出口制成品的数量合理的废、碎料及下脚料。

9. 剩余料件

剩余料件是指加工贸易企业在从事加工复出口业务过程中剩余的、可以继续用于加工制成品的加工贸易进口料件。

10. 残次品

残次品是指加工贸易企业从事加工复出口业务，在生产过程中产生的有严重缺陷或者达不到出口合同标准，无法复出口的制品（包括完成品和未完成品）。

11. 副产品

副产品是指加工贸易企业从事加工复出口业务，在加工生产出口合同规定的制成品（即主产品）过程中同时产生的，且出口合同未规定应当复出口的一个或者一个以上的其他产品。

12. 受灾保税货物

受灾保税货物是指加工贸易企业从事加工出口业务中，因不可抗力原因或者其他经海关审核认可的正当理由造成灭失、短少、损毁等导致无法复出口的保税进口料件和制品。

第二节　加工贸易业务办事指南

一、加工贸易手账册一般监管、企业联网监管政务服务事项办事指南

加工贸易手账册一般监管、企业联网监管政务服务事项办事指南如表8-1所示。

表8-1　加工贸易手账册一般监管、企业联网监管政务服务事项办事指南

事项名称	加工贸易手账册一般监管、企业联网监管政务服务事项办事指南	事项类型	行政检查
设定依据	（一）《中华人民共和国海关法》 第三十二条　经营保税货物的储存、加工、装配、展示、运输、寄售业务和经营免税商店，应当符合海关监管要求，经海关批准，并办理注册手续。保税货物的转让、转移以及进出保税场所，应当向海关办理有关手续，接受海关监管和查验。 第三十三条　企业从事加工贸易，应当按照海关总署的规定向海关备案。加工贸易制成品单位耗料量由海关按照有关规定核定。	实施机构	加工企业所在地主管海关

表8-1（续1）

设定依据	加工贸易制成品应当在规定的期限内复出口。其中使用的进口料件，属于国家规定准予保税的，应当向海关办理核销手续；属于先征收税款的，依法向海关办理退税手续。 加工贸易保税进口料件或者制成品内销的，海关对保税的进口料件依法征税；属于国家对进口有限制性规定的，还应当向海关提交进口许可证件。 （二）《中华人民共和国海关加工贸易货物监管办法》 第九条　加工贸易企业应当根据《中华人民共和国会计法》以及海关有关规定，设置符合海关监管要求的账簿、报表以及其他有关单证，记录与本企业加工贸易货物有关的进口、存储、转让、转移、销售、加工、使用、损耗和出口等情况，凭合法、有效凭证记账并且进行核算。 第十七条　已经办理加工贸易货物的手册设立手续的经营企业可以向海关领取加工贸易手册分册、续册。 （三）《中华人民共和国海关加工贸易企业联网监管办法》	实施机构	加工企业所在地主管海关
法定办结时限	无	承诺办结时限	海关总署关于进一步规范加工贸易及保税监管业务办理时限的通知（署加发〔2016〕143号）规定，自接受企业申报之日起5个工作日完成手册设立手续，自接受企业申报之日起5个工作日内完成通关便捷电子账册设立与变更手续

表 8-1（续 2）

结果名称	电子版《加工贸易手册》《加工贸易账册》，手账册编号由系统自动编号并反馈企业	结果样本	无纸质结果样本
收费标准	不收费	收费依据	不收费
申请（办理）条件	（一）经营企业办理加工贸易货物的手册设立，应当提交以下单证 1. 经营企业自身有加工能力的，应当在主管部门上报承诺的加工贸易加工企业生产能力情况； 2. 经营企业委托加工的，应当提交经营企业与加工企业签订的委托加工合同，并在主管部门上报承诺的加工企业生产能力情况； 3. 经营企业对外签订的合同； 4. 企业认为需要提交的其他证明文件和材料。 （二）有下列情形之一的，海关应当在经营企业提供相当于应缴税款金额的保证金或者银行、非银行金融机构保函后办理手册设立手续： 1. 涉嫌走私，已经被海关立案侦查，案件尚未审结的； 2. 由于管理混乱被海关要求整改，在整改期内的。 （三）有下列情形之一的，海关可以要求经营企业在办理手册设立手续时提供相当于应缴税款金额的保证金或者银行、非银行金融机构保函： 1. 租赁厂房或者设备的； 2. 首次开展加工贸易业务的； 3. 加工贸易手册延期两次（含两次）以上的； 4. 办理异地加工贸易手续的； 5. 涉嫌违规，已经被海关立案调查，案件尚未审结的。 （四）加工贸易企业有下列情形之一的，不得办理手册设立手续： 1. 进口料件或者出口成品属于国家禁止进出口的； 2. 加工产品属于国家禁止在我国境内加工生产的； 3. 进口料件不宜实行保税监管的； 4. 经营企业或者加工企业属于国家规定不允许开展加工贸易的； 5. 经营企业未在规定期限内向海关报核已到期的加工贸易手册，又重新申报设立手册的。			
申请材料	在线上填写申请材料，无须提交纸本申请材料，请根据系统提示内容逐项填写			
办理流程	符合条件的加工贸易企业可登录"互联网+海关"一体化网上办事平台或｛9｝"｛14｝"等方式办理加工贸易各项手续。 （一）选择办理的业务类型 登录国际贸易"互联网+海关"一体化网上办事平台或"单一窗口"，选择企业所需要办理的具体手账册种类。			

第八章　加工贸易·351

表8-1（续3）

办理流程	（二）填写业务办理信息 按照系统界面和提示信息，填写办理业务需要的各类数据信息，并上传提交相关单证。填写完毕并确认后提交。 （三）收到回执 信息提交后，海关在规定的时限内，经审核并反馈回执，如需要企业修改申报项目或进一步补充材料，企业按照提示信息进行修改或补充申报。
办理事项流程图	申请人：提交手、账册备案申请 → 海关：接收申请 → 海关审核 → 不通过：反馈结果 → 申请人：接收未通过审核结果；通过：反馈结果 → 申请人：接收通过审核结果获得手账册编号
办理形式	网上办理
到办理现场次数	0
审查标准	申请材料填写准确、完整、真实、有效
通办范围	加工企业所在地主管海关
预约办理	否
网上支付	否

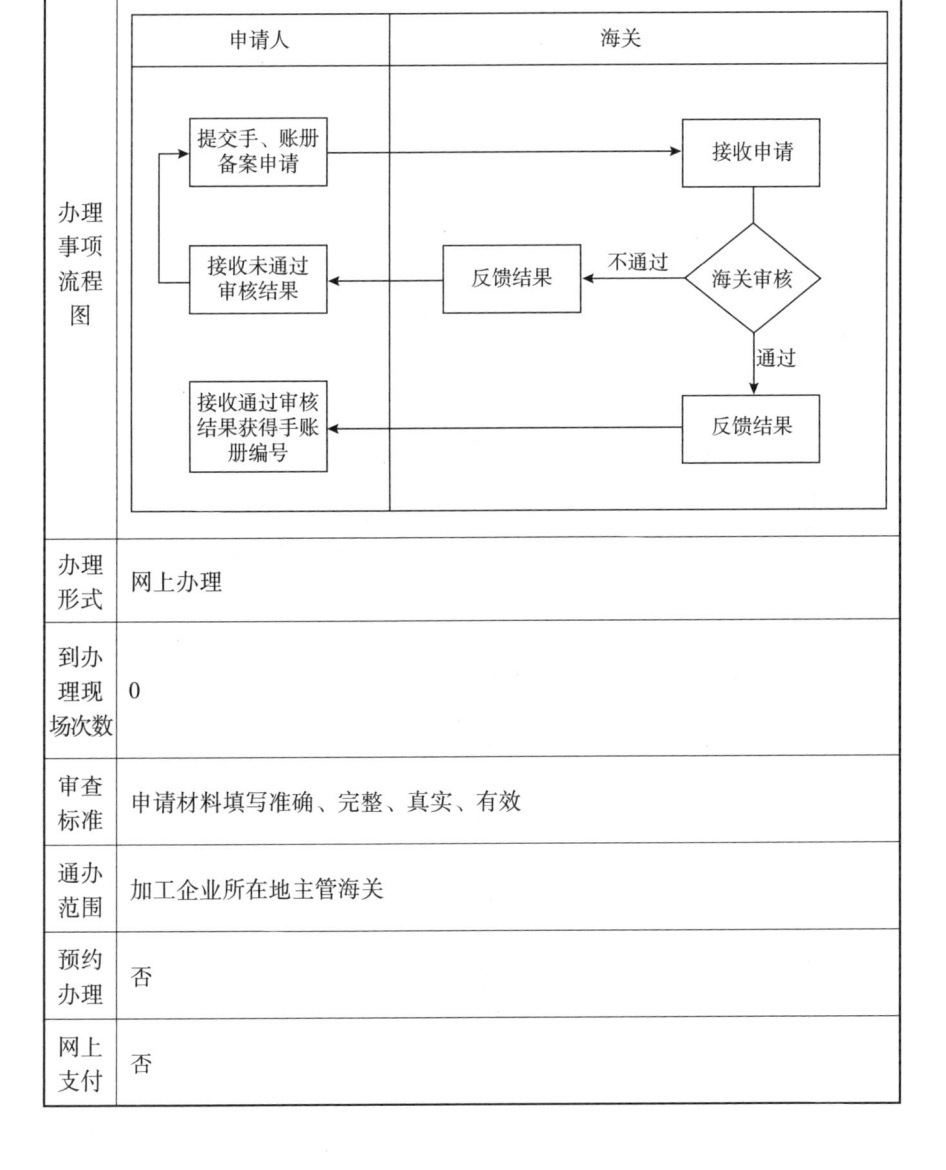

表 8 – 1（续 4）

物流快递	否
办理地点	网上办理：企业可通过"互联网 + 海关"一体化网上办事平台（online. customs. gov. cn）或国际贸易"单一窗口"。 如有相关问题，可向企业所在地主管海关咨询。
办理时间	法定工作日，网上 24 小时
咨询电话	12360 海关服务热线
监督电话	12360 海关服务热线
其他说明	本指南的内容与海关现行法律、行政法规、规章、规范性文件不一致的，以海关现行法律、行政法规、规章、规范性文件为准

二、料件监管、货物监管、不作价设备监管政务服务事项办事指南

料件监管、货物监管、不作价设备监管政务服务事项办事指南如表 8 – 2 所示。

表 8 – 2　料件监管、货物监管、不作价设备监管政务服务事项办事指南

事项名称	"料件监管、货物监管、不作价设备监管"政务服务事项办事指南	事项类型	行政检查
设定依据	（一）《中华人民共和国海关法》 第三十二条　经营保税货物的储存、加工、装配、展示、运输、寄售业务和经营免税商店，应当符合海关监管要求，经海关批准，并办理注册手续。保税货物的转让、转移以及进出保税场所，应当向海关办理有关手续，接受海关监管和查验。 第三十三条　企业从事加工贸易，应当按照海关总署的规定向海关备案。加工贸易制成品单位耗料量由海关按照有关规定核定。	实施机构	加工企业所在地主管海关

表8-2（续1）

设定依据	加工贸易制成品应当在规定的期限内复出口。其中使用的进口料件，属于国家规定准予保税的，应当向海关办理核销手续；属于先征收税款的，依法向海关办理退税手续。 加工贸易保税进口料件或者制成品内销的，海关对保税的进口料件依法征税；属于国家对进口有限制性规定的，还应当向海关提交进口许可证件。 第三十七条　海关监管货物，未经海关许可，不得开拆、提取、交付、发运、调换、改装、抵押、质押、留置、转让、更换标记、移作他用或者进行其他处置。 海关加施的封志，任何人不得擅自开启或者损毁。 人民法院判决、裁定或者有关行政执法部门决定处理海关监管货物的，应当责令当事人办结海关手续。 （二）《中华人民共和国海关关于加工贸易边角料、剩余料件、残次品、副产品和受灾保税货物的管理办法》 （三）《中华人民共和国海关加工贸易货物监管办法》 （四）《中华人民共和国海关事务担保条例》 第五条　当事人申请办理下列特定海关业务的，按照海关规定提供担保： 1. 运输企业承担来往内地与港澳公路货物运输、承担海关监管货物境内公路运输的； 2. 货物、物品暂时进出境的； 3. 货物进境修理和出境加工的； 4. 租赁货物进口的； 5. 货物和运输工具过境的； 6. 将海关监管货物暂时存放在海关监管区外的； 7. 将海关监管货物向金融机构抵押的； 8. 为保税货物办理有关海关业务的。	实施机构	加工企业所在地主管海关

表 8-2（续 2）

设定依据	当事人不提供或者提供的担保不符合规定的，海关不予办理前款所列特定海关业务。 （五）《关于加工贸易集中办理内销征税手续的公告》（海关总署公告 2013 年第 70 号） （六）《海关总署关于对深加工结转管理系统进行优化推广使用的公告》（海关总署公告 2013 年第 2 号） （七）《关于执行〈中华人民共和国海关加工贸易货物监管办法〉有关问题的公告》（海关总署公告 2014 年第 21 号） （八）《机电产品进口管理办法》（商务部、海关总署、质检总局令 2008 年第 7 号）	实施机构	加工企业所在地主管海关
法定办结时限	无	承诺办结时限	海关总署关于进一步规范加工贸易及保税监管业务办理时限的通知（署加发〔2016〕143 号）规定，自接受企业申报之日起 5 个工作日完成手册设立手续，自接受企业申报之日起 5 个工作日内完成深加工结转备案手续，自接受企业申报之日起 5 个工作日完成内销征税核批手续。
结果名称	电子版《加工贸易手册》《加工贸易账册》《加工贸易不作价设备手册》，系统提示业务成功并反馈企业	结果样本	无纸质结果样本
收费标准	不收费	收费依据	不收费

表8-2（续3）

| 申请（办理）条件 | （一）《中华人民共和国海关关于加工贸易边角料、剩余料件、残次品、副产品和受灾保税货物的管理办法》
第三条　加工贸易保税进口料件加工后产生的边角料、剩余料件、残次品、副产品及受灾保税货物属海关监管货物，未经海关许可，任何企业、单位、个人不得擅自销售或者移作他用。
第四条　加工贸易企业申请内销边角料的：
1. 海关按照加工贸易企业向海关申请内销边角料的报验状态归类后适用的税率和审定的边角料价格计征税款，免征缓税利息；
2. 海关按照加工贸易企业向海关申请内销边角料的报验状态归类后，属于发展改革委员会、商务部、生态环境部及其授权部门进口许可证件管理范围的，免于提交许可证件。
第五条　加工贸易企业申报将剩余料件结转到另一个加工贸易合同使用，限同一经营企业、同一加工企业、同样进口料件和同一加工贸易方式。凡具备条件的，海关按规定核定单耗后，企业可以办理该合同核销及其剩余料件结转手续。剩余料件转入合同已经商务主管部门审批的，由原审批部门按变更方式办理相关手续，如剩余料件的转入量不增加已批合同的进口总量，则免于办理变更手续；转入合同为新建合同的，由商务主管部门按现行加工贸易审批管理规定办理。
加工贸易企业申报剩余料件结转有下列情形之一的，企业缴纳不超过结转保税料件应缴纳税款金额的风险担保金后，海关予以办理：
1. 同一经营企业申报将剩余料件结转到另一加工企业的；
2. 剩余料件转出金额达到该加工贸易合同项下实际进口料件总额50%及以上的；
3. 剩余料件所属加工贸易合同办理两次及两次以上延期手续的；
剩余料件结转涉及不同主管海关的，在双方海关办理相关手续，并由转入地海关收取风险担保金。
前款所列须缴纳风险担保金的加工贸易企业有下列情形之一的，免于缴纳风险担保金：
1. 适用加工贸易 A 类管理的；
2. 已实行台账实转的合同，台账实转金额不低于结转保税料件应缴税款金额的；
3. 原企业发生搬迁、合并、分立、重组、改制、股权变更等法律规定的情形，且现企业继承原企业主要权利义务或者债权债务关系的，剩余料件结转不受同一经营企业、同一加工企业、同一贸易方式限制。
（二）《机电产品进口管理办法》
第二十三条　进口单位不得从事下列行为：
1. 进口属于禁止进口管理的机电产品，或者未经批准、许可进口属于限制进口管理的机电产品；
2. 超出批准、许可的范围进口属于限制进口管理的机电产品；
3. 伪造、变造或者买卖机电产品进口证件（包括《进口许可证》《进口自动许可证》，下同）；
4. 以欺骗或者其他不正当手段获取机电产品进口证件；
5. 非法转让机电产品进口证件；
6. 未按法定程序申请进口。 |

表 8-2（续4）

申请材料	在线上填写申请材料，无须提交纸本申请材料，请根据系统提示内容逐项填写
办理流程	符合条件的加工贸易企业可登录"互联网+海关"一体化网上办事平台或国际贸易"单一窗口"等方式办理料件监管、货物监管、不作价设备监管申报手续。 （一）选择办理的业务类型 登录"互联网+海关"一体化网上办事平台项下加贸保税模块或国际贸易"单一窗口"，选择企业所需要办理的具体料件监管、货物监管、不作价设备监管种类。 （二）填写业务办理信息 按照系统界面和提示信息，填写办理业务需要的各类数据信息，并上传提交相关单证。填写完毕并确认后提交。 （三）收到回执 信息提交后，海关在规定的时限内，经审核并反馈回执，如需要企业修改申报项目或进一步补充材料，企业按照提示信息进行修改或补充申报。
办理事项流程图	申请人：提交具体业务办理申请 → 海关：接收申请 → 海关审核：不通过 → 反馈结果 → 不许接收具体业务申报；海关审核：通过 → 反馈结果 → 接收具体业务申报
办理形式	网上办理
到办理现场次数	0

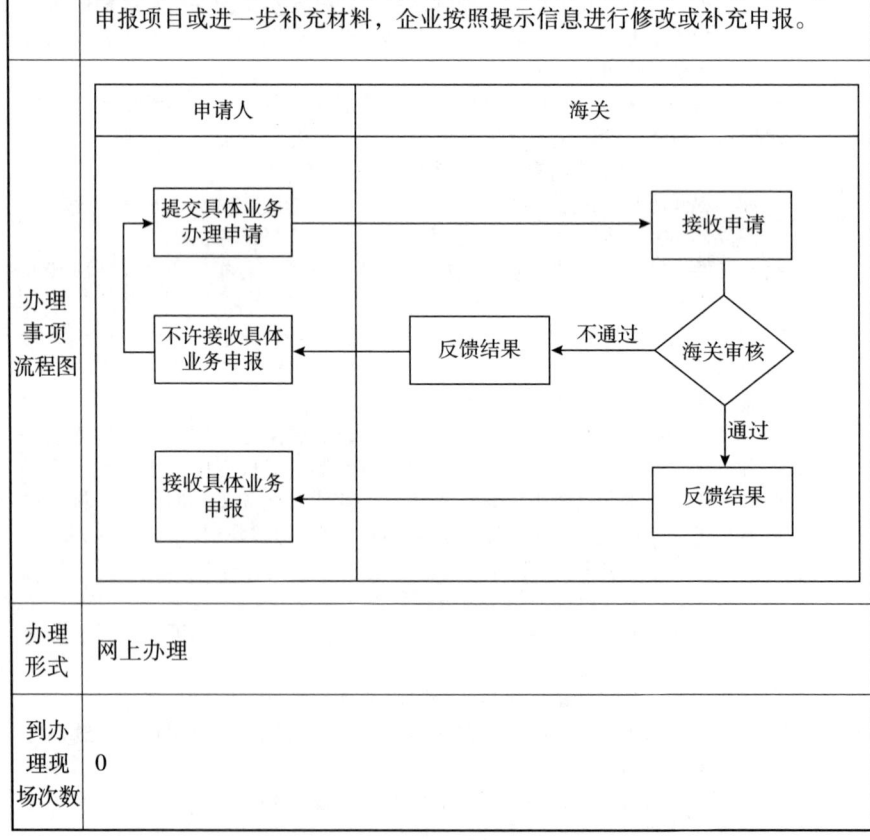

表8-2（续5）

审查标准	申请材料填写准确、完整、真实、有效
通办范围	加工企业所在地主管海关
预约办理	否
网上支付	否
物流快递	否
办理地点	网上办理：企业可通过"互联网+海关"一体化网上办事平台（online.customs.gov.cn）或国际贸易"单一窗口"。如有相关问题，可向企业所在地主管海关咨询。
办理时间	法定工作日
咨询电话	12360海关服务热线
监督电话	12360海关服务热线
其他说明	本指南的内容与海关现行法律、行政法规、规章、规范性文件不一致的，以海关现行法律、行政法规、规章、规范性文件为准

三、加工贸易单耗管理政务服务事项办事指南

加工贸易单耗管理政务服务事项办事指南如表8-3所示。

表8-3 加工贸易单耗管理政务服务事项办事指南

事项名称	"加工贸易单耗管理"政务服务事项办事指南	事项类型	行政检查
设定依据	（一）《中华人民共和国海关法》 第三十三条 企业从事加工贸易，应当按照海关总署的规定向海关备案。加工贸易制成品单位耗料量由海关按照有关规定核定。	实施机构	加工企业所在地主管海关

表 8-3（续 1）

设定依据	加工贸易制成品应当在规定的期限内复出口。其中使用的进口料件，属于国家规定准予保税的，应当向海关办理核销手续；属于先征收税款的，依法向海关办理退税手续。 加工贸易保税进口料件或者制成品内销的，海关对保税的进口料件依法征税；属于国家对进口有限制性规定的，还应当向海关提交进口许可证件。 （二）《中华人民共和国加工贸易单耗管理办法》	实施机构	加工企业所在地主管海关
法定办结时限	无	承诺办结时限	海关总署关于进一步规范加工贸易及保税监管业务办理时限的通知（署加发〔2016〕143 号）规定，自接受企业申报之日起 5 个工作日完成手册设立手续，自接受企业申报之日起 5 个工作日内完成通关便捷电子账册设立与变更手续。
结果名称	电子版《加工贸易手册》《加工贸易账册》，系统提示单耗备案（变更）成功并反馈企业。	结果样本	无纸质结果样本
收费标准	不收费	收费依据	不收费
申请（办理）条件	（一）加工贸易企业应当在成品出口、深加工结转或者内销前如实向海关申报单耗。 加工贸易企业确有正当理由无法按期申报单耗的，应当留存成品样品以及相关单证，并在成品出口、深加工结转或者内销前提出书面申请，经主管海关批准的，加工贸易企业可以在报核前申报单耗。 （二）加工贸易企业申报单耗应当包括以下内容： 1. 加工贸易项下料件和成品的商品名称、商品编号、计量单位、规格型号和品质； 2. 加工贸易项下成品的单耗； 3. 加工贸易同一料件有保税和非保税料件的，应当申报非保料件的比例、商品名称、计量单位、规格型号和品质。		

表 8 – 3（续 2）

申请 （办理） 条件	（三）下列情况不列入工艺损耗范围： 1. 因突发停电、停水、停气或者其他人为原因造成保税料件、半成品、成品的损耗； 2. 因丢失、破损等原因造成的保税料件、半成品、成品的损耗； 3. 因不可抗力造成保税料件、半成品、成品灭失、损毁或者短少的损耗； 4. 因进口保税料件和出口成品的品质、规格不符合合同要求，造成用料量增加的损耗； 5. 因工艺性配料所用的非保税料件所产生的损耗； 6. 加工过程中消耗性材料的损耗。
申请 材料	在线上填写申请材料，无须提交纸本申请材料，请根据系统提示内容逐项填写
办理 流程	符合条件的加工贸易企业可登录"互联网+海关"一体化网上办事平台或国际贸易"单一窗口"等方式办理加工贸易单耗申报手续。 （一）选择办理的业务类型 登录"互联网+海关"一体化网上办事平台或国际贸易"单一窗口"，选择企业所需要办理的具体加工贸易单耗申报（变更）业务。 （二）填写业务办理信息 按照系统界面和提示信息，填写办理业务需要的各类数据信息，并上传提交相关单证。填写完毕并确认后提交。 （三）收到回执 信息提交后，海关在规定的时限内，经审核并反馈回执，如需要企业修改申报项目或进一步补充材料，企业按照提示信息进行修改或补充申报。
办理 事项 流程图	申请人：提交单耗备案（变更）申请 → 海关：接收申请 → 海关审核：不通过→反馈结果→未接收单耗申报结果；通过→反馈结果→接收单耗申报结果

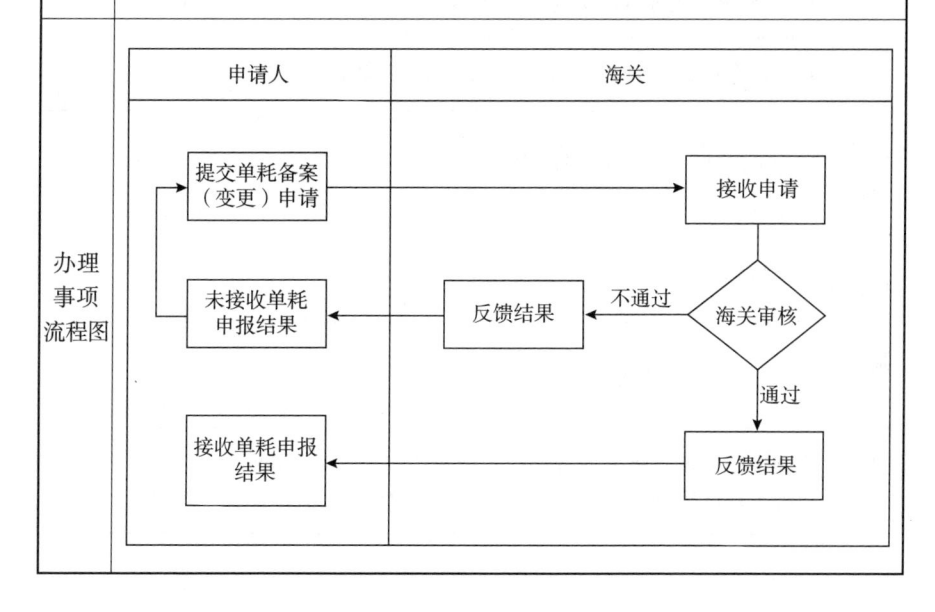

表8-3（续3）

办理形式	网上办理
到办理现场次数	0
审查标准	申请材料填写准确、完整、真实、有效
通办范围	加工企业所在地主管海关
预约办理	否
网上支付	否
物流快递	否
办理地点	网上办理：企业可通过"互联网+海关"一体化网上办事平台（online.customs.gov.cn）或国际贸易"单一窗口"。如有相关问题，可向企业所在地主管海关咨询。
办理时间	法定工作日，网上24小时办理
咨询电话	12360海关服务热线
监督电话	12360海关服务热线
其他说明	本指南的内容与海关现行法律、行政法规、规章、规范性文件不一致的，以海关现行法律、行政法规、规章、规范性文件为准

> 相关链接

来料加工合同缮制

已知资料：
甲方：上海金茂国际商务有限公司
　　　SHANGHAI JINMAO INTERNATIONAL BUSINESS DEVELOPMENT CO., LTD.
上海北京东路668号东楼26楼
FLOOR26, EAST TOWER NO.668 BEIJING ROAD (E), SHANGHAI 200001 P.R. CHINA
乙方：PRIME CORPRATION
44-6 YAYO CHOME, NAKANO-KU, TOKYO JAPAN

来料：
数量	128M
来料品名及规格	PILE FABRIC 100% POLYESTER 140 cm*30M USD1.132/M
包装	4CTNS
金额	CIF SHANGHAI USD 144.90

成品：
数量	180PCS
成品名称及规格	100% POLYESTER LADIES VEST imitated furs
包装	CARTON
单价	FOB SHANGHAI USD 4.50

来料装运期：2022年5月30日
来料交付目的港：SHANGHAI
成品装运期：2022年8月30日
成品装运目的口岸：TOKYO
付款方式：T/T
合同号码：IE04001001
日期：2022-2-2

合同缮制样式如下：

来料加工合同
CONTRACT
(for business of processing (Party B's) materials into finished products)

正　本
ORIGINAL

合同号码：
CONTRACT NO.：
IE04001001

日　期：
DATE：
FEB, 2 2017

甲方：
Party A：
上海金茂国际商务有限公司
SHANGHAI JINMAO INTERNATIONAL BUSINESS DEVELOPMENT CO., LTD.

乙方：
Party B：
上海北京东路668号东楼26楼
FLOOR26, EAST TOWER NO.668 BEIJING ROAD (E),
SHANGHAI 200001 P. R. CHINA

甲乙双方经过洽谈，达成来料加工下列商品的协议，现订立合同如下：

An agreement is reached on this date between Party A and Party B on the conclusion of the following business of processing Party B's materials into finished products according to the provisions of this contract：

1. 乙方向甲方负责提供下列原（辅）料，其运输、保险等费用均由乙方负担。

Materials (and finding, if any) to be supplied to Party A by Party B, at Party B's expense, freight and insurance also to be borne contract.

数量 QUANTITY	来料品名及规格 DESCRIPTION	包装 PACKING	金额（包括保险费及运费）AMOUNT (INSURANCE & FREIGHT INCLUDED)
128M	PILE FABRIC 100% POLYESTER 140 cm * 30M USD1.132/M	4CTNS	CIF SHANGHAI　USD144.90 TOTAL USD144.90

来料装运期 SHIPMENT：　　　来料交付目的港 DESTINATION (FOR MATERIALS)：
MAY., 30, 2022　　　　　　　SHANGHAI CHINA BY SEA/AIR

2. 甲方向乙方提供下列商品：

Finished products to be supplied to Party B by Party A.

数量 QUANTITY	成品名及规格 DESCRIPTION	包装 PACKING	加工费 PROCESSING CHARGES	
			UNIT PRICE	AMOUNT
180PCS	100% POLYESTER LADIES VEST imitated furs	CARTON	FOB SHANGHAI USD4.50	FOB SHANGHAI USD810.00
				TOTAL: USD810.00
			TOTAL:	USD954.90

3. 付款条件 Terms of Payment：T/T。

4. 保险和海运费 Insurance and Freight charge：由乙方负责 To be covered by Party B。

5. 成品装运时间 Time of Shipment（subject to materials for processing arriving at Shanghai not later than ___AUG, 30, 2022___）。

6. 成品装运目的口岸 Destination（for finished products）：TOKYO。

7. 凡有关本合同或执行本合同发生争议，由双方友好协商解决。如协商不成，均应提交中国国际经济贸易仲裁委员会上海分会，按照该会的仲裁规则进行仲裁。仲裁裁决是终局的，对双方都有约束力。

All disputes arising from the execution of, or in connection with this Sales Confirmation, shall be settled amicably through friendly negotiation. In case no settlement can be reached through negotiation, the case shall then be submitted to China International Economic and Trade Arbitration Commission, Shanghai Commission for arbitration in accordance with Rules of Arbitration of China International Economic and Trade Arbitration Commission. The award made by the Commission should be accepted as final and binding upon both parties.

甲方　　　　　　　　　　　　　乙方
Party A　　　　　　　　　　　　Party B

第八章 加工贸易 · 363

| 品名 | 规格 | 包装 | 单价 | 金额 |
CLASS	DESCRIPTION	PACKING	UNIT PRICE	AMOUNT
100PCS	100% POLYESTER LA-DIES VEST knitted fab	CARTON	FOB SHANGHAI USD 5.00	FOB SHANGHAI USD500.00
				TOTAL USD500.00
TOTAL				USD500.00

3. 付款条件 Terms of Payment：T/T.

4. 包装和唛头 Packing and Rough charge：由乙方指定, 由甲方制。Designed by Party A to be prepared by Part B.

5. 交货日期 Time of Shipment：收到乙方料后将产成品运抵至上海不迟于 _____ 年 ____ 月 ____ 日 XXX 30, 2012.

6. 不可抗力 Force Majeure：Destination (for finished products)：甲方 仓库。
下述事由,经证明系不可抗力者。甲方不负任何责任。如因此需要推迟交货期、或取消本合同，则甲方应立即书面通知乙方，乙方在收到甲方书面通知后七日内答复是否同意。

All disputes arising from the execution of, or in connection with this Sales Confirmation, shall be settled amicably through friendly consultation. In case no settlement can be reached through negotiation, the case shall then be submitted to China International Economic and Trade Arbitration Commission, Shanghai Commission for arbitration in accordance with Rules of Arbitration of China International Economic and Trade Arbitration Commission. The award made by the Commission should be accepted as final and binding upon both parties.

甲方   乙方
Party A   Part B

第九章

外贸新业态和新模式

2021年7月,国务院办公厅发布的国办发〔2021〕24号《国务院办公厅关于加快发展外贸新业态新模式的意见》中指出:"新业态新模式是我国外贸发展的有生力量,也是国际贸易发展的重要趋势。加快发展外贸新业态新模式,有利于推动贸易高质量发展,培育参与国际经济合作和竞争新优势,对于服务构建新发展格局具有重要作用。"

第一节　跨境电子商务

一、跨境电子商务的含义

跨境电子商务是利用电子商务技术进行国际贸易的一种经营方式，即电子化的国际贸易活动，指分属不同关境的交易主体，通过电子商务平台达成交易、进行支付结算，并通过跨境物流送达商品、完成交易的一种国际商务活动。

跨境电商可以分为广义的跨境电商和狭义的跨境电商。

狭义的跨境电商基本等同于跨境零售。跨境零售是指分属于不同关境的交易主体，借助计算机网络达成交易、进行支付结算，并采用快件、小包等行邮的方式通过跨境物流将商品送达消费者手中的交易过程。跨境电商在国际上被称为 Cross-border E-commerce，其实指的是跨境零售，通常跨境电商对海关来说等同于在网上进行小包的买卖，基本上针对消费者。从严格意义上说，随着跨境电商的发展，跨境零售消费者中也会含有一部分碎片化小额买卖的 B 类商家用户，但现实中这些 B 类商家和 C 类个人消费者很难区分，也很难界定 B 类商家和 C 类个人消费者之间的严格界限，所以，总体来讲，这部分针对 B 类商家的销售也归属于跨境零售部分。

广义的跨境电商基本等同于外贸电商，是指分属不同关境的交易主体，通过电子商务的手段将传统进出口贸易中的展示、洽谈和成交环节电子化，并通过跨境物流送达商品、完成交易的一种国际商业活动。

从更广的意义上看，跨境电商指电子商务在进出口贸易中的应用，是传统国际贸易商务流程的电子化、数字化和网络化。它涉及许多方面的活动，包括货物的电子贸易、在线数据传递、电子资金划拨、电子货运单证等内容。从这个意义上看，在国际贸易环节中只要涉及电子商务应用都可以纳入这个统计范畴内。

本章中跨境电商是指广义的跨境电商，主要指跨境电子商务中商品交易部分（不含跨境电商服务部分），不仅包含跨境电商交易中的跨境零售，还包括跨境电商 B2B 部分，包含通过跨境交易平台实现线上成交的部分，以及通过互联网渠道线上交易促成线下成交的部分。

> **相关链接**

传统外贸和跨境电商的出口流程

跨境电商作为基于互联网的运营模式，正在重塑中小企业国际贸易链条。跨境电商打破了传统外贸模式下国外渠道如进口商、批发商、分销商甚至零售商的垄断，使得企业可以直接面对个体批发商、零售商，甚至是消费者，有效减少了贸易中间环节和商品流转成本，节省的中间环节成本为企业提升获利能力及消费者获得实惠提供了可能。传统外贸和跨境电商的出口流程如图9-1所示。

传统外贸：中国生产商/制造商 → 中国出口商 → 外国进口商 → 外国批发商 → 外国零售商 → 外国消费者

跨境电商：
中国生产商/制造商 → 网商 → 跨境电商平台 → 外国网商 → 外国消费者
中国生产商/制造商 → 跨境电商平台 → 外国网商 → 外国消费者
中国生产商/制造商 → 跨境电商平台 → 外国消费者

图9-1 传统外贸和跨境电商的出口流程

二、电子商务的分类

按照交易性和交互性划分，电子商务的主要模式有企业—企业（business-to-business，B2B）、企业—消费者（business-to-consumer，B2C）、企业—企业—消费者（business-to-business-to-consumer，B2B2C）、消费者—企业（consumer-to-business，C2B）和消费者—消费者（consumer-to-consumer，C2C）等几种类型。

按交互类型划分，跨境电子商务的主要模式可以划分为B2B、B2C、C2C等若干种，其中B2C、C2C都是面向最终消费者的，因此又可统称为跨境网络零售；从经营主体划分，跨境电子商务分为平台型、自营型、混合型（平台+自营）。中国主要跨境电商经营模式分类如表9-1所示。

表 9-1 中国主要跨境电商经营模式分类

经营模式	平台型	自营型
跨境 B2B（出口）	阿里巴巴国际站、中国制造网、环球资源网、敦煌网	略
跨境 B2B（进口）	1688.com、海带网	略
跨境电商零售（出口）	速卖通、eBay、Amazon、Wish	兰亭集势、DX、米兰网
跨境电商零售（进口）	天猫国际、淘宝全球购、洋码头	网易考拉、京东全球购、聚美优品、小红书

三、跨境电子商务海关监管中有关用语的含义

（一）电子商务企业

电子商务企业是指通过自建或者利用第三方电子商务交易平台开展跨境贸易电子商务业务的境内企业，以及提供交易服务的跨境贸易电子商务第三方平台企业。

（二）个人

个人是指境内居民。

（三）电子商务交易平台

电子商务交易平台是指跨境贸易电子商务进出境货物、物品实现交易、支付、配送并经海关认可且与海关联网的平台。

（四）电子商务通关服务平台

电子商务通关服务平台是指由电子口岸搭建，实现企业、海关以及相关管理部门之间数据交换与信息共享的平台。

（五）电子商务通关管理平台

电子商务通关管理平台是指由中国海关搭建，实现对跨境贸易电子商务交易、仓储、物流和通关环节电子监管执法的平台。

四、跨境电商进出口流程

从跨境电商出口的流程看，生产商或制造商将生产的商品在跨境电商企业的平台上上线展示，在商品被选购下单并完成支付后，跨境电商企业将商品交付给物流企业进行投递，经过两次（出口国和进口国）海

关通关商检后,最终送达消费者或企业手中,也有的跨境电商企业直接与第三方综合服务平台合作,让第三方综合服务平台代办物流、通关商检等一系列环节,从而完成整个跨境电商交易的过程。跨境电商进口的流程除了与出口流程的方向相反外,其他内容基本相同。

跨境电商进出口的流程,如图9-2所示。

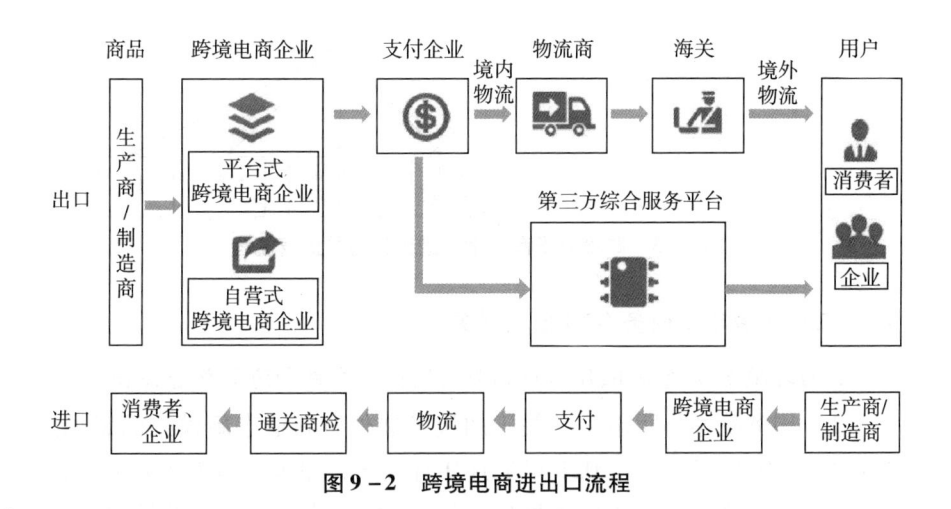

图9-2 跨境电商进出口流程

五、跨境电子商务海关监管

(一)跨境电子商务零售进出口通关

跨境电商零售进口,是指中国境内消费者通过跨境电商第三方平台经营者自境外购买商品,并通过"网购保税进口"(海关监管方式代码1210)或"直购进口"(海关监管方式代码9610)运递进境的消费行为。

对跨境电子商务直购进口商品及适用"网购保税进口"(海关监管方式代码1210)进口政策的商品,按照个人自用进境物品监管,不执行有关商品首次进口许可批件、注册或备案要求。但对相关部门明令暂停进口的疫区商品和对出现重大质量安全风险的商品启动风险应急处置时除外。

适用"网购保税进口A"(海关监管方式代码1239)进口政策的商品,按《跨境电子商务零售进口商品清单(2018版)》尾注中的监管要求执行。

跨境电子商务零售进出口通关监管流程如图9-3所示。

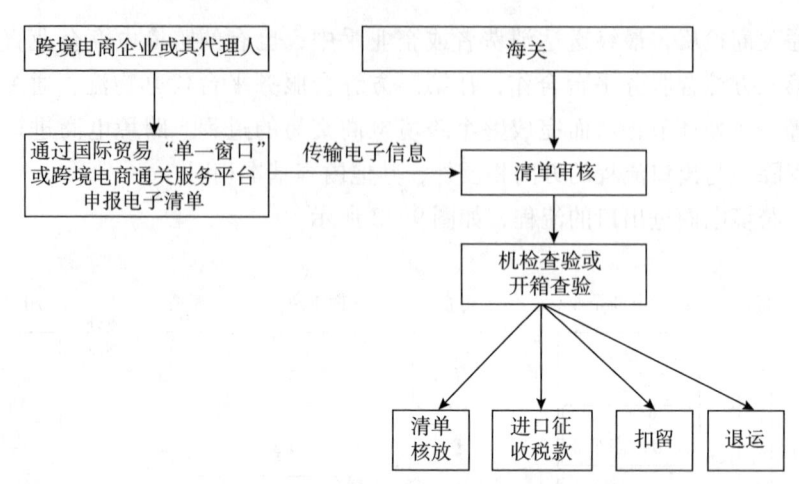

图 9-3　跨境电子商务零售进出口通关监管流程

（二）跨境电子商务 B2B 出口通关

1. 与跨境电子商务 B2B 出口相关的国务院文件和海关总署公告

（1）国务院办公厅印发《关于加快发展外贸新业态新模式的意见》（国办发〔2021〕24号）2021年7月9日发布，完善跨境电商发展支持政策，在全国适用跨境电商企业对企业（B2B）直接出口、跨境电商出口海外仓监管模式，完善配套政策。

（2）海关总署公告2020年第75号、2020年第92号、2021年第47号，均为关于跨境电商企业对企业出口的有关事宜。

2. 跨境电商 B2B 出口概述

（1）有关用语的含义

"跨境电商 B2B 出口"是指境内企业通过跨境物流将货物运送至境外企业或海外仓，并通过跨境电商平台完成交易的贸易形式。

"跨境电商平台"是指为交易双方提供网页空间、虚拟经营场所、交易规则、信息发布等服务，设立供交易双方独立开展交易活动的信息网络系统。包括自营平台和第三方平台，境内平台和境外平台。

（2）监管试点推广情况

①第一批监管试点

2020年7月1日，海关总署公告2020年第75号开始实施，在北京、天津、南京、杭州、宁波、厦门、郑州、广州、深圳、黄埔10个海关开展跨境电商 B2B 出口监管试点。

②第二批监管试点

2020年9月1日，海关总署公告2020年第92号开始实施，在上海、福州、青岛、济南、武汉、长沙、拱北、湛江、南宁、重庆、成都、西安12个海关开展跨境电商B2B出口监管试点。

③全国推广

2021年7月1日，海关总署公告2021年47号在已有试点海关基础上，在全国海关复制推广跨境电商B2B出口监管试点。

(3) 增列两种跨境电商B2B出口监管方式代码

"9710"，全称"跨境电子商务企业对企业直接出口"，简称"跨境电商B2B直接出口"，适用于跨境电商B2B直接出口的货物。境内企业通过跨境电商平台与境外企业达成交易后，通过跨境物流将货物直接出口送达境外企业。

"9810"，全称"跨境电子商务出口海外仓"，简称"跨境电商出口海外仓"，适用于跨境电商出口海外仓的货物。境内企业将出口货物通过跨境物流送达海外仓，通过跨境电商平台实现交易后从海外仓送达购买者。

根据海关要求传输相关电子数据的，接受海关监管。

(4) 企业管理及通关管理

①企业备案。跨境电商企业、跨境电商平台企业、物流企业等参与跨境电商B2B出口业务的境内企业，应当依据海关报关单位备案有关规定，向所在地海关办理备案。

②海外仓业务模式备案。开展出口海外仓业务的跨境电商企业，还应当在海关开展出口海外仓业务模式备案。

③跨境电商企业或其委托的代理报关企业，境内跨境电商平台企业、物流企业通过国际贸易"单一窗口"或"互联网+海关"向海关提交申报数据、传输电子信息，并对数据真实性承担相应法律责任。

④跨境电商B2B出口货物应当符合检验检疫相关规定。

⑤海关实施查验时，跨境电商企业或其代理人、监管作业场所经营人应当按照有关规定配合海关查验。海关按规定实施查验，对跨境电商B2B出口货物可优先安排查验。

⑥跨境电商B2B出口货物适用全国通关一体化，也可采用"跨境电商"模式进行转关。

(三) 跨境电子商务零售进口退货中心仓模式

为落实《国务院关于做好自由贸易试验区第六批改革试点经验复制推广工作的通知》（国函〔2020〕96号）要求，便捷跨境电子商务零售进口商品退货，2021年9月10日，海关总署发布2021年第70号公告《关于全面推广跨境电子商务零售进口退货中心仓模式的公告》明确全面推广"跨境电子商务零售进口退货中心仓模式"。

1. 实施背景

受电商运营的特点以及互联网消费习惯等因素影响，消费者退货是跨境电商进口行业的普遍情况，以往跨境电商进口退货模式是跨境电商企业需要在海关特殊监管区域外设置专用的仓库，完成退货商品的分拣后，再对符合退货条件的商品进行申报，进入海关特殊监管区域，增加了企业在区外设立退货仓以及相关人力、物力成本。为降低仓储成本、缩短退货周期，跨境电商企业提出在区域内设立退货中心仓的发展诉求。

2. 发展历程

2020年1月，海关总署同意备案自由贸易试验区"跨境电商零售进口退货中心仓模式"创新举措。

2020年6月，国务院印发《关于做好自由贸易试验区第六批改革试点经验复制推广工作的通知》（国函〔2020〕96号），将跨境电商零售进口退货中心仓模式纳入改革试点经验复制推广中。

2021年9月，海关总署在前期试点成果基础上，发布2021年第70号公告，全面推广跨境电子商务零售进口退货中心仓模式。

3. 政策优势

（1）降低企业经营成本及时间成本

退货中心仓实现与海关特殊监管区域内现有保税仓软硬件资源的共享使用、集约化生产，降低经营成本；退货包裹直接由消费者快递至海关特殊监管区域内，压缩中间环节，节省物流在途时间，切实保障消费者退货权益，提升购物体验。

（2）提升退货全流程监管效能

退货中心仓模式能实现海关对跨境电商退货包裹入区、在途、分拣、出区监管全覆盖，集约化高效监管，显著提升监管效能。

（3）促进跨境电商零售进口业务健康发展

退货中心仓模式进一步理顺跨境电商零售进口业务监管流程，打通消费者退货"最后一公里",实现监管闭环,规范退货流程及作业标准,实现以规范促发展。

4. 跨境电子商务零售进口退货中心仓模式

退货中心仓模式是指在跨境电商零售进口模式下,跨境电商企业境内代理人或其委托的海关特殊监管区域内仓储企业(以下简称"退货中心仓企业")可在海关特殊监管区域内设置跨境电商零售进口商品退货专用存储地点,将退货商品的接收、分拣等流程在原海关特殊监管区域内开展的海关监管制度。

退货中心仓模式适用于海关特殊监管区域内开展的跨境电子商务网购保税零售进口(海关监管方式代码1210)商品的退货。

5. 业务开展的条件

(1) 企业资质要求

申请设置退货中心仓并据此开展退货管理业务的退货中心仓企业,其海关信用等级不得为失信企业。

(2) 相关软硬件要求

退货中心仓企业开展退货业务时,应划定专门区位,配备与海关联网的视频监控系统,使用计算机仓储管理系统(WMS)对退货中心仓内商品的分拣、理货等作业进行信息化管理,并按照海关规定的方式与海关信息化监管系统联网,向海关报送能够满足监管要求的相关数据,接受海关监管。

(3) 内控制度要求

退货中心仓企业应当建立退货流程监控体系、商品溯源体系和相关管理制度,保证退货商品为原出区域商品,向海关如实申报,接受海关监管,并承担相应法律责任。退货中心仓企业应注重安全生产,做好退货风险防控,从退货揽收、卡口入区域、消费者管理等方面完善管理制度,规范操作,遵守区域管理制度并配合海关强化对退货中心仓内商品的实货监管。

6. 基本业务流程

(1) 消费者退货→企业申报入区→包裹退至退货中心仓→退货中心仓分拣→符合退货要求→申报退货单→海关审核通过→重新上架销售→税款返还并调整个人年度交易额度。

(2) 消费者退货→企业申报入区→包裹退至退货中心仓→退货中心仓分拣→不符合退货要求—企业复运出区。

7. 向海关报送退货数据

退货中心仓企业应根据海关总署公告 2018 年第 113 号《关于修订跨境电子商务统一版信息化系统企业接入报文规范的公告》，要求按照报文格式规范生成退货申请单，通过数据交换客户端向海关申报，海关审核通过即可。

退货中心仓模式流程如图 9-4 所示。

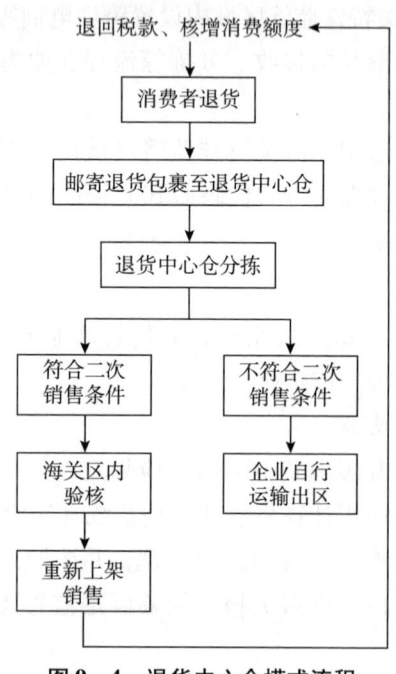

图 9-4　退货中心仓模式流程

六、海外仓业务

(一) 海外仓的概念

海外仓是指建立在海外的仓储设施。在跨境贸易电子商务中，国内企业将商品通过大宗运输的形式运往目标国家（地区）市场，在当地建立仓库、储存商品，然后再根据当地的销售订单，第一时间响应，及时从当地仓库直接进行分拣、包装和配送。

《国务院办公厅关于推进对外贸易创新发展的实施意见》（国办发〔2020〕40 号）指出："促进跨境电商等新业态发展。积极推进跨境电商综合试验区建设，不断探索好经验好做法，研究建立综合试验区评估考核机制。支持建设一批海外仓。扩大跨境电商零售进口试点。推广跨境电商应用，促进企业对企业（B2B）业务发展。研究筹建跨境电商行业联盟。推进市场采购贸易方式试点建设，总结经验并完善配套服务。促进外贸综合服务企业发展，研究完善配套监管政策。"

（二）海外仓的特点

截至 2024 年 5 月，我国海外仓数量已超 2500 个，面积超 3000 万平方米。

目前，常见的海外仓模式主要有 3 种：第三方海外仓、自营海外仓和亚马逊 FBA（fulfillment by Amazon，亚马逊物流）仓。

海外仓特点很鲜明，概括起来是"四快一低"。

第一快，是清关快。海外仓企业能够整合物流资源，提供配套的清关服务，能够很快地提高货物出入境效率。

第二快，是配送快。部分海外仓可以提供所在国（地区）24 小时或者 48 小时的送达服务，大幅缩短了配送时间。

第三快，是周转快。海外仓可以提供有针对性的选品建议，帮助卖家优化库存，提前备货，降低滞销的风险。

第四快，是服务快。海外仓可以按照客户的要求，提供本土化的退换货、维修等服务，能够缩短服务周期，提升终端客户的购物体验。

一低，是成本低。由于卖家可以提前在海外仓备货，因此在后续补货时，可以选择价格更低的海运方式，这就降低了国际物流的成本。

第二节　市场采购贸易

一、市场采购贸易的概念

（一）市场采购贸易的定义

市场采购贸易方式，是指在经认定的市场集聚区采购商品，由符合条件的经营者办理出口通关手续的贸易方式。

市场采购贸易方式单票报关单的货值最高限额为 15 万美元。

以下出口商品不适用市场采购贸易方式：

1. 国家（地区）禁止或限制出口的商品；
2. 未经市场采购商品认定体系确认的商品；

3. 贸易管制主管部门确定的其他不适用市场采购贸易方式的商品。

（二）市场采购贸易的特点

市场采购贸易具有简化归类申报、增值税免征不退、可拼箱报关、外贸主体个人可收结汇、出口商检闭环管理等突出特点，海关监管方式代码为1039。

一是增值税免征不退，未取得或无法取得增值税发票的货物，均可以通过市场采购贸易方式出口；

二是归类通关，出口货物按大类申报和认定查验，将8000多个出口报关的小商品税则号简化到98个，提高通关效率；

三是收汇创新，突破了"谁出口、谁收汇"的限制，既可以由试点的市场采购贸易公司收结汇，也可由市场采购商户收结汇；

四是税收优惠，市场采购贸易经营户可依法享受地方税收优惠政策，经营户个人所得税实行定额增收；

五是各市场采购试点均搭建信息登记平台，市场采购商、供货商、组货商等均需在市场采购信息登记平台备案，备案后可享受相关补贴且监控相关市场主体及货物流向。

市场采购贸易是专门针对市场多品种、小批量、多批次的交易特点，为推动国际贸易便利化而创制的一种新型贸易方式，它为小商品便捷出口国际市场提供了一条合法通道，是我国国际贸易体制改革的一个创新。

二、市场采购贸易试点单位

市场采购贸易最早于2013年在浙江省义乌市开始试点。此后，国家共分6个批次在21个省（自治区、直辖市）正式认定了39个市场采购贸易试点单位，如表9-2所示。

表9-2 市场采购贸易试点单位

批次	所在地市	实施范围	政策依据
第一批	浙江金华	义乌市内经认定的市场集聚区	2011年3月4日，国务院发文批复《浙江省义乌市国际贸易综合改革试点总体方案》（国函〔2011〕22号）；2013年4月22日，商务部等八部门《关于同意在浙江省义乌市试行市场采购贸易方式的函》（商贸函〔2013〕189号）

表9-2（续1）

批次	所在地市	实施范围	政策依据
第二批	江苏南通	江苏海门叠石桥国际家纺城	2015年7月24日，《国务院办公厅关于促进进出口稳定增长的若干意见》（国办发〔2015〕55号）；2015年9月28日，商务部等八部门《关于推进市场采购贸易方式试点工作的函》（商贸函〔2015〕728号）
第二批	浙江嘉兴	浙江海宁皮革城	
第三批	江苏苏州	江苏常熟服装城	2016年5月9日，《国务院关于促进外贸回稳向好的若干意见》（国发〔2016〕27号）；2016年9月8日，商务部等八部门《关于加快推进市场采购贸易方式试点工作的函》（商贸函〔2016〕725号）
第三批	广东广州	广州花都皮革皮具市场	
第三批	山东临沂	山东临沂商城工程物资市场	
第三批	湖北武汉	武汉汉口北国际商品交易中心	
第三批	河北保定	河北白沟箱包市场	
第四批	浙江温州	温州（鹿城）轻工产品交易中心	2018年9月29日，商务部等七部门《关于加快推进市场采购贸易方式试点工作的函》（商贸函〔2018〕631号）
第四批	福建泉州	泉州石狮服装城	
第四批	湖南长沙	湖南高桥大市场	
第四批	广东佛山	亚洲国际家具材料交易中心	
第四批	广东中山	中山市利和灯博中心	
第四批	四川成都	成都国际商贸城	
第五批	辽宁鞍山	辽宁西柳服装城	
第五批	浙江绍兴	浙江绍兴柯桥中国轻纺城	
第五批	浙江台州	浙江台州路桥日用品及塑料制品交易中心	

表 9-2（续2）

批次	所在地市	实施范围	政策依据
第五批	浙江湖州	浙江湖州（织里）童装及日用消费品交易管理中心	2020年8月12日,《国务院办公厅关于进一步做好稳外贸稳外资工作的意见》（国办发〔2020〕28号）；2020年9月15日，商务部等七部门印发《关于加快推进市场采购贸易方式试点工作的函》（商贸函〔2020〕425号）
	安徽蚌埠	安徽蚌埠中恒商贸城	
	福建泉州	福建晋江国际鞋纺城	
	山东青岛	山东青岛即墨国际商贸城	
	山东烟台	山东烟台三站批发交易市场	
	河南许昌	河南中国（许昌）国际发制品交易市场	
	湖北宜昌	湖北宜昌三峡物流园	
	广东汕头	广东汕头市宝奥国际玩具城	
	广东东莞	广东东莞市大朗毛织贸易中心	
	云南昆明	云南昆明俊发·新螺蛳湾国际商贸城	
	广东深圳	深圳华南国际工业原料城	
	内蒙古满洲里	内蒙古满洲里市满购中心（边贸商品市场）	

表 9-2（续3）

批次	所在地市	实施范围	政策依据
第五批	广西崇左	广西凭祥出口商品采购中心（边贸商品市场）	
	云南德宏	云南瑞丽国际商品交易市场（边贸商品市场）	
第六批	天津	天津王兰庄国际商贸城	2022年9月27日，商务部等七部门《关于加快推进市场采购贸易方式试点工作的函》（商贸函〔2022〕479号）
	河北唐山	河北唐山国际商贸交易中心	
	吉林珲春	吉林珲春东北亚国际商品城	
	黑龙江绥芬河	黑龙江绥芬河市青云市场	
	江西景德镇	江西景德镇陶瓷交易市场	
	重庆市	重庆市大足龙水五金市场	
	新疆阿拉山口	新疆阿拉山口亚欧商品城	
	新疆乌鲁木齐	新疆乌鲁木齐边疆宾馆商贸市场	

三、市场采购贸易的作用

（一）市场采购贸易主体及流程

市场采购贸易主体主要包括供货商、外贸公司、货代公司以及境外采购者，其贸易流程主要是境外采购者将订货发送给供货商或外贸公司，供货商委托外贸公司进行收货，外贸公司在税务系统办理免税备案和外汇局办理结汇，并将货物交付给货代公司进行订舱装箱，由货代公司或外贸公司负责报关，最后运达至境外采购者。为加强对该业务的管理，各市场采购贸易试点搭建了信息登记平台，主要是将各贸易主体以及贸易商品等信息填报至信息登记平台。

（二）市场采购贸易发展的意义

1. 突破常规监管方式，采用备案制管理，更简化了增值税征、退管理方式，提高了货物通关效率，降低通关成本；

2. 具有明显的产业聚集特点，以专业性优势吸引了国际采购商集聚，为经营者提供了自有品牌设计小批量、多批次出口以及快速应对国际市场变化的能力；

3. 采用信息登记平台统一管理，将市场采购贸易主体及流程形成闭环管理，利用信息化手段进一步推动电子商务的发展；

4. 市场采购贸易平台均在已有成熟的商贸城上搭建，在以专业性拓展国内市场的同时，以集聚优势、较低的进入门槛开展国际贸易，促进了内外贸一体化发展。

四、市场采购贸易的操作

1. 从事市场采购贸易的对外贸易经营者，应当向市场集聚区所在地商务主管部门办理市场采购贸易经营者备案登记，并按照海关相关规定在海关办理进出口货物收发货人备案。

2. 对外贸易经营者对其代理出口商品的真实性、合法性承担责任。经市场采购商品认定体系确认的商品信息应当通过市场综合管理系统与海关实现数据联网共享。对市场综合管理系统确认的商品，海关按照市场采购贸易方式实施监管。

3. 每票报关单所对应的商品清单所列品种在5种以上的可以按以下方式实行简化申报：

（1）货值最大的前5种商品，按货值从高到低在出口报关单上逐项申报；

（2）其余商品以《中华人民共和国进出口税则》中"章"为单位进行归并，每"章"按价值最大商品的税号作为归并后的税号，货值、数量等也相应归并。

4. 有下列情形之一的商品不适用简化申报：

（1）需征收出口关税的；

（2）实施检验检疫的；

（3）海关另有规定不适用简化申报的。

5. 市场采购贸易出口商品应当在采购地海关申报，对于转关运输的市场采购贸易出口商品，由出境地海关负责转关运输的途中监管。

6. 需在采购地实施检验检疫的市场采购贸易出口商品，其对外贸易经营者应建立合格供方、商品质量检查验收、商品溯源等管理制度，提供经营场所、仓储场所等相关信息，并在出口申报前向采购地海关提出检验检疫申请。

7. 对外贸易经营者应履行产品质量主体责任，对出口市场在生产、加工、存放过程等方面有监管或官方证书要求的农产品、食品、化妆品，应符合相关法律法规规定或双边协议要求。

五、市场采购贸易风险

市场采购贸易提升了国际商贸物流功能，国际影响力不断增强，实现出口快速增长，促进了本地经济和对外贸易的发展。但当前各地试点情况参差不齐，除了自身硬件方面的不足，也在信用风险方面碰到许多新的问题，具体问题如下：

1. 市场采购贸易采购商实力较弱

由于采购商流动性较大，且大部分为中小微企业甚至是自然人，采购商实力相对有限、信息不透明，致使供货商无法准确筛选采购商，采购商信用风险相对较高。

2. 外贸履约环节缺少安全可控的履约保障

市场采购贸易货款一般先行支付一定比例的定金，货物到达境外收货地交付提单时支付尾款，结算周期一般在 1~3 个月，存在赊销风险。

3. 贸易单证可能缺失

市场采购交易双方往往规模较小，尚未形成严格的贸易规范，对于贸易合同、商业发票、相关证明文件等可能存在缺失现象，对出口商后续的债权主张造成一定困难。

4. 监管平台尚不完善

信息登记平台作为监管市场采购贸易辅助平台，有助于加强交易主体监管、交易货物跟踪等作用，但当前各市场采购试点所处发展阶段并不相同，市场监管完备性还需进一步完善，以强化信息登记平台的监管作用。

● 相关链接

市场采购贸易出口商品海关申报

采购地海关是指市场集聚区所在地的主管海关。

市场集聚区是指经国家商务主管等部门认定的各类从事专业经营的商品城、专业市场和专业街。

市场采购海关监管方式代码为"1039"，全（简）称"市场采购"。

市场采购出口商品实施海关统计。

● 相关链接

中国信保如何支持市场采购贸易发展？

信用保险作为应收账款管理的重要工具，在增强被保险人风控管理水平、识别买方风险以及买方风险发生后赔付等方面具有重要作用。市场采购贸易起步较晚，当前仍处在试点中，在提高自身风控管理水平、识别买方风险等方面仍存在局限性，在市场采购贸易中引入信用保险可在加强市场采购规范化管理、识别买方风险、加强收汇保障、扩大市场采购贸易等方面发挥重要作用。

早在2017年中国信保就开始探讨市场采购贸易承保，2018年完成了对市场采购贸易流程、主体梳理，进行了产品适用性调整，对被保险人、买方风险等全面评估，形成了石狮市市场采购贸易支持方案，2019年承保了该市场采购贸易，完成了三大传统新业态承保全覆盖。2020年因受疫情影响，出口收汇风险快速上升，石狮市场采购某商户向德国买方销售了一批金额10万美元的休闲鞋，到了履约时间，买方受疫情影响迟迟不付款；中国信保在贸易背景和债权债务关系后，启动快速理赔程序，在受理索赔后一周内顺利完成赔付流程，及时向商户支付赔款。

2020年以来，各市场采购试点地区与中国信保逐步开始探讨信用保险支持市场采购贸易发展的方案。在国际贸易环境和国内市场采购试点情况不断变化的背景下，中国信保重新审视市场采购贸易特点、评估相关风险，调研了市场采购试点地区差异性及配套完备性，创新设计承保方式和方案，已完成了对湖州市（织里）市场采购贸易和常熟服装城市场采购贸易的业务承保。

第三节　中国国际贸易单一窗口

一、国际贸易单一窗口的概念和模式

（一）国际贸易单一窗口的概念

国际贸易单一窗口是各国促进贸易便利化的普遍做法，是联合国推进全球贸易便利化战略的核心措施。按照联合国贸易便利化和电子业务中心（UN/CEFACT）33号建议书作出的解释，国际贸易单一窗口，是指参与国际贸易和运输的各方，通过单一的平台提交标准化的信息和单证，以满足相关法律法规及管理的要求。

完整的国际贸易单一窗口包括4个要素：

1. 一次申报，即国际贸易经营企业只需一次性向贸易管理部门提交相应的数据和单证；

2. 一个平台申报，即申报的数据和单据通过统一的平台提交，贸易管理部门对信息数据进行一次性处理；

3. 使用标准化数据元，即提交的数据和单证应为标准化的；

4. 数据和单证齐全，即提交的数据和单证能够满足政府部门和企业的所有需要。

（二）国际贸易单一窗口的模式

国际贸易单一窗口主要分为3种模式：

1. 单一机构模式

由一个机构来处理所有的进出口业务，该机构的系统在收到企业进出口贸易申报数据后直接进行各项业务处理。特点是职能集合化，系统单一化。

2. 单一系统模式

通过一个统一的信息系统来处理所有的业务。特点是机构离散化、系统综合化。

3. 公共平台模式

通过一个公共信息平台实现申报数据的收集和反馈，企业仅需要提交符合要求的一系列电子表格，就可以向不同的政府部门申报，政府部

门处理后的结果通过平台反馈给企业。特点是机构分散化、数据集成化。

二、中国国际贸易单一窗口概述

（一）中国国际贸易单一窗口介绍

1. 中国国际贸易单一窗口的建设

中国国际贸易单一窗口建设于 2013 年起步，2017 年中央版单一窗口的正式上线，标志着中国国际贸易单一窗口进入了一个边运行、边建设的新阶段。

中国国际贸易单一窗口建设由国务院口岸工作部际联席会议统筹推进，具体工作由国家口岸管理办公室牵头、相关口岸管理部门共同组成的"单一窗口"建设工作组负责推动实施。中国电子口岸数据中心是"单一窗口"标准版的技术承办单位。

中国国际贸易单一窗口依托电子口岸平台建设，作为口岸和国际贸易领域相关业务统一办理服务平台，实现申报人通过"单一窗口"一点接入、一次性提交满足口岸管理和国际贸易相关部门要求的标准化单证和电子信息，相关部门通过电子口岸平台共享数据信息、实施职能管理，处理状态（结果）统一通过"单一窗口"反馈给申报人。通过持续优化整合使"单一窗口"功能范围覆盖到国际贸易链条各主要环节，逐步成为企业面对口岸管理相关部门的主要接入服务平台。通过"单一窗口"提高国际贸易供应链各参与方系统间的互操作性，优化通关业务流程，提高申报效率，缩短通关时间，降低企业成本，促进贸易便利化。实现了口岸管理"一点接入、一次提交、一次查验、一键跟踪、一站办理"的"五个一"政务服务。

中国国际贸易单一窗口分设中央和地方两个层级，即标准版和地方版两级平台。

2. 中国国际贸易单一窗口的功能

国际贸易单一窗口的建设是一个庞大的系统工程，涉及许多政府管理部门和行业，需要有一套健全的法律法规和统一的信息和单证标准体系。国务院口岸部际联席会议发布的《关于国际贸易"单一窗口"建设的框架意见》分别规定了中央和地方两个层级的国际贸易单一窗口的基本功能，数据的标准化工作由中国电子口岸数据中心与各口岸管理部门共同制定。"单一窗口"功能的具体划分如表 9-3 所示。

业资质办理、许可证件申请、原产地证书申请、出口退税申请、税费办理、加工贸易备案、跨境电商、物品通关、检验检疫、服务贸易、检验检疫、金融服务、口岸物流、查询统计等19大类基本服务功能。

中国国际贸易单一窗口标准版主页面如图9-5所示。

(三) 中国国际贸易单一窗口地方版

国际贸易单一窗口地方版由各省（直辖市、自治区）人民政府牵头建设与推进，负责推广中国国际贸易单一窗口标准版，整合地方资源，完善平台设施，拓展地方特色服务功能。同时，地方版还会根据各地的实际设置与标准版对接。

中国国际贸易单一窗口地方版是各地根据自身对外贸易的特点，打造的具有地方特色的单一窗口平台，主要为当地的对外贸易提供便利服务。

表9-3 中国国际贸易单一窗口功能的具体划分

层级	功能	具体内容
中央	口岸执法	企业资质申请、许可证和原产地证书申领、货物申报、运输工具申报、税费支付、企业资质办理、出口退税申报、查询统计等
	信息共享和联网应用	将进出口管理流、资金流、货物流信息集中在一个数据库中，实现口岸管理相关部门数据的联网共享与综合利用
	跨境信息交换	进行跨境联网合作，与"一带一路"共建国家和地区及世界主要贸易伙伴之间的信息互换与服务共享
地方	口岸政务服务	推广应用"单一窗口"标准版，同时结合本地口岸通关业务特色需求，扩展服务功能，如物流监管、特殊区域、港澳台贸易
	口岸物流服务	根据本地口岸业务特点与需求，打通港口、机场、铁路、公路等物流信息节点，促进运输、仓储、场站、代理等各类物流企业与外贸企业的信息共享和业务协同，支持水、陆、空、铁及多式联运等多种物流服务方式，与地方各类物流信息平台的互联合作
	口岸数据服务	整合运输工具动态信息、集装箱信息、货物进出港和装卸等作业信息，形成完整的通关物流状态综合信息库，为企业提供全程数据服务
	口岸特色应用	将"单一窗口"信息资源、用户资源与金融、保险、电商、通信、信息技术等相关行业对接，为国际贸易供应链各参与方提供特色服务

（二）中国国际贸易单一窗口标准版

中国国际贸易单一窗口标准版系统依托中国电子口岸平台建设，是实现现代化、信息化、智能化的口岸通关模式的信息系统。简化、统一单证格式与数据标准，实现申报人通过"单一窗口"向口岸管理相关部门一次性申报，口岸管理相关部门通过电子口岸平台共享信息数据、实施职能管理，执法结果通过"单一窗口"反馈申报人，简化了通关手续，降低了通关费用。系统已实现货物申报、舱单申报、运输工具申报、企

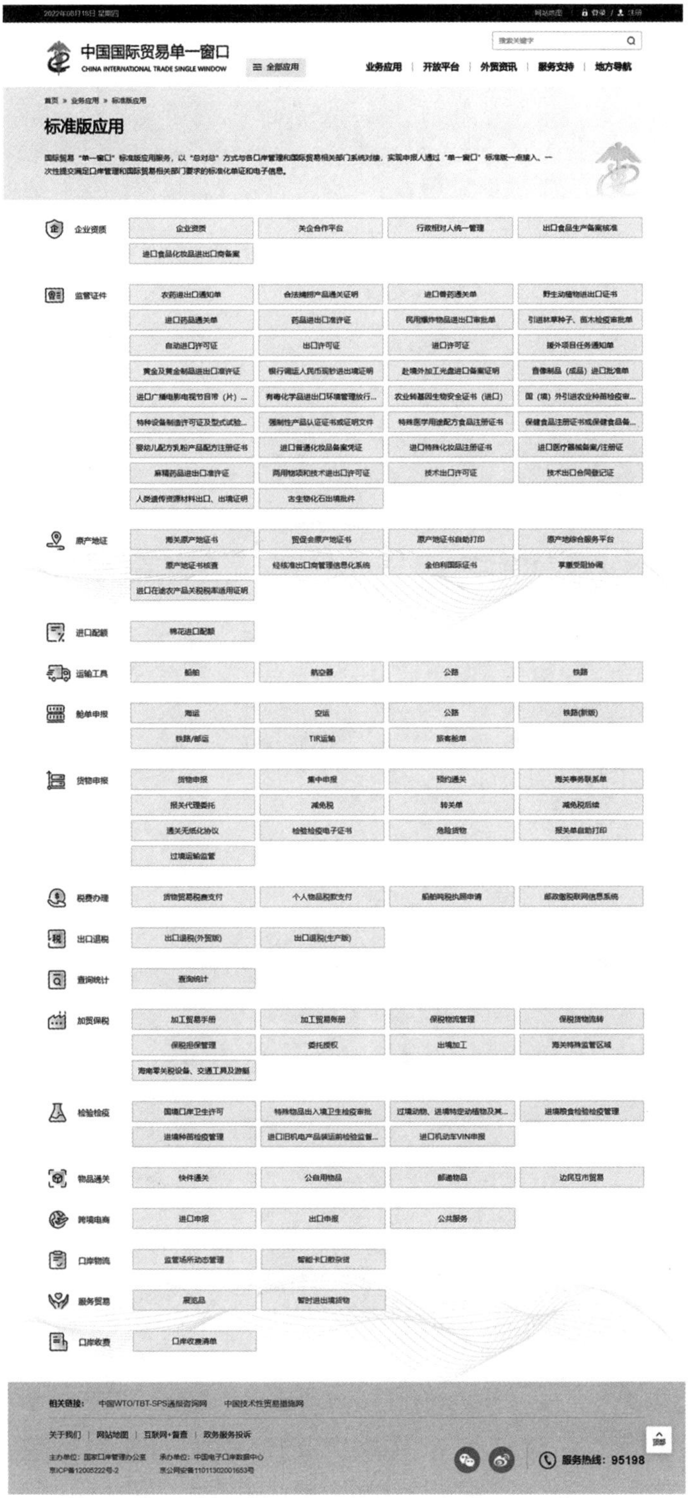

图 9-5　中国国际贸易单一窗口标准版主页面